納稅、避稅與反避稅

劉李勝、劉雋亭 主編

財經錢線

前 言

稅收作為國家參與社會產品分配的手段，與納稅人密切相關。稅收政策的制定，不僅影響著社會經濟發展的速度，也直接或間接地影響社會的和諧。從納稅人的角度看，稅款的徵收無論怎樣公平、公正、合理，在一定程度上都是納稅人的直接經濟利益損失，減輕或免除稅負自然成為納稅人的訴求。因此，納稅與徵稅、避稅和反避稅在國家或地區稅收徵管中一直是緊密相連的一場博弈。

影響企業稅收負擔的原因很多，包括企業所在國的產業政策、所處地區勞動力價格、所產出產品的優劣、企業行銷策略、融資方式和投資方案等。因此，一個成功的企業要降低本企業的稅收成本，僅僅注意經營過程中避免額外稅收負擔是不夠的，必須在企業決定所有經營策略之前就對該問題加以考慮，也就是要與企業經營策略同步進行。尤其是在市場競爭日益激烈的今天，通過稅收規劃和稅收風險控制有效降低稅收負擔，往往能成為企業競爭成功的關鍵。

納稅人減輕稅負的方法五花八門，概括起來無非是逃避稅款繳納和避稅。在中國稅收法制日臻完善的情況下，逃避稅款繳納這種行為，因為觸犯國家法律，已經為企業經營者所棄用，稅收籌劃—避稅成為企業必然的選擇。隨著中國市場經濟的逐步發展，經濟對外合作力度的不斷加大，國外投資者和中國的一些企業的避稅問題也日益突出，並嚴重影響了中國的利益，已經引起了中國政府的高度重視，中國政府已經將反避稅工作作為近年稅收工作的重點。這具體體現在：一是《中華人民共和國稅收徵管法》、《中華人民共和國企業所得稅法》等稅收法律、法規中分別加入了反避稅的章節和條款；二是根據國際慣例和中國的具體情況，中國專門成立了反避稅機構具體督導中國反避稅工作。

避稅和反避稅作為納稅人與稅收徵管部門之間無法迴避的主題將長期存在於各國的經濟生活中。在經濟全球化的挑戰下，企業在市場競爭中的經營風險不斷加大，最大限度地控制和降低稅務風險，是企業在市場競爭中立於不敗之地的基本需要和必備條件。公平稅負，正確處理好稅收入和依法治稅的關係，用稅收政策促進經濟發展，引導產業進步，也是稅務機關的責任。企業要客觀看待避稅的作用，在避稅過程中不要被短期的避稅利益所吸引，觸犯法律。如何合理控制和降低自身稅負，同時又不違反國家的稅收法律，是企業將要面臨的重要挑戰。

由劉李勝、劉隼亭主編的《納稅、避稅與反避稅》，因其簡明、全面、實用的風格，受到廣大讀者的歡迎，已經四次修訂再版。前四次的修訂中，劉隼亭教授做了很多工作。考慮到近幾年來中國稅法經歷較大的修訂和調整，這次由劉李勝教授主持做

了第五次全面的修訂；由丁淑芬總纂並對第六章進行了修改和補充；由丁淑芬、馬萬信、許振玲、劉錚、湯國明擔任副主編；周維、呂冠男、劉李紅、李明磊、劉芮華、苑苑、張可、杜宇、王莉、舒學健、朱山、吳亮、李斌、盧星、關書賓等參加編寫工作；丁淑芬負責思考題的編寫。本書作為高等學校、機關和企事業單位的教材及參考書，得到了許多優秀教師的極大認同和支持，受到許多國內外專家、學著、企業家、稅務人員的重視和喜愛。在本書的修訂和編著中，我們參考了大量文獻資料和最新研究成果，在此向這些作者和所有者表示衷心的感謝。

作者

目 錄

第一章 中國現行稅收制度 (1)
- 第一節 中國稅制改革概述 (1)
- 第二節 稅收概念及一般特徵 (3)
- 第三節 稅收制度的構成要素 (7)
- 第四節 稅負轉嫁 (14)
- 第五節 稅收制度的分類 (17)
- 第六節 稅收在社會主義市場經濟中的地位和作用 (20)

第二章 貨物和勞務稅 (23)
- 第一節 貨物和勞務稅概述 (23)
- 第二節 增值稅 (25)
- 第三節 消費稅 (49)
- 第四節 營業稅 (62)
- 第五節 關稅 (73)

第三章 所得稅 (86)
- 第一節 企業所得稅 (86)
- 第二節 個人所得稅 (108)

第四章 財產稅、行為稅和其他稅 (117)
- 第一節 財產稅、行為稅概述 (117)
- 第二節 房產稅 (119)
- 第三節 契稅 (123)
- 第四節 車船稅 (128)
- 第五節 印花稅 (132)
- 第六節 車輛購置稅 (137)
- 第七節 城市維護建設稅 (139)
- 第八節 教育費附加 (142)
- 第九節 資源稅 (144)
- 第十節 土地增值稅 (149)

第十一節　耕地占用稅 ……………………………………（159）
　　第十二節　城鎮土地使用稅 …………………………………（161）
　　第十三節　菸葉稅 ……………………………………………（166）

第五章　稅收徵管制度 ……………………………………………（168）
　　第一節　稅收徵管概論 ………………………………………（168）
　　第二節　稅務管理 ……………………………………………（172）
　　第三節　稅款徵收 ……………………………………………（183）
　　第四節　稅務檢查 ……………………………………………（188）
　　第五節　違規、違規處罰及法律責任 ………………………（189）
　　第六節　稅務代理 ……………………………………………（195）
　　第七節　稅收徵管體制改革展望 ……………………………（197）

第六章　國際稅收 …………………………………………………（201）
　　第一節　國際稅收的形成與研究對象 ………………………（201）
　　第二節　稅收管轄權 …………………………………………（204）
　　第三節　國際重複徵稅 ………………………………………（207）
　　第四節　稅收協定 ……………………………………………（218）
　　第五節　國際稅收管理的經驗 ………………………………（226）

第七章　中國的避稅和反避稅 ……………………………………（230）
　　第一節　避稅概述 ……………………………………………（230）
　　第二節　內資企業常用的避稅方式 …………………………（231）
　　第三節　外資企業的避稅方式 ………………………………（240）
　　第四節　個體工商戶避稅方式 ………………………………（246）
　　第五節　個人避稅方式 ………………………………………（248）
　　第六節　中國的反避稅 ………………………………………（250）

第八章　國際避稅和國際反避稅 …………………………………（263）
　　第一節　國際避稅概述 ………………………………………（263）
　　第二節　國際避稅的方式 ……………………………………（267）
　　第三節　國際反避稅 …………………………………………（276）

第一章　中國現行稅收制度

第一節　中國稅制改革概述

中國改革開放三十多年來，稅制改革總是與經濟體制改革發展相聯繫的。它已經成為中國促進經濟體制改革，推動經濟發展的不可缺少的手段。縱觀中國的稅制改革歷程，大致包括四個階段。

第一階段是 1978 年到 1982 年。這是中國改革開放以後稅制改革的醞釀與起步階段。這一時期，中國的稅制改革取得了第一次全面重大突破。一是適應中國對外改革開放的需要，初步建立了涉外稅收制度。1979 年先行一步改革的涉外稅制主要包括：在貨物和勞務稅方面，暫時沿用 1958 年實施的《中華人民共和國工商統一稅條例（草案）》，對涉外企業銷售收入和貨物徵收工商統一稅；在財產稅方面則沿用 1951 年公布的《城市房地產稅暫行條例》和《車船使用牌照稅暫行條例》，對涉外企業的房產和車輛徵稅；在企業所得稅上則積極開展立法工作。1980 年先後頒布了《中華人民共和國中外合資經營企業所得稅法》、《中華人民共和國個人所得稅法》及其實施細則。1981 年則頒布了《中華人民共和國外國企業所得稅法》。據此包括貨物和勞務稅、所得稅和財產稅在內的一套比較完整的涉外稅收制度建立起來。二是根據國內經濟發展的實際情況，積極開展國內稅制改革研究與試點。在貨物和勞務稅上，在對商品銷售、勞務服務徵收工商稅時，提出將工商稅按照性質劃分為產品稅、增值稅、營業稅和鹽稅四個稅種的構想，並擴大了工商稅的徵稅項目。在所得稅上，將改革的中心定為國有企業利改稅，對國有企業徵收所得稅。在其他稅種上，恢復和開徵包括城市房地產稅、車船使用牌照稅、印花稅等一些地方稅種，並將國有企業繳納的固定資產占用費改為固定資產稅。這期間頒布的一系列改革措施、政策為後來的稅制改革打下了堅實的基礎。

第二個階段是 1983 年到 1993 年。這是中國改革開放以後稅制改革全面展開的階段。一是實行工商稅收制度的全面改革。其一，包括：1984 年國務院發布了《中華人民共和國產品稅條例（草案）》、《中華人民共和國增值稅條例（草案）》、《中華人民共和國鹽稅條例（草案）》、《中華人民共和國營業稅條例（草案）》、《中華人民共和國資源稅條例（草案）》和《國營企業調節稅徵收辦法》，根據國務院頒布的稅收法規，同年財政部頒布了相應的實施細則。1985 年國務院發布《中華人民共和國城市維護建設稅暫行條例》，1986 年發布了《中華人民共和國房產稅暫行條例》、《中華人民共和國

車船使用稅暫行條例》，1988年發布了《中華人民共和國印花稅暫行條例》、《中華人民共和國城鎮土地使用稅暫行條例》。其二，在頒布上述工商稅收制度的法律後，對增值稅、產品稅、營業稅、資源稅在徵稅範圍、稅目、稅率、計稅方法和徵收管理方面不斷完善。二是完善所得稅制度。包括1984年《中華人民共和國國營企業所得稅條例（草案）》、1985年《中華人民共和國集體企業所得稅暫行條例》、1986年《中華人民共和國城鄉個體工商業戶所得稅暫行條例》、《中華人民共和國個人收入調節稅暫行條例》、1988年《中華人民共和國私營企業所得稅暫行條例》、1991年《中華人民共和國外商投資企業和外國企業所得稅法》，將《中華人民共和國中外合資經營企業所得稅法》和《中華人民共和國外國企業所得稅法》統一。三是調節投資和消費的稅收措施。包括1983年國務院發布《建築稅徵收暫行辦法》，開徵建築稅。1991年國務院發布《中華人民共和國固定資產投資方向調節稅暫行條例》，自1991年開始實行，《建築稅徵收暫行辦法》同時廢止。四是開徵獎金稅和工資調節稅。1984年國務院發布《國營企業獎金稅暫行規定》，1985年又先後發布了《集體企業獎金稅暫行規定》、《事業單位獎金稅暫行規定》，開始對超限額發放的獎金徵稅。五是為保護耕地資源，1987年國務院發布了《中華人民共和國耕地占用稅暫行條例》。六是開徵了特別消費稅和筵席稅。

　　第三階段是1994年到2000年。這是中國改革開放以後稅制改革的深化階段。從1994年起全面推行新稅制，初步建立了適應社會主義市場經濟體制需要的新稅制。在流轉稅方面規定改革後流轉稅由增值稅、消費稅和營業稅組成。在工業生產領域和批發、零售商業普遍徵收增值稅，對少量消費品徵收消費稅，對不實行增值稅的勞務和銷售不動產徵收營業稅。1993年國務院發布了《中華人民共和國增值稅暫行條例》、《中華人民共和國消費稅暫行條例》、《中華人民共和國營業稅暫行條例》。在所得稅上：一是從1994年起統一內資企業所得稅。1993年國務院發布了《中華人民共和國企業所得稅暫行條例》，同時廢止《中華人民共和國國營企業所得稅條例（草案）》、《中華人民共和國集體企業所得稅暫行條例》、《中華人民共和國私營企業所得稅暫行條例》和《國營企業調節稅徵收辦法》。二是統一個人所得稅制度。1993年全國人大頒布了《關於修改〈中華人民共和國個人所得稅法〉的決定》，並於1994年起實行，1994年國務院發布《中華人民共和國個人所得稅法實施條例》，同時宣布廢止《中華人民共和國個人收入調節稅暫行條例》和《中華人民共和國城鄉個體工商業戶所得稅暫行條例》。其他稅種：一是發布《中華人民共和國資源稅暫行條例》，同時宣布廢止《中華人民共和國資源稅條例（草案）》和《中華人民共和國鹽稅條例（草案）》；二是發布《中華人民共和國土地增值稅暫行條例》。根據國務院頒布的稅收法規，同年財政部頒布了相應的實施細則。根據全國人大常委會的規定，1994年國務院發布了《關於外商投資企業和外國企業適用增值稅、消費稅、營業稅等稅收暫行條例有關問題的通知》，指出除適應上述條例外還適用土地增值稅、資源稅、印花稅、城市房地產稅等暫行條例；同時對外資企業由於稅制改革提高的稅負給予了妥善解決的方法。由此適應社會主義市場經濟體制要求的新稅制體系初步形成。

　　第四階段是2001年到2010年。這是中國改革開放以後稅制改革的完善階段，改革

的目標是建立適應完善的社會主義市場經濟體制稅收制度。2001年以後，中國為完善社會主義市場經濟的需要，在農村稅費改革、貨物和勞務稅改革、所得稅改革、財產稅改革，取得了一系列改革。一是貨物和勞務稅。增值稅轉型改革從2004年起在東北三省實行，從2007年、2008年繼續擴大範圍開始，2008年國務院公布修訂《中華人民共和國增值稅暫行條例》以後，自2009年起在全國所有地區、所有行業進行增值稅轉型改革，允許企業抵扣新購入設備所含的增值稅。完善消費稅。從2006年起，開始調整部分稅目、稅率。營業稅：2008年國務院公布修訂了《中華人民共和國營業稅暫行條例》，從2009年開始實行。企業所得稅：合併內資企業所得稅與外資企業所得稅。2007年第十屆全國人大個人第5次會議通過了《中華人民共和國企業所得稅法》，並從2008年1月1日起執行。個人所得稅：中國從2005年起到2011年先後4次修改所得稅法，從2011年9月1日起，將個人所得稅的起徵點從2,000元提高到3,500元。農村稅費改革，廢止農業稅。從2001年開始，國家開始農村稅費改革，2002年開始稅費改革全面試推行。2005年全國人大常委會通過了關於廢止《中華人民共和國農業稅條例》的決定，從2006年開始廢止農業稅。

2011年後稅制改革的目標是，適應新的形勢需要，建立起符合社會主義市場經濟體制要求的科學的稅制體系。重點解決合理調整稅負，優化稅制結構，完善各個稅種包括考慮開徵物業稅、社會保障稅，從而建立起符合社會主義市場經濟體制要求的、符合國際慣例的稅收制度。有關的課題討論已經列上日程。相信中國新階段的稅制改革必將根據經濟社會發展的需要取得豐碩的成果。

第二節 稅收概念及一般特徵

一、稅收定義

稅收是國家為實現其職能，憑藉其政治權力，按照法定標準，依法參與單位和個人的財富分配，強制、無償取得財政收入的一種形式，是國家憑藉政治權力參與國民收入分配和再分配形成的一種特定分配關係。此定義包含以下內容：

（一）稅收是國家取得財政收入的一種基本方式

稅收是為實現國家的職能和任務服務的，這是所有國家稅收的共性。歷史上的任何一個國家（地區），不論其性質如何，為了維持自身的存在和發展，都必須耗用一定的物質和資金，因而必須採用適當的方式取得財政收入。稅收就是在一定的經濟條件下取得財政收入的一種方式。

（二）國家徵稅憑藉的是政治權力

徵稅主體是國家，國家徵稅憑藉的是政治權力。國家取得任何一種財政收入，總是要憑藉國家的某種權力。而政治權力是國家權力，是在一種可以超越所有權讓，向納稅人實施強制、無償徵收的一種權力，也就是這種政治權力，才使得稅收具有強制

性和無償性的特徵。

(三) 稅收必須借助法律形式進行

國家憑藉政治權力把勞動者創造的一部分產品用稅收的形式集中到國家手中，必須按照法定的標準進行。只有通過法律形式，才能使強制合法進行，才能規範和協調徵納雙方的權利義務關係。

(四) 國家徵稅的目的是滿足社會公共需要

國家通過徵稅參與社會產品和國民收入額分配，把一部分社會產品或國民收入強制性地轉化為國家所有，然後根據國家的意志支配、使用，以滿足社會公共需要。

二、稅收的基本特徵

稅收作為國家憑藉政治權力進行的特殊分配，作為國家取得財政收入的一種特殊方式，具有某些顯著的特徵。這些特徵是稅收區別於其他財政收入方式的基本標誌。

(一) 強制性

國家徵稅是通過頒布法律、法令，憑藉政治權力強制徵收，任何單位和個人都必須依法遵守，否則會受到法律的制裁。國家為了徵稅，要制定一系列稅收法律和法令，並納入國家法律體系的組成部分。國家為了保證稅法的貫徹與實施，在憲法和有關法律中都有稅收條款。例如，中國憲法中就明確規定「中華人民共和國公民有依照法律納稅的義務」。《中華人民共和國刑法》修改後在第二編第三章第六節裡規定了「危害稅收徵管罪」(第二百零一條至第二百一十二條)。可見，納稅是納稅人必須履行的法定義務，不以納稅人的意志為轉移。

(二) 無償性

稅收的無償性是就具體的徵稅過程來說的，表現為國家作為統治階級的代表，徵稅以後稅款即為國家所有，並不存在對納稅人的償還問題。對具體納稅人來說，納稅後並未取得任何報酬。從此意義上來說，稅收不具有償還性和返還性，是無償的。但是從財政活動的整體過程看，稅收取之於民，用之於民，政府徵收的稅款必須用於對公共社會提供公共物品和社會服務。從這方面來說，稅收的無償性又是相對的。稅收無償性的性質在一定範圍和程度上，對改變社會財富分配的不合理狀況，貫徹國家各項方針、政策起到了重要的作用。稅收的無償性是稅收的其他特性的基礎，因為只有無償徵收，才能體現國家的職能作用。

(三) 固定性

稅收的固定性是指國家在徵稅前，以法律形式設定了課稅對象及每一單位課稅對象的徵收比例或徵收數額。其固定性表現在兩個方面：一是對國家來說，由於通過法律形式規定了納稅環節、徵稅範圍、徵稅對象和徵收比例等，這樣一來，經濟組織和個人應不應該納稅、納什麼稅、納多少稅、應在什麼時間納稅等，都是固定的，不可以隨意變更，所以只能按照預定標準徵收，而不能無限度徵收。二是納稅人只要取得

了稅法規定的應稅收入，或者發生了應稅行為，擁有了應稅財產等，就必須按規定標準（比例或定額）如數納稅，而不能改變這個標準。稅收的這一特徵同無償徵收是分不開的。因為既然是無償徵收，就同納稅人的經濟利益關係極大，如果沒有一定的預定標準，任意徵收，必然遭到納稅人的反對。同時稅收的固定性也不能絕對化，隨著社會經濟條件的變化，具體的徵稅標準是可以改變的。比如修訂稅法，調高或者降低稅率等，但這些只是變動徵收標準，而不是取消標準，和稅收的固定性並不矛盾。

稅收的上述特徵只是稅收在形式上與其他財政收入的區別，並不反應不同社會制度下稅收體現的不同經濟關係。因此，在不同的社會制度下，儘管稅收體現的經濟關係不同，但其特徵則是共同的。鑑別一種財政收入是不是稅收，不能看它的名稱，只能看它是否同時具備稅收的三個特徵。凡同時具備這三個特徵的就是稅收，否則就不是稅收。

三、稅收與其他財政收入形式的區別

（一）稅收與國家財政發行的區別

財政發行是國家為了彌補財政赤字而發行貨幣用以取得財政收入的行為。同稅收一樣也具有一定的強制性和無償性。它的強制性表面上不明顯，但其是國家運用政治權力強制流通的，它的無償性表現為是國家通過發行貨幣取得的收入，沒有繳納收入的具體對象，所以也不存在返還的可能，所以被人們稱為隱蔽的稅收。財政發行與稅收也存在著一定的區別，最大區別一是稅收是以社會總產品作為基礎，是國民收入的一部分，有物質保證；而增加紙幣發行，則沒有相應的社會產品做基礎。二是只有稅收才是國家穩定、可靠的收入來源。雖然增發貨幣取得財政收入的辦法最為簡便，收款（效）也最快，但其後果卻很嚴重。在商品數量和貨幣流通速度不變的情況下，物價高低與貨幣多少成正比例。而濫發紙幣，造成虛假的購買方，勢必導致貨幣貶值，物價上漲，社會經濟秩序紊亂。所以，一般國家都不敢貿然採用此法。只有稅收才是籌集財政資金的正常渠道和基本手段。

（二）稅收與國家信用的區別

國家信用通俗稱國債，是國家以債務人的身分，運用信用方式籌集財政資金的一種方式，包括內債和外債。通常內債是以發行公債和國庫券取得，外債則是以發行國際債券和貸款方式取得。稅收與國家信用二者的區別在於：一是財政作用不同。國家信用雖然也是一種聚財之道，可以暫時解決一定時期的財政困難，但一般不能從根本上改善國家的財政支狀況。因為不論是募集公債還是利用外資，都屬於信用關係，必須有借有還，並支付利息，一般稱之為稅收的預徵。稅收則既不需要償還，又不支付利息，它是當年實際的財政收入，反應一個國家的真實財力。二是特徵不同。從強制性看公債作為一種信用關係，發行公債者與認購公債者雙方在法律上處於平等地位，因此只能堅持自願認購的原則，不能強行推銷。而稅收則是強制徵收，只要堅持依法辦事、依率計徵的原則，就可以徵收而不必考慮納稅人是否自願。

（三）稅收與國有企業上繳利潤的區別

稅收與利潤上繳是國家參與企業收入分配的形式，但二者有著明顯的不同，是兩個不同的經濟概念。從適用範圍看，稅收是國家依靠社會公共權力，根據國家法律、法規，對納稅人包括法人企業、非法人企業和自然人強制無償徵收的，在稅收、稅法面前，各類企業包括國有企業處於同等地位。只要符合國家法律規定，既可以對國有企業徵稅，也可以對非國有制的單位和個人徵稅。上繳利潤是社會主義國家國有企業上繳國庫一部分企業純收入。利潤上繳只能適用於國家所有制企業，這是國家參與國有資本的收益的分配，行使的是國有資產所有者的權益，所以不適用於集體企業、外商投資企業和私營企業等。從強制性看，稅收具有法律強制性質。納稅人必須按期、足額地繳納稅款，否則就要加收滯納金或罰款。由於利潤屬於同一所有制內部的分配，所以不具備強制性，這使財政收入遠不如稅收那樣及時、穩定和可靠。從固定性看，由於稅收是按照預先規定的徵收比例或徵收數額進行徵收（尤其是貨物勞務稅是針對流轉額徵收的，不論企業有無贏利和獲利多少，都必須按照規定的統一比例如數繳納），所以保證了國家稅收收入可以穩定可靠地取得。利潤上繳則是以企業實現的利潤為依據，利潤多則多繳，利潤少則少繳，無利潤和虧損則不繳，而且上繳的比例和數額還經常進行調整，因此，利潤上繳的數額很不穩定，這樣就使得國家與企業的分配關係也難以穩定下來。1994年稅制改革之際，中國政府為了「激勵企業改革和發展」，暫停向國有企業收繳利潤，14年後，隨著國有企業總體走出困境，中國政府宣布將重新啟動國企向國家上繳利潤政策。2007年9月，國務院發布了《國務院關於試行國有資本經營預算的意見》，決定中央直接管轄的國有資本經營預算從2007年起進行試點，2008年開始實施。2007年12月中旬，財政部和國資委制定發布了《中央企業國有資本收益收取管理暫行辦法》，規定根據不同行業，分三類執行：菸草、石油石化、電力、電信、煤炭等資源型企業，上繳比例為10%；鋼鐵、運輸、電子、貿易、施工等一般競爭性企業上繳比例為5%；軍工企業、轉制科研院所等企業，上繳比例三年後再定。

（四）稅與費的區別

費的名目很多，大體上可以分為兩類：一是經營業務費用；二是行政事業性收費。經營業務費用主要是指在經濟活動中，由於一方當事人向另一方當事人提供某種勞務或者某種資源的使用權而所收取的費用。這屬於純商業問題，在此不加討論。行政事業性收費是指政府機關為單位和居民個人提供某種特定服務或批准使用國家的某些權力等而收取的一種費用。由於其也和稅收一樣是國家取得財政收入的一種形式，而且名目繁多，甚至有些還和稅收難以加以區分，所以需要對二者加以討論。從目前各地區、各部門收費的內容來看，大體上可以分為以下三種：第一種是事業收費，如房管部門收取的房租，城建部門收取的地段租金，環保部門收取的排污費等；第二種是規費，它包括由公安、民政、司法、衛生和工商行政管理等部門向有關單位和個人收取的工本費、手續費、訴訟費、化驗費、商標註冊費和市場管理費等；第三種是資源管理收費，例如國家有關部門向開採石油的企業收取的礦區使用費，集體單位經批准開

採國家礦藏等資源向國家有關部門繳納的礦山管理費、沙石管理費等。稅與費的主要區別是：一是徵收的主體不同。凡是代表政府所屬的各級稅務機關、海關收取的一般是稅，由其他機關、各經濟部門和事業單位收取的一般是費。二是是否有償性。國家徵稅過程強調無償性，費則是提供服務的部門向受益者收取的一種報酬。有償的是費，無償的是稅。三是用途不同。繳入國庫的稅款一般是由國家預算，通過財政支出，滿足公共需要；而費則多用於提供服務本身義務所付出的成本的支出。

（五）稅收與罰沒收入的區別

罰沒收入是罰款和沒收收入的簡稱，是指國家主管部門和機關（如公安、工商、稅務、海關）對違反法規的單位和個人實施的罰款及沒收財務的懲罰性措施，是國家財政收入的主要來源之一。稅收法律、法規中就設有罰沒的條款。從稅收管理上講，罰沒比稅收具有更加明顯的強制性和無償性。但是，罰沒不同於稅收，它缺乏固定性，只是對被處罰人的一次性處分，不存在固定連續取得收入的特性，對取得財政收入缺乏穩定、可靠的保證，與稅收相差很多，甚至是無法比較的。因而只適宜作為行政管理和財政管理的輔助手段，而不宜作為取得財政收入的經常手段和主要手段。在特定的歷史條件下，它可以發揮其獨特的政治、經濟作用。所以，它在維護國家各項法律的嚴肅性、保證稅法的順利實施方面，有著獨特的作用。特別是在經濟領域對打擊嚴重經濟犯罪活動方面，罰沒手段仍具有一定的威懾力和懲罰作用。

第三節　稅收制度的構成要素

稅收制度是國家以法律形式規定各種稅收法令和徵收辦法的總稱，包括稅收法律、法規、條例、實施細則、稅收管理體制、徵收管理辦法等，是國家法律的有機組成部分，起著規範徵稅主體和納稅主體之間有關稅收徵納的權利義務關係的行為準則的作用。從稅收制度的形式看，一個國家的稅收制度，可以按照構成方法和形式分為簡單型稅制及複合型稅制。結構簡單的稅制主要是指稅種單一，結構簡單的稅收制度；而結構複雜的稅制主要是指由多個稅種構成的稅收制度。在現代社會中，世界各國一般都採用多種稅並存的復稅制稅收制度。稅收制度不僅在不同社會制度的國家（地區）有所區別，而且在同一社會制度的國家（地區），甚至在一個國家（地區）的不同歷史時期，由於政治經濟條件和政治經濟任務不同，稅收制度也有著或大或小的差異。因此，稅收制度是具體的，是不斷發展變化的。

稅收制度由若干要素構成，這些要素可以分為實體要素和程序要素兩類。在任何一個國家，不論採用何種稅收制度，構成稅種的要素都不外乎包括以下幾項：納稅人、徵稅對象、稅目、稅率、計稅方法、納稅環節、納稅期限、納稅地點、減稅、免稅和法律責任。

一、納稅人

納稅人也稱課稅主體，是稅法上規定的直接負有納稅義務的單位和個人，包括法

人和自然人。

（一）自然人和法人

自然人一般是指公民或居民個人，是指在法律上成為一個權利和義務主體的普通人，以個人身分來承擔法律所規定的納稅義務。

法人是指依法成立並能以自己行使權利和負擔義務的組織。作為納稅人的法人，一般是指經工商行政機關審查批准和登記，具有必要的生產手段和經營條件，實行獨立經濟核算並能承擔經濟責任，能夠依法行使權利和義務的單位、團體。法定納稅人負有直接繳納稅款的義務。一般地說，它是所納稅款的實際負擔者，即負稅人，納稅人與負稅人是一致的。但是，在某種情況下，納稅人可以通過一定的方式把繳納的稅款轉嫁給他人負擔，這樣，納稅人就不是所納稅款的實際負擔者，從而與負稅人不一致。

（二）扣繳義務人

扣繳義務人是按照稅法的規定，負有代扣稅款並向國家繳納稅款義務的單位和個人。扣繳是國家為了保證財政收入，簡化納稅環節和計徵手段，加強稅收的源泉控制，對某些稅目規定由支付單位在支付款項時負責代扣和代繳納稅人應繳納的稅款。如個人所得稅規定由支付所得單位代扣代繳。扣繳義務人必須依法履行代扣、代收稅款義務，否則也要承擔相應的法律責任。

二、徵稅對象

徵稅對象也稱徵稅客體，是課稅的標的物，即規定對什麼東西徵稅。每一種稅的徵稅對象都規定或體現著它的徵稅範圍，凡是列入徵稅對象的就屬於該稅的徵收範圍。

國家按照政治、經濟的需要和徵收某種稅的目的，打算對什麼徵稅，原則上要確定徵收範圍。不同的課稅對象和徵收範圍構成不同的稅種，在稅率等條件不變的情況下，徵稅數額的多少直接取決於課稅對象數量的變化，因此，課稅對象在稅收制度中佔有重要的地位。確定課稅對象，首先要選定稅源。稅源是國民經濟各部門在分配過程中形成的各種收入。稅源是稅收收入的來源，即各種稅收收入的最終出處。每種稅收收入在經濟上都有其各自的來源。如企業所得稅的稅源，是企業的經營利潤；個人所得稅，是個人取得的各種收入。稅源可以是直接的課稅對象，也可以不是直接的課稅對象。例如徵收所得稅，稅源和課稅對象是一致的，都是納稅人的利潤所得。而對財產的徵稅，課稅對象是財產的數量或價值，稅源則是財產帶來的收益或財產所有人的收入。由此可見，課稅對象與稅源是兩個既相互聯繫又相互區別的不同概念。因此在設計稅制時，必須依據客觀經濟形勢，注意稅源的發展變化，選擇適當的課稅對象，設置適當的稅種。如果課稅對象選擇不當，不僅發揮不了稅收的作用，甚至可能導致稅源萎縮，稅收枯竭。課稅對象往往決定了本稅種的性質和作用，甚至決定了本稅種的名稱，因而是稅制中的基本要素。

（一）稅目

稅目是稅法規定的統一課稅對象範圍內的具體徵稅項目。反應具體的徵稅範圍，

體現了徵稅的廣度。有些稅的課稅對象簡單、明確，例如房地產稅、菸葉稅等，當然沒有另行規定稅目的必要。但從大多數稅種來看，課稅對象都比較複雜，在徵稅時，還需要對這些稅的課稅對象做進一步的詳細劃分，並做出具體的界限規定，這個規定的界限範圍就是稅目。規定稅目是稅收技術上的需要。通過規定稅目，可以劃分各稅徵免的界限。凡屬於稅目之內的商品或經營項目就要徵稅，不屬於這些稅目的就免於徵稅。規定稅目也是貫徹國家政策的需要。對有些稅目要制定較高的稅率，有些稅目可以制定一般的稅率，有些稅目則可以制定較低的稅率，通過不同稅率的制定，便於貫徹一定時期的經濟政策和稅收政策。

制定稅目通常有兩種方法：一是列舉法，即按照每一種商品的經營項目或收入項目分別設計稅目。列舉法又有正列舉法和反列舉法之別。正列舉法就是列舉的徵稅，沒有列舉的不徵稅。反列舉法就是列舉的不徵稅，沒有列舉的都徵稅。列舉法的優點是稅目界限明確，便於掌握；缺點是稅目繁雜，不便查找。二是概括法，即按照商品大類或行業設計稅目。其優點是稅目較少，便於記憶；缺點是稅目設置過粗，不便於貫徹國家的經濟政策。

（二）計稅依據

計稅依據是指計算應納稅額的根據。計稅依據是課稅對象的量的表現。計稅依據的數額同稅額成正比例，計稅依據的數額越多，應納稅額也越多課稅對象同計稅依據有密切的關係。前者是從質的方面對徵稅的規定，即對什麼徵稅；後者則是從量的方面對徵稅的規定，即如何計量。

三、稅率

稅率是應納稅額占課稅對象之間的比例，它決定單位課稅對象所徵收的稅額。在徵稅對象已經確定的前提下，國家徵稅的數量和納稅人負擔水準取決於稅率，國家一定時期的稅收政策也體現在稅率方面。因此說它是稅收制度的中心環節。經濟主體從事各種生產經營活動，它們在遵守國家法律和法規的前提下，所關心的主要是能夠獲取一定的利潤和收入。如果投入多，產出少，必然會大大減弱或停止該項經營活動。這樣，稅率的高低就成為經濟主體推測未來經濟活動是否合算的主要依據，稅率就成為影響企業和個人經濟行為的極為重要的手段。因此，在稅法中對稅率的規定就顯得特別重要。稅率有多種表示方法，其中比例稅率、累進稅率和定額稅率是稅率的三種最基本形式。中國目前稅率也是按照比例稅率、定額稅率和累進稅率這三種形式分類的。

（一）比例稅率

比例稅率是指同一課稅對象不論數額大小都按同一比例徵稅。實行這種稅率，其稅額隨課稅對象等比例增加，是應用最廣泛的一種稅率。在具體運用時，按對徵稅對象或納稅人的使用方式劃分有統一比例稅率和差別比例稅率。統一比例稅率，即一個稅種只規定一個比例稅率。例如，菸葉稅採用 20% 的比例稅率。差別比例稅率，即一個稅種分別採用不同的比率的比例稅率。差別比例稅率按其作用範圍又分為：產品差

別比例稅率，即對同一產品採用同一稅率，不同產品採用不同的稅率。例如消費稅中，酒按類設計稅率，糧食白酒、薯類白酒、黃酒和啤酒分別適用不同的稅率；小汽車按排氣量分檔設計稅率；化妝品按30%稅率徵收等。行業差別比例稅率，即對同一行業採用同一稅率，不同行業採用不同的稅率。例如，營業稅對建築業、金融保險業、交通運輸業、服務性行業等行業採用各自不同的行業稅率。地區差別比例稅率，即為了照顧不同地區的生產水準和收益分配上的差別，區分富裕、貧窮、落後等不同情況制定高低不同的稅率，如城市維護建設稅和城鎮土地使用稅。幅度比例稅率，也稱彈性比例稅率，即由中央規定一個稅率的幅度，在此幅度內由各地因地制宜地自行確定本地區適用的稅率。例如，營業稅中的娛樂業的稅率規定為5%～20%，由各省、自治區、直轄市人民政府根據本地區實際情況在規定的幅度內自行確定娛樂業適用的稅率。從經濟方面看，比例稅率除有計算比較簡便的優點外，可以使稅收負擔隨經濟的變化而變化，收入多者多負擔，收入少者少負擔，有利於企業在大體相同的條件下展開競爭，努力提高經濟效益。因為同種產品相應地承擔同等納稅義務，就必須盡力設法降低成本，提高產品質量，才能在競爭中不至於失利。但在貫徹社會政策方面由於收入多者和收入少者負擔能力不盡相同，按照同一比例徵稅，存在著表面平等掩蓋實際不平等的弊病。因此在實際運用中，比例稅率主要適用於對商業、勞務的課稅，而對所得或財產的課稅則大多使用累進稅率。

（二）累進稅率

累進稅率是將課稅對象按照數額的大小劃分為若干個等級，每一等級分別設計不同的稅率。隨著課稅對象數額的遞增，稅率逐級提高，課稅對象的數額越多，適用稅率越高。它把稅率的變動與課稅對象數額的變動聯繫起來，包括最低稅率、最高稅率和若干等級的中間稅率。一般多在收益課稅中使用。由於累進稅率有一個累進最高點，超過最高點的部分實際上又變成了比例稅率。累進稅率按照累進依據的不同可分以下5種形式：

1. 全額累進稅率

全額累進稅率是將課稅對象的全部數額按照與之相適應的等級稅率計稅，計算簡便，但累進程度急遽，特別是在兩個級距臨界點附近會出現稅額的增加超過課稅對象數額增加的不合理現象。

2. 超額累進稅率

超額累進稅率是按課稅對象數額大小劃分為若干等級，對每個等級分別規定相應的稅率，分別計算稅額，然後再加以匯總，於是課稅對象數額越大，適用的等級越多，甚至適用全部等級的稅率。它在計算上比較複雜，但累進的程度較為緩和，在實際工作中，為了解決超額累進稅率計算稅額的複雜性，常採用速算扣除數計稅法解決。

3. 全率累進稅率

全率累進稅率是按課稅對象的全部銷售利潤率（或產值利潤率、資金利潤率）找出適用稅率，再直接用全部銷售收入額（或產值、資金額）來乘以適用稅率，即等於應納稅額。全率累進稅率，至今只是在理論上存在，還沒有哪個國家採用過。

4. 超率累進稅率

超率累進稅率是對納稅人的銷售利潤率（或其他比率）劃分為若干等級，每個等級規定一個稅率，在課稅對象比例增加而需要提高一級稅率時，只對增加的部分按規定的等級稅率計徵。這種稅率的累進級距是按課稅對象的某一相對量分段，而不是按絕對量分段。因此，確定某一課稅對象適用哪個等級的稅率無法直接判定，首先要計算出它的相對比率。這樣，如果某一課稅對象的絕對額大，而相對量小，則可能使課稅對象處於免徵額之內或適用較低的稅率；反之，如果一課稅對象的絕對額較小，但相對量較大而適用於較高稅率的情況，這一特點一般對大企業較為有利，例如中國現行土地增值稅就實行超率累進稅率。

5. 超倍累進稅率

超倍累進稅率其原理與超額累進稅率是一致的，所不同的是預先設計一下課稅基數，然後就課稅對象超過課稅基數的倍數，設計不同的級距和稅率，超過的倍數越多，稅率越高。原個人收入調節稅就是採用這種稅率。

總之，額累能使利潤額大而利潤率低的企業負擔重，利潤額小而利潤率高的企業負擔輕；率累使利潤額小而利潤率高的企業負擔重，利潤額大而利潤率低的企業負擔輕。

（三）定額稅率

定額稅率是按徵稅對象的計量單位直接規定應納稅額稅率形式。它是以絕對數表示的一種稅率，是稅率的一種特殊表現形式。採用定額稅率徵稅，稅額的多少同徵稅對象的數量成正比。中國現行稅制中的定額稅率有四種表現形式。

1. 地區差別定額稅率

地區差別定額稅率即對同一徵稅對象按照不同地區分別規定不同的徵稅數額。具有調節不同地區級差收入的作用，例如資源稅中的鹽稅。一般來說，產自成本低、利潤大的地區，稅額定得高些；產自成本高、利潤小的地區，稅額定得低些。

2. 幅度定額稅率

幅度定額稅率即在統一規定的徵稅幅度內根據納稅人擁有的徵稅對象或發生課稅行為的具體情況，確定納稅人的具體適用稅率。由各地區根據本地實際情況，在幅度內確定一個執行稅額。例如，車船使用稅對車船或按淨噸位或按載重噸位均規定了幅度稅額。

3. 分類分級定額稅率

分類分級定額稅率即把課稅對象按照一定標誌分為類、項或級，然後按不同的類項或級分別規定不同的徵稅數額。等級高的稅額高。例如，車船稅中機動船的稅額，就是按淨噸位的多少來規定稅額的。定額稅率的優點是，從量計徵，計算簡便，其稅額不受產品成本和價格變動的影響，有利於鼓勵企業提高產品質量，改進包裝。但是，因應納稅額與課稅對象價值的增減脫鈎，所以不能使國家財政收入隨著國民收入的增長而同步增長。

4. 地區差別、分類分級和幅度相結合的定額稅率

地區差別、分類分級和幅度相結合的定額稅率即對同一徵稅對象在按照地區分別

或分類分級定率單位前提下，實行有幅度的定額稅率。

四、納稅環節

納稅環節是稅法規定的徵稅對象從生產到消費的流轉過程中應當繳納稅款的環節，有廣義與狹義之分。社會產品從生產到消費是一個複雜的過程，往往要經過很多環節。例如：工業品要經過工業生產、商品批發、商業零售等環節；農產品要經過農業生產、商業採購、商業批發和商業零售等環節。納稅環節也就是對這些環節具體確定在哪個環節繳納稅款。一般來說，應當根據社會產品生產和流通的實際情況來確定。哪個環節創造和實現贏利較多，就確定在哪個環節納稅。在複雜的經濟活動中，確定在什麼環節納稅，關係到稅制結構和整個稅收體系的佈局以及國家財政收入能否得到保證，關係到稅款能否及時足額入庫和加強經濟核算，因而納稅環節是稅制的構成要素。

按照納稅環節的多少，對商品流轉額的課稅，可以分為以下幾種課徵形式：一次課徵制或多次課徵制。同一種稅，只在一個環節內徵的，稱為一次課徵制。同一種稅，規定在兩個或兩個以上流轉環節課徵的，稱為多次課徵制。工業品在出廠銷售時，徵一次工業環節的稅；經過商業零售時，再徵一次零售環節的稅。這樣確定納稅環節，符合工業品純收入分佈狀況。同時，在工業環節徵稅，還能適應有些工業品直接由企業出售給消費者的情況，便於控制稅源，有利於國家及時取得財政收入和簡化徵收手續。

五、納稅期限

納稅期限是納稅人、扣繳義務人發生納稅義務或者扣繳義務後，向國家繳納稅款或解繳稅款的期限。納稅期限主要是根據納稅人的生產經營規模和應納稅額的大小以及各個稅種的不同特點決定的。它包括按次計算和按期計算。按次計算如：耕地占用稅、契稅等，每次行為發生後立即徵稅，以免發生偷漏稅。按期繳納稅款時，無論數額大小，均應在納稅期限內繳入國家金庫。由於期限是表達一段時間的下限，超過了納稅期限規定的，則要處以滯納金。

六、納稅地點

納稅地點是稅法規定的納稅人繳納稅款的地點。本著有利於徵納的原則，稅法規定了不同的納稅地點。納稅地點主要有企業所在地納稅、營業行為所在地納稅、集中納稅、口岸納稅等。規定納稅人申報納稅的地點，既有利於稅務機關實施稅源控管，防止稅收流失，又便利納稅人繳納稅款。

七、稅收減免

稅收減免是指稅法規定對某些納稅人或課稅對象給予減徵部分稅款或全部免徵稅款的規定。它是稅收優惠的主要形式之一。國家稅收制度是根據國民經濟一般情況制定的，具有普遍性。但是在經濟發展的過程中總會出現個別的、特殊的或臨時性的情況，如新產品的開發、自然災害的發生等。為了把徵稅的普遍性和特殊性結合起來，更好地體現稅收政策，以利於生產的發展，要求在統一的稅收制度基礎上實行減稅和

免稅優惠，體現了稅收的嚴肅性和靈活性的統一。世界各國的稅收法規都有減免稅的規定。稅收減免有不同的方式：從時間上可劃分為定期減免和不定期減免；從性質上可劃分為政策減免、困難減免和一般減免；從與稅法的關係看，可以分為法定減免和非法定減免。從內容上看，減免稅一般有以下幾種形式：

（一）稅基式減免

1. 起徵點

起徵點是稅法規定的可以徵稅的界限，低於起徵點的免徵，達到或超過起徵點的就其數額徵稅。它是對那些收入較少的納稅人的一種照顧，收入所得不足規定起徵點的不交稅。

2. 免徵額

免徵額是指在課稅對象總額中免於徵稅的數額，免徵額部分不徵稅，超過免徵額時僅就超過的部分徵稅。它是考慮納稅人的收入所得應扣除一定數額費用而規定的。

3. 項目扣除

項目扣除是指在徵稅對象中扣除一定項目的數額，以其餘額作為計稅依據計算稅額。

4. 彌補虧損

彌補虧損是指將以前年度的經營虧損在本納稅年度的經營利潤中扣除，以其餘額作為計稅依據計算稅額。

（二）稅率式減免

稅率式減免是指直接降低稅率的方式實行的減免稅優惠，如重新確定稅率、零稅率等。

（三）稅額式減免

稅額式減免是指直接減少應納稅額的方式實行的減免稅優惠，如全部免徵、減半徵收、減徵一定比例或數量的稅額等。

減稅、免稅是通過直接國家財政收入，來增加納稅人的經濟利益，從而發揮調節作用，在一定的時期內對它的使用必須加以某種控制。在執行過程中，要依法進行減免，不可各行其是，隨意減免，否則不但不能保證財政收入，而且會脫離客觀經濟決策的指導，影響國民經濟的發展。

八、稅務違章與違章處理

稅務違法行為是指漏稅、欠稅、偷稅、抗稅，以及違反其他有關稅收徵收管理規定的行為。

稅務違章行為處理是稅務機關對納稅人違反稅法行為所採取的處罰措施，體現了稅法的嚴肅性。

對納稅人的稅收違章行為，可以根據情節輕重的不同，分別採用不同的處理方式，如批評教育、強行扣款、加收滯納金、罰款、追究刑事責任等。

第四節　稅負轉嫁

所謂稅負轉嫁是指納稅人不實際負擔所納稅收，而通過購入或者銷出商品價格的變動，或通過其他手段，將全部或者部分稅收轉移給他人負擔的經濟現象。稅負轉嫁並不影響稅收的總體負擔，但會使稅收負擔在不同的納稅人之間進行分配，對不同的納稅人產生不同的經濟影響。商品經濟的發展是稅負轉嫁產生的客觀經濟條件。稅收屬於分配範疇，也屬於歷史範疇。

只要有稅收，就必然存在稅收負擔，但這並不意味著有了稅收必然存在稅負轉嫁。在以自給自足的自然經濟為基礎的社會裡，一般生產物不經過市場交換直接從生產領域進入消費領域，國家不可能對商品或商品流轉額進行課稅，國家徵自土地生產物的稅收只能由土地所有者或生產者自己負擔，這也排除了稅負轉嫁存在的可能性。隨著社會生產力的發展，商品交換突破時間和地域的限制而大規模地發展起來，一切商品的價值都要通過貨幣形式表現為價格，一切對商品流轉額的徵稅必然與商品價格形成緊密的聯繫，這就為稅負轉嫁提供了可能。因此，稅負轉嫁是商品貨幣關係發展到一定階段的產物，只要存在商品經濟且價值規律發揮作用，必然會伴隨著商品的價格運動而發生稅負轉嫁問題。當然，在不同的社會制度下，稅負轉嫁的表現形式和作用範圍是有所不同的。

1. 市場經濟條件下的稅負轉嫁形式

在市場經濟條件下，納稅人轉嫁稅負的目的在於擺脫自己的應納稅額，以追求最大限度的利潤。從稅負轉嫁的基本形式看，大體有以下五種：

（1）前轉嫁

前轉嫁又稱順轉嫁，是指納稅人通過交易活動，將稅款附加在價格之上，通過順著價格運動方向向前轉移給購買者負擔。具體影響過程是：繳納稅額增加了單位產品的實際生產費用，從而使稅收成為生產成本的一個組成部分。在這種情況下，廠家為了獲得同以前一樣的利潤，就必然比照稅額抬高價格。在價格無法提高時，由於生產費用提高，一部分廠家將退出該領域的生產過程，資本轉移到其他生產領域，這樣引起該產品的生產量減少，價格就上升。此時，這部分稅款也就隨著價格的提高而轉嫁給消費者。這可表示為：生產廠商→批發商→零售商→消費者。

（2）後轉嫁

後轉嫁也稱為逆轉嫁，即通過壓低原材料的收購價格或本企業的勞動力價格，或者兩者兼而有之，以達到轉嫁稅負的目的。這樣，即使在出廠價不變甚至有所降低的情況下，納稅人也能不負擔或少負擔稅款。這可表示為：原材料供應商（或雇傭工人）←生產廠商←批發商←零售商。

（3）散轉嫁

散轉嫁也稱混合轉嫁即將前轉與後轉結合起來進行。如果現實的經濟狀況不允許納稅人以上述任何一種方式轉嫁全部稅額，這時納稅人往往採取混合轉嫁方式。按照

這種轉嫁方式，當提價或壓價的總額超過其應納稅額時，還可以得到額外利潤。該種方式由於比其他方式更具有隱蔽性，因而在實際上被普遍運用。

（4）消轉

消轉即對已繳納的稅額，納稅人既不前轉也不後轉，而是自己把它「消化」掉。當然，消轉需要具備一定的條件，如生產成本下降、商品銷量尚有擴大的彈性等，納稅人通過改善經營管理，挖掘內部潛力，由課稅商品在生產和流通中增加的利潤來抵消稅負。

（5）稅收資本化

稅收資本化也稱為「資本還原」，即生產要素購買者將所購生產要素未來應納稅款通過從購入價格中預先扣除（壓低生產要素購買價格）的方法，向後轉嫁給生產要素的出售者。這種方式的對象多是一些能夠增值的商品，例如土地、房屋、股票等。稅收資本化與一般意義上的稅收轉嫁不同，一般意義上的稅收轉嫁是將每次經濟交易所徵收的稅款，通過種種途徑隨時予以轉嫁，而稅收資本化則是將累計應納的稅款做一次性的轉移，所以它實際是稅負後轉的一種特殊形式。

納稅人轉嫁稅負的基本手段表明，稅負轉嫁必然伴隨著價格背離價值的運動。不管納稅人是以提價還是壓價，或以兩者結合的方式實現稅負轉嫁，其共同點都是以價格背離價值的那部分差額來補償其應納稅額。同時，稅負轉嫁除了需要具備自由定價的基本條件外，還需要根據經濟的景氣狀況、商品供求關係以及商品本身的特點（例如該項商品是必需品還是非必需品，有無代用品以及與代用品的比價關係）等客觀情況而定，而不能恣意妄行。

2. 計劃經濟與社會主義市場經濟條件下的稅負轉嫁

在計劃經濟條件下是否存在稅負轉嫁問題，理論界有兩種不同的觀點。一種觀點是絕對轉嫁論，認為稅收決定價格，只要價格中含稅，就是轉嫁稅。換言之，這種觀點把稅收完全看成價格以外的附加，「有稅即提價，加稅即加價」，一切對商品課徵的稅收，都不是來自企業創造的純收入，而是來自對消費者的收入的再分配。另一種觀點是絕對不轉嫁論，認為價格決定稅收，因為一切重要商品的價格有相當一部分是由國家統一制定的，企業無權變動，無論國家加稅還是減稅，都不會隨商品價格運動而發生稅負轉嫁。我們認為，這兩種觀點都有偏頗之處。要弄清社會主義市場經濟條件下是否存在稅負轉嫁，應該從課稅形式、稅收同價值與價格形成的關係上進行剖析。

從課稅形式方面來說，按流轉額課稅分為價內稅和價外稅兩種。

流轉稅採用價內稅形式，是指在設計稅制時，把稅金包括在價格之內，作為價格的組成部分，即：

價格 = 成本 + 稅金 + 利潤

流轉稅採取價內稅形式是商品經濟條件下的普遍課徵形式。它的優點是：收入及時，即隨著商品銷售或提供勞務收費的實現，包括在商品價格或服務收費標準中的稅金就實現了，納稅人就要按時履行納稅義務，這樣就能保證財政收入及時入庫。收入穩定，即稅金隨價格的漲落而增減，而與企業成本費用的高低無關。無論企業贏利還是虧損，在價格相對穩定的情況下，稅收數額也相對穩定。調節性強，通過課稅多少

來影響企業的經濟利益,進而調節企業的經濟行為。流轉稅的價內稅形式是企業繳納稅金,其稅收負擔的實際承擔者可能是納稅的企業,也可能是購買商品的消費者。流轉稅採取價外稅形式,是指設計稅制時,使稅金不包括在價格之內,而作為價格之外的附加。

購買商品的支付金額 = 商品價格 + 商品稅金

這種形式過去多為西方發達國家所採用。事實上,價外稅具有許多價內稅所不具備的優點。例如,它多採用固定稅額,稅金明確,透明度高;一般從量計徵,計算簡便;稅收不隨價格的波動而變化;納稅人負稅感強烈,調節消費的作用突出。流轉稅的價外稅形式是典型的轉嫁稅,其稅收負擔的實際承擔者是購買商品的消費者。

從稅收同價值與價格形成的關係方面來說,在商品價格等於商品價值時,稅收分配是對社會產品價值的分配。

例如,某項商品價值為100,其價值的構成形式為:商品價值(W) 100 = 成本($C+V$) 60 + 利潤(m) 40。假定商品價格(P)為100(與商品價值相符),流轉稅率(R)為20%,則稅金(T)為20,銷售利潤($m1$)為20。這時價格的構成式為:(P) 100 = ($C+V$) 60 + (T) 20 + ($m1$) 20。

顯然,徵稅使企業的利潤由40減少到20。這說明在這種情況下,流轉稅是由企業負擔的,而且稅率越高,企業的負擔就越重。在上述商品價格不變的情況下,當稅率 R→40%時,稅金 T→40,則銷售利潤 $m1$→0。事實說明,在商品價格與商品價值一致的情況下,企業繳納的流轉稅由企業自身負擔是客觀事實,而且價內稅與商品銷售利潤是互為消長關係。當商品價格低於商品價值時,企業繳納的流轉稅金額減少企業所創造的價值。所以,在這種情況下,企業繳納的價內稅的全部稅額都是由企業負擔的。原理同上。

問題的複雜性在於商品價格高於商品價值的情況下,稅收既有參與價值分配的情況,又有參與價格形成分配價格級差的情況。仍以前例來說明:當國家把稅金 T 提高到 $T1$ = 35 時,為使生產不受影響,國家把價格 P 提高到 $P1$ = 115,稅金的增量 ΔT = 15。

現在的價格構成式為:($P1$) 115 = ($C+V$) 60 + (T) 20 + (ΔT) 15 + ($m2$) 20;或寫成($P1$) 115 = ($C+V$) 60 + ($T1$) 35 + ($m2$) 20。在這種情況下,企業共納稅35,其20的部分由企業負擔(這在前面已經分析過),15的部分並未形成企業負擔。因為企業並沒有因多納稅而相應減少可供支配的財力,即稅金增加後企業的利潤並未減少,$m1 = m2 = 20$,增加的稅金 ΔT = 15 則由於價格的推進而轉移出去,由消費者負擔。如果國家把該項商品的價格從 $P1$ = 115 提高到 $P2$ = 150,稅金由 $T1$ = 35 隨價格提高而增加到 $T2$ = 50,企業的負擔情況如何呢?

這時價格的構成式為:($P2$) 150 = ($C+V$) 60 + ($T2$) 50 + ($m3$) 40。從現在的價格構成式來看,企業納稅50並沒有使其剩餘利潤有任何減少,$m3 = m = 40$。因此,在這種情況下,稅金50被價格級差收入(150 − 100)所抵消,企業負擔則為零。

通過以上的分析,可以得出下述結論:流轉稅的價外稅形式,稅收容易轉嫁給消

16

費者，由消費者負擔。流轉稅的價內稅形式，在價格符合商品價值或價格低於價值的情況下，稅收的實際負擔者是企業。

流轉稅的價內稅形式，在商品價格高於商品價值，且價格高於價值的部分是由於稅收的增加而等量推進價格的情況下，其增加的稅收部分不是由企業負擔的；如果價格高於價值的部分等於或大於企業所納流轉稅金的數額，則企業繳納的流轉稅完全不由企業負擔。

企業繳納的流轉稅，不能以其由誰負擔而論褒貶。不能認為由企業負擔就好，由消費者負擔就不好；也不能認為由消費者負擔就好，由企業負擔就不好。企業繳納的流轉稅或由企業負擔，或轉嫁給消費者，各有不同的效應。

隨著社會主義市場經濟體制的建立，除有少數關係國計民生的重要商品仍採取計劃價格管理外，其他商品的價格將逐步放開，這對發展生產、活躍流通是非常有利的。但是，當價格放開以後，稅負轉嫁的數量和範圍將會擴大。例如，有的行業會憑藉自己的壟斷地位隨意提高價格，有的租賃承包企業違反有關規定亂漲價，有的工商企業和個體商販就地轉手倒賣、層層加價。這樣不僅把企業原來應交的稅金轉嫁出去，而且遠遠超出這一範圍獲得了更多的額外利潤，這些行為嚴重損害了消費者利益。對此，政府需要採取得力措施加以宏觀調控。

第五節　稅收制度的分類

由於當今各國的社會制度不同，在經濟結構、自然條件等方面也互有差異，所以各國（地區）的稅制結構也不是完全相同的，稅種的設置有多有少，名稱多種多樣。為了對這些不同的稅制和複雜的稅種進行各種有目的的研究，需要從不同的角度研究稅收的發展演變過程、稅收的負擔狀況、稅收來源的分佈等，為制定正確的稅收法規提供依據。由於分析的角度不同，稅種的分類方法不同，常用的稅種分類方法一般有以下幾種。

（一）按課稅對象的性質分類

按課稅對象的性質分類可以分為貨物和勞務稅類、所得稅類、社會保障稅類、財產稅類、關稅、其他稅類六種類型。

1. 貨物和勞務稅

貨物和勞務稅類是指以貨物或勞務的流轉額為課稅對象的稅收體系。目前中國有增值稅、消費稅、營業稅、關稅和車輛購置稅等稅種。貨物和勞務稅課稅的特點是：首先，它與商品經濟有密切的關係，是對商品銷售額或業務收入額徵收的。徵稅的前提條件是商品生產和商品交換。在確定稅制時，自然要受到客觀商品經濟的制約，如對什麼商品徵稅，在商品流通的什麼環節徵稅，採用什麼樣的稅率及徵收方法等，同時，對商品銷售額或業務收入額徵收後，也要反作用於商品經濟，並影響商品生產和交換。其次，稅款直接受流轉額影響，商品銷售額或業務收入額越大，稅收收入就越

多，反之則少。再次，在市場價格可以自由漲落的情況下，稅負可以轉嫁。最後，有利於國家累積資金，以流轉額作為計稅依據，不受企業成本變化影響，可以保證財政收入的及時、穩定。

2. 所得稅

所得稅稅類對收益額徵稅，是指對法人和自然人在一定期間獲取的收益所得額為課稅對象的一類稅收。納稅人的應稅所得可以分為經營所得、財產所得、勞動所得、投資所得和其他所得。經營所得是指生產經營的企業和個體經營者獲取的經營收入扣除為取得該項收入所支付的費用及有關稅金後的餘額；其他所得是指工資、勞務報酬、股息、利息、租金、轉讓特許權利等所得。中國現行稅制中屬於所得稅的包括企業所得稅、個人所得稅和土地增值稅等。對收益額課稅的特點：首先，稅收收入受收益有無和多少制約。國家對收益額徵稅時，是按照國家財政需要和納稅人負擔能力來制定稅率的，一般貫徹「所得多的多徵，所得少的少徵，無所得的不徵」的原則，因此它不像貨物和勞務稅那樣有可靠的保證。其次，稅收收入受收益時間的限制。所得稅受工商企業利潤結算期的限制，農業稅受收益季節的限制。一般採用分期預繳和年終匯算清繳的辦法，所以它不如貨勞稅那樣經常。再次，稅率最便於累進。因為這種稅是以純收益為課稅對象，這是納稅人的真實收入，代表納稅人的實際負擔能力，可能採取調節性強的累進稅率，有利於貫徹合理負擔政策。最後，這種稅負通常不能轉嫁，因為收益稅轉嫁的途徑只有降低工資或延長工時，在實踐中很難做到。

3. 財產稅

財產課稅是以各種財產為徵稅對象的稅收體系。財產稅類稅種的課稅對象是財產的收益或財產所有人的收益，包括動產和不動產。它主要包括房產稅、財產稅、遺產和贈與稅、土地使用稅等。中國目前開徵的財產稅包括房產稅、城鎮土地使用稅、耕地占用稅、契稅、資源稅、車船稅、船舶噸稅等。財產稅類的特點是：首先，對財產的課徵稅源較小，也比較分散。目前中國居民個人僅佔有一些生活所用的財產，對財產的徵稅涉及千家萬戶，稅源零星。其次，課稅對象明確易查。再次，稅收收入較穩定。因為財產額的數量變動較小，不像貨勞稅額、收益額那樣變動較大。最後，地方政府有較大的管轄權。國家給予地方政府較多的稅收管轄權，以便因地制宜，靈活安排，搞好徵收管理。

4. 其他稅類

中國現行稅制結構中，其他稅類包括除上述幾種類型以外的所有稅種，包括印花稅、城市維護建設稅、菸葉稅、固定資產投資方向調節稅等。

中國現行稅制結構中，以課稅對象為標準，將稅種分為四類：包括貨物和勞務稅、所得稅、財產稅和其他稅收。按課稅對象為標準課稅的特點是：稅種選擇十分靈活，可以根據國家（地區）各個時期、各個階段政策的特點需要，對某一行為或某一方面進行稅收調節。

（二）按稅收收入形態分類

1. 實物稅

實物稅是指國家以實物形式（糧食、棉花、牲畜等）徵收的稅。中國的農業稅，一直以實物繳納。從 1985 年起，在有的地區改為折徵代金，向貨幣稅過渡。新中國成立初期的 1950 年，農業稅占全國財政收入的 41%，2004 年，全國農業稅收入 232 億元，下降到占全國財政收入不到 1%，2005 年，全國農業稅收入減少到 15 億元。2005 年 12 月 29 日，十屆全國人大常委會第十九次會議通過了從 2006 年 1 月 1 日起廢止農業稅條例的決定草案。中國從 2006 年起徹底取消農業稅，標誌著在中國已實行了長達 2,600 多年的古老稅種從此退出歷史舞臺。

2. 貨幣稅

貨幣稅是指納稅人以貨幣形式繳納各種稅金（比如現金、支票、銀行劃撥轉帳等），這種方式是商品經濟、貨幣交換發展到一定階段的必然結果，它不僅便於納稅人繳納稅款，也便於國家財政的集中分配和管理使用。

（三）按稅收的課徵方法分類

定率稅是國家先在稅法中明確規定每一課稅對象單位應納稅款的比例，實行依率計徵。由於稅金相對穩定，徵收簡便，既可以保證國家財政收入，又利於促進經濟發展，因此世界各國大都實行定率稅。

配賦稅也稱攤派稅，是國家只預先規定某稅應徵的稅收總額，然後按納稅人或課稅對象依一定標準進行分攤，以確定每一納稅人或某一課稅對象應負擔的稅額。

（四）按稅收的計徵依據分類

按稅收的計徵依據分類可以分為從價稅、從量稅和複合稅。

1. 從價稅

從價稅是以應稅產品的價格來計算稅款。一般採用比例稅率和累進稅率。例如，各種流轉稅都屬於從價稅。其特點是商品價格的高低直接制約著稅額的增減變化。

2. 從量稅

從量稅是以應稅產品的重量、件數、容積、面積等數量為依據來計算稅額。例如資源稅等，其稅額只與課稅對象數量的增減有直接聯繫，而同價格的升降無關。

3. 複合稅

複合稅，又稱混合稅，是對某一徵收對象既徵收從價稅又徵收從量稅的一種徵稅方法。複合稅可以分為兩種：一種是以從量稅為主加徵從價稅；另一種是以從價稅為主加徵從量稅。這種稅制有利於為政府取得穩定可靠的財政收入，也有利於發揮各種稅的不同調節功能。中國現行消費稅對卷菸和白酒採取的就是從價定率和從量定額的徵收方式。

（五）按稅收和價格的關係分類

按稅收和價格的關係分類可以把稅制分為價內稅和價外稅。

凡稅金包含在價格之內作為價格組成部分的屬於價內稅。中國對貨物和勞務額的

課稅絕大部分屬於價內稅。凡稅金附在商品價格上隨商品銷售實現，作為價格以外附加的則屬於價外稅。中國稅種屬於價外稅的包括增值稅、燃油特別稅等。

（六）按稅負是否容易轉嫁分類

按稅負是否容易轉嫁分類可以分為直接稅與間接稅。

直接稅是指由納稅人直接負擔的各種稅收，納稅人即負稅人。所得稅、財產稅和遺產稅等都屬於直接稅。間接稅是指納稅人能將稅負轉嫁給他人負擔的各種稅收，納稅人不一定是負稅人。增值稅、營業稅、消費稅等屬於間接稅。直接稅一般不容易轉嫁，間接稅一般比較容易轉嫁，這是相對而言的。稅負的轉嫁與否，必須結合一定的經濟條件和價格運動的一般規律而定。如果僅憑直接稅與間接稅的劃分為標誌，就認為某些稅絕對轉嫁，某些稅絕對不轉嫁，那是不符合實際情況的。

（七）按財政、稅收管理體制劃分

按財政、稅收管理體制規定的稅收管理權和使用權劃分，凡收入劃歸中央財政的稅種，屬於中央稅，如中央國有企業的所得稅，鐵道部、銀行總行、保險總公司的營業稅，以及海關關稅等。凡收入劃歸地方財政的稅種屬於地方稅，如地方國有企業的所得稅，集體企業、個體工商業戶所得稅，城市房地產稅等。由中央和地方按一定比例分成的稅種，屬於中央地方共享稅，如增值稅等。

上述的各種分類方法，都是針對特定的要求劃分的。其中最重要的是按課稅對象的性質分類。這是因為稅法的核心要素是課稅對象，課稅對象不同，對經濟的調節作用也不同。通過分類，可以針對不同的課稅對象制定體現國家政策的稅收制度和具體的徵管辦法。

第六節　稅收在社會主義市場經濟中的地位和作用

在社會主義市場經濟條件下，稅收既是國家參與社會產品分配、組織財政收入的手段，又是國家直接掌握的調節社會再生產各環節的經濟槓桿，其地位和作用是任何其他行政手段和經濟槓桿所無法取代的。在國民經濟的運行中，一些根本性的重大問題，例如經濟總量的平衡、產業結構的調整、保證競爭的公平性、解決社會分配不公等，都不能完全靠市場機制的作用去完成，而必須依賴於國家的宏觀調控。稅收因其同時具備法律約束和調節經濟的功能，必然成為在社會主義市場經濟中國家所掌握的最主要的宏觀調控手段之一，擔負著更重要的使命。

稅收的作用是稅收的職能在具體工作中的運用與發揮所產生的效果。稅收的作用比其職能更為具體，要受到特定經濟條件和時空的限制。稅收的作用在不同的歷史階段並非一成不變，而是隨著客觀條件的變化而發生相應的變化，在不同國家（地區）或同一國家（地區）的不同歷史時期，稅收的作用是不同的。在社會主義市場經濟條件下，稅收的作用主要表現在以下幾個方面。

一、為國家組織財政收入

在社會主義市場經濟條件下，稅收收入逐年大幅度上升，稅收收入目前已經成為中國財政收入的主要形式，成為國家滿足公共需要的主要財力保障。資金作為經濟建設的基本條件，決定著國家經濟發展的規模和速度。也是加快改革進程，保證國家機器正常運轉，擴大公共事業支出，對整個經濟實行宏觀調控的物質後盾。在市場經濟條件下，稅收作為國家取得財政收入的一個重要手段或基本方式，能夠把分散在各部門、各單位和個人手中的一部分收入集中起來，轉變為國家所有的財政資金。稅收這種保證財政收入的廣泛性、及時性、穩定性和可靠性是任何一種財政形式不能比擬的。

二、配置資源

在社會主義市場經濟條件下，市場對資源配置起主導作用，但是在市場資源配置導致市場失靈時，就必須通過稅收保證公共產品的供應，以稅收配合價格調節具有壟斷性質的企業和行業的生產，使資源配置更加有效。第一，調節需求總量。商品經濟發展的實際情況表明，同一種商品的價值與價格在量上是經常不一致的，而這種價格背離價值的現象就使價格在國民收入分配中有了廣闊的活動餘地，使價格政策成為國家的一項重要經濟政策。如果價格完全機械地決定於價值，就不會產生價格政策，進而也就無法配合其他政策，調節生產與消費。第二，調節經濟結構的作用。在社會主義市場經濟條件下，稅收在實現國民經濟協調發展，改善國民經濟結構發揮著重要作用。一是體現國家產業政策，促進產業結構調整。在社會主義市場經濟條件下，要實現國民經濟協調發展，必須制定符合中國國情的產業政策。然而完全依靠市場機制自發調節資源配置，達到經濟結構的合理化，不僅難以做到，而且可能會出現較大的盲目性，造成社會財富的浪費。因此，政府進行干預，運用稅收這個宏觀調控手段之一，來體現產業政策，促進經濟結構和資源配置更加合理。國家通過稅收對需要鼓勵的產業、目前允許的產業、現行限制產業來設置相應的稅收政策，通過稅目、稅率的高低，來體現國家鼓勵、允許或者限制發展哪些產業，引導資金、人力、物力、技術等生產要素向合理方向流動，促進資源配置的優化。二是促進產品結構合理。國家（地區）可以針對商品的不同種類，運用高低不等的稅率，調節產品之間的利潤差別，促進產品結構合理化。三是促進消費結構合理化。通過對生活必需消費品和奢侈消費品採取不同的消費稅稅率，促進消費結構的合理化。第三，調節投資的作用。國家（地區）通過在不同時期，對不同區域實行不同的稅收優惠政策，以引導國內外的投資方向，對調整中國產業結構、推動技術升級、帶動出口創匯生產方面發揮積極作用。

三、調節收入水準，實現公平分配

在市場經濟條件下，由市場決定的分配機制不可避免地會拉大收入分配上的差距，客觀上需要國家參與和調節社會分配，縮小日益加大的貧富懸殊的差距，稅收作為調節分配的一個基本手段，主要表現在兩個方面：一是通過稅收調節，公平收入分配。通過開徵個人所得稅、消費稅等，調節過高收入，適當緩解社會分配不公的矛盾，防

止出現貧富兩極分化的局面。根據各國（地區）經濟發展的經驗，要調節個人收入的高低懸殊現象，最主要的就是充分利用好稅收手段。在這方面，稅收具有不可替代的職能作用。二是鼓勵市場競爭。通過開徵資源稅、環境稅等，緩解由於資源、價格等外部因素引起的不平等競爭，從而促進經濟的穩定和發展。

四、監督各項經濟活動，維護正常經濟秩序

在社會主義市場經濟條件下，在根本利益一致的基礎上仍然存在著整體利益與局部利益、長遠利益與眼前利益的矛盾，因此，必須加強稅收監督，督促納稅人依法履行納稅義務，保障社會主義市場經濟健康發展。一是保障財政收入圓滿完成。隨著市場經濟的發展，偷逃稅款的現象屢禁不止，使國家稅收收入受到一定程度的損失，只有嚴肅稅收法令和納稅紀律，才能保證財政收入的增長。二是保證經濟槓桿作用充分發揮。三是保障國家稅法的正確貫徹執行。四是保證經濟運行的良好秩序。目前在某些領域，存在著違反國家財經紀律，破壞國家法制的行為。在一些企業和部門中，亂擠成本、濫發獎金、鋪張浪費、揮霍國家資財等現象時有發生。通過稅收監督，可以督促企業自覺維護社會主義財經紀律，保證經濟運行的良好局面。

五、保護國家權益

稅收是保證對外開放政策順利實施的重要手段，是保護國家經濟權益和實施戰略措施的重要手段。稅收在保護國家權益方面的作用主要包括：一是在改革開放初期為配合改革開放、吸引外來投資，維護中國作為收入來源地國家的國家稅收管轄權。在20世紀80年代，在中國迫切吸引外資和引進先進技術的形勢下，積極與二十多個發達國家簽訂了避免雙重徵稅的協定，維護了中國的稅收管轄權，保護了中國的經濟利益。二是在20世紀90年代至今與發展中國家簽訂了69個避免雙重徵稅的協定，為配合「走出去」戰略的實施、為國家的石油戰略安全提供了稅收法律上的支持。

思考題

1. 稅收的基本職能有哪些？
2. 稅收制度的構成要素有哪些？
3. 中國的稅收如何分類？
4. 中國現行稅率如何分類？

第二章　貨物和勞務稅

第一節　貨物和勞務稅概述

中國的貨物和勞務稅制在歷史上曾以各種形態存在，在中國稅制史上和經濟發展中都扮演了十分重要的角色。中國目前的貨物和勞務稅制是 1994 年稅制改革時確立的。

一、貨物和勞務稅概念

貨物和勞務稅是以貨物和勞務為徵稅對象而徵收的一種稅，是對商品流轉額和非商品流轉額（提供個人和企業消費的商品和勞務）課徵的稅種的統稱。商品流轉額是指在商品生產和經營過程中，由於銷售或購進商品而發生的貨幣金額，即商品銷售收入額或購進商品支付的金額。非商品流轉額是指非商品生產經營的各種勞務而發生的貨幣金額，即提供勞務取得的營業服務收入額或取得勞務支付的貨幣金額。貨物和勞務稅在各國稅收中佔有十分重要的地位，並且曾經是或正是許多國家的主要稅收來源，隨著中國社會主義市場經濟的不斷發展，貨物和勞務稅的內容和形式也在不斷發展和更新，目前，中國貨物和勞務稅主要包括增值稅、營業稅、消費稅和關稅。

二、貨物和勞務稅的特點

同其他稅類相比，貨物和勞務稅具有以下幾個特點：

第一，徵收對象與範圍非常廣泛。貨物和勞務稅幾乎可以對一切商品和勞務徵收，因此可以覆蓋全社會商品交易的整個經濟活動，因此徵稅對象普遍。

第二，稅源穩定。貨物和勞務稅以商品價格或勞務收費標準為依據予以徵稅，無論商品生產者和經營者的成本高低，有無贏利以及贏利多少，主要商品一經售出，勞務一經實現，稅金即可實現。而所得稅只對淨收入課稅，企業一旦虧損，就不用納稅。因此，從政府角度來看，貨物和勞務稅能及時保證財政收入的穩定。

第三，課稅對象靈活。貨物和勞務稅的課稅對象是商品和勞務的流轉額。因此，在具體稅制設計時，可以選擇所有商品和服務進行徵稅，也可以選擇部分商品和勞務進行徵稅；可以選擇商品流通的所有環節進行徵稅，也可以選擇其中某一個或幾個環節進行徵稅；可以選擇商品或勞務流轉總額進行徵稅，也可以選擇課稅對象的增值額進行徵稅等。這種靈活性，有利於國家或政府通過商品稅對經濟進行有效調節。

第四，易於徵收，便於徵管。只要商品一經售出，勞務一經實現，就可以直接徵收，無須考慮到納稅人的複雜情況，並採用比例稅率，所以稅收徵管簡便。

第五，徵收的隱蔽性。流轉稅屬於間接稅。由於稅負轉嫁的存在，流轉稅的納稅人經常與負稅人分離。因此，其稅負的承擔者往往並不能直接感受自己是稅收的實際繳納者，而納稅人只不過是整個稅收活動的仲介者而已。同時，負稅人對於稅負增減的感受程度，也相對弱於所得稅的負稅人。增加流轉稅所受到的反對程度相對較少。

第六，稅收負擔可以轉嫁。流轉稅一般具有累退性質，較難體現稅收的公平原則。經濟調節功能較弱。因而，當社會對公平問題予以較多關注時，必須降低此類稅收在稅制結構中的地位。

三、貨物和勞務稅的作用

從總體上來說，貨物和勞務稅具有以下功能。

第一，它使國家財政收入均衡、及時、充裕可靠。貨物和勞務稅從價計徵，稅基廣，只要納稅人發生了應稅生產經營行為，取得了商品銷售收入或勞務收入，不論其成本高低與利潤的盈虧，國家均能取得稅金。隨著中國社會主義市場經濟體制進一步的發展，貨物和勞務稅的徵稅範圍將進一步擴大，稅源也進一步增強，這就有力保證了稅收收入的及時性和可靠性。

第二，它可以促進企業加強核算。由於對貨物和勞務稅徵稅是商品價格有機組成部分，同一產品在不同企業之間的稅率基本一致，稅也大體相同。這就使經營管理先進的企業稅後得到較多利潤，經營管理落後的企業得到較少利潤。因此，加強貨物和勞務稅徵收，對企業改善經營管理，加強經濟核算有重大作用。

第三，它可抑制奢侈消費。貨物和勞務稅可分別不同商品或勞務課以輕重不同的稅，對於某些有損人體健康和社會利益的消費品（如菸、酒及易污染的產品）和奢侈品，政府可課以重稅，這既可以增加財政收入，又可限制這些商品的生產與消費，抑制奢侈之風。

第四，它能充分貫徹國家的產業政策，調整產業結構促進國民經濟的均衡穩定增長。通過對不同商品、不同行業設計不同稅率，有利於調節生產、交換、分配，正確引導消費；對同一產品、同一行業，實行同等稅負的政策，有利於在平等的基礎上開展競爭，鼓勵先進，鞭策後進，限制盲目生產、盲目發展；通過減稅、免稅、退稅等優惠激勵措施，有利於體現國家對某些商品、行業、企業或地區實行優惠的扶持激勵政策，引導投資。這些都能加快產業結構調整，促進國民經濟協調發展。

第五，它徵收容易，管理方便，節省費用。貨物和勞務稅一般採用從價計徵或從量計徵，比財產稅和所得稅計算手續簡單，易於徵收。同時只向為數較少的企業廠商徵收而不是向為數較多的個人徵收，管理方便，可節省稅務費用。

第二節　增值稅

在對貨物和勞務普遍徵收增值稅的前提下，根據對外購固定資產所含稅金扣除方式的不同，增值稅分為生產型、收入型和消費型三種類型。目前世界上140多個實行增值稅的國家中，絕大多數國家實行消費型增值稅。中國增值稅對銷售、進口貨物以及提供加工、修理修配勞務的單位和個人徵收，覆蓋了貨物的生產、批發和零售各環節，涉及眾多行業。1994年稅制改革以來，中國一直實行生產型增值稅。目前中國開始了增值稅轉型工作，所謂增值稅轉型，是指從生產型增值稅轉變為消費型增值稅。

一、增值稅的概念和特點

（一）增值稅的概念

根據《中華人民共和國增值稅暫行條例》的規定，中國的增值稅是對從事銷售貨物或者提供加工、修理修配勞務以及從事進口貨物的單位和個人徵收。從計稅原理上講增值稅是以商品增值額為課稅對象而徵收的。具體做法是以商品銷售額為計稅依據，按照稅法規定的稅率計算出商品應負擔的增值稅額，然後扣除為生產商品所耗用的外購物資在以前生產流通環節已經繳納的增值稅，扣除後的餘額為企業應納稅額，從而避免了重複徵稅。

（二）增值稅的特點

增值稅有以下特點：第一，由企業主繳納。第二，分階段徵收，即在商品的各個流通環節徵收。第三，稅收負擔最終由消費者承擔。在增值稅的徵收中各環節的經營者作為納稅人只是把從買方收取的稅款轉交給政府，而經營者本身並沒有承擔增值稅稅款，直到貨物賣給最終消費者時，貨物在以前環節已經繳納的稅款連同本環節的稅款一起轉移給了最終消費者。第四，實行扣除已徵稅制度。在計算應納稅款時，要扣除在以前生產環節已經負擔的稅款，中國實行憑購貨增值稅發票進行抵扣。第五，實行比例稅率。第六，實行價外稅制度。銷售價格中不包括增值稅稅額。

（三）增值稅的優點

第一，能夠避免重複徵稅，充分貫徹公平稅負的原則。增值稅只對貨物或勞務銷售額中沒有徵過稅的那部分增值額徵稅，對銷售額中屬於轉移過來的、以前環節中已經徵過稅的那部分銷售額則不再徵稅，通過稅款抵扣的方式將已徵過稅的部分扣除，避免了重複徵稅的問題。第二，有利於發展對外貿易。為了本國商品在國際貿易中處於有利地位，各國基本都實行出口退稅制度，使商品在不含稅的情況下進入國際市場，增值稅實行扣除已徵稅款的制度，實行退稅，不會出現多退或者少退的現象。第三，有利於穩定財政收入。由於具有徵收的普遍性和連續性使增值稅具有廣闊的稅基。無論工業、商業還是勞務服務活動，只要有增值收入就要繳納增值稅，無論每一貨物經

過多少生產經營環節，都要按各道環節上發生的增值額逐次徵稅，從而保證了財政收入的穩定。

二、增值稅的納稅人

（一）增值稅納稅人的認定

在中華人民共和國境內銷售貨物或者提供加工、修理修配勞務以及進口貨物的單位和個人，為增值稅的納稅義務人，應當繳納增值稅。

單位：是指一切從事銷售貨物或者提供加工、修理修配勞務以及從事進口貨物的單位，包括企業（國有、集體、私有、股份制、外商投資企業和外國、其他企業）、行政單位、事業單位、軍事單位、社會團體及其他單位。

個人：是指從事銷售或進口貨物、提供應稅勞務的個人，包括個體工商戶及其他個人。

單位租賃或承包給其他單位或個人經營的，以承租人或承包人為納稅人。

境外的單位或個人在境內提供應稅勞務，在境內未設有經營機構的，以其境內代理人為扣繳義務人；在境內沒有代理人的，以購買者為扣繳義務人。

進口貨物的增值稅納稅人。根據《國家稅務總局、海關總署關於對進口貨物徵收增值稅、消費稅有關問題的通知》申報進入中華人民共和國海關境內的貨物均應繳納增值稅、消費稅。進口貨物的收貨人或辦理報關手續的單位和個人為增值稅的納稅人。代理進口貨物，以海關開具的完稅憑證上的納稅人為增值稅納稅人，即對報關進口的貨物，凡是海關的完稅憑證開具給委託方的，對代理方不徵收增值稅；凡是海關的完稅憑證開具給代理方的，對代理方徵收增值稅。

（二）增值稅的納稅人分類

增值稅納稅人分為一般納稅人和小規模納稅人兩種。

1. 增值稅小規模納稅人的分類

增值稅小規模納稅人主要包括兩類：一類是從事工業生產或以工業生產為主兼營商業銷售、年應稅銷售額在50萬元以下的納稅人。另一類是從事商業批發和零售、年應稅銷售額在80萬以下的納稅人。小規模納稅人不能自行開具增值稅專用發票，不能抵扣購買貨物所含的增值稅稅額。

年銷售額超過小規模納稅人標準的其他個人按小規模納稅人納稅；非企業性單位、不經常發生應稅行為的企業可選擇按小規模納稅人納稅。

2. 增值稅一般納稅人

小規模納稅人以外的納稅人屬於增值稅一般納稅人。一般納稅人可以自行開具增值稅專用發票，可以抵扣購買貨物所含的增值稅稅額。但是，納稅人必須經過稅務機關認定後，方可取得增值稅一般納稅人資格。以下納稅人可以認定為增值稅的一般納稅人：

（1）達到規定標準的企業

增值稅納稅人符合下列條件之一的，可以被認定為增值稅一般納稅人：一是從事

貨物生產或提供增值稅應稅勞務的納稅人，在一個會計年度內，年應納增值稅項目的銷售額超過100萬元的。二是從事貨物批發、零售的納稅人，在一個會計年度內，年應納增值稅項目的銷售額超過180萬元的。三是以生產貨物或提供增值稅應稅勞務為主，並兼營貨物批發或零售的納稅人，在一個會計年度內，年應納稅銷售額超過100萬元的。

（2）未達到規定標準的企業

第一，商業企業以外的其他企業，即從事貨物生產或提供應稅勞務的，以及以從事貨物生產或提供應稅勞務為主，並兼營貨物批發或零售的企業、企業性單位，年應稅銷售額在100萬元以下，30萬元以上的，如果財務核算健全，仍可認定為一般納稅人。

第二，納稅人總分支機構實行統一核算，其總機構年應稅銷售額超過小規模納稅人企業標準，但分支機構是商業企業以外的年應稅銷售額未超過小規模納稅人標準的，其分支機構可申請辦理一般納稅人認定手續（須提供總機構所在地主管稅務機關批准其總機構為一般納稅人的證明）。

第三，從2002年月1日起，對從事成品油銷售的加油站，無論其年應稅銷售額是否達到180萬元，一律按增值稅一般納稅人徵稅。

（3）新開業企業的一般納稅人的認定

第一，對新辦小型商貿批發企業。對具有一定經營規模、擁有固定的經營場所、有相應的經營管理人員、有購銷合同或書面意向、有明確的貨物購銷渠道，預計年銷售額可達到180萬元以上的新辦商貿批發企業，經主管稅務機關審核，也可認定為一般納稅人，實行輔導期一般納稅人管理。第二，新辦商貿零售企業。對設有固定經營場所和擁有貨物實物，經主管稅務機關審核，可認定為一般納稅人，實行輔導期一般納稅人管理。第三，新辦大中型商貿企業。註冊資金在500萬元以上，人員在50人以上的新辦大中型商貿企業，提出一般納稅人資格申請的，經主管稅務機關案頭審核、法定代表人約談和實地查驗，確認符合規定條件的，可直接認定為一般納稅人，不實行輔導期一般納稅人管理。

（4）下列納稅人不屬於增值稅一般納稅人

①全部銷售免稅貨物的單位和企業；

②個人；

③非企業性單位；

④不經常發生增值稅應稅行為的企業。

3. 增值稅扣繳義務人

境外的單位或個人在境內銷售應稅勞務而在境內未設有經營機構的，其應納稅款以代理人為扣繳義務人，沒有代理人的，以購買者為扣繳義務人。

三、徵稅範圍

（一）徵稅範圍的一般規定

根據《中華人民共和國增值稅暫行條例》的規定，增值稅的徵收範圍主要包括在

中國境內銷售貨物或者提供加工、修理修配勞務以及進口貨物。徵稅範圍包括進口、生產、批發和零售四個環節。

1. 銷售貨物

銷售貨物是指有償轉讓貨物的所有權。在中國境內銷售貨物，是指所銷售的貨物的起運地或所在地在中國境內。貨物是指除土地、房屋和其他建築物等不動產之外的所有有形動產，包括電力、熱力、氣體在內。為了公平稅負，加強徵管，避免稅款抵扣鏈條中斷，稅法對增值稅納稅人的下列行為，視同銷售貨物：

（1）將貨物交付他人代銷。

（2）銷售代銷貨物。

（3）設有兩個以上機構並實行統一核算的納稅人，將貨物從一個機構移送其他機構用於銷售，但相關機構設在同一縣（市）的除外。

（4）將自產或委託加工的貨物用於非應稅項目。

（5）將自產、委託加工或購買的貨物作為投資，提供給其他單位或個體經營者。

（6）將自產、委託加工或購買的貨物分配給股東或投資者。

（7）將自產、委託加工的貨物用於集體福利或個人消費。

（8）將自產、委託加工或購買的貨物無償贈送他人。

2. 提供加工、修理修配勞務

提供加工、修理修配勞務是指在中國境內有償提供加工、修理修配勞務。兩者又稱為銷售應稅勞務。其中加工是指受託加工貨物，即委託方提供原料及主要材料，受託方按照委託方的要求製造貨物並收取加工費的業務。修理修配是指受託對損傷和喪失功能的貨物進行修復，使其恢復原狀和功能的業務。在境內銷售應稅勞務，是指所銷售的應稅勞務發生在境內。

3. 進口貨物

進口貨物是指申報進入中國海關境內的貨物。對於進口貨物，除依法徵收關稅外，還要在進口環節徵收增值稅。

（二）混合銷售和兼營行為

1. 混合銷售行為

一項銷售行為如果既涉及貨物又涉及非應稅勞務，屬於混合銷售行為。混合銷售行為既涉及增值稅的徵稅範圍，又涉及營業稅的徵稅範圍，對其不再分別計算納稅，而是根據企業性質確定徵收增值稅或是徵收營業稅。凡是從事貨物的生產、批發或零售的企業、企業性單位及個體經營者，以及以從事貨物的生產、批發或零售為主兼營非應稅勞務的企業、企業性單位及個體經營者的混合銷售行為，視同銷售貨物徵收增值稅。上述所稱以從事貨物的生產、批發或零售為主並兼營非增值稅勞務，是指納稅人年貨物銷售額與非應稅勞務營業額的合計數中，年貨物銷售額超過50%。對從事非增值稅勞務為主，並兼營貨物銷售的單位和個人的混合銷售行為，徵收營業稅。但如果其設立單獨的機構經營貨物銷售並單獨核算，則該機構發生的混合銷售行為應當徵收增值稅。

非應稅勞務，是指屬於應繳營業稅的交通運輸業、建築業、金融保險業、郵電通信業、文化體育業、娛樂業、服務業等稅目徵收範圍的勞務。

2. 兼營行為

兼營行為是指納稅人在銷售貨物、提供增值稅應稅勞務的同時，經營非增值稅應稅勞務。例如一家攝影器材店除經營各種器材、膠卷外，還提供彩照擴印服務，彩照擴印服務屬於攝影器材店兼營的非增值稅應稅勞務。按照《中華人民共和國增值稅暫行條例實施細則》的規定，納稅人兼營非應稅勞務的，應分別核算貨物或應稅勞務和非應稅勞務的銷售額。不分別核算或者不能準確核算的，其非應稅勞務應與貨物或應稅勞務一併徵收增值稅。

(三) 其他屬於增值稅徵稅範圍的主要內容

1. 貨物期貨 (包括商品期貨和貴金屬期貨)，在期貨發生實物交割時在實物交割環節徵收增值稅。

2. 銀行銷售金銀的業務，在銷售時徵收增值稅。

3. 典當業的死當物品銷售業務和寄售業的代委託人銷售寄售物品的業務，徵收增值稅。

4. 融資租賃業務。對經中國人民銀行和商務部批准經營融資租賃業務的單位所從事的融資租賃業務，無論租賃貨物的所有權是否轉讓給承租方，均按《中華人民共和國營業稅暫行條例》的有關規定徵收營業稅，不徵收增值稅。其他單位從事的融資租賃業務，租賃的貨物的所有權轉讓給承租方，徵收增值稅，不徵收營業稅；租賃的貨物的所有權未轉讓給承租方，徵收營業稅，不徵收增值稅。

5. 集郵產品的生產、調撥徵收增值稅。郵政部門銷售集郵商品 (包括郵票、首日封和郵折) 和發行報刊，徵收營業稅；其他單位和個人銷售集郵商品和發行報刊，徵收增值稅。

6. 基本建設單位和從事建築安裝業務的企業附設的工廠、車間生產的水泥預製構件、其他構件或建築材料，用於本單位或本企業的建築工程的，在移送使用時徵收增值稅。但對在建築現場製造的預製構件，凡直接用於本單位或本企業建築工程的，不徵收增值稅。

(四) 不需繳納增值稅的幾項特殊事項

1. 因轉讓著作所有權而發生的銷售電影母片、錄像帶母帶、錄音磁帶母帶的業務，不徵收增值稅。

2. 供應或開採未經加工的天然水 (如水庫供應農業灌溉用水，工廠自採地下水用於生產)，不徵收增值稅。

3. 對國家管理部門行使其管理職能發放的執照、拍照和有關證書等取得的工本費收入，不徵收增值稅。

4. 對體育彩票的發行收入不徵收增值稅。

5. 郵政部門、集郵公司銷售集郵商品徵收營業稅，不徵收增值稅。

6. 對增值稅納稅人收取的會員費收入不徵收增值稅。

四、增值稅稅率

中國增值稅採用比例稅率，按照一定的比例徵收。按照增值稅暫行條例規定，中國現行增值稅的稅率結構包括一般納稅人適用的稅率、小規模納稅人和實行簡易徵稅辦法納稅人適用的徵收率、出口貨物實施的零稅率。另外，出口貨物還適用出口退稅率。

（一）一般納稅人適用的稅率

一般納稅人銷售和進口貨物，以及提供加工、修理修配勞務的，除稅法另有規定外，適用17%的基本稅率，但對於納稅人銷售或者進口下列貨物，按13%的低稅率徵收增值稅。

1. 糧食、食用植物油。
2. 自來水、暖氣、冷氣、熱水、煤氣、石油液化氣、天然氣、沼氣、居民用煤炭製品。
3. 圖書、報紙、雜誌。
4. 飼料、化肥、農藥、農機、農膜。
5. 金屬礦採選產品、非金屬礦採選產品。
6. 農業產品。
7. 國務院規定的其他貨物。

（二）小規模納稅人和實行簡易徵稅辦法納稅人適用的徵收率

1. 現行增值稅暫行條例規定，小規模納稅人按工業和商業兩類分別適用6%和4%的徵收率。從2009年1月1日起，對小規模納稅人不再區分工業和商業設置兩檔徵收率，將小規模納稅人的徵收率統一降低至3%。

2. 根據財政部、國家稅務總局《關於部分貨物適用增值稅低稅率和簡易辦法徵收增值稅政策的通知》的規定，優惠政策如下：

（1）一般納稅人銷售自己使用過的屬於條例第十條規定不得抵扣且未抵扣進項稅額的固定資產，按簡易辦法依4%徵收率減半徵收增值稅。小規模納稅人（除其他個人外，下同）銷售自己使用過的固定資產，減按2%徵收率徵收增值稅。小規模納稅人銷售自己使用過的除固定資產以外的物品，應按3%的徵收率徵收增值稅。納稅人銷售舊貨，按照簡易辦法依照4%徵收率減半徵收增值稅。所稱舊貨，是指進入二次流通的具有部分使用價值的貨物（含舊汽車、舊摩托車和舊遊艇），但不包括自己使用過的物品。

（2）一般納稅人銷售自產的下列貨物，可選擇按照簡易辦法依照6%徵收率計算繳納增值稅：一是縣級及縣級以下小型水力發電單位生產的電力；二是建築用和生產建築材料所用的沙、土、石料；三是以自己採掘的沙、土、石料或其他礦物連續生產的磚、瓦、石灰；四是用微生物、微生物代謝產物、動物毒素、人或動物的血液或組織製成的生物製品；五是對屬於一般納稅人的自來水公司銷售自來水按簡易辦法依照6%徵收率徵收增值稅，不得抵扣其購進自來水取得增值稅扣稅憑證上註明的增值稅稅款；

六是對一般納稅人生產銷售的商品混凝土，按規定應繳納增值稅的按6%的徵收率徵收，但不得開具增值稅專用發票。

（3）一般納稅人銷售貨物屬於下列情形之一的，暫按簡易辦法依照4%徵收率計算繳納增值稅：一是寄售商店代銷寄售物品（包括居民個人寄售的物品在內）；二是典當業銷售死當物品；三是經國務院或國務院授權機關批准的免稅商店零售的免稅品。

（三）出口退稅率

貨物或者增值稅應稅勞務出口時，適用零稅率。在出口環節對納稅人以前環節負擔的增值稅予以全部或者部分退還，使出口商品和勞務以不含稅價格進入國際市場。但是，國務院另有規定的除外（目前出口的原油、援外出口貨物、國家禁止出口的天然牛黃、麝香、銅和銅基合金、白金等都屬於國務院另有規定的項目）。

（四）特殊情況

納稅人有下列情形之一的，應按銷售額依照增值稅稅率計算應納稅額，不得抵扣進項稅額，也不得使用增值稅專用發票：一是會計核算不健全，或者不能夠提供準確稅務資料的。二是除年銷售額超過小規模納稅人標準的其他個人按小規模納稅人納稅；非企業性單位、不經常發生應稅行為的企業可選擇按小規模納稅人納稅之外的納稅人，其銷售額超過小規模納稅人標準，未申請辦理一般納稅人認定手續的。

無法準確計算銷項稅額和進項稅額，實行按銷售額和徵收率計算應納稅額的簡易辦法。

納稅人兼營不同稅率的貨物或者應稅勞務，應當分別核算不同稅率貨物或者應稅勞務的銷售額。未分別核算銷售額的，從高適用稅率。納稅人兼營應屬一併徵收增值稅的非應稅勞務的，其非應稅勞務應從高適用稅率。

五、增值稅的計稅依據和方法

（一）增值稅一般納稅人應納稅額的計算

增值稅一般納稅人銷售貨物或者提供應稅勞務，應納稅額為當期銷項稅額抵扣當期進項稅額後的餘額。其應納稅額的計算公式為：

應納稅額＝當期銷項稅額－當期進項稅額

因當期銷項稅額小於當期進項稅額不足抵扣時，其不足部分可以結轉下期繼續抵扣。

1. 銷項稅額

納稅人銷售貨物或者提供應稅勞務，按照銷售額和規定的稅率計算並向購買方收取的增值稅額，為銷項稅額。銷項稅額計算公式為：

銷項稅額＝銷售額×稅率

銷售額為納稅人銷售貨物或者提供應稅勞務向購買方收取的全部價款和價外費用，但是不包括收取的銷項稅額。

價外費用，是指價外向購買方收取的手續費、補貼、基金、集資費、返還利潤、

獎勵費、違約金（延期付款利息）、包裝費、包裝物租金、儲備費、優質費、運輸裝卸費、代收款項、代墊款項及其他各種性質的價外收費。但下列項目不包括在內：一是向購買方收取的銷項稅額。二是受託加工應徵消費稅的消費品所代繳的消費稅。三是同時符合以下條件的代墊運費：承運部門的運費發票開具給購貨方的；納稅人將該項發票轉交給購貨方的。

凡價外費用，無論其會計制度如何核算，均應並入銷售額計算應納稅額。

一般納稅人銷售貨物或者應稅勞務，採用銷售額和銷項稅額合併定價方法的，按下列公式計算銷售額：

銷售額＝含稅銷售額÷（1＋稅率）

納稅人銷售貨物或者應稅勞務的價格明顯偏低並無正當理由的，或者有視同銷售貨物行為而無銷售額者，按下列順序確定銷售額：

（1）按納稅人最近時期同類貨物的平均銷售價格確定。
（2）按其他納稅人最近時期同類貨物的平均銷售價格確定。
（3）按組成計稅價格確定。組成計稅價格的公式為：

組成計稅價格＝成本×（1＋成本利潤率）

屬於應徵消費稅的貨物，其組成計稅價格中應加計消費稅額公式為：

組成計稅價格＝成本×（1＋成本利潤率）＋消費稅稅額

或

組成計稅價格＝成本×（1＋成本利潤率）÷（1－消費稅稅率）

公式中的成本是指：銷售自產貨物的為實際生產成本，銷售外購貨物的為實際採購成本。公式中的成本利潤率由國家稅務總局確定。

2. 進項稅額

納稅人購進貨物或者接受應稅勞務，所支付或者負擔的增值稅額為進項稅額，準予從銷項稅額中抵扣的進項稅額，限於下列增值稅扣稅憑證上註明的增值稅稅額：

（1）從銷售方取得的增值稅專用發票上註明的增值稅額。
（2）從海關取得的海關增值稅專用繳款書上註明的增值稅額。
（3）一般納稅人向農業生產者或者小規模納稅人購進農產品，準予按照農產品收購發票或者銷售發票上註明的農產品買價和13%的扣除率計算的進項稅額。
（4）自2009年1月1日起，全國所有增值稅一般納稅人新購進設備所含的進項稅額可以計算抵扣。購進固定資產，憑增值稅專用發票和海關完稅憑證等合法的抵扣憑證，直接計算抵扣，不再採用退稅的操作方式。準予抵扣的固定資產範圍僅限於現行增值稅徵稅範圍內的固定資產，包括機器、機械、運輸工具以及其他與生產、經營有關的設備、工具、器具。房屋、建築物等不動產，雖然在會計制度中允許作為固定資產核算，但不能納入增值稅的抵扣範圍，不得抵扣進項稅額。
（5）生產企業一般納稅人購進廢舊物資回收經營單位銷售的廢舊物資，可按照廢舊物資回收經營單位用防偽稅控系統開具的廢舊物資專用發票上註明的金額，按10%的扣除率計算抵扣進項稅額。

（6）一般納稅人購進或者銷售貨物以及在生產經營過程中支付運輸費用的，按照運輸運費結算單據上（普通發票）註明，註明的運費金額和7%的扣除率計算的進項稅額，但隨同運費支付的裝卸費、保險費等其他雜費不得計算扣除進項稅額。

納稅人購進貨物或者應稅勞務，未按照規定取得並保存增值稅扣稅憑證，或者增值稅扣稅憑證上未按照規定註明增值稅額及其他有關事項的，其進項稅額不得從銷項稅額中抵扣。

3．不得從銷項稅額中抵扣的進項稅額

下列項目的進項稅額不得從銷項稅額中抵扣：

（1）用於非增值稅應稅項目、免徵增值稅項目、集體福利或者個人消費的購進貨物或者應稅勞務。

（2）非正常損失的購進貨物及相關的應稅勞務。

（3）非正常損失的在產品、產成品所耗用的購進貨物或者應稅勞務。

（4）國務院財政、稅務主管部門規定的納稅人自用消費品。

（5）本條第（1）項至第（4）項規定的貨物的運輸費用和銷售免稅貨物的運輸費用。

（6）納稅人已抵扣進項稅額的固定資產發生上述所列第（1）至（3）項所列情況的，應在當月按下列公式計算不得抵扣的進項稅額：

不得抵扣的進項稅額＝固定資產淨值×適用稅率

（7）自2009年1月1日起，購進的應徵消費稅的小汽車、摩托車和遊艇不得抵扣進項稅。

4．混合銷售行為

混合銷售行為按照規定應當徵收增值稅的，該混合銷售行為所涉及的非增值稅應稅勞務所用購進貨物的進項稅額，符合規定的，準予從銷項稅額中抵扣。一般納稅人兼營免稅項目或非增值稅應稅項目而無法劃分不得抵扣的進項稅額的，按下列公式計算不得抵扣的進項稅額：

不得抵扣的進項稅額＝當月無法劃分的全部進項稅額×當月免稅項目銷售額、非增值稅應稅勞務營業額合計÷當月全部銷售額、營業額合計

當月無法劃分的全部進項稅額＝當月全部進項稅額－當月可準確劃分用於應稅項目、免稅項目及非應稅項目的進項稅額

（二）小規模納稅人應納稅額的計算

小規模納稅人銷售貨物或者應稅勞務，實行簡易辦法計算應納稅額，即按照銷售額和規定的徵收率計算應納稅額，不得抵扣進項稅額，其應納稅額的計算公式為：

應納增值稅稅額＝銷售額×徵收率

採用銷售額和應納稅額合併定價方法的，按下列公式計算銷售額：

不含稅銷售額＝含稅銷售額÷（1＋徵收率）

（三）進口貨物應納稅額的計算

納稅人進口貨物，按照組成計稅價格和規定的稅率計算應納稅額，不得抵扣任何

稅額。其組成計稅價格和應納稅額計算公式為：

組成計稅價格＝關稅完稅價格＋關稅＋消費稅

或：組成計稅價格＝（關稅完稅價格＋關稅）÷（1－消費稅稅率）

應納稅額＝組成計稅價格×稅率

六、稅收優惠

（一）增值稅起徵點

增值稅起徵點的適用範圍限於個人（個體經營者和其他個人），對個人銷售額未達到財政部規定的增值稅起徵點的，免徵增值稅。現行增值稅起徵點的幅度規定如下：

1. 銷售貨物的起徵點為月銷售額2,000元至5,000元。
2. 銷售應稅勞務的起徵點為月銷售額1,500元至3,000元。
3. 按次納稅的起徵點為每次（日）銷售額150元至200元。

註：現規定銷售水產品、畜牧產品、蔬菜、果品、糧食等農產品的個體工商戶、農民，起徵點一律為月銷售額5,000元，按次（日）納稅的，起徵點為每次（日）銷售額200元。

（二）根據暫行條例下列項目免徵增值稅

1. 農業生產者銷售的自產農業產品。
2. 避孕藥品和用具。
3. 古舊圖書。
4. 直接用於科學研究、科學試驗和教學的進口儀器、設備。
5. 外國政府、國際組織無償援助的進口物資和設備。*
6. 由殘疾人的組織直接進口供殘疾人專用的物品。
7. 銷售的自己使用過的物品。

除前款規定外，增值稅的免稅、減稅項目由國務院規定，任何地區、部門均不得規定免稅、減稅項目。*

註：農業生產者，包括從事農業生產的單位和個人。

外國政府、國際組織無償援助項目在中國境內採購的貨物也可免稅，同時允許銷售免稅貨物的單位將免稅貨物的進項稅額在其他內銷貨物的銷項稅額中抵扣。從2009年1月1日起，取消進口設備增值稅免稅政策和外商投資企業採購國產設備增值稅退稅政策。

現已規定的免稅的主要項目有：企業為生產《國家高新技術產品目錄》中的產品進口的自用設備、外國政府和國際金融組織貸款項目進口的自用設備，軟件企業、集成電路生產企業今年規定的技術、原材料，企業為引進《國家高新技術產品目錄》中的技術向境外支付的軟件費，按規定捐贈進口的直接用於扶貧、慈善事業的物資，來料加工復出口的貨物，非營利性醫療機構自產自用的制劑，規定的資源綜合利用產品和污水處理勞務，小規模納稅人出口的貨物，有機肥產品等。

納稅人兼營免稅、減稅項目的，應當單獨核算免稅、減稅項目的銷售額；未單獨

核算銷售額的，不得免稅、減稅。

七、增值稅徵收管理

（一）增值稅納稅義務發生時間

1. 銷售貨物或者應稅勞務，為收訖銷售款或者取得索取銷售款憑據的當天；先開具發票的，為開具發票的當天。
2. 進口貨物，為報關進口的當天。
3. 增值稅扣繳義務發生時間為納稅人增值稅納稅義務發生的當天。
4. 收訖銷售款項或者取得索取銷售款憑據的當天。按銷售結算方式的不同，具體為：

（1）採取直接收款方式銷售貨物，不論貨物是否發出，均為收到銷售額或取得索取銷售款憑據的當天。

（2）採取託收承付和委託銀行收款方式銷售貨物，為發出貨物並辦妥託收手續的當天。

（3）採取賒銷和分期收款方式銷售貨物，為書面合同約定的收款日期的當天；無書面合同的或者書面合同沒有約定的收款日期的當天；為貨物發出的當天。

（4）採取預收貨款方式銷售貨物，為貨物發出的當天；但生產銷售生產工期超過 12 個月的大型機械設備、船舶、飛機等貨物，為收到預收款或者書面合同約定的收款日期的當天。

（5）委託其他納稅人代銷貨物，為收到代銷單位銷售的代銷清單的或者收到全部或部分貨款的當天。未收到代銷清單和貨款的，為發出貨物滿 180 天的當天。

（6）銷售應稅勞務，為提供勞務同時收訖銷售額或取得索取銷售款憑據的當天。

（7）納稅人發生視同銷售貨物行為的，為貨物移送的當天。

（二）增值稅納稅地點

增值稅由稅務機關徵收，進口貨物的增值稅由海關代徵。個人攜帶或者郵寄進境自用物品的增值稅，連同關稅一併計徵。

1. 固定業戶應當向其機構所在地主管稅務機關申報納稅。總機構和分支機構不在同一縣（市）的，應當分別向各自所在地主管稅務機關申報納稅；經國務院財政、稅務主管部門或其授權的財政、稅務機關批准，可以由總機構匯總向總機構所在地主管稅務機關申報納稅。

2. 固定業戶到外縣（市）銷售貨物或者應稅勞務，應當向其機構所在地的主管稅務機關申請開具外出經營活動稅收管理證明，並向其機構所在地主管稅務機關申報納稅；未開具證明的，應當向銷售地或者勞務發生地主管稅務機關申報納稅；未向銷售地或者勞務發生地的主管稅務機關申報納稅的，由其機構所在地主管稅務機關補徵稅款。

3. 非固定業戶銷售貨物或者應稅勞務，應當向銷售地或者勞務發生地的主管稅務機關申報納稅；未向銷售地或者勞務發生地的主管稅務機關申報納稅的，由其機構所

在地或居住地主管稅務機關補徵稅款。

4. 固定業戶（增值稅一般納稅人）臨時到外省市銷售貨物的，必須向經營地稅務機關出示《外出經營活動稅收管理證明》，回原地納稅，需要向購貨方開具專用發票的，亦回原地補開發票。

5. 進口貨物，應當由進口人或其代理人向報關地海關申報納稅。

扣繳義務人應當向機構所在地或者居住地主管稅務機關申報繳納其扣繳的稅款。

（三）增值稅的納稅期限

根據《增值稅暫行條例》規定，增值稅的納稅期限分別為1日、3日、5日、10日、15日、1個月或者1個季度。納稅人的具體納稅期限，由主管稅務機關根據納稅人應納稅額的大小分別核定；不能按照固定期限納稅的，可以按次納稅。

1. 納稅人以1個月或者1個季度為一期納稅的，自期滿之日起15日內申報納稅；以1日、3日、5日、10日或者15日為一個納稅期的，自期滿之日起5日內預繳稅款，於次月1日起15日內申報納稅並結清上月應納稅款。

2. 納稅人進口貨物，應當自海關填發海關進口增值稅專用繳款書之日起15日內繳納稅款。

扣繳義務人解繳稅款的期限，依照前兩款規定執行。

3. 納稅人出口貨物，按月向稅務機關申報辦理該項出口貨物的退稅。

（四）增值稅出口退稅

1. 出口退稅率

一般納稅人的出口退稅率分為7檔：17%、16%、15%、13%、9%、5%和0。對生產企業自營出口或委託外貿企業代理出口的自產貨物，除另有規定者外，一律實行免稅、抵稅、退稅的辦法。中國現行出口貨物退（免）稅的範圍主要是報關出口的增值稅和消費稅。

免稅是指對生產企業出口的自產貨物免徵生產環節的增值稅。抵稅是指對生產企業出口的自產貨物所耗用的原材料、零部件、燃料、動力等所含應予退還的進項稅額，抵頂內銷貨物應納的增值稅；退稅是指生產企業出口的自產貨物當月應抵頂的大於應納增值稅稅額時，對未抵頂完的部分予以退稅。生產企業承接國外修理、修配業務；利用國際金融組織或外國政府貸款採用國際招標形式，國內企業中標，或外國企業中標後分包給國內企業的機電產品，可比照上述規定辦理。

增值稅小規模納稅人出口自產的貨物，免徵增值稅、消費稅，其進項稅額抵扣或退稅。

2. 出口退稅的企業範圍

目前中國享受出口退稅的主要涉及生產企業、外貿企業和某些特許退稅的企業。

（1）外貿企業出口貨物退稅

外貿企業出口貨物退還增值稅應依據購進貨物的增值稅專用發票所註明的進項金額和出口貨物對應的退稅率計算。實行出口退稅電子化管理後，外貿企業應退稅額的計算方法有兩種：一是單票對應法，二是加權平均法。

（2）生產企業出口貨物退（免）稅

對生產企業自營出口或委託外貿企業代理出口的自產貨物和視同自產貨物，除另有規定者外，增值稅一律實行免、抵、退稅管理辦法。生產企業出口貨物免、抵、退稅應根據出口貨物離岸價格和出口貨物退稅率計算，計算方法如下：

①當期應納稅額＝當期內銷售貨物銷項稅額－（當期進項稅額－當期免、抵、退稅不得免徵和抵扣的稅額）－上期留抵稅額

②免、抵、退稅額＝出口貨物離岸價×外匯人民幣牌價×出口貨物退稅率－免、抵、退稅額抵減額

免、抵、退稅額抵減額＝免稅購進原材料價格×出口貨物退稅率

③當期期末留抵稅額≤當期免、抵、退稅額時：則當期應退稅額＝當期期末留抵稅額；當期免、抵稅額＝當期免、抵、退稅額－當期應退稅額。

當期期末留抵稅額大於當期免、抵、退稅額時：當期應退稅額＝當期免、抵、退稅額；當期免、抵稅額＝0。

④免、抵、退稅不得免徵和抵扣稅額的計算：

免、抵、退稅不得免徵和抵扣稅額＝出口貨物離岸價×人民幣外匯牌價×（出口貨物徵稅率－出口貨物退稅率）－免、抵、退稅不得免徵和抵扣稅額抵減額

免、抵、退稅不得免徵和抵扣稅額抵減額＝免稅購進原材料價格×（出口貨物徵稅率－出口貨物退稅率）

（五）增值稅會計科目的設置

1．進項稅額的核算

（1）企業從國內採購貨物：

借：材料採購或原材料或有關費用
　　應交稅費——應交增值稅（進項稅額）
　貸：銀行存款或應付帳款

發生進貨退回，則：

借：銀行存款或應收帳款
　貸：材料採購或原材料等
　　　應交稅費——應交增值稅（進項稅額）

（2）企業接受投資轉入貨物：

借：應交稅費——應交增值稅（進項稅額）
　　原材料等
　貸：實收資本

（3）企業接受捐贈的貨物：

借：應交稅費——應交增值稅（進項稅額）
　　原材料等
　貸：資本公積

（4）企業進口貨物：

借：應交稅費——應交增值稅（進項稅額）
　　材料採購或原材料等
　　貸：銀行存款或應付帳款

（5）企業購入貨物或接受應稅勞務直接用於非應稅項目，或直接用於免稅項目以及直接用於集體福利和個人消費的，其專用發票上註明的增值稅額直接計入購入貨物及接受勞務的成本，即：

借：材料採購或原材料等
　　貸：銀行存款或應付帳款

（6）小規模納稅企業購入貨物及接受應稅勞務支付的增值稅額，以及企業購入貨物或接受應稅勞務沒有取得專用發票的，直接計入有關貨物或勞務的成本，即：

借：材料採購或原材料等
　　貸：銀行存款或應付帳款

2. 銷項稅額核算

（1）企業對外銷售貨物或提供應稅勞務：

借：銀行存款或應收帳款
　　貸：應交稅費——應交增值稅（銷項稅額）
　　　　主營業務收入

已銷售產品發生銷售退回，則：

借：應交稅費——應交增值稅（銷項稅額）
　　主營業務收入
　　貸：銀行存款或應收帳款

（2）企業將自產的、委託加工或購買的貨物分配給股東或投資者：

借：應付利潤
　　貸：應交稅費——應交增值稅（銷項稅額）
　　　　主營業務收入

（3）小規模納稅企業對外銷售貨物或提供應稅勞務：

借：銀行存款或應收帳款
　　貸：應交稅費——應交增值稅
　　　　主營業務收入

（4）企業將自產貨物或委託加工貨物用於非應稅項目或用於集體福利等，按規定應視同銷售計算應交增值稅：

借：在建工程等
　　貸：應交稅費——應交增值稅（銷項稅額）
　　　　主營業務收入或庫存商品等

（5）企業將自產或委託加工的或購買的貨物作為投資，提供給其他單位和個體經營者，按規定應視同銷售計算應納增值稅：

借：長期投資

貸：應交稅費——應交增值稅（銷項稅額）
　　　　　主營業務收入或庫存商品等
　（6）企業將自產、委託加工或購買的貨物無償贈送他人，應視同銷售貨物計算應交增值稅：
　　借：營業外支出
　　　貸：應交稅費——應交增值稅（銷項稅額）
　　　　　主營業務收入或庫存商品等
　3．出口退稅核算
　（1）按照規定，企業出口適用零稅率的貨物，不計算銷售收入應繳納增值稅。企業在向海關辦理報關出口手續後，憑出口報關單等有關憑證，向稅務機關申報辦理該項出口貨物的進項稅額的退稅，企業在收到出口貨物退回稅款時：
　　借：銀行存款
　　　貸：應交稅費——應交增值稅（出口退稅）
　（2）企業已辦理出口退稅後，發生退貨或退關的，應補交已退回的稅款：
　　借：應交稅費——應交增值稅（出口退稅）
　　　貸：銀行存款
　4．進項稅額轉出的核算
　　企業購進的貨物、在產品、產成品發生非正常損失，以及購進貨物改變用途等原因，其進項稅額應相應轉入有關科目：
　　借：待處理財產損益或在建工程或應付福利費
　　　貸：應交稅費——應交增值稅（進項稅額轉出）
　5．繳納增值稅稅額的核算
　（1）一般納稅企業按規定繳納增值稅時：
　　借：應交稅費——應交增值稅（已交稅金）
　　　貸：銀行存款
　（2）月份終了，企業應將當月應交未交增值稅餘額自「應交稅費——應交增值稅」科目轉入「未交增值稅」明細科目。
　　借：應交稅費——應交增值稅（轉出未交增值稅）
　　　貸：應交稅費——未交增值稅
　（3）當月上繳上月應交未交的增值稅時：
　　借：應交稅費——未交增值稅
　　　貸：銀行存款
　（4）月份終了，企業應當將當月多繳增值稅從「應交稅費——應交增值稅」明細科目轉入「未交增值稅」明細科目。
　　借：應交稅費——未交增值稅
　　　貸：應交稅費——應交增值稅（轉出多交增值稅）
　（5）小規模納稅人繳納稅款時，做如下會計分錄：
　　借：應交稅費——應交增值稅

貸：銀行存款
　6. 減免增值稅的會計處理方法
　（1）企業實際收到即徵即退、先徵後退和先徵稅後返還的增值稅時：
　借：銀行存款
　　貸：營業外收入
　（2）對於直接減免的增值稅：
　借：應交稅費——應交增值稅（減免稅金）
　　貸：營業外收入
　7. 實行「免、抵、退」政策的帳務的三種處理辦法
　（1）應納稅額為正數，即免抵後仍應繳納增值稅，免抵稅額＝免抵退稅額，即沒有可退稅額（因為沒有留抵稅額）。此時，帳務處理如下：
　借：應交稅費——應交增值稅（轉出未交增值稅）
　　貸：應交稅費——未交增值稅
　借：應交稅費——應交增值稅（出口抵減內銷產品應納稅額）
　　貸：應交稅費——應交增值稅（出口退稅）
　（2）應納稅額為負數，即期末有留抵稅額，對於未抵頂完的進項稅額，不做會計分錄；當期期末留抵稅額大於當期免、抵、退稅額時，可全部退稅，免抵稅額為零。當期應退稅額等於當期免、抵、退稅額時，帳務處理如下：
　借：其他應收款
　　貸：應交稅費——應交增值稅（出口退稅）
　（3）應納稅額為負數，即期末有留抵稅額，對於未抵頂完的進項稅額，不做會計分錄；當期期末留抵稅額大於小於免、抵、退稅額時，可退稅額為留抵稅額。
　當期應退稅額＝當期期末留抵稅額
　當期免、抵稅額＝當期免、抵、退稅額－當期應退稅額
　此時，帳務處理如下：
　借：其他應收款
　　　應交稅費——應交增值稅（出口抵減內銷產品應納稅額）
　　貸：應交稅費——應交增值稅（出口退稅）
　通過以上三種情況的分析與處理可看出，如果不計算出「免抵稅額」，會計處理上將無法平衡。
　增值稅計算示範：
　例1 某公司6月份上繳5月份未繳增值稅32,000元；月底上繳當月應交增值稅54,000元，還有3,000元應交增值稅未繳納。做會計分錄如下：
　（1）上交上月未交增值稅時：
　借：應交稅費——未交增值稅　　　　　　　　　　　　　32,000
　　貸：銀行存款　　　　　　　　　　　　　　　　　　　　　　32,000
　（2）上交當月應交增值稅時：

借：應交稅費——應交增值稅（已交稅金） 54,000
　　貸：銀行存款 54,000
（3）將當月應交未交增值稅轉帳時：
借：應交稅費——應交增值稅（轉出未交增值稅） 3,000
　　貸：應交稅費——未交增值稅 3,000

例2　某公司採用先徵稅後返還增值稅的方法，當期收到返還的增值稅26,000元。收到返還增值稅款時做如下會計分錄：

借：銀行存款 26,000
　　貸：營業外收入 26,000

例3　某具有進出口經營權的生產企業，對自產貨物經營出口銷售及國內銷售。該企業2007年2月份購進所需原材料等貨物，允許抵扣的進項稅額68萬元，內銷產品取得銷售額300萬元（不含稅），出口貨物離岸價折合人民幣2,400萬元。假設上期留抵稅款5萬元，增值稅稅率17%，退稅率13%，則相關計算和處理如下：

（1）外購原輔材料、備件、能源等，會計分錄為：
借：原材料 4,000,000
　　應交稅費——應交增值稅（進項稅額） 680,000
　　貸：銀行存款 4,680,000

（2）產品出口時，免徵本銷售環節的銷項稅會計分錄為：
借：應收帳款 24,000,000
　　貸：主營業務收入 24,000,000

（3）產品內銷時，會計分錄為：
借：銀行存款 3,510,000
　　貸：主營業務收入 3,000,000
　　　　應交稅費——應交增值稅（銷項稅額） 510,000

（4）月末，計算當月出口貨物不予抵扣和退稅的稅額：

免、抵、退稅不得免徵和抵扣稅額＝當期出口貨物離岸價×人民幣外匯牌價×（出口貨物徵稅率－出口貨物退稅率）

免、抵、退稅不得免徵和抵扣稅額抵減額＝2,400×（17%－13%）＝96（萬元）

借：主營業務成本 960,000
　　貸：應交稅費——應交增值稅（進項稅額轉出） 960,000

（5）計算應納稅額：

本月應納稅額＝當期內銷貨物的銷項稅額－當期進項稅額－當期免、抵、退稅不得免徵和抵扣的稅額－上期留抵稅款

本月應納稅額＝51－68＋96－5＝74（萬元）

借：應交稅費——應交增值稅（轉出未交增值稅） 740,000
　　貸：應交稅費——未交增值稅 740,000

（6）實際繳納時：

借：應交稅費——未交增值稅 740,000
　　貸：銀行存款 740,000

如果本期外購貨物的進項稅額為 160 萬元，其他不變，則（1）至（4）步分錄同上，其餘帳務處理如下：

(7) 計算應納稅額或當期期末留抵稅額：

本月應納稅額 = 銷項稅額 - 進項稅額 = 當期內銷貨物的銷項稅額 -（當期進項稅額 - 當期免、抵、退稅不得免徵和抵扣的稅額）- 上期留抵稅款

本月應納稅額 = 51 - 160 + 96 - 5 = - 18（萬元）

由於應納稅額小於零，說明當期期末留抵稅額為 18 萬元，不需做會計分錄。

(8) 計算應退稅額和應免抵稅額：

免、抵、退稅額 = 出口貨物離岸價 × 外匯人民幣牌價 × 出口貨物退稅率 - 免、抵、退稅額抵減額 = 2,400 × 13% = 312（萬元）

當當期期末留抵稅額 18 萬元小於當期免、抵、退稅額 312 萬元時，當期應退稅額 = 當期期末留抵稅額 = 18（萬元）

當期免、抵稅額 = 當期免、抵、退稅額 - 當期應退稅額 = 312 - 18 = 294（萬元）

借：其他應收款 180,000
　　應交稅費——應交增值稅（出口抵減內銷產品應納稅額） 2,940,000
　　貸：應交稅費——應交增值稅（出口退稅） 3,120,000

(9) 收到退稅款時：

借：銀行存款 180,000
　　貸：其他應收款 180,000

例 4　某工廠為增值稅一般納稅人，2008 年 2 月份發生如下經濟業務：

(1) 2 月 2 日，工廠從本市購入甲材料一批，共 5,000 千克，單價 40 元/千克，增值稅專用發票註明增值稅額為 34,000 元，貨款已經支付。

假定該企業材料按實際成本計價，則：

借：原材料 200,000
　　應交稅費——應交增值稅（進項稅額） 34,000
　　貸：銀行存款 234,000

(2) 2 月 3 日，企業從外地購入乙種材料一批，共 100 噸，單價 5,000 元/噸，增值稅額為 85,000 元。該工廠代墊運輸費 20,000 元，按 7% 扣除率計算，增值稅額為 1,400 元。

按實際成本計價，則：

借：原材料 518,600
　　應交稅費——應交增值稅（進項稅額） 86,400
　　貸：應付帳款 605,000

(3) 2 月 4 日，企業因材料質量問題將甲材料 1,000 千克退還給供貨方，收回價款 40,000 元，增值稅額為 6,800 元。則：

借：銀行存款　　　　　　　　　　　　　　　　　　　　　　46,800
　　　　貸：原材料　　　　　　　　　　　　　　　　　　　　　　40,000
　　　　　　應交稅費——應交增值稅（進項稅額）　　　　　　　　6,800
　　（4）2月9日，企業收到其投資者作為投資轉入的貨物一批，其中：機器一臺，雙方確認的價值為200,000元；原材料一批，投資者提供的專用發票上註明的增值稅額為17,000元，雙方確認的價值（已扣增值稅）為120,000元。則：
　　借：固定資產　　　　　　　　　　　　　　　　　　　　　　200,000
　　　　原材料　　　　　　　　　　　　　　　　　　　　　　　　120,000
　　　　應交稅費——應交增值稅（進項稅額）　　　　　　　　　　17,000
　　　　貸：實收資本　　　　　　　　　　　　　　　　　　　　　337,000
　　（5）2月15日，企業汽車損壞，委託某修理廠進行修理，支付修理費5,000元，增值稅專用發票註明的增值稅額為850元。則：
　　借：管理費用　　　　　　　　　　　　　　　　　　　　　　　5,000
　　　　應交稅費——應交增值稅（進項稅額）　　　　　　　　　　850
　　　　貸：銀行存款　　　　　　　　　　　　　　　　　　　　　5,850
　　（6）2月18日，企業購入建築材料一批，價款為80,000元。專用發票上註明增值稅額為13,600元，用於企業正在進行的在建工程，貨款已付。則：
　　借：工程物資　　　　　　　　　　　　　　　　　　　　　　　93,600
　　　　貸：銀行存款　　　　　　　　　　　　　　　　　　　　　93,600
　　（7）2月18日，企業對外銷售A產品一批，收取價款960,000元（不含增值稅）。則：
　　借：銀行存款　　　　　　　　　　　　　　　　　　　　　　　1,123,200
　　　　貸：主營業務收入　　　　　　　　　　　　　　　　　　　960,000
　　　　　　應交稅費——應交增值稅（銷項稅額）　　　　　　　　163,200
　　（8）2月20日，企業將B產品一批，用於企業在建工程，按企業銷售同類產品的價格計算，價款為60,000元，增值稅率為17%。該批產品生產成本為35,000元。則：
　　借：在建工程　　　　　　　　　　　　　　　　　　　　　　　45,200
　　　　貸：庫存商品　　　　　　　　　　　　　　　　　　　　　35,000
　　　　　　應交稅費——應交增值稅（銷項稅額）　　　　　　　　10,200
　　（9）2月23日，某單位將A產品一部分退還給企業，價款為100,000元，增值稅額為17,000元，退貨款已支付。則：
　　借：應交稅費——應交增值稅（銷項稅額）　　　　　　　　　　17,000
　　　　主營業務收入　　　　　　　　　　　　　　　　　　　　　100,000
　　　　貸：銀行存款　　　　　　　　　　　　　　　　　　　　　117,000
　　（10）2月25日，由於倉庫倒塌損毀A產品、B產品各一批，成本為80,000元，經過計算，其所耗用的材料和有關貨物的進項稅額為5,600元。則：
　　借：待處理財產損溢——待處理流動資產損溢　　　　　　　　　85,600
　　　　貸：庫存商品　　　　　　　　　　　　　　　　　　　　　80,000

應交稅費——應交增值稅（進項稅額轉出）　　　　　　　　　　5,600

（11）2月27日，企業委託某工廠加工材料，支付加工費12,000元，增值稅專用發票註明的增值稅額為2,040元。則：

借：委託加工物資　　　　　　　　　　　　　　　　　　　　12,000
　　應交稅費——應交增值稅（進項稅額）　　　　　　　　　　2,040
　貸：銀行存款　　　　　　　　　　　　　　　　　　　　　　14,040

（12）2月底計算該企業2月份應納增值稅稅額：

應納稅額 = 銷項稅額 - （進項稅額 - 進項稅額轉出）

應納稅額 = 156,400 - （133,490 - 5,600） = 28,510（元）

企業繳納稅額時：

借：應交稅費——應交增值稅（已交稅金）　　　　　　　　　　28,510
　貸：銀行存款　　　　　　　　　　　　　　　　　　　　　　28,510

例5　某增值稅一般納稅人2008年4月2日從美國進口商品一批，離岸價為40,000美元，支付國外運費2,500美元，保險費1,500美元，支付關稅為13,200美元。4月25日，公司將上述商品銷售給國內某公司，共取得不含稅銷售額600,000元，款項未收。4月1日國家外匯牌價為1美元 = 7.00元人民幣。計算增值稅並做會計處理。

（1）進口商品時：

組成計稅價格 = 關稅完稅價格 + 關稅 = （40,000 + 2,500 + 1,500）× 7.00 + 13,200 × 7.00 = 400,400（元）

應納稅額 = 400,400 × 17% = 68,068（元）

借：庫存商品　　　　　　　　　　　　　　　　　　　　　　400,400
　　應交稅費——應交增值稅（進項稅額）　　　　　　　　　　68,068
　貸：銀行存款　　　　　　　　　　　　　　　　　　　　　　468,468

（2）將該批進口商品銷售給國內公司時：

銷項稅額 = 600,000 × 17% = 102,000（元）

借：應收帳款　　　　　　　　　　　　　　　　　　　　　　702,000
　貸：主營業務收入　　　　　　　　　　　　　　　　　　　　600,000
　　　應交稅費——應交增值稅（銷項稅額）　　　　　　　　　102,000

例6　某家電銷售企業是增值稅一般納稅人，2008年2月通過以舊換新方式銷售洗衣機100臺，新洗衣機含稅零售價2,340元，收回的舊洗衣機每臺作價100元，每臺實際收到貨款2,240元。計算該企業應繳納的增值稅並做會計處理。

銷項稅額 = 2,340 ÷ （1 + 17%） × 17% × 100 = 34,000（元）

借：銀行存款　　　　　　　　　　　　　　　　　　　　　　224,000
　　原材料或庫存商品　　　　　　　　　　　　　　　　　　10,000
　貸：主營業務收入　　　　　　　　　　　　　　　　　　　　200,000
　　　應交稅費——應交增值稅（銷項稅額）　　　　　　　　　34,000

例7　某企業為增值稅一般納稅人，2008 年 2 月發生以下業務：

（1）從農業生產者手中收購玉米 40 噸，每噸收購價 3,000 元，共計支付收購價款 120,000 元。企業將收購的玉米從收購地直接運往異地的某酒廠生產加工藥酒，酒廠在加工過程中代墊輔助材料款 15,000 元。藥酒加工完畢，企業收回藥酒時取得酒廠開具的增值稅專用發票，註明加工費 30,000 元、增值稅額 5,100 元，加工的藥酒當地無同類產品市場價格。本月內企業將收回的藥酒批發售出，取得不含稅銷售額 260,000 元。另外支付給運輸單位的銷貨運輸費用 12,000 元，取得普通發票。

（2）購進貨物取得增值稅專用發票，註明金額 450,000 元、增值稅額 76,500 元；支付給運輸單位的購貨運輸費用 22,500 元，取得普通發票。本月將已驗收入庫貨物的 80% 零售，取得含稅銷售額 585,000 元，20% 用於本企業集體福利。

（3）購進原材料取得增值稅專用發票，註明金額 160,000 元、增值稅額 27,200 元，材料驗收入庫。本月生產加工一批新產品 450 件，每件成本價 380 元（無同類產品市場價格），全部售給本企業職工，取得不含稅銷售額 171,000 元。月末盤存發現上月購進的原材料被盜，成本金額 50,000 元（其中含分攤的運輸費用 4,850 元）。

（4）銷售使用過的摩托車 5 輛，其中，2 輛低於原值銷售，取得含稅銷售額 11,640 元，其餘 3 輛高於原值銷售，取得含稅銷售額 20,800 元。

（5）當月發生逾期押金收入 12,870 元。

根據上述材料，按下列序號計算有關納稅事項，每一問需計算出合計數：

（1）業務 1 應納增值稅；
（2）業務 2 應納增值稅；
（3）業務 3 應納增值稅；
（4）2 月份應納增值稅。

按業務的先後順序計算如下：

計算業務（1）中應繳納的增值稅：

銷項稅額 = 260,000 × 17% = 44,200（元）

應抵扣的進項稅額 = 120,000 × 13% + 5,100 + 12,000 × 7% = 21,540（元）

應納增值稅稅額 = 44,200 − 21,540 = 22,660（元）

計算業務（2）中應繳納的增值稅：

銷項稅額 = 585,000 ÷（1 + 17%）× 17% = 85,000（元）

應抵扣的進項稅額 =（76,500 + 22,500 × 7%）× 80% = 62,460（元）

應納增值稅稅額 = 85,000 − 62,460 = 22,540（元）

計算業務（3）中應繳納的增值稅：

銷項稅額 = 450 × 380 ×（1 + 10%）× 17% = 31,977（元）

進項稅額轉出 =（50,000 − 4,850）× 17% + 4,850 ÷（1 − 7%）× 7%
　　　　　　 = 8,040.55（元）

應抵扣的進項稅額 = 27,200 − 8,040.55 = 19,159.45（元）

應納增值稅稅額 = 31,977 − 19,159.45 = 12,817.55（元）

計算業務（4）中應繳納的增值稅：

銷售摩托車應納增值稅 = 20,800 ÷（1 + 4%）×4% ×1/2 = 400（元）

計算業務（5）中應繳納的增值稅：

押金收入應納增值稅稅額 = 12,870 ÷（1 + 17%）×17% = 1,870（元）

該企業 2 月份應納增值稅稅額為：

22,660 + 22,540 + 12,817.55 + 400 + 1,870 = 60,287.55（元）

例 8 北京某電子設備公司為一般納稅人，2006 年 10 月份有關經營情況如下：

（1）銷售情況：

①銷售錄音筆一批給商場，其不含稅價為 40 萬元，按不含稅價 15% 給予折扣，開在 1 張專用發票上，註明折扣後的銷售額為 34 萬元，稅額為 5.78 萬元。

②銷售給某市電器商場（一般納稅人）音響設備 5 套，單價 1.2 萬元/套。

③銷售給某大型賓館音響設備 6 套，開出普通發票，單價 1.4 萬元/套，另外收取安裝費 0.5 萬元。

④銷售使用過的舊監測設備（日本製造）1 套，取得收入 15 萬元，帳面原值為 12 萬元。

（2）購進貨物和勞務情況：

①購入電子元器件一批，取得增值稅專用發票，購進金額 33 萬元，註明增值稅稅額 5.61 萬元；本月公司宣傳用廣告設施領用元器件帳面成本 3 萬元。

②購入基建用木材一批，取得增值稅專用發票，購進金額 1.6 萬元，註明增值稅稅額 0.272 萬元。

③支付生產用電費，取得增值稅專用發票，購進金額 1.1 萬元，註明增值稅稅額 0.187 萬元。

（3）其他業務：

本廠該月份優惠銷售給職工收錄音機 400 臺，每臺收取優惠價 160 元。經查該廠同類產品不含稅單價為 220 元/臺。

期初增值稅留抵稅額為 0.25 萬元。

根據上述材料，按下列序號計算有關納稅事項，每一問需計算出合計數：

（1）本月銷項稅額；

（2）本月購進貨物不得抵扣的進項稅額；

（3）銷售監測設備應納增值稅；

（4）本月應納增值稅。

計算如下：

本月銷項稅額 = 5.78 + [1.2 × 5 + (1.4 × 6 + 0.5)/(1 + 17%) + 400 × 0.022] × 17% = 9.589（萬元）

本月購進貨物不得抵扣進項稅額 = 0.272 + 3 × 17% = 0.782（萬元）

檢測設備售價大於原值，按 4% 減半徵收增值稅，應繳納增值稅 = 15/1.04 × 0.04 × 50% = 0.288（萬元）

本月購進貨物允許抵扣的進項稅額 = 5.61 + 0.272 + 0.187 - 0.782 = 5.287（萬元）

本月應納增值稅 = 9.589 + 0.288 - 5.287 - 0.25（期初留抵稅額）= 4.34（萬元）

例9 北京市一大型商貿公司為增值稅一般納稅人，兼營商品加工、批發、零售和進出口業務，2006 年 11 月相關經營業務如下：

（1）進口化妝品一批，支付國外的買價 220 萬元、購貨佣金 6 萬元、經紀費 4 萬元；支付運抵中國海關地前的運輸費用 20 萬元、裝卸費用和保險費用共 1 萬元；支付海關再運往商貿公司的運輸費用 8 萬元（取得貨運企業的運費發票）、裝卸費用和保險費用共 3 萬元。

（2）受託加工化妝品一批，委託方提供的原材料不含稅金額 86 萬元，加工結束向委託方開具普通發票收取加工費和添加輔助材料的含稅金額共計 46.8 萬元，該化妝品商貿公司當地無同類產品市場價格。

（3）收購免稅農產品一批，支付收購價款 70 萬元、運輸費用 10 萬元，當月將購回免稅農產品的 30% 用於公司飲食部。

（4）購進其他商品，取得增值稅專用發票，支付價款 200 萬元、增值稅 34 萬元，支付運輸單位運輸費用 20 萬元，待貨物驗收入庫時發現短缺商品金額 10 萬元（占支付金額的 5%），經查實應由運輸單位賠償。

（5）將進口化妝品的 80% 重新加工製作成套裝化妝品，當月銷售給其他商場並開具增值稅專用發票，取得不含稅銷售額 650 萬元；直接銷售給消費者個人，開具普通發票，取得含稅銷售額 70.2 萬元。

（6）銷售除化妝品以外的其他商品，開具增值稅專用發票，應收不含稅銷售額 300 萬元，由於月末前可將全部貨款收回，給所有購貨方的銷售折扣比例為 5%，實際收到金額 285 萬元。

（7）取得化妝品的逾期包裝押金收入 14.04 萬元。

關稅稅率 20%；當月購銷各環節所涉及的票據符合稅法規定，並經過稅務機關認證。要求按下列順序回答問題：

（1）該公司進口環節應繳納的增值稅；

（2）該公司國內銷售環節實現的銷項稅額總和；

（3）該公司國內銷售環節準予抵扣的進項稅額總和；

（4）計算該公司國內銷售環節應繳納的增值稅。

計算如下：

（1）由買方負擔的購貨佣金不需要計入完稅價格中。進口環節應繳納關稅 = (220 + 4 + 20 + 11) × 20% = 51（萬元）

進口環節應繳納消費稅 = (220 + 4 + 20 + 11 + 51) ÷ (1 - 30%) × 30% = 131.14（萬元）

進口環節應繳納增值稅 = (220 + 4 + 20 + 11 + 51 + 131.14) × 17% = 74.31（萬元）

（2）計算銷項稅額的時候需要將含稅的收入換算為不含稅的收入。題目中提示了受託加工收取的加工費和輔助材料費是含稅的；直接銷售給個人的收入是含稅的；取得的逾期包裝物押金這不需要提示也是應作為含稅的處理。

国内销售环节实现的销项税额 = [46.8 ÷ (1 + 17%) + 650 + 70.2 ÷ (1 + 17%) + 300 + 14.04] ÷ (1 + 17%) × 17% = 180.54（万元）

(3) 将购入的免税产品的30%用于公司的饮食部，属于将购进的货物用于职工福利，这部分购进货物负担的进项税额不可以抵扣；非正常损失的购进货物所负担的进项税额也是不可以抵扣的。

所以，国内销售环节准予抵扣的进项税额 = 74.31 + 8 × 7% + (70 × 13% + 10 × 7%) × (1 − 30%) + (34 + 20 × 7%) × (1 − 5%) = 74.31 + 0.56 + 6.86 + 33.63 = 115.36（万元）

(4) 国内销售环节应缴纳增值税 = 180.54 − 115.36 = 65.18（万元）

例10 甲卷烟厂（位于市区）为增值税一般纳税人，2007年5月发生下列业务：

从农民手中收购烟叶，收购凭证上注明收购价52,000元，支付运费2,000元，装卸费500元，并取得了符合规定的运费发票；将购买的烟叶直接运往乙企业（位于县城，增值税一般纳税人）委托其加工烟丝，取得增值税专用发票，注明加工费6,000元，乙企业代扣代缴了消费税；甲卷烟厂将收回的烟丝的20%直接销售，取得不含税销售额85,000元，80%用于生产A牌卷烟，本月销售卷烟17箱（标准箱），取得不含税销售额348,500元；企业职工浴池领用本月以小规模纳税人购进时取得普通发票的劳保用品，成本8,600元，领用上月购进时取得增值税专用发票和合法的运输发票的煤炭，成本34,290元（包括买价31,000元，运输成本1,790元，装卸费1,500元）。(A牌卷烟的不含增值税调拨价为82元/条，本月取得的发票均在本月认证并抵扣)。计算甲卷烟厂本月应缴纳的增值税。

计算甲卷烟厂应缴纳的增值税：

烟叶税 = 52,000 × (1 + 10%) × 20% = 11,440（元）

购买烟叶可抵扣进项税合计 = [52,000 × (1 + 10%) + 11,440] × 13% + 2,000 × 7% = 9,063.20（元）

加工费进项税 = 6,000 × 17% = 1,020（元）

甲卷烟厂的销项税 = (348,500 + 85,000) × 17% = 73,695（元）

进项税转出额 = 31,000 × 13% + 1,790 ÷ (1 − 7%) × 7% = 4,164.73（元）

应纳增值税 = 73,695 − (9,063.20 + 1,020 − 4,164.73) = 67,776.53（元）

思考题

1. 中国增值税应纳税额的计算方法有哪几种？
2. 有哪些项目可以免征增值税？
3. 增值税的纳税义务发生时间如何确定？
4. 增值税的纳税地点有何具体规定？
5. 增值税的纳税期限有哪几种类型？
6. 现行税收法规中不得从销项税额中抵扣的进项税额包括哪些？为什么？
7. 增值税一般纳税人购进商品的进项税额如何抵扣？

第三節　消費稅

目前，世界上已經有100多個國家開徵了消費稅，中國現行的消費稅是在1994年稅制改革後新設置的一種稅，在對貨物普遍徵收增值稅的基礎上，選擇部分消費品再徵收一道消費稅。根據《中華人民共和國消費稅暫行條例》第十二條的規定，消費稅由國家稅務局負責徵收管理，進口的應稅消費品的消費稅由海關代徵。

一、消費稅的概念和特點

（一）概念

消費稅是在中華人民共和國境內生產、委託加工和進口應稅消費品的單位和個人，以及國務院確定的銷售本條例規定的消費品的其他單位和個人就其銷售額或銷售數量，在特定環節徵收的一種稅。

（二）特點

1. 徵稅項目具有選擇性

消費稅主要是針對特定消費品或消費行為徵收的稅種，徵稅範圍主要是特殊消費品、奢侈品、高能耗消費品、不可再生的資源消費品等。

2. 徵稅環節具有單一性

消費稅是在生產（進口）、流通或消費的某一環節一次徵收，而不在每個環節多次徵收。

3. 徵收方法具有多樣性

有些產品採用從價定率的方式徵收，有些產品則採用從量定額的方式徵收。

4. 稅收調節具有特殊性

消費稅屬於國家運用稅收槓桿對某些消費品或消費行為進行特殊調節的稅種。

5. 消費稅具有轉嫁性

凡列入消費稅徵稅範圍的消費品，一般都是高價高稅產品。消費品中所含的消費稅稅款最終都要轉嫁到消費者身上，由消費者負擔，因此稅負具有轉嫁性。

6. 稅率、稅額具有差異性

對某些需要限制或控制消費的消費品規定較高的稅率；對某些需要特殊調節的消費品或消費行為在徵收增值稅的同時，再徵收一道消費稅，形成對消費品雙層次調節的稅收調節體系。

二、納稅人

在中華人民共和國境內生產、委託加工和進口應稅消費品的單位和個人，以及國務院確定的銷售本條例規定的消費品的其他單位和個人為消費稅的納稅義務人。

「單位」包括企業、行政單位、事業單位、軍事單位、社會團體及其他單位。「個

人」是指個體工商戶及其他個人。「在中華人民共和國境內」是指生產、委託加工和進口屬於應當徵收消費稅的消費品的起運地或所在地在境內。

三、徵稅範圍和稅率

（一）徵收範圍

消費稅稅目共有 14 個，具體徵稅範圍包括以下內容。

1. 菸

凡是以菸葉為原料加工生產的特殊消費品，包括卷菸、雪茄菸和菸絲。

2. 酒及酒精

它包括白酒、黃酒、啤酒、其他酒、酒精。

（1）糧食白酒是指以高粱、玉米、大米、糯米、大麥、小麥、小米、青稞等各種糧食為原料，經過糖化、發酵後，採用蒸餾方法釀制的白酒。

（2）薯類白酒是指以白薯（紅薯、地瓜）、木薯、馬鈴薯（土豆）、芋頭、山藥等各種干鮮薯類為原料，經過糖化、發酵後，採用蒸餾方法釀制的白酒。用甜菜釀制的白酒，比照薯類白酒徵稅。

（3）黃酒。黃酒是指以糯米、粳米、籼米、大米、黃米、玉米、小麥、薯類等為原料，經加溫，糖化，發酵，壓榨釀制的酒。黃酒的徵收範圍包括各種原料釀制的黃酒和酒度超過 12 度（含 12 度）的土甜酒。

（4）啤酒是指以大麥或其他糧食為原料，加入啤酒花，經糖化，發酵，過濾釀制的含有二氧化碳的酒。啤酒按照殺菌方法的不同，可分為熟啤酒和生啤酒或鮮啤酒。啤酒的徵收範圍包括各種包裝和散裝的啤酒。無醇啤酒比照啤酒徵稅。

（5）其他酒是指除糧食白酒、薯類白酒、黃酒、啤酒以外，酒度在 1 度以上的各種酒。其徵收範圍包括糠麩白酒，其他原料白酒、土甜酒、複製酒、果木酒、汽酒、藥酒等。

（6）酒精。酒精又名乙醇，是指以含有澱粉或糖分的原料，經糖化和發酵後，用蒸餾方法生產的酒精度數在 95 度以上的無色透明液體；也可以石油裂解氣中的乙烯為原料，用合成方法制成。酒精的徵收範圍包括用蒸餾法和合成方法生產的各種工業酒精食用酒精。

3. 化妝品

化妝品包括：美容修飾類化妝品（香水、香水精、香粉、口紅、指甲油、胭脂、眉筆、唇筆、藍眼油、眼睫毛、成套化妝品等）、高檔護膚類化妝品和成套化妝品。舞臺、戲劇、影視演員化妝用的上妝油、卸妝油、油彩不屬於本稅目徵收範圍。

4. 貴重首飾及珠寶玉石

貴重首飾及珠寶玉石包括：一是金銀首飾、鉑金首飾和鑽石及鑽石飾品；二是其他貴重首飾和珠寶玉石。

5. 鞭炮、焰火

鞭炮、焰火包括各種鞭炮、焰火。通常分為 13 類，即噴花類、旋轉類、旋轉升空

類、火箭類、吐珠類、線香類、小禮花類、菸霧類、造型玩具類、爆竹類、摩擦炮類、組合菸花類、禮花彈類。體育上用的發令紙、鞭炮藥引線，不按本稅目徵收。

6. 成品油

成品油包括：汽油（含鉛汽油、無鉛汽油）、柴油、航空煤油、石腦油、溶劑油、潤滑油、燃料油。

（1）汽油是輕質石油產品的一大類。汽油徵收範圍包括辛烷值不小於 66 的各種汽油。

（2）柴油是輕質石油產品的一大類。柴油徵收範圍包括傾點或凝點在 -50 至 30 的各種柴油。

（3）石腦油又叫輕汽油、化工輕油。是以石油加工生產的或二次加工汽油經加氫精製而得的用於化工原料的輕質油。石腦油的徵收範圍包括除汽油、柴油、煤油、溶劑油以外的各種輕質油。

（4）溶劑油是以石油加工生產的用於塗料和油漆生產、食用油加工、印刷油墨、皮革、農藥、橡膠、化妝品生產的輕質油。溶劑油的徵收範圍包括各種溶劑油。

（5）航空煤油也叫噴氣燃料，是以石油加工生產的用於噴氣發動機和噴氣推進系統中作為能源的石油燃料。航空煤油的徵收範圍包括各種航空煤油。

（6）潤滑油是用於內燃機、機械加工過程的潤滑產品。潤滑油分為礦物性潤滑油、植物性潤滑油、動物性潤滑油和化工原料合成潤滑油。潤滑油的徵收範圍包括以石油為原料加工的礦物性潤滑油，礦物性潤滑油基礎油。植物性潤滑油、動物性潤滑油和化工原料合成潤滑油不屬於潤滑油的徵收範圍。

（7）燃料油也稱重油、渣油。燃料油徵收範圍包括用於電廠發電、船舶鍋爐燃料、加熱爐燃料、冶金和其他工業爐燃料的各類燃料油。

7. 汽車輪胎

汽車輪胎包括：輕型乘用汽車輪胎；載重及公共汽車、無軌電車輪胎；礦山、建築等車輛用輪胎；特種車輛用輪胎（行駛於無路面或雪地、沙漠等越野輪胎）；摩托車輪胎；各種掛車用輪胎；工程車輪胎；其他機動車輪胎；汽車與農用拖拉機、收割機、手扶拖拉機通用輪胎。

8. 摩托車

摩托車包括：輕便摩托車和摩托車。

（1）輕便摩托車：最大設計車速不超過 50 千米/小時，發動機汽缸總工作容積不超過 50 毫升的兩輪機動車。

（2）摩托車：最大設計車速超過 50 千米/小時，發動機汽缸總工作容積超過 50 毫升，空車質量不超過 400 千克（帶駕駛室的正三輪車及特種車的空車質量不受此限）的兩輪和三輪機動車。

9. 小汽車

小汽車是指由動力驅動，具有 4 個或 4 個以上車輪的非軌道承載的車輛，包括乘用車、中輕型商用客車。

本稅目徵收範圍包括含駕駛員座位在內最多不超過 9 個座位（含）的，在設計和

技術特性上用於載運乘客和貨物的各類乘用車和含駕駛員座位在內的座位數在 10～23 座（含 23 座）的在設計和技術特性上用於載運乘客和貨物的各類中輕型商用客車。用排氣量小於 1.5 升（含）的乘用車底盤（車架）改裝、改制的車輛屬於乘用車徵收範圍。用排氣量大於 1.5 升的乘用車底盤（車架）或用中輕型商用客車底盤（車架）改裝、改制的車輛屬於中輕型商用客車徵收範圍。含駕駛員人數（額定載客）為區間值的（如 8～10 人，17～26 人）小汽車，按其區間值下限人數確定徵收範圍。電動汽車不屬於本稅目徵收範圍。

10. 高爾夫球及球具

高爾夫球及球具是指從事高爾夫球運動所需的各種專用裝備，包括高爾夫球、高爾夫球杆及高爾夫球包（袋）等。

高爾夫球是指重量不超過 45.93 克、直徑不超過 42.67 毫米的高爾夫球運動比賽、練習用球；高爾夫球杆是指被設計用來打高爾夫球的工具，由杆頭、杆身和握把三部分組成；高爾夫球包（袋）是指專用於盛裝高爾夫球及球杆的包（袋）。本稅目徵收範圍包括高爾夫球、高爾夫球杆、高爾夫球包（袋）。高爾夫球杆的杆頭、杆身和握把屬於本稅目的徵收範圍。

11. 高檔手錶

高檔手錶是指銷售價格（不含增值稅）每只在 1 萬元（含）以上的各類手錶。該稅目徵收範圍包括符合以上標準的各類手錶。

12. 遊艇

遊艇是指長度大於 8 米但小於 90 米，船體由玻璃鋼、鋼、鋁合金、塑料等多種材料製作，可以在水上移動的水上浮載體。按照動力劃分，遊艇分為無動力艇、帆艇和機動艇。本稅目徵收範圍包括艇身長度大於 8 米（含）小於 90 米（含），內置發動機，可以在水上移動，一般為私人或團體購買，主要用於水上運動和休閒娛樂等非營利性活動的各類機動艇。

13. 木制一次性筷子

木制一次性筷子又稱衛生筷子，是指以木材為原料經過鋸斷、浸泡、旋切、刨切、烘干、篩選、打磨、倒角、包裝等環節加工而成的各類一次性使用的筷子。本稅目徵收範圍包括各種規格的木制一次性筷子。未經打磨、倒角的木制一次性筷子屬於本稅目徵稅範圍。

14. 實木地板

實木地板是指以木材為原料，經鋸割、干燥、刨光、截斷、開榫、塗漆等工序加工而成的塊狀或條狀的地面裝飾材料。實木地板按生產工藝不同，可分為獨板（塊）實木地板、實木指接地板、實木複合地板三類；按表面處理狀態不同，可分為未塗飾地板（白坯板、素板）和漆飾地板兩類。

本稅目徵收範圍包括各類規格的實木地板、實木指接地板、實木複合地板及用於裝飾牆壁、天棚的側端面為榫、槽的實木裝飾板。未經塗飾的素板屬於本稅目徵稅範圍。

（二）稅率

中國消費稅的稅率有兩種形式：一是比例稅率；二是定額稅率，即單位稅額。

1. 菸

（1）卷菸

根據消費稅暫行條例規定：甲類卷菸，每標準條（200支，下同）調撥價在50元以上（含50元不包括增值稅，下同）的卷菸，稅率為45%；乙類卷菸，即每標準條調撥價格在50元以下的卷菸，稅率為30%。此外甲、乙類卷菸每標準箱（5萬支）還要繳納150元的定額消費稅。現規定：甲類卷菸，即每標準條（200支，下同）調撥價格在70元以上（含70元，不包括增值稅，下同）的卷菸，稅率為56%；乙類卷菸，即每標準條調撥價格在70元以下的卷菸，稅率為36%。

（2）雪茄菸

根據消費稅暫行條例規定，雪茄菸的比例稅率為25%，現規定為36%。

（3）菸絲

菸絲的比例稅率為30%。

2. 酒及酒精

（1）糧食白酒、薯類白酒

糧食白酒、薯類白酒的比例稅率統一為20%，或者0.50元/500毫升。

（2）黃酒

黃酒定額稅率為240元/噸。

（3）啤酒

啤酒每噸出廠價格（含包裝物及包裝物押金）在3,000元/噸以下（不含增值稅）的稅額為220元/噸；每噸出廠價格（含包裝物及包裝物押金）在3,000元/噸以上（含3,000元，不含增值稅）的稅額為250元/噸。

（4）其他酒

其他酒的比例稅率為10%；酒精的比例稅率為5%。

3. 化妝品

化妝品的比例稅率為30%。

4. 貴重首飾和珠寶玉石

（1）金銀首飾、鉑金首飾和鑽石及鑽石飾品的比例稅率為5%。

（2）其他貴重首飾和珠寶玉石的比例稅率為10%。

5. 鞭炮、菸火

鞭炮、菸火的比例稅率為15%。

6. 成品油

（1）汽油

根據消費稅暫行條例規定，無鉛汽油適用稅率為0.20元/升；含鉛汽油適用稅率0.28元/升。現規定，無鉛汽油的稅額標準為每升1.0元；含鉛汽油的稅額標準為每升1.4元。

（2）其他油

根據消費稅暫行條例規定，柴油、航空煤油、燃料油的適用稅率為0.10元/升，石腦油、溶劑油、潤滑油的適用稅率為0.20元/升。現規定，柴油、航空煤油、燃料油的稅額標準為每升0.8元。航空煤油暫緩徵稅。石腦油、溶劑油、潤滑油的稅額標準為每升1.0元。

7．汽車輪胎

適用稅率為3%。

8．摩托車

（1）汽缸容量（排氣量，下同）在250毫升（含）以下的為3%。

（2）汽缸容量在250毫升以上的為10%。

9．小汽車

（1）乘用車

根據消費稅暫行條例規定：汽缸容量（排氣量，下同）在1.0升（含）以下的，稅率為1%；汽缸容量（排氣量，下同）在1.5升（含）以下的，稅率為3%；汽缸容量在1.5升以上至2.0升（含）的，稅率為5%；汽缸容量在2.0升以上至2.5升（含）的稅率為9%；汽缸容量在2.5升以上至3.0升（含）的稅率為12%；汽缸容量在3.0升以上至4.0升（含）的稅率為25%；汽缸容量在4.0升以上的稅率為40%。

現規定汽缸容量（排氣量，下同）在1.5升（含）以下的，稅率為3%，汽缸容量在3.0升以上至4.0升（含）的稅率為15%，汽缸容量在4.0升以上的稅率為20%。

（2）中輕型商用客車

比例稅率為5%。

10．高爾夫球及球具

比例稅率為10%。

11．高檔手錶

比例稅率為20%。

12．遊艇

比例稅率為10%。

13．木制一次性筷子

比例稅率為5%。

14．實木地板

比例稅率為5%。

實行從量定額辦法計算應納稅額的應稅消費品，計量單位換算標準分別為：

黃酒1噸＝962升；

啤酒1噸＝988升；

汽油1噸＝1,388升；

柴油1噸＝1,176升；

石腦油1噸＝1,385升；

溶劑油 1 噸 = 1,282 升；
潤滑油 1 噸 = 1,126 升；
燃料油 1 噸 = 1,015 升；
航空煤油 1 噸 = 1,246 升。

四、計稅依據和計算

消費稅實行從價定率和從量定額，或者從價定率和從量定額複合計稅的辦法（卷菸、白酒）計算應納稅額。應納稅額計算公式：

實行從價定率辦法計算的應納稅額 = 銷售額 × 適用稅率

實行從量定額辦法計算的應納稅額 = 銷售數量 × 單位稅額

實行複合計稅的辦法計算的應納稅額 = 銷售數量 × 定額稅率 + 銷售額 × 比例稅率

納稅人銷售的應稅消費品，以人民幣以外的貨幣結算銷售額的，其銷售額的人民幣折合率可以選擇銷售額發生的當天或者當月 1 日的人民幣匯率中間價。納稅人應在事先確定採用何種折合率，確定後一年內不得變更。

（一）銷售數量的確定

銷售數量是指應稅消費品的數量。具體為：

1. 銷售應稅消費品的，為應稅消費品的銷售數量；
2. 自產自用應稅消費品的，為應稅消費品的移送使用數量；
3. 委託加工應稅消費品的，為納稅人收回的應稅消費品數量；
4. 進口應稅消費品的，為海關核定的應稅消費品進口徵稅數量。

（二）銷售額的確定

消費稅所說的銷售額，為納稅人銷售應稅消費品向購買方收取的全部價款和價外費用，不包括應向購貨方收取的增值稅稅款。如果納稅人應稅消費品的銷售額中未扣除增值稅稅款或者因不得開具增值稅專用發票而發生價款和增值稅稅款合併收取的，在計算消費稅時，應當換算為不含增值稅稅款的銷售額。其換算公式為：

應稅消費品的銷售額 = 含增值稅的銷售額 ÷ （1 + 增值稅稅率或徵收率）

（三）關於已納稅款的扣除

下列應稅消費品準予從消費稅應納稅額中扣除原料已納的消費稅稅款：

1. 以外購或委託加工收回的已稅菸絲為原料生產的卷菸；
2. 以外購或委託加工收回的已稅化妝品為原料生產的化妝品；
3. 以外購或委託加工收回的已稅珠寶玉石為原料生產的貴重首飾及珠寶玉石；
4. 以外購或委託加工收回的已稅鞭炮、焰火為原料生產的鞭炮、焰火；
5. 以外購或委託加工收回的已稅汽車輪胎（內胎或外胎）生產的汽車輪胎；
6. 以外購或委託加工收回的已稅摩托車生產的摩托車；
7. 以外購或委託加工收回的已稅杆頭、杆身和握把為原料生產的高爾夫球杆；
8. 以外購或委託加工收回的已稅木製一次性筷子為原料生產的木製一次性筷子；

9. 以外購或委託加工收回的已稅實木地板為原料生產的實木地板；
10. 以外購或委託加工收回的已稅石腦油為原料生產的應稅消費品；
11. 以外購或委託加工收回的已稅潤滑油為原料生產的潤滑油。

外購已稅消費品的買價是指購貨發票上註明的銷售額（不包括增值稅稅款）。

對當期投入生產的原材料可抵扣的已納消費稅大於當期應納消費稅情形的，在目前消費稅納稅申報表未增加上期留抵消費稅填報欄目的情況下，採用按當期應納消費稅的數額申報抵扣，不足抵扣部分結轉下一期申報抵扣的方式處理。

（四）組成計稅價格的確定

1. 納稅人自產自用的應稅消費品

納稅人自產自用的應稅消費品可以分為用於連續生產的應稅消費品和用於其他方面的應稅消費品。前者是不用納稅的，而後者則要在移送使用時納稅。所謂「納稅人自產自用的應稅消費品，用於連續生產應稅消耗費品的」，是指作為生產最終應稅消費品的直接材料，並構成最終產品實體的應稅消費品。所謂「納稅人自產自用的應稅消費品，用於其他方面的應稅消費品」是指用於生產非應稅消費品和在建工程，管理部門、非生產機構，提供勞務，以及用於饋贈、贊助、集資、廣告、樣品、職工福利、獎勵等方面的應稅消費品。

應當納稅的應稅消耗費品，按照納稅人生產的同類消費品的銷售價格計算納稅；沒有同類消費品銷售價格的，按照組成計稅價格計算納稅。組成計稅價格計算公式：

組成計稅價格 ＝（成本＋利潤）÷（1－比例稅率）

2. 委託加工的應稅消費品

委託加工的應稅消費品按照受託方的同類消費品的銷售價格計算納稅；沒有同類消費品銷售價格的，按照組成計稅價格計算納稅。組成計稅價格計算公式：

組成計稅價格 ＝（材料成本＋加工費）÷（1－比例稅率）

委託加工的應稅消費品是指由委託方提供原料和主要材料，受託方只收取加工費和代墊部分輔助材料加工的應稅消費品。對於由受託方提供原材料生產的應稅消費品，或者受託方先將原材料賣給委託方，然後再接受加工的應稅消費品，以及由受託方以委託方名義購進原材料生產的應稅消費品，不論納稅人在財務上是否做銷售處理，都不得作為委託加工應稅消費品，而應當按照銷售自制應稅消費品繳納消費稅。

委託加工的應稅消費品直接出售的，不再徵收消費稅。

3. 進口的應稅消費品

進口的應稅消費品按照組成計稅價格計算納稅。實行從價定率辦法計算納稅的組成計稅價格計算公式：

組成計稅價格 ＝（關稅完稅價格＋關稅）÷（1－消費比例稅率）

實行複合計稅辦法計算納稅的組成計稅價格計算公式：

組成計稅價格 ＝（關稅完稅價格＋關稅＋進口數量×消費稅定額稅率）÷（1－消費比例稅率）

納稅人應稅消費品的計稅價格明顯偏低又無正當理由的，由主管稅務機關核定其

計稅價格。

4. 關於組成套裝銷售的計稅依據

納稅人兼營不同稅率的應稅消費品，應當分別核算不同稅率應稅消費品的銷售額、銷售數量。未分別核算銷售額、銷售數量，或者將不同稅率的應稅消費品組成成套消費品銷售的，從高適用稅率。

納稅人將自產的應稅消費品與外購或自產的非應稅消費品組成套裝銷售的，以套裝產品的銷售額（不含增值稅）為計稅依據。

5. 關於石腦油的納稅問題

(1) 生產企業將自產石腦油用於本企業連續生產汽油等應稅消費品的，不繳納消費稅；用於連續生產乙烯等非應稅消費品或其他方面的，於移送使用時繳納消費稅。

(2) 自 2008 年 1 月 1 日起至 2010 年 12 月 31 日止，進口石腦油和國產的用作乙烯、芳烴類產品原料的石腦油免徵消費稅。生產企業直接對外銷售的石腦油應按規定徵收消費稅。石腦油消費稅的具體徵、免稅管理辦法由財政部、國家稅務總局另行制定。

(3) 自 2000 年 1 月 1 日起以外購或委託加工收回的已稅石腦油、潤滑油、燃料油為原料生產的應稅消費品，準予從消費稅應納稅額中扣除原料已納的消費稅稅款。抵扣稅款的計算公式為：

當期準予扣除的外購應稅消費品已納稅款＝當期準予扣除外購應稅消費品數量×外購應稅消費品單位稅額

6. 關於銷貨退回

納稅人銷售的應稅消費品如因質量等原因由購買者退回時，經機構所在地或者居住地主管稅務機關審核批准，可退還已繳納的消費稅稅款。

出口的應稅消費品辦理退稅後，發生退關，或者國外退貨，進口時予以免稅的，報關出口者必須及時向其機構所在地或者居住地主管稅務機關申報補繳已退的消費稅稅款。

納稅人直接出口的應稅消費品辦理免稅後，發生退關，或者國外退貨，進口時已予以免稅的，經機構所在地或者居住地主管稅務機關批准，可暫不辦理補稅，待其轉為國內銷售時，再申報補繳消費稅。

五、納稅義務發生時間

納稅人生產的應稅消費品，於納稅人銷售時納稅（現規定，金銀首飾、鑽石和鑽石飾品改在零售環節納稅）；進口消費品應當於應稅消費品報關進口環節納稅。消費稅納稅義務發生時間規定如下：

1. 納稅人銷售應稅消費品，其納稅義務的發生時間為：

(1) 納稅人採取賒銷和分期收款結算方式的，其納稅義務的發生時間，為銷售合同規定的收款日期的當天。

(2) 納稅人採取預收貨款結算方式的，其納稅義務的發生時間，為發出應稅消費品的當天。

(3) 納稅人採取托收承付和委託銀行收款方式銷售的應稅消費品，其納稅義務的發生時間，為發出應稅消費品並辦妥托收手續的當天。

(4) 納稅人採取其他結算方式的，其納稅義務的發生時間，為收訖銷售款或者取得索取銷售款的憑據的當天。

2. 納稅人自產自用的應稅消費品，其納稅義務的發生時間，為移送使用的當天。
3. 納稅人委託加工的應稅消費品，其納稅義務的發生時間，為納稅人提貨的當天。
4. 納稅人進口的應稅消費品，其納稅義務的發生時間，為報關進口的當天。

納稅人自產自用的應稅消費品，用於連續生產應稅消費品的，不納稅。

委託加工的應稅消費品，委託方用於連續生產應稅消費品的，所納稅款準予按規定抵扣。

六、納稅地點

1. 納稅人銷售的應稅消費品，以及自產自用的應稅消費品，除國家另有規定的外，應當向納稅人核算地主管稅務機關申報納稅。
2. 委託加工的應稅消費品，由受託方向所在地主管稅務機關解繳消費稅稅款。
3. 進口的應稅消費品，由進口人或者其代理人向報關地海關申報納稅。
4. 納稅人到外縣（市）銷售或委託外縣（市）代銷自產應稅消費品的，於應稅消費品銷售後，回納稅人核算地或所在地繳納消費稅。
5. 納稅人的總機構與分支機構不在同一縣（市）的，應在生產應稅消費品的分支機構所在地繳納消費稅。經國家稅務總局及所屬稅務分局批准，納稅人分支機構應納消費稅稅款也可由總機構匯總向總機構所在地主管稅務機關繳納。

七、納稅期限

消費稅的納稅期限分別為1日、3日、5日、10日、15日、1個月或者一個季度。納稅人的具體納稅期限，由主管稅務機關根據納稅人應納稅額的大小分別核定。不能按照固定期限納稅的，可以按次納稅。

納稅人以1個月或者1個季度為1個納稅期的，自期滿之日起15日內申報納稅；以1日、3日、5日、10日或者15日1個納稅期的，自期滿之日起5日內預繳稅款，於次月1日起15日內申報納稅並結清上月應納稅款。

納稅人進口應稅消費品，應當自海關填發海關進口消費稅專用繳款書之日起15日內繳納稅款。

八、消費稅會計科目的設置

企業按規定應交的消費稅，在「應交稅費」科目下設置「應交消費稅」明細科目核算。「應交消費稅」明細科目的借方發生額，反應實際繳納的消費稅和待扣的消費稅；貸方發生額，反應按規定應繳納的消費稅；期末貸方餘額，反應尚未繳納的消費稅；期末借方餘額，反應多交或待扣的消費稅。

（一）企業將生產的產品直接銷售的會計處理

企業將生產的產品直接銷售，在銷售時應當計算應交消費稅稅額，借記「營業稅金及附加」科目，貸記「應交稅費——應交消費稅」科目；實際繳納時，借記「應交稅費——應交消費稅」科目，貸記「銀行存款」。發生銷貨退回及退稅時做相反分錄。

（二）視同銷售的會計處理

企業將應稅消費品對外投資，或用於在建工程、集體福利、個人消費等的行為，在稅法上屬於視同銷售，按規定應該計算消費稅。會計處理上，借記「長期股權投資——在建工程、營業外支出或相關成本」科目，貸記「應交稅費——應交消費稅」科目。

（三）委託加工應稅消費品的會計處理

按照稅法規定，企業委託加工的應稅消費品，由受託方在向委託方交貨時代收代繳稅款。委託加工的應稅消費品，委託方用於連續生產應稅消費品，所納消費稅款準予按生產領用數量抵扣；委託加工的應稅消費品直接出售的，不再徵收消費稅（同時，其委託加工環節已經繳納的消費稅也不能抵扣其他消費品應納的消費稅）。故委託加工應稅消費品的業務中委託方支付的消費稅應該區分兩種情況分別處理，相關會計處理分錄如下。

1. 發出材料委託他人加工時：
借：委託加工物資
　　貸：原材料
2. 支付加工費時：
借：委託加工物資
　　應交稅費——應交增值稅（進項稅額）
　　貸：銀行存款
3. 支付代扣代繳消費稅時：
（1）如果可以確定為直接對外銷售的業務時：
借：委託加工物資
　　貸：銀行存款
（2）如果可以確定為繼續用於生產加工應稅消費品的業務時：
借：應交稅費——應交消費稅
　　貸：銀行存款
4. 委託加工材料收回入庫時：
借：原材料
　　貸：委託加工物資
5. 委託加工產品直接銷售時：
借：應收帳款
　　貸：應交稅費——應交增值稅（銷項稅額）

主營業務收入

委託加工應稅消費品收回直接銷售，不徵收消費稅，因此不必進行消費稅會計處理。

6. 委託加工材料收回用於連續生產應稅消費品，待該應稅消費品實際銷售時，做如下會計處理：

（1）銷售時：

借：應收帳款

　　貸：主營業務收入

　　　　應交稅費——應交增值稅（銷項稅額）

（2）計算應交消費稅：

借：營業稅金及附加

　　貸：應交稅費——應交消費稅

「應交稅費——應交消費稅」科目中3（2）和6（2）兩筆分錄借貸方發生額的差額，即為實際應該繳納的消費稅額。

（四）進口應稅消費品的會計處理

進口應稅消費品其向海關繳納的消費稅應記入該進口消費品的成本中，企業的帳務處理如下：

借：固定資產（原材料，庫存商品等科目）

　　貸：銀行存款

（五）出口產品消費稅的會計處理

免徵消費稅的出口應稅消費品分別不同情況進行會計處理：屬於生產企業直接出口應稅消費品或通過外貿企業出口應稅消費品，按規定直接予以免的，可以不計算應交消費稅；屬於委託外貿企業代理出口應稅消費品的生產企業，應在計算消費稅時，按應交消費稅額借記「應收帳款」科目，貸記「應交稅費——應交消費稅」科目。

應收消費品出口收到外貿企業退回的稅金時，借記「銀行存款」，貸記「應收帳款」。發生退關、退貨而補交已退的消費稅，做相反的會計分錄。

出口企業在2006年3月31日前收購的出口應稅消費品，並取得消費稅稅收（出口貨物專用）繳款書的，在2006年4月1日以後出口的，仍可按原稅目稅率辦理退稅。

消費稅計算示範：

例1 某化妝品生產企業為增值稅一般納稅人，2008年1月銷售其生產的成套化妝品（每套包括1支香水、1支口紅、1支眉筆和1支護手霜）10,000套，每套售價200元（含增值稅），每套成本120元。該產品的增值稅稅率為17%，產品已發出，符合收入確認條件，但款項尚未收到。計算應納消費稅稅額並做會計處理。

不含稅銷售額 = 200 × 1,000 ÷（1 + 17%）= 1,709,401.71（元）

應納消費稅稅額 = 1,709,401.71 × 30% = 512,820.51（元）

應納增值稅稅額 = 1,709,401.71 × 17% = 290,598.29（元）

會計分錄：

借：應收帳款 2,000,000
　　貸：主營業務收入 1,709,401.71
　　　　應交稅費——應交增值稅（銷項稅） 290,598.29
借：營業稅金及附加 512,820.51
　　貸：應交稅費——應交消費稅 512,820.51
借：主營業務成本 1,200,000
　　貸：庫存商品 1,200,000

例2 某化妝品生產企業將其生產的一批化妝品作為獎勵發給本廠一線工人，由於新開發產品尚無同類產品市場價格，該批產品生產成本為300,000元，稅務機關核定的成本利潤率為10%。計算應納消費稅額並做會計處理。

組成計稅價格 = 300,000 × (1 + 10%) ÷ (1 - 30%) = 471,428.57（元）

應納消費稅額 = 471,428.57 × 30% = 141,428.57（元）

會計分錄：
借：生產成本 612,857.14
　　貸：應付職工薪酬——非貨幣福利 612,857.14
借：應付職工薪酬——非貨幣福利 612,857.14
　　貸：主營業務收入 471,428.57
　　　　應交稅費——應交消費稅 141,428.57
借：主營業務成本 300,000
　　貸：庫存商品 300,000

例3 甲企業委託乙企業加工一批菸絲，甲提供800,000元的原材料，並支付給乙企業加工費200,000元，乙企業該批菸絲市場銷售價格為1,200,000元。甲企業收回該菸絲後用於繼續生產卷菸200箱，每箱售價為10,000元，甲乙企業均為增值稅一般納稅人。計算甲企業應納消費稅額並做會計處理。

菸絲的應納消費稅額 = 1,200,000 × 30% = 360,000（元）

卷菸的應納消費稅額 = 10,000 × 200 × 30% + 150 × 200 = 630,000（元）

（每箱售價10,000元，每箱有250條，每條40元，所以適用30%的稅率）

會計處理：
借：委託加工物資 800,000
　　貸：原材料 800,000
借：委託加工物資 200,000
　　應交稅費——應交增值稅（進項稅額） 34,000
　　應交稅費——應交消費稅 360,000
　　貸：銀行存款 594,000
借：原材料 1,000,000
　　貸：委託加工物資 1,000,000
借：應收帳款 2,340,000

　　　　貸：主營業務收入　　　　　　　　　　　　　　　　　　2,000,000
　　　　　　應交稅費——應交增值稅（銷項稅額）　　　　　　　340,000
　　　借：營業稅金及附加　　　　　　　　　　　　　　　　　　630,000
　　　　貸：應交稅費——應交消費稅　　　　　　　　　　　　　630,000

例4　某公司從德國進口一批實木地板，經海關核定關稅的完稅價格是600,000元，進口關稅稅率為5%，實木地板的消費稅稅率為5%。計算應納消費稅稅額並做會計處理。

　　應納關稅 = 600,000 × 5% = 30,000（元）
　　組成計稅價格 =（關稅完稅價格 + 關稅）÷（1 - 消費稅稅率）
　　　　　　　　 =（600,000 + 30,000）÷（1 - 5%）
　　　　　　　　 = 663,157.89（元）
　　應納消費稅額 = 663,157.89 × 5% = 33,157.89（元）
　　會計分錄：
　　　借：庫存商品　　　　　　　　　　　　　　663,157.89
　　　　貸：銀行存款　　　　　　　　　　　　　663,157.89

思考題

1. 消費稅有何特點？
2. 中國消費稅的稅率有幾種形式？為什麼？
3. 準予從消費稅應納稅額中扣除已納的消費稅稅款的項目包括哪些？
4. 中國消費稅由哪個部門負責徵收？
5. 消費稅的納稅義務發生時間如何確定？

第四節　營業稅

　　營業稅是對在中國境內提供應稅勞務、轉讓無形資產或銷售不動產的單位和個人，就其所取得的營業額徵收的一種稅。營業稅屬於貨物勞務稅稅類中的一個主要稅種，是世界各國普遍徵收的一種稅。隨著中國市場經濟的不斷發展，營業稅的收入正在逐年增長。營業稅分別由國家稅務局和地方稅務局負責徵收管理，是地方政府收入的主要來源。

一、營業稅的概念和特點

（一）概念

　　營業稅是對在中華人民共和國境內有償提供應稅勞務、轉讓無形資產或銷售不動產的單位和個人，就其取得的營業額徵收的一種稅。

（二）特點

1. 徵收範圍廣，稅源普遍。
2. 稅收負擔輕、稅負均衡，較好地體現了公平稅負的原則。它涉及整個第三產業，稅率一般為3%和5%。
3. 政策明了，適用性強。
4. 計算簡單，操作方便，納稅人容易理解。

二、納稅義務人和扣繳義務人

（一）納稅人

在中華人民共和國境內提供應稅勞務、轉讓無形資產或者銷售不動產的單位和個人，為營業稅的納稅義務人。

單位，是指國有企業、集體企業、私有企業、股份制企業、其他企業和行政單位、事業單位、軍事單位、社會團體及其他單位。

個人，是指個體工商戶及其他有經營行為的個人。

企業租賃或承包給他人經營的，以承租人或承包人為納稅人。

（二）扣繳義務人

1. 委託金融機構發放貸款，以受託發放貸款的金融機構為扣繳義務人。
2. 建築安裝業務實行分包或者轉包的，以總承包人為扣繳義務人。
3. 境外單位或者個人在境內發生應稅行為而在境內未設有經營機構的，其應納稅款以代理者為扣繳義務人；沒有代理者的，以受讓者或者購買者為扣繳義務人。
4. 單位或者個人進行演出由他人售票的，其應納稅款以售票者為扣繳義務人。
5. 演出經紀人為個人的，其辦理演出業務的應納稅款以售票者為扣繳義務人。
6. 分保險業務，以初保人為扣繳義務人。
7. 個人轉讓除土地使用權外的其他無形資產的，其應納稅款以受讓者為扣繳義務人。
8. 財政部規定的其他扣繳義務人。
9. 納稅人提供建築業應稅勞務，符合以下情形之一的，無論工程是否實行分包，稅務機關可以要求建設單位和個人作為營業稅的扣繳義務人：納稅人從事跨地區（包括省、市、縣）工程提供建築業應稅勞務的；納稅人在勞務發生地沒有辦理稅務登記或臨時稅務登記的。

三、徵稅範圍

在中國境內提供營業稅暫行條例規定的應稅勞務、轉讓無形資產或者銷售不動產的單位和個人，應當繳納營業稅。應稅勞務包括交通運輸業、建築業、金融保險業、郵電通信業、文化體育業、娛樂業、服務業稅目徵收範圍的勞務。

（一）交通運輸業

交通運輸業是指使用運輸工具或人力、畜力將貨物或旅客送達目的地，使其空間位置得到轉移的業務活動，包括陸路運輸、水路運輸、航空運輸、管道運輸、裝卸搬運。

（二）建築業

建築業是指建築安裝工程作業，包括建築、安裝、修繕、裝飾、其他工程作業。

（三）金融保險業

金融保險業，是指經營金融、保險的業務，包括金融、保險。

1. 金融

金融業是指經營貨幣資金融通活動的業務，包括貸款、融資租賃、金融商品轉讓、金融經紀業務和其他金融業務。

典當業的抵押貸款業務，無論其資金來源如何，均按自有資金貸款徵稅。人民銀行的貸款業務，不徵稅。

金融商品轉讓，是指轉讓外匯、有價證券或非貨物期貨的所有權的行為。非貨物期貨，是指商品期貨、貴金屬期貨以外的期貨，如外匯期貨等。貨物期貨不徵收營業稅。

上述外匯、有價證券、期貨買賣業務，是指金融機構（包括銀行和非銀行金融機構）從事的外匯、有價證券、期貨買賣業務；非金融機構和個人買賣外匯、有價證券或期貨，不徵收營業稅。

2. 保險

保險業是指將通過契約形式集中起來的資金，用以補償被保險人的經濟利益的業務。

（四）郵電通信業

郵電通信業，是指專門辦理信息傳遞的業務，包括郵政、電信。

1. 郵政

郵政業是指傳遞實物信息的業務，包括傳遞函件或包件、郵匯、報刊發行、郵件物品銷售、郵政儲蓄及其他郵政業務。

2. 電信

電信業是指用各種電傳設備傳輸信號來傳遞信息的業務，包括電報、電傳、電話、電話機安裝、電信物品銷售及其他電信業務。

（五）文化體育業

文化體育業，是指經營文化、體育活動的業務，包括文化業、體育業。

1. 文化業

文化業是指經營文化活動的業務，包括表演、播映、其他文化業。

其他文化業是指如各種展覽、培訓活動、舉辦文學、藝術、科技講座、演講、報告會，圖書館的圖書和資料借閱業務等。

經營遊覽場所的業務，比照文化業徵稅，是指公園、動（植）物園及其他各種遊覽場所銷售門票的業務。

2. 體育業

體育業是指舉辦各種體育比賽和為體育比賽或體育活動提供的場所的業務。以租賃方式為文化活動、體育比賽提供場所，不按本稅目徵稅。

（六）娛樂業

娛樂業，是指為娛樂活動提供場所和服務的業務，包括經營歌廳、舞廳、卡拉 OK 歌舞廳、音樂茶座、臺（桌）球、高爾夫球、保齡球場、遊藝場等娛樂場所，以及娛樂場所為顧客進行娛樂活動提供服務的業務。

（七）服務業

服務業是指利用設備、工具、場所、信息或技能為社會提供服務的業務，包括代理業、旅店業、飲食業、旅遊業、倉儲業、租賃業、廣告業、其他服務業。

（八）轉讓無形資產

轉讓無形資產，是指轉讓無形資產的所有權或使用權的行為，包括轉讓土地使用權、轉讓商標權、轉讓專利權、轉讓非專利技術、轉讓著作權、轉讓商譽。自 2003 年 1 月 1 日起，以無形資產投資入股，參與接受投資方的利潤分配，共同承擔投資風險的行為，不徵收營業稅。在投資後轉讓其股權的也不徵收營業稅。

（九）銷售不動產

銷售不動產，是指有償轉讓不動產所有權的行為，包括銷售建築物或構築物、銷售其他土地附著物。轉讓不動產有限產權或永久性使用權，以及單位將不動產無償贈與他人，視同銷售不動產。在銷售不動產時連同不動產所占土地的使用權一併轉讓的行為，比照銷售不動產徵稅。以不動產投資入股，參與接受投資方利潤分配、共同承擔投資風險的行為，不徵營業稅。但轉讓該項股權，應按本稅目徵稅。不動產租賃，不按本稅目徵稅。

單位將不動產無償贈與他人，視同銷售不動產徵收營業稅；對個人無償贈送不動產的行為，不徵營業稅。

納稅人自建建築物後銷售給本單位職工，其自建行為視同提供應稅勞務，應照章徵收營業稅。

（十）混合銷售行為和兼營行為

一項銷售行為如果既涉及應稅勞務又涉及貨物，為混合銷售行為。從事貨物的生產、批發或零售的企業、企業性單位及個體經營者的混合銷售行為，視為銷售貨物，不徵收營業稅；其他單位和個人的混合銷售行為，視為提供應稅勞務，應當徵收營業稅。

納稅人兼營應稅勞務與貨物或非應稅勞務的，應分別核算應稅勞務的營業額和貨物或者非應稅勞務的銷售額。不分別核算或者不能準確核算的，其應稅勞務與貨物或

者非應稅勞務一併徵收增值稅，不徵收營業稅。

四、稅目稅率

納稅人兼有不同稅目應稅行為的，應當分別核算不同稅目的營業額、轉讓額、銷售額（以下簡稱營業額）；未分別核算營業額的，從高適用稅率。

1. 交通運輸業。包括陸路運輸、水路運輸、航空運輸、管道運輸、裝卸搬運適用稅率為3%。
2. 建築業。包括建築、安裝、修繕、裝飾及其他工程作業適用稅率為3%。
3. 金融保險業。包括貸款、融資租賃、金融商品轉讓、金融經濟業務、其他金融業務和保險業，適用稅率為5%。
4. 郵電通信業。包括郵政、電信，適用稅率為3%。
5. 文化體育業。包括文化業、體育業，適用稅率為3%。
6. 娛樂業。包括歌廳、舞廳、卡拉OK廳、音樂茶座、臺球、高爾夫球、保齡球、遊藝，適用稅率為5%至20%。
7. 服務業。包括代理業、旅店業、飲食業、旅遊業、倉儲業、租賃業、廣告業及其他服務業，適用稅率為5%。
8. 轉讓無形資產。包括轉讓土地使用權、專利權、非專利技術、商標權、著作權、商譽，適用稅率為5%。
9. 銷售不動產。包括銷售建築物或構築物及其他土地附著物，適用稅率為5%。

自2009年至2011年，農村信用社、村鎮銀行、農村資金互助社、由銀行業機構全資發起設立的貸款公司、法人機構所在地在（市、區、旗）以下地區的農村合作銀行和農村商業銀行的金融保險業收入，按3%的稅率徵收營業稅。

五、營業稅的計算

納稅人提供應稅勞務、轉讓無形資產或者銷售不動產應當以其營業額為計稅依據，按照適用稅率計算應納營業稅稅額。應納稅額的計算公式為：

應納稅額＝營業額×適用稅率

（一）計算營業額時可以扣除的費用

營業額為納稅人提供應稅勞務、轉讓無形資產或者銷售不動產向對方收取的全部價款和價外費用。但是，下列情形除外：

1. 納稅人將承攬的運輸業務分給其他單位或者個人的，以其取得的全部價款和價外費用扣除支付給其他單位或者個人的運輸費用後的餘額為營業額。

運輸企業自中國境內運輸旅客或者貨物出境，在境外改由其他運輸企業承運乘客或者貨物出境，在境外改由其他運輸企業承運乘客或者貨物的，以全程運費減去付給該承運企業的運輸費用後的餘額為營業額。

2. 納稅人從事旅遊業務的，以其取得的全部價款和價外費用扣除支付給其他單位或者個人的住宿費、餐費、交通費、旅遊景點門票和支付給其他接團旅遊企業的旅遊

費後的餘額為營業額。

3. 納稅人將建築工程分包給其他單位的，以其取得的全部價款和價外費用扣除支付給其他單位或者個人的分包款後的餘額為營業額。

4. 金融企業買賣外匯、有價證券、期貨等金融商品，以賣出價減去買入價後的餘額為營業額。

5. 金融企業經營外匯轉貸業務，以貸款利息扣除借款利息後的餘額為營業額，一般貸款業務的營業額為貸款利息收入。

6. 保險業實行分保險的，初保業務以全部保費收入減去付給分保人的保費後的餘額為營業額。

7. 單位或個人進行演出，以全部票價收入或者包場收入減去付給提供演出場所的單位、演出公司或者經紀人的費用後的餘額為營業額。

8. 國務院財政、稅務主管部門規定的其他情形。

(二) 營業稅計稅內容的一些明確規定

1. 從事建築、修繕、裝飾工程作業，無論與對方如何結算，其營業額均應包括工程所用原材料及其他物資和動力的價款在內。

2. 從事安裝工程作業，凡所安裝的設備的價值作為安裝工程產值的，其營業額應包括設備的價款在內。

3. 娛樂業的營業額為經營娛樂業收取的全部價款和價外費用，包括門票收費、臺位費、點歌費、菸酒、飲料、茶水、鮮花、小吃等收費及經營娛樂業的其他各項收費。

(三) 價外費用的內容

價外費用包括向購買方收取的手續費、補貼、基金、集資費、返還利潤、獎勵費、違約金、滯納金、延期付款利息、賠償金代收款項、代墊款項、包裝費、包裝物租金、儲備費、優質費、運輸裝卸費以及其他各種性質的價外收費。凡價外費用，無論會計制度規定如何核算，均應並入營業額計算應納稅額。

(四) 如何核定納稅人的營業額

納稅人提供應稅勞務、轉讓無形資產或銷售不動產價格明顯偏低而無正當理由的，主管稅務機關有權按下列順序核定其營業額：

1. 按納稅人最近時期發生同類應稅行為的平均價格核定。

2. 按其他納稅人最近時期發生同類應稅行為的平均價格核定。

核定公式如下：

營業額＝營業成本或工程成本×(1＋成本利潤率)÷(1－營業稅稅率)

公式中的成本利潤率，由省、自治區、直轄市稅務局確定。

納稅人以人民幣以外的貨幣結算營業額的，其營業額的人民幣折合率可以選擇營業額發生的當天或當月1日的人民幣匯率中間價。但金融、保險企業營業額的人民幣折合率為上年度決算報表確定的匯率。納稅人應在事先確定選擇採用何種折合率，確定後1年內不得變更。

六、減稅免稅

（一）免稅項目

下列項目免徵營業稅：

1. 托兒所、幼兒園、養老院、殘疾人福利機構提供的育養服務，婚姻介紹，殯葬服務。
2. 殘疾人員個人提供的勞務。
3. 醫院、診所和其他醫療機構提供的醫療服務。
4. 學校和其他教育機構提供的教育勞務，學生勤工儉學提供的勞務。
5. 農業機耕、排灌、病蟲害防治、植保、農牧保險以及相關技術培訓業務，家禽、牲畜、水生動物的配種和疾病防治。
6. 紀念館、博物館、文化館、美術館、展覽館、文物保護單位管理機構、書畫院、圖書館舉辦文化活動的門票收入，宗教場所舉辦文化、宗教活動的門票收入。
7. 境內保險機構為出口貨物提供的保險產品。

（二）起徵點

納稅人營業額未達到國務院財政、稅務主管部門規定的營業稅起徵點的，免徵營業稅。營業稅起徵點的適用範圍限於個人。納稅人營業額達到起徵點的，應按營業額全額計算應納稅額。

營業稅起徵點的幅度規定如下：

按期納稅的，為月營業額1,000元至5,000元；

按次納稅的，為每次（日）營業額100元。

（三）銷售普通住房的規定

從2006年6月1日起，個人將購買不足5年的住房對外銷售的，全額徵收營業稅；個人購買的普通住房超過5年（含5年）轉手交易的，應持有關資料向地方稅務部門申請辦理免徵營業稅的手續，地方稅務部門對納稅人申請免稅的有關材料進行審核，凡符合規定條件的，銷售時免徵營業稅。對個人購買非普通住房超過5年（含5年）轉手交易的，銷售時按其售房收入減去購買房屋的價款後的餘額徵收營業稅。2006年6月1日後，個人將購買超過5年（含5年）的住房對外銷售不能提供普通住房證明材料或經審核不符合規定條件的，一律執行銷售非普通住房政策，按其銷售收入減去購買房屋價款後的餘額徵收營業稅。

除前款規定外，營業稅免稅、減稅項目由國務院規定，任何地區、部門均不得規定免稅、減稅項目。

納稅人兼營免稅、減稅項目的，應當單獨核算免稅、減稅項目的營業額；未單獨核算營業額的，不得免稅、減稅。

七、營業稅的徵收管理

（一）納稅義務發生時間

1. 營業稅的納稅義務發生時間，為納稅人收訖營業收入款項或者取得索取營業收入款項憑據的當天。國務院財政、稅務主管部門另有規定的，從其規定。

收訖營業收入款項，是指納稅人應稅行為發生過程中或者完成後收取的款項。取得索取營業收入款項憑據的當天，為書面合同確定的付款日期的當天；未簽訂書面合同或者書面合同未付款日期的，為應稅行為完成的當天。

2. 營業稅扣繳義務發生時間為納稅人營業稅業務發生的當天。

3. 納稅人轉讓土地使用權或者銷售不動產，採用預收款方式的，其納稅義務發生時間為收到預收款的當天。

4. 納稅人發生自建行為的，其納稅義務發生時間為其銷售自建建築物並收訖營業額或者取得索取營業額的憑據的當天。

5. 納稅人將不動產或者土地使用權無償贈送其他單位和個人，其納稅義務發生時間為不動產所有權轉移的當天。

6. 納稅人提供建築業或者租賃業勞務，採用預收款方式的，其納稅義務發生時間為收到預收款的當天。

（二）納稅地點

1. 納稅人提供應稅勞務，應當向其機構所在地或者居住地的主管稅務機關申報納稅。但是，納稅人提供的建築業以及國務院財政、稅務主管部門規定的其他應稅勞務，應當向應稅勞務發生地的主管稅務機關申報納稅。

2. 納稅人轉讓無形資產，應當向其機構所在地或者居住地的主管稅務機關申報納稅，但是，納稅人轉讓、出租土地使用權，應當向土地所在地的主管稅務機關申報納稅。

3. 納稅人銷售、出租不動產，應當向不動產所在地主管稅務機關申報納稅。

4. 納稅人提供的應稅勞務發生在外縣（市），應向勞務發生地主管稅務機關申報納稅而未申報納稅的，由其向機構所在地或者居住地主管稅務機關補繳稅款。

5. 納稅人承包的工程跨省、自治區、直轄市的，向其機構所在地主管稅務機關申報納稅。

6. 納稅人在本省、自治區、直轄市範圍內發生應稅行為，其納稅地點需要調整的，由省、自治區、直轄市人民政府所屬稅務機關確定。

7. 扣繳義務人應當向其機構所在地或者居住地的主管稅務機關申報繳納其扣繳的稅款。

（三）納稅期限

營業稅的納稅期限，分別為5日、10日、15日、1個月或者1個季度。納稅人的具體納稅期限，由主管稅務機關根據納稅人應納稅額的大小分別核定；不能按照固定

期限納稅的，可以按次納稅。

納稅人以1個月或者1個季度為一個納稅期的，自期滿之日起15日內申報納稅；以5日、10日或者15日為一個納稅期的，自期滿之日起5日內預繳稅款，於次月1日起15日內申報納稅並結清上月應納稅款。

扣繳義務人解繳稅款的期限，依照前兩款的規定執行。

根據《中華人民共和國營業稅暫行條例實施細則》的規定，金融業（不包括典當業）的納稅期限為一個季度。根據《國家稅務總局關於印發〈金融保險業營業稅申報管理辦法〉的通知》的規定，銀行、財務公司、信託投資公司、信用社以一個季度為納稅期限，上述金融機構每季度末最後一旬應得的貸款利息收入，可以在本季度繳納營業稅，也可以在下季度繳納營業稅，但確定後一年內不得變更。其他金融機構以一個月為納稅期限。

（四）營業稅會計科目的設置

企業繳納的營業稅，在「應交稅費」科目下設置「應交營業稅」明細科目進行核算。「應交營業稅」明細科目的借方發生額，反應企業已繳納的營業稅；貸方發生額，反應企業應交的營業稅；期末借方餘額，反應企業多交的營業稅；期末貸方餘額，反應企業尚未繳納的營業稅。企業按其營業額和規定的稅率，計算應繳納的營業稅，借記「營業稅金及附加」科目，貸記「應交稅費——應交營業稅」科目。上繳營業稅時，借記「應交稅費——應交營業稅」科目，貸記「銀行存款」等科目。

企業銷售不動產，按銷售額計算的營業稅記入固定資產清理科目，借記「固定資產清理」科目，貸記「應交稅費——應交營業稅」科目。繳納營業稅時，借記「應交稅費——應交營業稅」科目，貸記「銀行存款」科目。

企業出租無形資產應繳納的營業稅，借記「其他業務成本」科目，貸記「應交稅費——應交營業稅」科目；企業出售無形資產應繳納的營業稅，通過「營業外收入」或「營業外支出」科目核算。營業稅計算示範：

例1　某娛樂公司2008年1月份取得如下收入：一是歌舞廳收入，其中門票收入8萬元，點歌費收入2萬元，菸酒飲料銷售收入3萬元；二是保齡球館收入6萬元；三是網吧收入4萬元；四是餐廳收入20萬元。計算當月應納營業稅額並做會計處理。

應納營業稅額 = （8+2+3+4）×20% + 6×5% + 20×5% = 4.7（萬元）

會計分錄：

借：營業稅金及附加　　　　　　　　　　　　　　　　　　47,000
　　貸：應交稅費——應交營業稅　　　　　　　　　　　　　47,000
借：應交稅費——應交營業稅　　　　　　　　　　　　　　47,000
　　貸：銀行存款　　　　　　　　　　　　　　　　　　　　47,000

例2　某商業銀行2008年第一季度吸收存款2,000萬元，取得自有資金貸款利息收入200萬元，辦理結算業務取得手續費收入60萬元，銷售帳單憑證、支票取得收入20萬元，辦理貼現取得收入40萬元，轉貼現業務取得收入20萬元，代收水電煤氣費800萬元，支付給委託方價款760萬元。計算應納營業稅並做會計處理。

應納營業稅額＝（200＋60＋20＋40＋20＋800－760）×5%＝18（萬元）
(轉貼現收入屬於金融機構往來收入，不徵營業稅)
會計分錄：
借：營業稅金及附加　　　　　　　　　　　　　　　　　180,000
　　貸：應交稅費——應交營業稅　　　　　　　　　　　　180,000
借：應交稅費——應交營業稅　　　　　　　　　　　　　180,000
　　貸：銀行存款　　　　　　　　　　　　　　　　　　180,000

例3　甲建築公司承包一項工程，工期10個月，總承包收入8,000萬元，其中裝修工程2,000萬元分包給乙公司承建。甲公司完成工程累計發生合同成本5,500萬元，項目在當年12月份如期完工。計算甲公司應納營業稅額並做會計處理。

甲公司應納營業稅額＝（8,000－2,000）×3%＝180（萬元）
甲公司應代扣代繳營業稅額＝2,000×3%＝60（萬元）
會計處理如下：
(1) 甲公司完成項目發生成本費用時：
借：工程施工——合同成本　　　　　　　　　　　　　55,000,000
　　貸：原材料等　　　　　　　　　　　　　　　　　55,000,000
(2) 收到一次性結算的總承包款時：
借：銀行存款　　　　　　　　　　　　　　　　　　80,000,000
　　貸：工程結算　　　　　　　　　　　　　　　　　80,000,000
(3) 計提營業稅金及代扣營業稅時：
借：營業稅金及附加　　　　　　　　　　　　　　　　1,800,000
　　應付帳款　　　　　　　　　　　　　　　　　　　　600,000
　　貸：應交稅費——應交營業稅　　　　　　　　　　　2,400,000
(4) 繳納營業稅時：
借：應交稅費——應交營業稅　　　　　　　　　　　　2,400,000
　　貸：銀行存款　　　　　　　　　　　　　　　　　2,400,000
(5) 分包工程完工驗工結算時：
借：工程施工——合同成本　　　　　　　　　　　　20,000,000
　　貸：應付帳款　　　　　　　　　　　　　　　　20,000,000
(6) 支付工程款時：
借：應付帳款　　　　　　　　　　　　　　　　　　19,400,000
　　貸：銀行存款　　　　　　　　　　　　　　　　19,400,000
(7) 甲公司確認該項目收入與費用時：
借：主營業務成本　　　　　　　　　　　　　　　　75,000,000
　　工程施工——合同毛利　　　　　　　　　　　　　5,000,000
　　貸：主營業務收入　　　　　　　　　　　　　　80,000,000
(8) 工程結算與工程施工結轉時：

借：工程結算 80,000,000
　　貸：工程施工——合同成本 75,000,000
　　　　　　——合同毛利 5,000,000

例4 某綜合服務公司發生以下業務：

一是銷售給某客戶一座別墅3,500萬元，已預收款3,000萬元，其餘按協議於移交所有權時結清，稅率5%；二是各地運輸業務收入60萬元，稅率3%；三是從事廣告業務代理，代理收入3,200萬元，支付廣告發布費1,000萬元，稅率5%；四是組織跨國旅遊，總收入1,200萬元，支付給境外旅遊團體接團支出900萬元，支付境內交通費100萬元，稅率5%；五是將自有的一棟辦公樓底層出租給某超市，取得經營性租賃業務收入800萬元，稅率5%。

計算該企業應納營業稅並做會計處理：

(1) 銷售不動產應納營業稅額 = 3,000 × 5% = 150（萬元）
借：銀行存款 30,000,000
　　貸：預收帳款 30,000,000
借：營業稅金及附加 1,500,000
　　貸：應交稅費——應交營業稅 1,500,000

(2) 運輸業務應納營業稅額 = 60 × 3% = 1.8（萬元）
借：銀行存款 600,000
　　貸：主營業務收入 600,000
借：營業稅金及附加 18,000
　　貸：應交稅費——應交營業稅 18,000

(3) 廣告代理業務應納營業稅額 =（3,200 - 1,000）× 5% = 110（萬元）
借：銀行存款 32,000,000
　　貸：主營業務收入 32,000,000
借：主營業務成本 10,000,000
　　貸：銀行存款 10,000,000
借：營業稅金及附加 1,100,000
　　貸：應交稅費——應交營業稅 1,100,000

(4) 跨國旅遊收入應納營業稅額 =（1,200 - 900 - 100）× 5% = 10（萬元）
借：銀行存款 12,000,000
　　貸：主營業務收入 12,000,000
借：主營業務成本 10,000,000
　　貸：銀行存款 10,000,000
借：營業稅金及附加 100,000
　　貸：應交稅費——應交營業稅 100,000

(5) 經營性租賃收入應納營業稅額 = 800 × 5% = 40（萬元）
借：銀行存款 8,000,000

  貸：主營業務收入   8,000,000
 借：營業稅金及附加   400,000
  貸：應交稅費——應交營業稅   400,000
繳納營業稅時：
 借：應交稅費——應交營業稅   3,118,000
  貸：銀行存款   3,118,000

思考題

1. 營業稅的扣繳義務人具體包括哪些？
2. 營業稅的徵稅範圍包括哪些？
3. 營業稅納稅義務發生時間如何規定？
4. 營業稅納稅地點有何具體規定？
5. 營業稅納稅期限分為哪幾種？
6. 納稅人兼營免稅、減稅項目，或者同時從事減免項目與非減免項目的，是否可以享受免稅、減稅優惠？

第五節　關稅

  關稅是一個歷史悠久的稅種，是對進出口關境的貨物、物品徵收的，是目前各國普遍徵收的一種稅收。中國現行的《中華人民共和國進出口關稅條例》是國務院於2003年1月公布的，並從2004年1月1日起實施。中國關稅由海關總署負責徵收，所得收入歸中央政府所有，是中央政府財政收入的主要來源之一。

一、關稅的概念、特點、作用

（一）概念

  關稅是由海關根據國家制定的法律規定，以進出口關境的貨物和物品為徵稅對象而徵收的一種特殊的流轉稅。主要分為進口關稅、出口關稅和過境關稅。

  在目前世界各國已不使用過境關稅、出口稅也很少使用的情況下，人們通常所稱的關稅主要指進口關稅，包括優惠關稅、最惠國待遇關稅、普惠制關稅、保護關稅、反傾銷關稅、反補貼關稅、報復關稅等。徵收進口關稅會增加進口貨物的成本，提高進口貨物的市場價格，影響外國貨物進口數量。因此，各國都以徵收進口關稅作為限制外國貨物進口的一種手段。適當的使用進口關稅可以保護本國工農業生產，也可以作為一種經濟槓桿調節本國的生產和經濟的發展。使用過高的進口關稅，會對進口貨物形成壁壘，阻礙國際貿易的發展。進口關稅會影響出口國的利益，因此，它成為國際間經濟鬥爭與合作的一種手段，很多國際間的貿易互惠協定都以相互減讓進口關稅

或給以優惠關稅為主要內容。《關稅及貿易總協定》就是為了促進國際貿易和經濟發展為目的而簽訂的一個多邊貿易協定，它倡導國際貿易自由化，逐步取消各種貿易壁壘，其中最主要的一項措施就是通過締約方之間的相互協商、談判，降低各國的進口關稅水準，對締約方的關稅加以約束，不得任意提高。

出口關稅在17、18世紀時曾是歐洲各國的重要財政來源。19世紀資本主義迅速發展後，各國認識到徵收出口關稅不利於本國的生產和經濟。因為出口關稅增加了出口貨物的成本，會提高本國產品在國外的售價，從而降低了同外國產品的市場競爭能力，影響了本國產品的出口。因此，19世紀後期，各國相繼取消了出口關稅。但目前，仍有部分國家採用出口關稅，其目的是為了防止本國某些有限的自然資源耗竭，或利用出口稅控制和調節某種商品的出口流量，穩定國內外市場價格。中國目前為了限制重要的原材料大量輸出，抵制跨國公司在中國低價收購初級產品，現在仍只對少數商品徵收出口關稅。

過境稅最早產生並流行於歐洲各國，主要是為了增加國家財政收入而徵收的。後由於各國的交通事業發展，競爭激烈，再徵收過境稅，不僅妨礙國際商品流通，而且還減少港口、運輸、倉儲等方面的收入，於是自19世紀後半期起，各國相繼廢止徵收。1921年資本主義國家在巴塞羅那簽訂自由過境公約後，便廢除了過境稅的條款。

(二) 特點

關稅具有以下特點：

1. 以進出國境或關境的貨物和物品為徵稅對象。屬於貿易性進出口的商品稱為貨物；屬於入境旅客攜帶的、個人郵遞的、運輸工具上的服務人員攜帶的，以及用其他方式進口的個人自用的非貿易性商品稱為物品。

2. 納稅上的統一性和一次性。按照全國統一的進出口關稅條例和稅則徵收關稅，在徵收一次性關稅後，貨物就可在整個關境內流通，不再另行徵收關稅。這與其他稅種如增值稅、營業稅等流轉稅是不同的。

3. 實行復式稅則。關稅的稅則是關稅課稅範圍及其稅率的法則。復式稅則又稱多欄稅則，是指一個稅目設有兩個或兩個以上的稅率，根據進口貨物原產國的不同，分別適用高低不同的稅率。復式稅則是一個國家對外貿易政策的體現。目前，在國際上除極個別國家外，各國關稅普遍實行復式稅則。

4. 對進出口貿易的調節性。許多國家通過制定和調整關稅稅率來調節進出口貿易。在出口方面，通過低稅、免稅和退稅來鼓勵商品出口；在進口方面，通過稅率的高低、減免來調節商品的進口。

5. 關稅由海關機構代表國家徵收。關稅由海關總署及所屬機構具體管理和徵收，徵收關稅是海關工作的一個重要組成部分。監督管理、徵收關稅和查緝走私是當前中國海關的三項基本任務。

(三) 作用

1. 維護國家主權和經濟利益。對進出口貨物徵收關稅，表面上看似乎只是一個與對外貿易相聯繫的稅收問題，其實一國採取什麼樣的關稅政策直接關係到國與國之間

的主權和經濟利益。歷史發展到今天，關稅已成為各國政府維護本國政治、經濟權益，乃至進行國際經濟鬥爭的一個重要武器。中國根據平等互利和對等原則，通過關稅復式稅則的運用等方式，爭取國際間的關稅互惠並反對他國對中國進行關稅歧視，促進對外經濟技術交往，擴大對外經濟合作。

2. 保護和促進本國工農業生產的發展。一個國家是實行自由貿易，還是採用保護關稅政策，是由該國的經濟發展水準、產業結構狀況、國際貿易收支狀況以及參與國際經濟競爭的能力等多種因素決定的。中國作為發展中國家，一直十分重視利用關稅保護本國的工業，促進進口替代工業發展，關稅在保護和促進本國工農業生產的發展方面發揮了重要作用。

3. 調節國民經濟和對外貿易。關稅是國家的重要經濟槓桿，通過稅率的高低和關稅的減免，可以影響進出口規模，調節國民經濟活動。如調節出口產品和出口產品生產企業的利潤水準，有意識地引導各類產品的生產，調節進出口商品數量和結構，可促進國內市場商品的供需平衡，保護國內市場的物價穩定，等等。

4. 籌集國家財政收入。從世界大多數國家尤其是發達國家的稅制結構分析，關稅收入在整個財政收入中的比重不大，並呈下降趨勢。但是，一些發展中國家，其中主要是那些國內工業不發達、工商稅源有限、國民經濟主要依賴於某種或某幾種初級資源產品出口，以及國內許多消費品主要依賴於進口的國家，徵收進出口關稅仍然是他們取得財政收入的重要渠道之一。中國關稅收入是財政收入的重要組成部分，新中國成立以來，關稅為經濟建設提供了可觀的財政資金。目前，發揮關稅在籌集建設資金方面的作用，仍然是中國關稅政策中一項重要內容。

二、關稅的種類

依據不同的標準，關稅可以劃分為不同的種類。

(一) 按徵收對象分類，有進口稅、出口稅和過境稅

1. 進口稅
它是指海關在外國貨物進口時所課徵的關稅。進口稅通常在外國貨物進入關境或國境時徵收，或在外國貨物從保稅倉庫提出運往國內市場時徵收。

2. 出口稅
它是指海關在本國貨物出口時所課徵的關稅。為了降低出口貨物的成本，提高本國貨物在國際市場上的競爭力，世界各國一般少徵或不徵出口稅。

3. 過境稅
過境稅又稱通過稅。它是對外國貨物通過本國國境或關境時徵收的一種關稅。

(二) 按徵收目的分類，有財政關稅和保護關稅

1. 財政關稅
財政關稅又稱收入關稅。它以增加國家財政收入為主要目的而課徵的關稅。財政關稅的稅率比保護關稅低，因為過高會阻礙進出口貿易的發展，達不到增加財政收入的目的。隨著世界經濟的發展，財政關稅的意義逐漸減低，進一步為保護關稅所代替。

2. 保護關稅

它是以保護本國經濟發展為主要目的而課徵的關稅。保護關稅主要是進口稅，稅率較高，有的高達百分之幾百。通過徵收高額進口稅，使進口商品成本較高，從而削弱它在進口國市場的競爭能力，甚至阻礙其進口，以達到保護本國經濟發展的目的。保護關稅是實現一個國家對外貿易政策的重要措施之一。

（三）按徵收標準分類，有從價關稅、從量關稅、複合關稅、選擇關稅和滑動關稅

1. 從價關稅

從價關稅是以貨物的價格為計徵標準而計算徵收的關稅。中國的進、出口稅分別以貨物的到岸價格、離岸價格為完稅價格計算徵稅。

2. 從量關稅

它是以貨物的計量單位（重量、數量、長度、體積等）為計徵標準而計徵的一種稅。

3. 複合關稅

它是對同一種貨物同時採用從價與從量兩種標準課徵的一種稅。課證時，或以從價稅為主，加徵從量稅；或以從量稅為主，加徵從價稅。這種關稅，計徵手續較繁，但在物價上下波動時，可以減少對稅負和財政收入的影響。

4. 選擇關稅

它是對同一種進口貨物，同時規定從價稅和從量稅兩種稅率，徵稅時選擇其中的一種進行課徵的關稅。為避免因物價下跌，影響財政收入，或為了鼓勵某種貨物出口，有些國家如英國、日本、澳大利亞等國對某些貨物就採取這種關稅。

5. 滑動關稅

它是對某種進口貨物規定其價格的上下限，按國內貨價漲落情況，分別採用幾種高低不同稅率的一種關稅。當進口貨物價格高於上限時，減低稅率；低於下限時，提高稅率；在幅度以內的，按原定稅率徵收。

（四）按稅率制定分類，有自主關稅和協定關稅

1. 自主關稅

自主關稅又稱國定關稅。一個國家基於其主權，獨立自主地制定的、並有權修訂的關稅，包括關稅稅率及各種法規、條例。國定稅率一般高於協定稅率，適用於沒有簽訂關稅貿易協定的國家。

2. 協定關稅

兩個或兩個以上的國家，通過締結關稅貿易協定而制定的關稅稅率。協定關稅有雙邊協定稅率、多邊協定稅率和片面協定稅率。雙邊協定稅率是兩個國家達成協議而相互減讓的關稅稅率。多邊協定稅率，是兩個以上的國家之間達成協議而相互減讓的關稅稅率，如關稅及貿易總協定中的相互減讓稅率的協議。片面協定稅率是一國對他國輸入的貨物降低稅率，為其輸入提供方便，而他國並不以降低稅率回報的稅率制度。

（五）按差別待遇和特定的實施情況分類，有進口附加稅（反補貼稅、反傾銷稅）、差價稅、特惠稅和普遍優惠制

1. 進口附加稅

它是指除了徵收一般進口稅以外，還根據某種目的再加徵額外的關稅。它主要有反補貼稅和反傾銷稅。

2. 差價稅

差價稅又稱差額稅。當某種本國生產的產品國內價格高於同類的進口商品價格時，為了削弱進口商品的競爭能力，保護國內生產和國內市場，按國內價格與進口價格之間的差額徵收關稅，就叫差價稅。

3. 特惠稅

特惠稅又稱優惠稅。它是指對某個國家或地區進口的全部商品或部分商品，給予特別優惠的低關稅或免稅待遇。但它不適用於從非優惠國家或地區進口的商品。特惠稅有的是互惠的，有的是非互惠的。

4. 普遍優惠制

它又簡稱普惠制。它是發展中國家在聯合國貿易與發展會議上經過長期鬥爭，在1968年通過建立普惠制決議後取得的。該決議規定，發達國家承諾對從發展中國家或地區輸入的商品，特別是製成品和半成品，給予普遍的、非歧視性的和非互惠的優惠關稅待遇。

三、納稅人和徵稅對象

（一）納稅人

關稅的納稅人包括進口中國准許進口的貨物的收貨人、出口中國准許出口貨物的發貨人和中國准許進境物品的所有人，他們分別應當依法繳納進口關稅和出口關稅。

從中國境外採購進口的原產於中國境內的貨物，也應當繳納進口關稅。

進出口貨物，除另有規定外，可以由進出口貨物收發貨人自行辦理報關納稅手續，也可以由進出口貨物收發貨人委託海關準予註冊登記的報關企業辦理報關納稅手續。

進出口貨物的收發貨人是依法取得對外貿易經營權，並進口或者出口貨物的法人或者其他社會團體。進出境物品的所有人包括該物品的所有人和推定為所有人的人。一般情況下，對於攜帶進境的物品，推定其攜帶人為所有人；對分離運輸的行李，推定相應的進出境旅客為所有人；對以郵遞方式進境的物品，推定其收件人為所有人；以郵遞或其他運輸方式出境的物品，推定其寄件人或托運人為所有人。

（二）徵稅對象

關稅的徵稅對象是准許進出境的貨物和物品。貨物是指貿易性商品；物品是指入境旅客隨身攜帶的行李物品、個人郵遞物品、各種運輸工具上的服務人員攜帶進口的自用物品、饋贈物品及其他方式進境的個人物品。

四、稅率

關稅的稅率分為進口關稅稅率、出口關稅稅率兩個部分。

(一) 進口關稅稅率

1. 進口關稅稅率的種類

進口關稅稅率設置最惠國稅率、協定稅率、特惠稅率、普通稅率和關稅配額稅率等。對進口貨物在一定期限內可以實行暫定稅率。

(1) 原產於共同適用最惠國待遇條款的世界貿易組織成員的進口貨物，原產於與中華人民共和國簽訂含有相互給予最惠國待遇條款的雙邊貿易協定的國家或者地區的進口貨物，以及原產於中華人民共和國境內的進口貨物，適用最惠國稅率。

(2) 原產於與中國簽訂含有關稅優惠條款的區域性貿易協定的國家或者地區的進口貨物，適用協定稅率。

(3) 原產於與中國簽訂含有特殊關稅優惠條款的貿易協定的國家或者地區的進口貨物，適用特惠稅率。

(4) 原產於上述所列以外國家或者地區的進口貨物，以及原產地不明的進口貨物，適用普通稅率。

(5) 適用最惠國稅率的進口貨物有暫定稅率的，應當適用暫定稅率；適用協定稅率、特惠稅率的進口貨物有暫定稅率的，應當從低適用稅率；適用普通稅率的進口貨物，不適用暫定稅率。

(6) 按照國家規定實行關稅配額管理的進口貨物，關稅配額內的，適用關稅配額稅率。在關稅配額以外的，其稅率的適用按照上述最惠國稅率、協定稅率、特惠稅率、普通稅率和暫定稅率的規定執行。

按照有關法律、行政法規的規定對進口貨物採取反傾銷、反補貼、保障措施的，其稅率的適用按照《中華人民共和國反傾銷條例》、《中華人民共和國反補貼條例》和《中華人民共和國保障措施條例》的有關規定執行。

(7) 任何國家或者地區違反與中華人民共和國簽訂或者共同參加的貿易協定及相關協定，對中華人民共和國在貿易方面採取禁止、限制、加徵關稅或者其他影響正常貿易的措施的，對原產於該國家或者地區的進口貨物可以徵收報復性關稅，適用報復性關稅稅率。徵收報復性關稅的貨物、適用國別、稅率、期限和徵收辦法，由國務院關稅稅則委員會決定並公布。

2. 中國現行實施的進口關稅稅率

伴隨著中國加入世界貿易組織，中國的進口關稅稅率經過多次調整，有了大幅度的下降，算術平均關稅已經由 1992 年的 43% 降至 1997 年的 17.0%，2008 年達到 9.8%。

目前中國的進口關稅稅率主要使用最惠國稅率，並通過差別稅率體現國家的經濟、外貿政策。

中國在 2008 年對 620 個稅號的進口貨物實行暫定稅率，稅率從 0 至 40% 不等，如乙烯和煉焦煤的稅率為 0，再造菸草的稅率為 40%，也有極少數稅號採用定額稅率。

(二) 出口關稅稅率

中國出口關稅設置出口稅率。對出口貨物在一定期限內設置的暫定稅率，在實際工作中按照暫定稅率實施。

中國 2008 年出口稅則規定的出口貨物（主要為限制出口的不可再生的資源類產品和國內緊缺的原材料）稅號共有 88 個，稅率從 20% 到 50% 不等，共有 5 個差別稅率。例如鰻魚苗、山羊板皮、鎢礦砂及其精礦的稅率是 20%，硅鐵的稅率 25%、未精煉銅、未鍛軋鋁合金的稅率 30%、苯鉻鐵的稅率 40%、錫礦砂及其精礦的稅率 50%。2008 年中國對 334 個稅號的出口貨物實行了暫定稅率，稅率從 0 至 35% 不等，與進口暫定稅率一樣，出口暫定稅率優先適用於出口稅則中規定的出口稅率。

(三) 稅率的運用

1. 進出口貨物，應當適用海關接受該貨物申報進口或者出口之日實施的稅率。

2. 進出口貨物到達前，經海關核准先行申報的，應當適用裝載該貨物的運輸工具申報進境之日實施的稅率。

3. 進出口貨物補稅和退稅的，適用該進出口貨物原申報進口或者出口之日所實施的稅率，但下列情況除外：一是按照特定減免稅辦法批准予以減免稅的進口貨物，後因情況改變經海關批准轉讓或出售或移做他用需補稅的，應當適用海關接受申報辦理納稅手續之日實施的稅率徵收。二是加工貿易進口料、件等屬於保稅性質的進口貨物，如經批准轉為內銷，應向海關申報轉為內銷之日實施的稅率徵收；如未經批准擅自轉為內銷的，則按海關查獲日期所實施的稅率徵收。三是暫時進口貨物轉為正式進口需補稅的，應按其申報正式進口之日實施的稅率徵收。四是分期支付租金的租賃進口貨物，分期付稅時，應按該項貨物原進口之日實施的稅率徵稅。

4. 因納稅義務人違反規定需要追徵稅款的，應當適用該行為發生之日實施的稅率；行為發生之日不能確定的，適用海關發現該行為之日實施的稅率。

五、計稅方法

海關應當按照規定對進出口貨物以從價徵收、從量徵收或者國家規定的其他方式對進出口貨物徵收關稅，根據進出口貨物的稅則號列、完稅價格、原產地、適用稅率和匯率計算應納稅額。

(一) 應納稅額的計算

關稅以進出口貨物的價格為計稅依據，按照規定的適用稅率計算應納稅額。應納稅額計算公式為：

從價計徵的計算公式為：

應納稅額 = 完稅價格 × 關稅稅率

從量計徵的計算公式為：

應納稅額 = 貨物數量 × 單位稅額

複合計稅的計算公式為：

應納稅額＝完稅價格×關稅稅率＋貨物數量×單位稅額

(二) 關稅完稅價格

進口貨物的完稅價格由海關以成交價格以及該貨物運抵中華人民共和國境內輸入地點起卸前的運輸及其相關費用、保險費為基礎審查確定。

成交價格是指賣方向中華人民共和國境內銷售該貨物時買方為進口該貨物向賣方實付、應付的，並按規定調整後的價款總額，包括直接支付的價款和間接支付的價款。

1. 進口貨物的成交價格應當符合下列條件

(1) 對買方處置或者使用該貨物不予限制，但法律、行政法規規定實施的限制、對貨物轉售地域的限制和對貨物價格無實質性影響的限制除外。

(2) 該貨物的成交價格沒有因搭售或者其他因素的影響而無法確定。

(3) 賣方不得從買方直接或者間接獲得因該貨物進口後轉售、處置或者使用而產生的任何收益，或者雖有收益但能夠按照《完稅價格辦法》海關條例中相關規定進行調整。

(4) 買賣雙方沒有特殊關係，或者雖有特殊關係但未對成交價格產生影響。

2. 進口貨物的下列費用應當計入完稅價格

(1) 由買方負擔的購貨佣金以外的佣金和經紀費。

(2) 由買方負擔的在審查確定完稅價格時與該貨物視為一體的容器的費用。

(3) 由買方負擔的包裝材料費用和包裝勞務費用。

(4) 與該貨物的生產和向中華人民共和國境內銷售有關的，由買方以免費或者以低於成本的方式提供並可以按適當比例分攤的料件、工具、模具、消耗材料及類似貨物的價款，以及在境外開發、設計等相關服務的費用。

(5) 作為該貨物向中華人民共和國境內銷售的條件，買方必須支付的、與該貨物有關的特許權使用費。

(6) 賣方直接或者間接從買方獲得的該貨物進口後轉售、處置或使用的收益。

3. 進口時可以不計入完稅價格的費用

進口時在貨物的價款中單獨列明的下列稅收、費用，不計入該貨物的完稅價格。

(1) 廠房、機械、設備等貨物進口後進行建設、安裝、裝配、維修和技術服務的費用，保修費用除外。

(2) 進口貨物運抵境內輸入地點起卸後的運輸及其相關費用、保險費。

(3) 進口關稅、進口環節海關代徵稅及其他國內稅。

(4) 為在境內複製進口貨物而支付的費用。

(5) 境內外技術培訓及境外考察費用。

4. 進口貨物的成交價格不符合規定的，該貨物完稅價格的估定

(1) 與該貨物同時或者大約同時向中華人民共和國境內銷售的相同貨物的成交價格。

(2) 與該貨物同時或者大約同時向中華人民共和國境內銷售的類似貨物的成交價格。

（3）與該貨物進口的同時或者大約同時，將該進口貨物、相同或者類似進口貨物在第一級銷售環節銷售給無特殊關係買方最大銷售總量的單位價格，扣除境內發生的有關費用後，審查確定進口貨物完稅價格的倒扣價格估價。

（4）按照下列各項總和計算的價格：生產該貨物所使用的料件成本和加工費用，向中華人民共和國境內銷售同等級或者同種類貨物通常的利潤和一般費用，該貨物運抵境內輸入地點起卸前的運輸及其相關費用、保險費。

（5）以合理方法估定的價格。

5. 特殊進口貨物的完稅價格

（1）以租賃方式進口的貨物，以海關審查確定的該貨物的租金作為完稅價格。

（2）運往境外加工的貨物，出境時已向海關報明並在海關規定的期限內復運進境的，應當以境外加工費和料件費以及復運進境的運輸及其相關費用和保險費審查確定完稅價格。

（3）運往境外修理的機械器具、運輸工具或者其他貨物，出境時已向海關報明並在海關規定的期限內復運進境的，應當以境外修理費和料件費審查確當完稅價格。

（4）出口貨物的完稅價格由海關以該貨物的成交價格以及該貨物運至中華人民共和國境內輸出地點裝載前的運輸及其相關費用、保險費為基礎審查確定。

出口貨物的成交價格，是指該貨物出口時賣方為出口該貨物應當向買方直接收取和間接收取的價款總額。出口關稅不計入完稅價格。

（5）暫時進境的貨物，應當按照一般進口貨物估價辦法的規定，估定完稅價格。

（6）留購的進口貨樣、展覽品和廣告陳列品，以海關設定的留購價格作為完稅價格。

6. 出口貨物的成交價格不能確定的，該貨物完稅價格的估定

（1）與該貨物同時或者大約同時向同一國家或者地區出口的相同貨物的成交價格。

（2）與該貨物同時或者大約同時向同一國家或者地區出口的類似貨物的成交價格。

（3）按照下列各項總和計算的價格：境內生產相同或者類似貨物的料件成本、加工費用，通常的利潤和一般費用，境內發生的運輸及其相關費用、保險費。

（4）以合理方法估定的價格。

六、稅收優惠

（一）法定減免稅

法定減免稅是稅法中明確列出的減稅或免稅，納稅人無須提出申請，海關可按規定直接予以減免稅。海關對法定減免稅貨物一般不進行後續管理。下列進出口貨物，免徵關稅：

1. 關稅稅額在人民幣50元以下的一票貨物。
2. 無商業價值的廣告品和貨樣。
3. 外國政府、國際組織無償贈送的物資。
4. 在海關放行前損失的貨物。

5. 進出境運輸工具裝載的途中必需的燃料、物料和飲食用品。

6. 在海關放行前遭受損壞的貨物，可以根據海關認定的受損程度減徵關稅。

7. 因品質或者規格原因，出口貨物自出口之日起 1 年內原狀復運進境的，不徵收進口關稅。

8. 因品質或者規格原因，進口貨物自進口之日起 1 年內原狀復運出境的，不徵收出口關稅。

（二）暫不繳納關稅的優惠

經海關批准暫時進境或者暫時出境的下列貨物，在進境或者出境時納稅義務人向海關繳納相當於應納稅款的保證金或者提供其他擔保的，可以暫不繳納關稅，並應當自進境或者出境之日起 6 個月內復運出境或者復運進境；經納稅義務人申請，海關可以根據海關總署的規定延長復運出境或者復運進境的期限：

1. 在展覽會、交易會、會議及類似活動中展示或者使用的貨物。
2. 文化、體育交流活動中使用的表演、比賽用品。
3. 進行新聞報導或者攝製電影、電視節目使用的儀器、設備及用品。
4. 開展科研、教學、醫療活動使用的儀器、設備及用品。
5. 在第 1 項至第 4 項所列活動中使用的交通工具及特種車輛。
6. 貨樣。
7. 供安裝、調試、檢測設備時使用的儀器、工具。
8. 盛裝貨物的容器。
9. 其他用於非商業目的的貨物。

以上所列暫準進境貨物在規定的期限內未復運出境的，或者暫準出境貨物在規定的期限內未復運進境的，海關應當依法徵收關稅。

以上所列可以暫時免徵關稅範圍以外的其他暫準進境貨物，應當按照該貨物的完稅價格和其在境內滯留時間與折舊時間的比例計算徵收進口關稅。具體辦法由海關總署規定。

因殘損、短少、品質不良或者規格不符原因，由進出口貨物的發貨人、承運人或者保險公司免費補償或者更換的相同貨物，進出口時不徵收關稅。被免費更換的原進口貨物不退運出境或者原出口貨物不退運進境的，海關應當對原進出口貨物重新按照規定徵收關稅。

（三）退稅

有下列情形之一的，納稅義務人自繳納稅款之日起 1 年內，可以申請退還關稅，並應當以書面形式向海關說明理由，提供原繳款憑證及相關資料：

1. 已徵進口關稅的貨物，因品質或者規格原因，原狀退貨復運出境的。
2. 已徵出口關稅的貨物，因品質或者規格原因，原狀退貨復運進境，並已重新繳納因出口而退還的國內環節有關稅收的。
3. 已徵出口關稅的貨物，因故未裝運出口，申報退關的。

海關應當自受理退稅申請之日起 30 日內查實並通知納稅義務人辦理退還手續。納

稅義務人應當自收到通知之日起 3 個月內辦理有關退稅手續。

按照其他有關法律、行政法規規定應當退還關稅的，海關應當按照有關法律、行政法規的規定退稅。

(四) 特定減免稅

特定減免稅也稱政策性減免稅，特定減免稅貨物一般有地區、企業和用途的限制，海關需要進行後續管理，也需要減免稅統計。

1. 科教用品。
2. 殘疾人專用品。
3. 扶貧、慈善性捐贈物資。
4. 加工貿易產品。
5. 邊境貿易進口物資。
6. 保稅區進出口貨物。
7. 出口加工區進出口貨物。
8. 進口設備。
9. 特定行業或用途的減免稅政策。
10. 特定地區的減免稅政策。

七、關稅的徵收管理

(一) 納稅期限

進口貨物的納稅義務人應當自運輸工具申報進境之日起 14 日內，出口貨物的納稅義務人除海關特准的外，應當在貨物運抵海關監管區後、裝貨的 24 小時以前，向貨物的進出境地海關申報。進出口貨物轉關運輸的，按照海關總署的規定執行。進口貨物到達前，納稅義務人經海關核准可以先行申報。具體辦法由海關總署另行規定。

納稅義務人應當自海關填發稅款繳款書之日起 15 日內向指定銀行繳納稅款。納稅義務人未按期繳納稅款的，從滯納稅款之日起，按日加收滯納稅款萬分之五的滯納金。

海關徵收關稅、滯納金等，應當按人民幣計徵。進出口貨物的成交價格以及有關費用以外幣計價的，以中國人民銀行公布的基準匯率折合為人民幣計算完稅價格；以基準匯率幣種以外的外幣計價的，按照國家有關規定套算為人民幣計算完稅價格。適用匯率的日期由海關總署規定。

納稅義務人因不可抗力或者在國家稅收政策調整的情形下，不能按期繳納稅款的，經海關總署批准，可以延期繳納稅款，但是最長不得超過 6 個月。

納稅義務人自繳納稅款期限屆滿之日起 3 個月仍未繳納稅款的，海關可以按照《海關法》的規定採取稅收保全等強制措施。

(二) 補徵和追徵

由於納稅人違反海關規定造成短徵關稅的，稱為追徵；非因納稅人違反海關規定造成短徵關稅的，稱為補徵。

進出口貨物放行後，海關發現少徵或者漏徵稅款的，應當自繳納稅款或者貨物放行之日起 1 年內，向納稅義務人補徵稅款。但因納稅義務人違反規定造成少徵或者漏徵稅款的，海關可以自納稅人應繳納稅款之日起 3 年內追徵稅款，並從應繳納稅款之日起按日加收少徵或者漏徵稅款萬分之五的滯納金。

(三) 關稅退還

海關發現多徵稅款的，應當立即通知納稅義務人辦理退還手續。

納稅義務人發現多繳稅款，可以自繳納稅款之日起 1 年內，以書面形式要求海關退還多繳的稅款並加算銀行同期活期存款利息；海關應當自受理退稅申請之日起 30 日內查實並通知納稅義務人辦理退還手續，納稅義務人應當自收到通知之日起 3 個月內辦理有關退稅手續。

(四) 納稅爭議

納稅義務人對海關確定原地，稅則歸類，適用稅率或者匯率，完稅價格的確定，關稅減徵、免徵、補徵、追徵、退還等徵稅行為是否合法或適當，是否侵害了納稅人的合法權益，而對海關徵收關稅的行為表示異議。

納稅爭議的訴訟過程：納稅義務人自海關填發稅款繳款書之日起 30 日內，向原徵稅海關的上一級海關書面申請復議。逾期申請復議的，海關不予受理。海關應當自收到復議申請之日起 60 日內作出復議決定，並以復議決定書的形式正式答復納稅義務人。納稅義務人對海關復議決定仍然不服的，可以自收到復議決定書之日起 15 日內，向人民法院提起訴訟。

八、關稅會計科目的設置

為了全面反應企業關稅的繳納、結餘情況及進出口關稅的計算，應在「應交稅費」科目下分別設置「應交進口關稅」、「應交出口關稅」明細科目。

「應交稅費——應交進口關稅」的貸方發生額反應應繳的進口關稅，借方發生額反應實際上繳的進口關稅，貸方餘額反應尚未繳納的進口關稅，借方餘額反應多繳的進口關稅。

「應交稅費——應交出口關稅」的貸方發生額反應應繳的出口關稅，借方發生額反應實際上繳的出口關稅，貸方餘額反應尚未繳納的出口關稅，借方餘額反應多繳的出口關稅。

當企業計算出應繳的進口關稅時，借記有關科目，貸記「應交稅費——應交進口關稅」，實際繳納時，借記「應交稅費——應交進口關稅」，貸記「銀行存款」等科目。當企業計算出應繳的出口關稅時，借記有關科目，貸記「應交稅費——應交出口關稅」，實際繳納時，借記「應交稅費——應交出口關稅」科目，貸記「銀行存款」等。關稅計算示範：

例 1　某進出口公司，2000 年 4 月，從與中華人民共和國有關稅互惠協定的某國家進口某批發物，某採購地正常批發價格為 356,200 元，國外已付出口稅額為 35,620 元，運抵中國輸入地點的包裝費 5,000 元，運費 25,180 元，保險費 4,400 元，手續費

2,100元。該進口貨物的關稅適用最低稅率為50%，計算該公司4月份應納關稅。

完稅價格 = 356,200 + 35,620 + 5,000 + 25,180 + 4,400 + 2,100 = 428,500（元）

應納關稅 = 428,500 × 50% = 214,250（元）

會計分錄為：

借：應交稅費——應交關稅　　　　　　　　　　　　　214,250
　　貸：銀行存款　　　　　　　　　　　　　　　　　214,250

例2　某外貿公司，2000年5月，進口某國貨物5,000件，到岸價格未能確定。其國內市場同類產品的批發價格為每件1,800元，該國與中華人民共和國未有貿易條約，其關稅稅率為60%，計算該公司5月份進口貨物應納稅額。

完稅價格 = 1,800 ÷（1 + 60% + 20%）= 1,000（元）

應納關稅 = 1,000 × 60% × 5,000 = 3,000,000（元）

會計分錄為：

借：應交稅費——應交關稅　　　　　　　　　　　　3,000,000
　　貸：銀行存款　　　　　　　　　　　　　　　　3,000,000

思考題

1. 如何核定進口貨物的成交價格？
2. 進口貨物時在貨物的價款中單獨列明的哪些稅收、費用可以不計入貨物的完稅價格？
3. 特殊進口貨物的完稅價格如何確定？
4. 關稅的納稅期限。

第三章　所得稅

所得稅是世界各國（地區）的主體稅種，發達國家的財政收入主要來源於所得稅。從世界各國（地區）看，所得稅主要包括企業所得稅（也稱公司所得稅）、個人所得稅和社會保險稅（也稱工薪稅）。

第一節　企業所得稅

中國的企業所得稅是國家以企業和其他組織取得的收入為徵稅對象所徵收的一種稅。《中華人民共和國企業所得稅法》於 2007 年 3 月 16 號第十屆全國人民代表大會第五次會議通過，《中華人民共和國企業所得稅法實施條例》於 2007 年 11 月 28 日國務院第 197 次常務會議通過，自 2008 年 1 月 1 日起施行。企業所得稅分別由國家稅務局和地方稅務局負責徵收，收入由中央政府和地方政府共享，是中央政府和地方政府稅收收入的主要來源之一。

一、納稅人

在中華人民共和國境內，企業和其他取得收入的組織（以下統稱企業）為企業所得稅的納稅人。個人獨資企業、合夥制企業不適用企業所得稅法。

企業包括國有企業、集體企業、私營企業、股份制企業、中外合資經營企業、中外合作經營企業、外資企業和外國企業但不包括依照中國法律成立的個人獨資企業、合夥企業。

取得其他收入的組織包括事業單位、社會團體、民辦非企業單位、基金會、外國商會等。

企業分為居民企業和非居民企業。居民企業是指依法在中國境內成立，或者依照外國（地區）法律成立但實際管理機構在中國境內的企業。居民企業應當就其來源於中國境內、境外的所得繳納企業所得稅。非居民企業是指依照外國（地區）法律成立且實際管理機構不在中國境內，但在中國境內設立機構、場所的，或者在中國境內未設立場所，但有來源於中國境內所得的企業。非居民企業在中國境內設立機構、場所的，應當就其所設機構、場所取得的來源於中國境內的所得，以及發生在中國境外但與其所設機構、場所有實際聯繫的所得，繳納企業所得稅。非居民企業在中國境內未設立機構、場所的，或者雖設立機構、場所但取得的所得與其所設機構、場所沒有實際聯繫的，應當就其來源於中國境內的所得繳納企業所得稅。

个人独资企业与合夥制企业的投资者承担无限责任或者无限连带责任，没有法人资格，为避免重复征税，只缴纳个人所得税。

居民企业就其来源于中国境内、境外的所得缴纳企业所得税。

非居民企业在中国境内设立机构、场所的，应当就其所设机构、场所取得的来源于中国境内的所得，以及发生在中国境外但与其所设机构、场所有实际联系的所得，缴纳企业所得税。

非居民企业没有在中国境内设立机构、场所的，或者虽设立机构、场所但取得的所得与其所设机构、场所没有实际联系的，应当就其来源于中国境内的所得缴纳企业所得税。

企业所得税法所称来源于中国境内、境外的所得，按照以下原则确定：

（1）销售货物所得，按照交易活动发生地确定。

（2）提供劳务所得，按照劳务发生地确定。

（3）转让财产所得：不动产转让所得按照不动产所在地确定；动产转让所得按照转让动产的企业或者机构处、场所所在地确定；权益性投资资产转让所得按照被投资企业所在地确定。

（4）股息、红利等权益性投资所得，按照分配所得的企业所在地确定。

（5）利息所得、租金所得、特许权使用费所得，按照负担、支付所得的企业或者机构、场所所在地确定，或者按照负担、支付所得的个人的住所地确定。

（6）其他所得，由国家财政、税务主管部门确定。

二、计税依据和税率

（一）税率

现行税率的规定是：第一，基本税率为25%。适用于居民企业和在中国境内设有机构、场所且所得与机构、场所有关联的非居民企业。第二，低税率为20%。适用于在中国境内未设立机构、场所的，或者虽设立机构、场所但取得所得与其所设机构、场所没有实际联系的非居民企业。目前，在实际征税时按10%执行。第三，优惠税率。国家为了重点扶持和鼓励发展特定产业和企业，还规定了两档优惠税率：一是符合条件的小型微利企业，减按20%的税率征收企业所得税。现规定：此项规定只适用具备建帐核算应纳税所得额的居民企业，按规定采用核定征收办法缴纳企业所得税的企业，在具备准确核算应纳税所得额条件前暂不适用小型微利企业适用的企业所得税税率。2010年全年应纳税所得额不超过3万元的小型微利企业，其所得额减按50%计入应纳税所得额。二是国家需要重点扶持的高新技术企业，减按15%的税率征收企业所得税。

（二）计税依据

企业所得税的计税依据是应纳税所得额。根据《中华人民共和国企业所得税法》第五条及其实施条例第十条的规定，企业每一纳税年度的收入总额，减除不征税收入、免税收入、各项扣除以及允许弥补的以前年度亏损后的余额，为应纳税所得额。

企业应纳税所得税额的计算，以权责发生制为原则，属于当期的收入和费用，不

論款項是否收付，均作為當期的收入和費用；不屬於當期的收入和費用，即使款項已經在當期收付，均不作為當期的收入和費用，國務院財政、稅務主管部門另有規定的除外。

1. 收入

收入總額：企業以貨幣形式和非貨幣形式從各種來源取得的收入為收入總額。

企業以貨幣形式取得收入的，包括現金、存款、應收帳款、應收票據、準備持有至到期的債券投資以及債務的豁免等。企業以非貨幣形式取得的收入，包括固定資產、生物資產、無形資產、股權投資、存貨、不準備持有至到期的債券投資、勞務以及有關權益等。非貨幣性收入應當按照公允價值確定收入額，公允價值指按照市場價格確定的價值。

（1）計入企業收入總額的收入

計入企業收入總額的收入包括：銷售貨物收入，提供勞務收入，轉讓財產收入，股息、紅利等權益性投資收益，利息收入，租金收入，特許權使用費收入，接受捐贈收入和其他收入。

（2）企業收入確認的特殊規定

企業收入確認的特殊規定如下：

①以分期付款方式銷售貨物的，按照合同約定的收款日期確認收入的實現。

②企業受託加工製造大型機械設備、船舶、飛機，以及從事建築、安裝、裝配工程業務等，持續時間超過12個月的，按照納稅年度內完工進度或者完成的工作量確認收入的實現。

③採取產品分成方式取得收入的，按照企業分得產品的日期確認收入實現，其收入額按照產品的公允價值確定。

④企業發生非貨幣性資產交換，以及將貨物、財產、勞務用於捐贈、償債、贊助、集資、廣告、樣品、職工福利或者利潤分配等用途的，應當視同銷售貨物、轉讓財產或者提供勞務確認收入，但國務院財政、稅務主管部門另有規定的除外。

（3）不徵稅收入

收入總額中的下列收入為不徵稅收入：

①財政撥款；

②依法收取並納入財政管理的行政事業性收費、政府型基金；

③國務院規定的其他不徵稅收入。

註：國務院規定的其他不徵稅收入：現規定全國社會保障基金理事會、社會保障基金投資管理人管理的社會保障基金銀行存款利息收入和社會保障基金從證券市場取得的收入；軟件生產企業實行增值稅即徵即退政策退還的增值稅稅款，由企業用於研究開發軟件產品和擴大再生產，不徵收企業所得稅。

（4）免稅收入

下列收入為免稅收入：

①國債利息收入。

②符合條件的居民企業之間的股息、紅利等權益性投資收益。這裡的符合條件是

指居民企業直接投資於其他居民企業取得的投資收益，但不包括連續持有居民企業公開發行並上市流通的股票不足12個月取得的投資收益。

③在中國境內設立機構、場所的非居民企業從居民企業取得與該機構、場所有實際聯繫的股息、紅利等權益性投資收益。

④符合條件的非營利組織的收入。

2．稅前扣除

根據《中華人民共和國企業所得稅法》第八條的規定，企業實際發生的與取得收入有關的、合理的支出，包括成本、費用、稅金、損失和其他支出，準予在計算應納稅所得額時扣除。

企業實際發生的與取得收入有關的、合理的支出是指符合生產活動常規，應當計入當期損益或者有關資產成本的必要和正常的支出。成本包括企業在生產經營活動中發生的銷售成本、銷貨成本、業務支出以及其他耗費。費用包括企業在生產經營活動中發生的銷售費用、管理費用和財務費用。稅金是指企業發生的除企業所得稅和允許抵扣的增值稅以外的各項稅金及其附加。損失是指企業在生產經營活動中發生的固定資產和存貨的盤虧、毀損、報廢損失、轉讓財產損失、呆帳損失、壞帳損失、自然災害等不可抗力因素造成的損失以及其他損失。其他支出，是指除成本、費用、稅金、損失外，企業在生產經營活動中發生的與生產經營有關的合理的支出。

以下項目按照實際發生額或規定的標準扣除。

(1) 工資薪金

《中華人民共和國企業所得稅法實施條例》第三十四條規定企業發生的合理的工資、薪金支出，準予扣除。工資薪金是指企業每一納稅年度支付給在本企業任職或受雇的員工的所有現金形式或非現金形式的勞動報酬，包括基本工資、獎金、津貼、補貼、年終加薪、加班工資，以及與員工任職或者受雇有關的其他支出。

《中華人民共和國企業所得稅法實施條例》第四十條規定：企業發生的職工福利費支出不超過工資薪金總額14%的部分，準予扣除。《中華人民共和國企業所得稅法實施條例》第四十一條規定：企業撥繳的工會經費不超過工資薪金總額2%的部分，準予扣除。《中華人民共和國企業所得稅法實施條例》第四十二條規定：企業撥繳的職工教育經費不超過工資薪金總額2.5%的部分，準予扣除。超過部分，準予在以後納稅年度結轉扣除。

《中華人民共和國企業所得稅法實施條例》第三十五條規定：企業按照國務院有關主管部門或者省級人民政府規定的範圍和標準為職工繳納的基本養老保險費、基本醫療保險費、失業保險費、工傷保險費、生育保險費等基本社會保險費和住房公積金，準予扣除。企業為投資者或職工支付的補充養老保險費、補充醫療保險費，在國務院財政、稅務主管部門規定的範圍和標準內，準予扣除。企業為投資者或職工支付的商業保險費，不得扣除。

(2) 利息費用和借款費用

《中華人民共和國企業所得稅法實施條例》第三十七條規定：企業在生產、經營活動中發生的合理的不需要資本化的借款費用，準予扣除。因使用週期過長，需要資本

化的借款費用應作為資本性支出計入有關資產成本。

《中華人民共和國企業所得稅法實施條例》第三十八條規定：企業在生產、經營活動中發生的下列利息支出，準予扣除：非金融企業向金融企業借款的利息支出、金融企業的各項存款利息支出和同業拆借利息支出、企業經批准發行債券的利息支出；非金融企業向非金融業借款的利息支出，不超過按照金融企業同期同類貸款利息計算的數額部分。

(3) 匯兌損失

《中華人民共和國企業所得稅法實施條例》第三十九條規定：企業在貨幣交易中，以及納稅年度終了時將人民幣以外的貨幣性資產、負債按照期末即期人民幣匯率中間價折算為人民幣時產生的匯兌損失，除已經計入有關資產成本及與所有者進行利潤分配相關的部分外，準予扣除。

(4) 業務招待費

《中華人民共和國企業所得稅法實施條例》第四十三條規定：企業發生的與生產經營活動有關的業務招待費支出，按照發生額的60%扣除，但最高不得超過當年銷售（營業）收入的5‰。

(5) 廣告費和業務宣傳費

《中華人民共和國企業所得稅法實施條例》第四十四條規定：企業發生的符合條件的廣告費和業務宣傳費支出，除國務院財政、稅務主管部門另有規定外，不超過當年銷售（營業）收入15%的部分，準予扣除；超多部分，準予在以後納稅年度結轉扣除。

(6) 環境保護、生態恢復等方面的專項資金

《中華人民共和國企業所得稅法實施條例》第四十五條規定：企業依照法律、行政法規有關規定提取的用於環境保護、生態恢復等方面的專項資金，準予扣除。上述專項資金提取後改變用途的，不得扣除。

(7) 保險費

《中華人民共和國企業所得稅法實施條例》第四十六條規定：企業參加財產保險，按照規定繳納的保險費，準予扣除。

(8) 租賃費

《中華人民共和國企業所得稅法實施條例》第四十七條規定：企業根據生產經營活動的需要租入固定資產支付的租賃費，按照以下方法扣除：一是以經營租賃方式租入固定資產發生的租賃費支出，按照租賃期限均勻扣除；二是以融資租賃方式租入固定資產發生的租賃費支出，按照規定構成融資租入固定資產價值的部分應當提取折舊費用，分期扣除。

(9) 勞動保護支出

《中華人民共和國企業所得稅法實施條例》第四十七條規定：企業發生的合理的勞動保護支出，準予扣除。

(10) 總機構費用

《中華人民共和國企業所得稅法實施條例》第五十條規定：非居民企業在中國境內設立的機構、場所，就其中國境外總機構發生的與該機構、場所生產經營有關的費用，

能夠提供總機構出具的費用匯集範圍、定額、分配依據和方法等證明文件,並合理分攤的,準予扣除。

(11) 公益性捐贈

《中華人民共和國企業所得稅法》第九條規定:企業發生的公益性捐贈支出,在年度利潤總額12%以內的部分,準予在計算應納稅所得額時扣除。根據《中華人民共和國企業所得稅法實施條例》第五十三條規定:年度利潤總額,是指企業依照國家統一會計制度的規定計算的年度會計利潤。根據《中華人民共和國企業所得稅法實施條例》第五十一、五十二條規定:公益性捐贈是指企業通過公益性社會團體或者縣級以上人民政府及其部門,用於《中華人民共和國公益事業捐贈法》規定的公益事業的捐贈。

(12) 企業轉讓各類固定資產發生的費用

企業轉讓各類固定資產發生的費用,允許扣除。企業按照規定計算的固定資產折舊費、無形資產和遞延資產的攤銷費,準予扣除。

(13) 資產盤虧

企業當期發生的資產盤虧和毀損淨損失,由其提供資料經稅務機關審查後準予扣除;企業因存貨盤虧、毀損、報廢等原因不得從銷項稅金中抵扣的進項稅額,視同企業損失,準予和存貨損失一起稅前扣除。

3. 在計算應納稅所得額時,不得稅前扣除的項目

《中華人民共和國企業所得稅法》第十條規定:在計算應納稅所得額時,下列支出不得扣除:

(1) 向投資者支付的股息、紅利等權益性投資收益款項。

(2) 企業所得稅稅款。

(3) 稅收滯納金。

(4) 罰金、罰款和被沒收財物的損失。

(5) 《捐贈法》第九條規定以外的捐贈支出。

(6) 贊助支出。

(7) 未經核定的準備金支出。

(8) 與取得收入無關的其他支出。

(9) 企業之間支付的管理費、企業內營業機構之間支付的租金和特許權使用費,以及非銀行企業內營業機構之間支付的利息,不得扣除。

贊助支出,是指企業發生的與生產經營活動無關的各種非廣告性質支出。

未經核定的準備金支出,是指不符合國務院財政、稅務主管部門規定的各項資產減值準備、風險準備等準備金支出。

4. 非居民企業應納稅所得額的規定

《中華人民共和國企業所得稅法》第十九條規定:一是股息、紅利等權益性投資收益和利息、租金、特許權使用費所得,以收入全額為應納稅所得額;二是轉讓財產所得,以收入全額減除財產淨值後的餘額為應納稅所得額;三是其他所得,參照前兩項規定的方法計算應納稅所得額。

新企業所得稅法規定的收入、扣除的具體範圍、標準和資產的稅務處理的具體辦

法，由國務院財政、稅務主管部門規定。在計算應納稅時，企業財務、會計處理辦法與稅收法律、行政法規的規定不一致的，應當依照稅收法律、行政法規的規定計算。

5. 有關應納稅所得額的特殊規定

《中華人民共和國企業所得稅法》第十四條規定：企業對外投資期間，投資資產的成本在計算應納稅所得額時不得扣除。《中華人民共和國企業所得稅法》第十五條規定：企業使用或者銷售存貨，按照規定計算的存貨成本，準予在計算應納稅所得額時扣除。《中華人民共和國企業所得稅法》第十六條規定：企業轉讓資產，該項資產的淨值，準予在計算應納稅所得額時扣除。《中華人民共和國企業所得稅法》第十七條規定：企業在匯總計算繳納企業所得稅時，其境外營業機構的虧損不得抵減境內營業機構的贏利。《中華人民共和國企業所得稅法》第十八條規定：企業納稅年度發生的虧損，準予向以後年度結轉，用以後年度的所得彌補，但結轉年限最長不得超過5年。

三、資產的稅務處理

中國稅法對企業資產的計稅基礎和折舊、攤銷等提取辦法作出相應的規定，目的是為了正確核算企業資產的成本和支出，以區別資本性支出和收益性支出，確定準予扣除的項目與不得扣除的項目，正確計算企業的應納稅所得額。

《中華人民共和國企業所得稅法實施條例》第五十六條規定：企業的各項資產，包括固定資產、生物資產、無形資產、長期待攤費用、投資資產、存貨等，以歷史成本為計稅基礎。歷史成本，是指企業取得該項資產時實際發生的支出。企業持有各項資產期間的資產增值或者減值，除國務院財政、稅務主管部門規定可以確認損益外，不得調整該資產的計稅基礎。

(一) 固定資產的稅務處理

1. 計稅基礎

《中華人民共和國企業所得稅法實施條例》第五十八條規定：固定資產按以下情況確認計稅基礎：

(1) 外購的固定資產，以購買價款和支付的相關稅費以及直接歸屬於使該資產達到預定用途發生的其他支出作為計稅基礎。

(2) 自行建造的固定資產，以竣工結算發生前發生的支出為計稅基礎。

(3) 融資租入的固定資產，以租賃合同約定的付款總額和承租人在簽訂租賃合同過程中發生的相關費用為計稅基礎；合同未約定支付總額的，以資產的公允價值和承租人在簽訂租賃合同過程中發生的相關費用為計稅基礎。

(4) 盤盈的固定資產，以同類固定資產的重置完全價值為計稅基礎。

(5) 通過捐贈、投資、非貨幣性資產交換、債務重組等方式取得固定資產，以該資產的公允價值和支付的相關稅費為計稅基礎。

(6) 改建的固定資產，除已足額提取折舊的固定資產和租入的固定資產以外的其他固定資產，以改建過程中發生的改建支出增加計稅基礎。

2. 折舊年限

《中華人民共和國企業所得稅法實施條例》第五十九條規定：固定資產按照直線法

計算的折舊，準予扣除。企業應當自固定資產投入使用月份的次月起計算折舊；停止使用的固定資產，應當自停止使用月份的次月起停止折舊。企業應當根據固定資產的性質和使用情況，合理確定固定資產的預計淨殘值，且預計淨殘值一經確定不得變更。

從事開採石油、天然氣等礦產資源的企業，在開始商業性生產前發生的費用和有關固定資產的折耗、折舊方法，由國務院財政、稅務主管部門另行規定。

《中華人民共和國企業所得稅法實施條例》第六十條規定：除國務院財政、稅務主管部門另有規定外，固定資產計算折舊的最低年限如下：

（1）房屋、建築物，為20年。
（2）飛機、火車、輪船、機器、機械和其他生產設備，為10年。
（3）與生產經營活動有關的器具、工具、家具等，為5年。
（4）飛機、火車、輪船以外的運輸工具，為4年。
（5）電子設備，為3年。

現規定：企業、事業單位購進軟件，符合固定資產、無形資產確認條件的，可按固定資產、無形資產核算。經稅務機關核准，其折舊、攤銷年限可適當縮短，最短為2年。

（二）生產性生物資產的稅務處理

生產性生物資產，是指企業為生產農產品、提供勞務或者出租等而持有的生物資產，包括經濟林、薪炭林、產畜和役畜等。

1. 計稅基礎

《中華人民共和國企業所得稅法實施條例》第六十二條規定：生產性生物資產按照以下方法確定計稅基礎：

（1）外購的生產性生物資產，以購買價款和支付的相關稅費為計稅基礎。
（2）通過捐贈、投資、非貨幣性資產交換、債務重組等方式取得的生產性生物資產，以該資產的公允價值和支付的相關稅費為計稅基礎。

2. 折舊年限

《中華人民共和國企業所得稅法實施條例》第六十三條規定：

生產性生物資產按照直線法計算的折舊，準予扣除。企業應當自生產性生物資產投入使用月份的次月起計算折舊；停止使用的生產性生物資產，應當自停止使用月份的次月停止計算折舊。企業應當根據生物資產的性質和使用情況，合理確定生物性資產的預計淨殘值。生產性生物資產的預計淨殘值一經確定，不得變更。

《中華人民共和國企業所得稅法實施條例》第六十四條規定：生產性生物資產計算折舊的最低年限如下：

（1）林木類生產性生物資產，為10年。
（2）畜類生產性生物資產，為3年。

（三）無形資產的稅務處理

無形資產，是指企業為生產產品、提供勞務、出租或者經營管理而持有的、沒有實物形態的非貨幣性長期資產，包括專利權、商標權、著作權、土地使用權、非專利

技術、商譽等。

1. 計稅基礎

《中華人民共和國企業所得稅法實施條例》第六十六條規定：無形資產按照以下方法確定計稅基礎：

（1）外購的無形資產，以購買價款和支付的相關稅費以及直接歸屬於使該資產達到預定用途發生的其他支付為計稅基礎。

（2）自行開發的無形資產，以開發過程中該資產符合資本化條件後至達到預定用途前發生的支出為計稅基礎。

（3）通過捐贈、投資、非貨幣性資產交換、債務重組等方式取得的無形資產，以該資產的公允價值和支付的相關稅費為計稅基礎。

《中華人民共和國企業所得稅法實施條例》第六十七條規定：在計算應納稅所得額時，企業按照規定計算的無形資產攤銷費用，準予扣除。作為投資或者受讓的無形資產，有關法律規定或者合同約定了使用年限的，可以按照規定或者約定的使用年限分期攤銷。外購商譽的支出，在企業整體轉讓或者清算時，準予扣除。

2. 折舊年限

無形資產按照直線法計算的攤銷費用，準予扣除。無形資產的攤銷年限不得低於10年。

3. 不得計算攤銷費用從所得稅稅前扣除的項目

《中華人民共和國企業所得稅法》第十二條規定：下列無形資產不得計算攤銷費用扣除：

（1）自行開發的支出已在計算應納稅所得額時扣除的無形資產。

（2）自創商譽。

（3）與經營活動無關的無形資產。

（4）其他不得計算攤銷費用扣除的無形資產。

（四）長期待攤費的稅務處理

長期待攤費用，是指企業發生的應在一個年度以上或幾個年度進行攤銷的費用。《中華人民共和國企業所得稅法》第十三條規定：企業發生的下列支出作為長期待攤費用，按照規定攤銷，在計算應納稅所得額時準予扣除：

（1）已足額提取折舊的固定資產的改建支出。

（2）租入固定資產的改建支出。

（3）固定資產的大修理支出。

（4）其他應作為長期待攤費用的支出。

（五）已足額提取折舊的固定資產的改建支出

《中華人民共和國企業所得稅法》第十三條規定：按照固定資產預計尚可使用年限分期攤銷；租入固定資產的改建支出，按照合同約定的剩餘租賃期限分期攤銷。固定資產修理支出，可在發生當期直接扣除。其他應當作為長期待攤費用的支出，自支出發生月份的次月起，分期攤銷，攤銷年限不得低於3年。

（六）投資資產的稅務處理

投資資產是指企業對外進行權益性投資和債權性投資形成的資產。根據《中華人民共和國企業所得稅法》第十四條、《中華人民共和國企業所得實施條例》第七十一條規定：企業在對外投資期間，投資資產的成本在計算應納稅所得額時不得扣除。在轉讓或者處置投資資產時，投資資產的成本，準予扣除。按照以下方法確定投資資產的成本：

（1）通過支付現金取得的投資資產，以購買價款為成本。

（2）通過支付現金以外的方式取得的投資資產，以該資產的公允價值和支付的相關稅費為成本。

四、存貨的稅務處理

《中華人民共和國企業所得實施條例》第七十二條規定：存貨按照以下方法確定成本：

1. 通過支付現金方式取得的存貨，以購買價款和支付的相關稅費為成本。

2. 通過支付現金以外的方式取得存貨，以存貨的公允價值和支付的相關稅費為成本。

3. 生產性生物資產收穫的農產品，以產出或者採收過程中發生的材料費、人工費和分攤的間接費用等必要支出為成本。

《中華人民共和國企業所得實施條例》第七十三條規定：企業使用或者銷售的存貨的成本計算方法，可以在先進先出法、加權平均法、個別計價法中選用一種。計價方法一經選用，不得隨意變更。

除國務院財政、稅務主管部門另有規定的除外，企業在重組過程中，應當在交易發生時確認有關資產的轉讓所得或者損失，相關資產應當按照交易價格重新確定計稅基礎。

五、關聯企業特別納稅調整

特別納稅調整是稅務機關出於反避稅目的而對納稅人特定納稅事項所作的稅務調整，即稅務機關認定關聯企業之間的交易減少了關聯方應納稅收入或者所得額的，稅務機關可以按照合理方法調整。《中華人民共和國企業所得稅法》第四十一條、第四十七條及《中華人民共和國企業所得實施條例》第一百二十條、第一百二十三條的規定：企業與其關聯方之間的業務往來，不符合獨立交易原則而減少企業或者關聯方應納稅收入或者所得額的，稅務機關有權在該業務發生的納稅年度起10年內，按照合理方法調整。

調整的「合理方法」包括：

1. 可比非受控價格法，是指按照沒有關聯關係的交易各方進行相同或者類似業務往來的價格進行定價的方法。

2. 再銷售價格法，是指按照從關聯方購進商品再銷售給沒有關聯關係的交易方的

價格,減去相同或者類似業務的銷售毛利進行定價的方法。

3. 成本加成法,是指按照成本加合理的費用和利潤進行定價的方法。

4. 交易淨利潤法,是指按照沒有關聯關係的交易各方進行相同或者類似業務往來取得的淨利潤水準確定利潤的方法。

5. 利潤分割法,是指將企業與其關聯方的合併利潤或者虧損在各方之間採用合理標準進行分配的方法。

6. 其他符合獨立交易原則的方法。

企業與其關聯方共同開發、受讓無形資產,或者共同提供、接受勞務發生的成本,在計算應納稅所得額時應當按照獨立交易原則進行分攤。

企業可以向稅務機關提出與其關聯方之間業務往來的定價原則和計算方法,稅務機關與企業協商、確認後,達成預約定價安排。

企業向稅務機關報送年度企業所得稅納稅申報表時,應當就其與關聯方之間業務往來,附送年度關聯業務往來報告表。

稅務機關在進行關聯業務調查時,企業及其關聯方,以及與關聯業務調查有關的其他企業,應當按照規定提供相關資料。相關資料包括:一是與關聯方業務往來有關的價格、費用的制定標準、計算方法和說明等同期資料。二是關聯業務往來所涉及的財產、財產使用權、勞務等的再銷售(轉讓)價格或者最終銷售(轉讓)價格的相關資料。三是與關聯業務調查有關的其他企業應當提供的與被調查企業可比的產品價格、定價方式以及利潤水準等資料。四是其他與關聯業務往來有關的資料。

與關聯業務調查有關的其他企業,是指與被調查企業在生產經營內容和方式上相類似的企業。企業應當在稅務機關規定的期限內提供與關聯業務往來有關的價格、費用的制定標準、計算方法和說明等資料。關聯方以及關聯業務調查有關的其他企業應當在稅務機關與其約定的期限內提供相關資料。

企業不提供與其關聯方之間業務往來資料,或者提供虛假、不完整資料,未能真實反應其關聯業務往來情況的,稅務機關有權依法核定其應納稅所得額。

稅務機關依照規定核定企業的應納稅所得額時,可以採用下列方法:一是參照同類或者類似企業的利潤率水準核定。二是按照企業成本加合理費用和利潤的方法核定。三是按照關聯企業集團整體利潤的合理比例核定。四是按照其他合理方法核定。

由居民企業或者居民企業和中國居民控制的設立在實際稅負明顯低於25%的國家(地區)的企業,並非由於合理的經營需要而對利潤不做分配或者減少分配的,上述利潤中屬於該居民企業的部分,當計入該居民企業的當期收入。這裡所謂控制,包括:

(1)居民企業或者中國居民直接或者間接單一持有外國企業10%以上有表決權股份,且由其共同持有該外國企業50%以上股份;

(2)居民企業或者非居民企業和中國居民持股比例沒有達到上述標準,但在股份、資金、經營、購銷等方面對該外國企業構成實質控制。

企業從其關聯方接受的債權性投資與權益性投資的比例超過規定標準而發生的利息支出,不得在計算應納稅所得額時扣除。

債權性投資,是指企業直接或者間接從關聯方獲得的,需要償還本金和支付利息

或者需要以其他具有支付利息性質的方式予以補償的融資。從關聯方獲得的債權性投資包括：關聯方通過無關聯第三方提供的債權性投資；無關聯第三方提供的、由關聯方擔保且負有連帶責任的債權性投資；其他間接從關聯方獲得的具有負債實質的債權性投資。

權益性投資，是指企業接受的不需要償還本金和支付利息，投資人對企業淨資產擁有所有權的投資。

企業實施其他不具有合理商業目的的安排而減少其應納稅收入或者所得額，稅務機關有權按照合理方法調整。

稅務機關根據稅收法律、行政法規的規定，對企業做出特別納稅調整的，應當對補徵的稅款自稅款所屬納稅年度的次年6月1日起至補交稅款之日止的期間按日加收利息。利息應當按照稅款所屬納稅年度中國人民銀行公布的與補稅期間同期的人民幣貸款基準利率加5個百分點計算。

企業與其關聯方之間的業務往來，不符合獨立交易原則，或者企業實施其他不具有合理商業目的的安排的，稅務機關有權在該業務發生的納稅年度起10年內進行調整。

六、境外稅收抵免

企業的應納稅所得額乘以適用稅率，減去依照稅法關於稅收優惠的規定減免和抵免的稅額後的餘額，為應納所得稅額。

應納稅額＝應納稅所得額×適用稅率－減免稅額－抵免稅額

企業取得的下列所得已在境外繳納的所得稅稅額，可以從其當期應納稅額中抵免，抵免限額為該項所得依照所得稅法規定計算的應納稅額；超過抵免限額的部分，可以在以後5個年度內，用每年度抵免限額抵免當年應抵稅額後的餘額進行抵補：

（1）居民企業來源於中國境外的應納稅所得。

（2）非居民企業在中國境內設立機構、場所，取得發生在中國境外但與該機構、場所有實際聯繫的應稅所得。

前述5個年度，是指從企業取得的來源於中國境外的所得，已經在中國境外繳納的企業所得稅性質的稅額超過抵免限額的當年的次年起連續5個納稅年度。

抵免限額，是指企業來源於中國境外的所得，依照企業所得稅法的規定計算的應納稅額。除國務院財政、稅務主管部門另有規定外，該抵免限額應當分國（地區）不分項計算。計算公式如下：

抵免限額＝中國境內、境外所得依照企業所得稅法的規定計算的應納稅總額×來源於某國(地區)的應納稅所得額÷中國境內、境外應納稅所得總額

居民企業從其直接或間接控制的外國企業分得的來源於中國境外的股息、紅利等權益性投資收益，外國企業在境外實際繳納的所得稅稅額中屬於該項所得負擔的部分，可以作為該居民企業的可抵免境外所得稅稅額，在規定的抵免限額內抵免。

直接控制，是指居民企業直接持有外國企業20%以上股份。

間接控制，是指居民企業以間接持股方式持有外國企業20%以上股份，具體認定

辦法由國務院財政、稅務主管部門另行制定。

抵免企業所得稅稅額時，應當提供中國境外稅務機關出具的稅款所屬年度的有關納稅憑證。

七、企業所得稅稅收優惠

國家對重點扶持和鼓勵發展的產業和項目，給予企業所得稅優惠，方式包括免稅、減稅、加計扣除、加速折舊、減免收入、稅收抵免等。

（一）免稅收入

《中華人民共和國企業所得稅法》第二十六條規定企業的下列收入為免稅收入：

（1）國債利息收入。

（2）符合條件的居民企業之間的股息、紅利等權益性投資收益。

（3）在中國境內設立機構、場所的非居民企業從居民企業取得與上述機構、場所有實際聯繫的股息、紅利等權益性投資收益。

（4）符合相關條件的非營利性組織的收入。

（二）免徵收入

《中華人民共和國企業所得稅實施條例》第九十一條規定企業的下列所得可以免徵企業所得稅：

（1）外國政府向中國政府提供貸款取得的利息所得。

（2）國際金融組織向中國政府和居民企業提供優惠貸款取得的利息所得。

（3）經國務院批准的其他所得。

（三）減徵項目

《中華人民共和國企業所得稅法》第二十七條規定企業的下列所得予以免徵、減徵企業所得稅：

1. 從事農、林、牧、漁業項目的所得

一是蔬菜、穀物、薯類、油料、豆類、棉花、麻類、糖料、水果、堅果的種植；二是農作物新品種的選育；三是中藥材的種植；四是林木的培育和種植；五是牲畜、家禽的飼養；六是林產品的採集；七是灌溉、農產品初加工、獸醫、農技推廣、農機作業和維修等農、林、牧、漁服務業項目；八是遠洋捕撈。

企業從事下列項目的所得，減半徵收企業所得稅：

一是花卉、茶以及其他飲料作物和香料作物的種植；二是海水養殖、內陸養殖。

企業從事國家限制和禁止發展的項目，不得享受本條規定的企業所得稅優惠。

2. 從事國家重點扶持的公共基礎設施項目投資經營的所得

企業從事國家重點扶持的公共基礎設施項目投資經營的所得，可以自項目取得第一筆生產、經營收入所屬納稅年度起，第一年至第三年免徵企業所得稅，第四年至第六年減半徵收企業所得稅。企業承包經營、承包建設和內部自建自用上述規定的項目，不得享受本條規定的企業所得稅優惠。

上述國家重點扶持的公共基礎設施項目，是指《公共基礎設施項目企業所得稅優惠目錄》規定的港口、碼頭、機場、鐵路、公路、城市公共交通、電力、水利等項目。

3. 從事符合條件的環境保護、節能節水項目的所得

企業從事符合條件的環境保護、節能節水項目的所得可以從項目取得第一筆生產經營收入所屬納稅年度起，第一年至第三年免徵企業所得稅，第四年至第六年減半徵收企業所得稅。

符合條件的環境保護、節能節水項目，包括公共污水處理、公共垃圾處理、沼氣綜合開發利用、節能減排技術改造、海水淡化等。項目具體條件和範圍由國務院財政、稅務主管部門制定，報國務院批准後公布施行。

依照以上規定享受減免稅優惠的項目，在減免稅期限內轉讓的，受讓方自受讓之日起，可以在剩餘的期限內繼續享受規定的減免稅優惠；減免稅期限屆滿後轉讓的，受讓方不得就該項目重複享受減免稅優惠。

4. 符合條件的技術轉讓所得

符合條件的技術轉讓所得免徵、減徵企業所得稅，是指一個納稅年度內，居民企業技術轉讓所得不超過500萬元的部分，免徵企業所得稅；超過500萬元的部分，減半徵收企業所得稅。

（四）降低稅率

下列企業可以降低稅率徵收企業所得稅

1. 小型微利企業

從事國家非限制和禁止的行業，並符合以下條件的小型微利企業，可以減按20%的稅率徵收企業所得稅：

（1）工業企業，年度應納稅所得額不超過30萬元，從業人員不超過100人，資產總額不超過3,000萬元。

（2）其他企業，年度應納稅所得額不超過30萬元，從業人員不超過80人，資產總額不超過1,000萬元。

2. 高新技術企業

（1）擁有核心自主知識產權，並同時符合下列條件的國家需要重點扶持的高新技術企業，可以減按15%的稅率徵收企業所得稅。

①產品（服務）屬於《國家重點支持的高新技術領域》規定的範圍。
②研究開發費用占銷售收入的比例不低於規定比例。
③高新技術產品（服務）收入占企業總收入的比例不低於規定比例。
④科技人員占企業職工總數的比例不低於規定比例。
⑤符合高新技術企業認定管理辦法規定的其他條件。

《國家重點支持的高新技術領域》和高新技術企業認定管理辦法由國務院科技、財政、稅務主管部門制定，報國務院批准後公布施行。

（2）2008年1月1日（含）之後在深圳、珠海、汕頭、廈門和海南經濟特區及上海浦東新區登記的國家需要重點扶持的高新技術企業，可以從取得第一筆生產經營收

入所屬納稅年度起，第一年至第二年免徵企業所得稅，第三年至第五年按照25%的法定稅率減半徵收企業所得稅。

3. 非居民企業，沒有在中國境內設立機構、場所，取得來源於中國境內的所得；或者雖設立機構、場所但取得的所得與其所設立機構、場所沒有實際聯繫可以減按10%的稅率徵收企業所得稅。中國與有關國家簽訂的稅收協定有更優惠規定的，按照協定的規定執行。

（五）民族自治地方的優惠政策

民族自治地方的自治機關對本民族自治地方的企業應當繳納的企業所得稅屬於地方分享的部分，可以決定減徵或者免徵。自治州、自治縣決定減徵或者免徵的，須報省、自治區、直轄市人民政府批准。對民族自治地方內屬於國家限制和禁止行業的大企業，不得減徵或者免徵企業所得稅。

（六）企業所得稅前加計扣除優惠

1. 開發新技術、新產品、新工藝發生的研究開發費用

根據《中華人民共和國企業所得稅法》第三十條第一項，《中華人民共和國企業所得稅法實施條例》第九十五條的規定：開發新技術、新產品、新工藝發生的研究開發費用未形成無形資產計入當期損益的，在按照規定據實扣除的基礎上，按照研究開發費用的50%加計扣除；形成無形資產的，按照無形資產成本的150%攤銷（研究開發費用是指企業為開發新技術、新產品、新工藝發生的研究開發費用）。

2. 企業安置殘疾人員所支付的工資

根據《中華人民共和國企業所得稅法》第三十條第二項，《中華人民共和國企業所得稅法實施條例》第九十六條的規定：企業有安置殘疾人員情況的，在按照支付給殘疾職工工資據實扣除的基礎上，按照支付給殘疾職工工資的100%加計扣除。殘疾人員的範圍適用《中華人民共和國殘疾人保障法》的有關規定。

企業安置國家鼓勵安置的其他就業人員所支付的工資的加計扣除辦法，由國務院另行規定。

（七）其他優惠規定

1. 創業投資企業的優惠規定

根據《中華人民共和國企業所得稅法》第三十一條的規定，創業投資企業從事國家需要重點扶持和鼓勵的創業投資，可以按投資額的一定比例抵扣應納稅所得額。根據《中華人民共和國企業所得稅法實施條例》第九十七條的規定，創業投資企業採取股權投資方式投資於未上市的中小高新技術企業2年以上的，可以按照其投資額的70%在股權持有滿2年的當年抵扣該創業投資企業的應納稅所得額；當年不足抵扣的，可以在以後納稅年度結轉抵扣。

2. 固定資產加速折舊

根據《中華人民共和國企業所得稅法》第三十二條和《中華人民共和國企業所得稅法實施條例》第九十八條的規定：企業固定資產由於技術進步，產品更新換代較快；

由於常年處於強震動、高腐蝕狀態的，確需加速折舊的，可以縮短折舊年限或者採取加速折舊的方法計提折舊。採取縮短折舊年限方法的，最低折舊年限不得低於稅法規定各種類型固定資產最低折舊年限的 60%；採取加速折舊方法的，可以採取雙倍餘額遞減法或者年數總和法。

3. 企業綜合利用資源

根據《中華人民共和國企業所得稅法》第三十三條的規定，企業綜合利用資源，生產符合國家產業政策規定的產品所取得的收入，可以在計算應納稅所得額時減計收入。

根據《中華人民共和國企業所得稅法實施條例》第九十九條和第一百零一條的規定，減計收入是指企業以《資源綜合利用企業所得稅優惠目錄》規定的資源作為主要原材料，生產國家非限制和禁止並符合國家和行業相關標準的產品取得的收入，減按 90% 計入收入總額。

前款所稱原材料占生產產品材料的比例不得低於《資源綜合利用企業所得稅優惠目錄》規定的標準。

4. 企業購置環保專用設備的稅收優惠

根據《中華人民共和國企業所得稅法》第三十四條的規定，企業購置用於環境保護、節能節水、安全生產等專用設備的投資額，可按一定比例實行稅額抵免。

根據《中華人民共和國企業所得稅法實施條例》第一百條的規定，稅額抵免是指企業購置並實際使用《環境保護專用設備企業所得稅優惠目錄》、《節能節水專用設備企業所得稅優惠目錄》和《安全生產專用設備企業所得稅優惠目錄》規定的環境保護、節能節水、安全生產等專用設備的，該專用設備的投資額的 10% 可以從企業當年的應納稅額中抵免；當年不足抵免的，可以在以後 5 個納稅年度結轉抵免。

享受前款規定的企業所得稅優惠的企業，應當實際購置並自身實際投入使用前款規定的專用設備；企業購置上述專用設備在 5 年內轉讓、出租的，應當停止享受企業所得稅優惠，並補繳已經抵免的企業所得稅稅款。

根據《中華人民共和國企業所得稅法實施條例》第一百零二條的規定，企業同時從事使用不同企業所得稅待遇的項目時，其優惠項目應當單獨計算，並合理分攤企業的期間費用；沒有單獨計算的，不得享受企業所得稅優惠。稅法規定的稅收優惠的具體辦法，由國務院規定。

根據《中華人民共和國企業所得稅法》第三十六條的規定，由於突發事件等原因對企業經營活動產生重大影響的，國務院可以制定企業所得稅專項優惠政策，報全國人民代表大會常務委員會備案。

(八) 新舊所得稅法優惠過渡辦法

從 2008 年起，原來享受企業所得稅 2 年免稅、3 年減半徵稅和 5 年免稅、5 年減半徵稅等定期減免稅優惠的企業，在企業所得稅法施行以後，繼續按照原來的稅法規定的優惠辦法和年限享受至期滿為止。但是，由於沒有獲利而沒有享受上述稅收優惠的，其優惠期限從 2008 年計算。

八、徵收管理

(一) 納稅期限

1. 納稅年度

根據《中華人民共和國企業所得稅法》第五十三條的規定，企業所得稅按納稅年度計算。納稅年度自公歷1月1日起至12月31日止。

企業在一個納稅年度中間開業，或者終止經營活動，是該納稅年度的實際經營期不足12個月的，應當以其實際經營期為一個納稅年度。企業依法清算時，應當以清算期間作為一個納稅年度。

2. 預繳

根據《中華人民共和國企業所得稅法》第五十四條和《中華人民共和國企業所得稅法實施條例》第一百二十八條的規定，企業所得稅分月或者分季預繳。企業應當自月份或者季度終了之日起15日內，向稅務機關報送預繳企業所得稅納稅申報表，預繳稅款。

分月或者分季預繳企業所得稅時，應當按照月度或者季度的實際利潤額預繳；按照月度或者季度的實際利潤額預繳有困難的，可按上一納稅年度應納稅所得額的月度或者季度平均額預繳，或者按照經稅務機關認可的其他辦法預繳。預繳辦法一經確定，該納稅年度內不得隨意變更。

3. 匯算清繳

根據《中華人民共和國企業所得稅法》第五十四條企業所得稅匯算清繳應當自年度終了之日起5個月內，向稅務機關報送年度企業所得稅納稅申報表，並匯算清繳，結清應繳應退稅款。

企業在納稅年度內無論贏利或者虧損，都應當依照企業所得稅法規定的期限，向稅務機關報送預繳企業所得稅納稅申報表、年度企業所得稅納稅申報表、財務會計報告和稅務機關規定應當報送的其他有關資料。

企業在報送企業所得稅納稅申報表時，應當按照規定附送財務會計報告和其他有關資料。

企業在年度中間終止經營活動的，應當自實際經營終止之日起60日內，向稅務機關辦理當期企業所得稅匯算清繳。

企業應當在辦理註銷登記前，就其清算所得向稅務機關申報並依法繳納企業所得稅。

依企業所得稅法繳納的企業所得稅，以人民幣計算。所得以人民幣以外的貨幣計算的，應當折合成人民幣計算並繳納稅款。經稅務機關檢查確認，企業少計或者多計前款規定的所得，應當按照檢查確認補稅或者退稅時的上一個月最後一日的人民幣匯率中間價，將少計或者多計的所得折合成人民幣計算應納稅所得額，再計算應當補繳或者應退的稅款。

企業所得以人民幣以外的貨幣計算的，預繳企業所得稅時，應當按照月度或者季

度最後一日的人民幣匯率中間價，折合成人民幣計算應納稅所得額。年度終了匯算清繳時，對已經按照月度或者季度預繳稅款的，不再重新折合計算，只就該納稅年度內未繳納企業所得稅的部分，按照納稅年度最後一日的人民幣匯率中間價，折合成為人民幣。

（二）納稅地點

1. 居民企業的納稅地點

根據《中華人民共和國企業所得稅法》第五十條的規定，除稅收法律、行政法規另有規定外，居民企業以企業登記註冊地為納稅地點；但登記註冊地在境外的，以實際管理機構所在地為納稅地點。

居民企業在中國境內設立不具有法人資格的營業機構的，應當匯總計算並繳納企業所得稅。

2. 非居民企業的納稅地點

根據《中華人民共和國企業所得稅法》第五十一條的規定，非居民企業在中國境內設立機構、場所的，應當就其所設立機構、場所在中國境內取得的所得，以及發生在中國境外但與其所設機構、場所有實際聯繫的所得，以機構、場所所在地為納稅地點。非居民企業在中國境內未設立機構、場所的，或者雖設立機構、場所但取得的所得與其所設機構、場所沒有實際聯繫的，以扣繳義務人所在地為納稅地點。

非居民企業在中國境內設立兩個或者兩個以上機構、場所的，經稅務機關審核批准，可以選擇由其主要機構、場所匯總繳納企業所得稅。非居民企業經批准匯總繳納企業所得稅後，需要增設、合併、遷移、關閉機構、場所或者停止機構、場所的，應當事先由負責匯總繳納企業所得稅的主要機構、場所向其所在地稅務機關報告；需要變更匯總繳納企業所得稅的主要機構、場所的，依照前款規定辦理。

根據《中華人民共和國企業所得稅法》第五十二條的規定，除國務院另有規定外，企業之間不得合併繳納企業所得稅。

（三）源泉扣繳

源泉扣繳是指以所得支付者為扣繳義務人，在每次向納稅人支付有關所得稅款項時，代為扣繳稅款的做法。

根據《中華人民共和國企業所得稅法》第三十七條的規定，非居民企業在中國境內未設立機構、場所的，或者雖設立機構、場所但取得的所得與其所設機構、場所沒有實際聯繫的，應繳納的所得稅實行源泉扣繳，以支付人為扣繳義務人。稅款由扣繳義務人在每次支付或者到期應支付時，從支付或者到期應支付的款項中扣繳。

1. 扣繳義務人

根據《中華人民共和國企業所得稅法》第三十八條和《中華人民共和國企業所得稅法實施條例》第一百零六條的規定，對非居民企業在中國取得工程作業和勞務所得應繳納的所得稅，稅務機關可以指定工程價款或者勞務費的支付人為扣繳義務人。前款規定的扣繳義務人，由縣級以上稅務機關指定，並同時告知扣繳義務人所扣繳的計算依據、計算方法、扣繳期限和扣繳方式。可以指定扣繳義務人的情形包括：預計工

程作業或者提供勞務期限不足一個納稅年度，且有證據表明不履行納稅義務的；沒有辦理稅務登記或者臨時稅務登記，且未委託中國境內的代理人履行納稅義務的；未按照規定期限辦理企業所得稅納稅申報或者預繳申報的。

扣繳義務人未依法扣繳或者無法履行扣繳義務時，由納稅人在所得發生地繳納。納稅人未依法繳納的，稅務機關可以從納稅人在中國境內其他收入項目的支付人應付的款項中，追繳該納稅人的應納稅款。在中國境內存在多處所得發生地的，由納稅人選擇其中之一申報繳納企業所得稅。

2. 扣繳期限

扣繳義務人每次代扣的稅款，應當自代扣之日起7日內繳入國庫，並向所在地的稅務機關報送扣繳企業所得稅報告。納稅地點、期限與申報企業所得稅的徵收管理除依據企業所得稅法的規定外，還需依照《中華人民共和國稅收徵收管理法》的規定執行。

九、企業所得稅會計科目的設置

企業所得稅法規定當財務處理與稅法規定不一致時，企業的所得稅申報要根據稅法規定進行調整，現將有關概念介紹如下：

（一）財務處理與稅法規定的區別

1. 暫時性差異

指資產或負債的帳面價值與其計稅基礎之間的差額。按照暫時性差異對未來期間應納稅所得額的影響，分為可抵扣暫時性差異和應納稅暫時性差異。

（1）可抵扣暫時性差異，是指在確定未來收回資產或清償負債期間的應納稅所得額時，將導致產生可抵扣金額的暫時性差異。產生於資產的帳面價值小於其計稅基礎或負債的帳面價值大於其計稅基礎。

（2）應納稅暫時性差異，是指在確定未來收回資產或清償負債期間的應納稅所得額時，將導致產生應稅金額的暫時性差異，產生於資產的帳面價值大於其計稅基礎或負債的帳面價值小於其計稅基礎。

2. 遞延所得稅資產和遞延所得稅負債

遞延所得稅資產產生於可抵扣暫時性差異。遞延所得稅負債產生於應納稅暫時性差異，但是並非所有的可抵扣暫時性差異和應納稅暫時性差異均能形成遞延所得稅資產和遞延所得稅負債，其確認需注意：

（1）遞延所得稅資產確認應注意的事項，主要有以下幾方面：

①企業應當以未來期間很可能獲得用來抵扣可抵扣暫時性差異的應納稅所得額為限，確認相應的遞延所得稅資產，同時具有下列特徵的交易中因資產或負債的初始確認所產生的遞延所得稅資產不予確認：該項交易不是企業合併；交易發生時既不影響會計利潤也不影響應納稅所得額（可抵扣虧損）。

②企業對與子公司、聯營企業及合營企業投資相關的可抵扣暫時性差異，同時滿足下列條件的，應當確認相應的遞延所得稅資產：暫時性差異在可預見的未來很可能

轉回；未來很可能獲得用來抵扣可抵扣暫時性差異的應納稅所得額。如果被投資單位發生虧損，投資企業按照持股比例確認應予承擔的虧損部分在可預見的未來被投資單位不會發生相反方向的轉回即贏利，那麼投資企業不予確認該可抵扣暫時性差異形成的遞延所得稅資產。

③對於能夠結轉以後年度的可抵扣虧損和稅款抵減，視同可抵扣暫時性差異，應當以未來期間很可能獲得用來抵扣可抵扣虧損和稅款抵減的應納稅所得額為限，確認相應的遞延所得稅資產。

④資產負債表日，企業應當對遞延所得稅資產的帳面價值進行復核。如果未來期間很可能無法獲得足夠的應納稅所得額用以抵扣遞延所得稅資產的利益，應當減記遞延所得稅資產的帳面價值。有確鑿證據表明未來期間很可能獲得足夠的應納稅所得額用來抵扣可抵扣暫時性差異的，應當確認以前期間未予確認的遞延所得稅資產，即減記的遞延所得稅資產金額予以轉回。

(2) 遞延所得稅負債確認應注意的事項。基於謹慎性原則，除下列情況之外，企業對於所有的應納稅暫時性差異均應確認相關的遞延所得稅負債：

①商譽的初始確認其形成的遞延所得稅負債不予確認。原因之一是如果確認該遞延所得稅負債，則會進一步增加商譽的帳面價值，產生新的應納稅暫時性差異，使得遞延所得稅負債和商譽帳面價值的變化不斷循環。原因之二是由此增加的帳面價值影響會計信息的可靠性。

②除企業合併以外的其他交易或事項發生時既不影響會計利潤也不影回應納稅所得額，不確認相應的遞延所得稅負債。因為如果確認就會增加有關資產的帳面價值或降低所確認負債的帳面價值，使得資產負債在初始確認時違背歷史成本原則，影響會計信息的可靠性。

③企業對與子公司、聯營企業及合營企業投資相關的應納稅暫時性差異。如果投資企業能夠控制暫時性差異轉回的時間，且該暫時性差異在可預見的未來很可能不會轉回，不能確認相應的遞延所得稅負債。即當投資企業與其他投資者約定被投資單位實現的利潤不予分配時，則不應確認該應納稅暫時性差異形成的遞延所得稅負債，但要在附註中披露。

3. 所得稅費用

利潤表中的所得稅費用由兩部分組成，即所得稅費用＝當期所得稅＋遞延所得稅。其中：當期所得稅＝當期企業所得稅納稅申報表中確定的應納稅所得額×適用稅率。遞延所得稅是指按照所得稅準則規定應予確認的遞延所得稅資產和遞延所得稅負債在期末應有的金額相對於原已確認金額的差額，即遞延所得稅資產及遞延所得稅負債當期發生額的綜合結果。

遞延所得稅＝（期末遞延所得稅負債－期初遞延所得稅負債）－（期末遞延所得稅資產－期初遞延所得稅資產）

該公式餘額若為正數，則產生遞延所得稅費用；若為負數，則產生遞延所得稅收益。

（二）會計科目設置

1. 所得稅費用。反應當期應當計入利潤表的所得稅費用。該科目分「當期所得稅費用」和「遞延所得稅費用」兩個明細科目。

2. 應交稅費——應交所得稅。反應按照稅法規定計算的應交所得稅。

3. 遞延所得稅資產。借方登記「遞延所得稅資產」增加額，貸方登記「遞延所得稅資產」減少額。「遞延所得稅資產」借方餘額為資產，表示將來可以少交的所得稅金額。

4. 遞延所得稅負債。貸方登記「遞延所得稅負債」增加額，借方登記「遞延所得稅負債」減少額。「遞延所得稅負債」貸方餘額為負債，表示將來應交所得稅金額。

企業所得稅計算示範：

例1 世華公司當年的銷售收入為5,000萬元，年末會計利潤為100萬元，經註冊會計師審核，發現有以下項目需調整：

（1）企業當年發生的不應該資本化的借款利息80萬元，其中向非金融機構借款500萬元，利率為10%，同期的金融機構借款利率為8%；

（2）企業帳面列支業務招待費50萬元；

（3）企業全年發生廣告費和業務宣傳費共計100萬元；

（4）全年發生公益性捐贈40萬元；

（5）當年已經列入營業外支出的稅務罰款為7萬元。

根據以上資料，計算該公司的應納稅所得額和應交所得稅。

（1）向非金融機構借款500萬元準列支＝500×8%＝40（萬元），調增所得額＝500×10%－40＝10（萬元）

（2）支業務招待費50萬元準列支＝5,000×0.5%＝25（萬元），且應小於50×60%＝30萬元，調增所得額＝50－25＝25（萬元）

（3）廣告費和業務宣傳費共計100萬元準列支＝5,000×15%＝750（萬元）

（4）全年發生公益性捐贈40萬元準列支＝100×12%＝12（萬元），調增所得額＝40－12＝28（萬元）

（5）營業外支出的稅務罰款為7萬元，調增所得額＝7（萬元）

應納稅所得額＝100＋10＋25＋28＋7＝170（萬元）

應納所得稅＝170×25%＝42.5（萬元）

例2 某白酒釀造公司，執行新會計準則，2008年度實現白酒銷售收入7,400萬元、投資收益110萬元，應扣除的成本、費用及稅金等共計7,300萬元，營業外支出80萬元，全年實現會計利潤130萬元，已按25%的企業所得稅稅率繳納了企業所得稅32.5萬元。後經聘請的會計師事務所審核，發現以下問題，公司據此按稅法規定予以補稅：

（1）「投資收益」帳戶記載的110萬元分別為：從國內其投資的某外商投資企業分回利潤40萬元（被投資方稅率25%）；取得境外分支機構稅後收益50萬元，已在國外繳納了20%的企業所得稅；取得國債利息收入20萬元。

（2）2008年4月20日購進一臺機械設備，購入成本90萬元，當月投入使用。按

稅法規定該設備按直線法折舊，期限為10年，殘值率5%，企業將設備購入成本一次性在稅前作了扣除。

（3）12月10日接受某單位捐贈小汽車一輛，取得增值稅專用發票，註明價款50萬元，增值稅8.5萬元，企業未列入會計核算。

（4）「營業外支出」帳戶中列支的通過非營利組織向農村義務教育捐款50萬元和直接向南方雪災捐款30萬元，已全額扣除。

要求：根據上述資料，按下列序號計算有關納稅事項，計算每問的合計數：

（1）計算機械設備應調整的應納稅所得額；
（2）計算接受捐贈應調整的應納稅所得額；
（3）計算對外捐贈應調整的應納稅所得額；
（4）計算該公司2008年應納稅所得額；
（5）計算該公司2008年應補繳的企業所得稅。

解析：

（1）外購設備應調增的應納稅所得額 = 90 - 90×（1 - 5%）÷10÷12×8 = 84.3（萬元）
（2）接受捐贈應調增應納稅所得額 = 50 + 8.5 = 58.5（萬元）
（3）對外捐贈應調增的應納稅所得額：

公益捐贈稅前扣除限額 = 會計利潤×12% =（130 + 58.5 + 84.3）×12% = 32.74（萬元）

實際公益捐贈額 = 50（萬元）

實際公益捐贈超過稅法規定的扣除限額，調增的應納稅所得額 = 50 - 32.74 = 17.26（萬元）

直接捐贈不得扣除，因此對外捐贈應調增應納稅所得額 = 17.26 + 30 = 47.26（萬元）

（4）該公司2008年境內生產經營所得應納稅所得額 = 130 - 20 - 40 - 50 + 84.3 + 58.5 + 47.26 = 210.06（萬元）

（5）公司2008年應補繳企業所得稅 = 210.06×25% + 50÷（1 - 20%）×（25% - 20%）- 32.5（預繳）= 23.14（萬元）

例3 2008年4月20日購進一臺機械設備，購入成本90萬元，當月投入使用。按稅法規定該設備按直線法折舊，期限為10年，殘值率5%，企業將設備購入成本一次性計入費用在稅前作了扣除。企業當年會計利潤為170萬元。請計算企業此項業務應當調整的納稅所得額。

稅法規定可扣除的折舊額 = 90×（1 - 5%）÷10÷12×8 = 5.7（萬元）

外購設備應調增的應納稅所得額 = 90 - 5.7 = 84.3（萬元）

例4 某公司從境外分支機構取得稅後淨收益32萬元，分支機構所在國企業所得稅稅率為30%，該國與中國簽訂了避免雙重徵稅協定，分支機構在境外實際只按20%的稅率繳納了企業所得稅。計算應補稅額。

（1）可抵免稅額的限額 = 32÷（1 - 20%）×25% = 10（萬元）
（2）在境外實際繳納的稅額 = 32÷（1 - 20%）×20% = 8（萬元）

(3）境外收益應補稅額 = 10 - 8 = 2（萬元）

例5 甲公司2008年確定的應納稅所得額為1,000萬元,所得稅率為25%,遞延所得稅負債年初數為400,000元,年末數為500,000元,遞延所得稅資產年初數為250,000元,年末數為200,000元。假定無其他納稅調整事項。甲公司的會計處理如下:

甲公司所得稅費用的計算如下:

遞延所得稅費用 =（500,000 - 400,000）+（250,000 - 200,000）= 150,000（元）

所得稅費用 = 當期所得稅 + 遞延所得稅費用

= 2,500,000 + 150,000 = 2,650,000（元）

甲公司會計分錄如下:

借:所得稅費用	2,650,000
貸:應交稅費——應交所得稅	2,500,000
遞延所得稅負債	100,000
遞延所得稅資產	50,000

思考題

1. 所得稅的特點是什麼?
2. 企業所得稅的納稅人包括哪些?
3. 企業所得稅法所稱來源於中國境內、境外的所得,按照什麼原則確定?
4. 計算應納稅所得額時,哪些支出不得扣除?哪些項目可以在稅前扣除?
5. 不徵收企業所得稅的財政收入包括哪些?
6. 公益性捐贈支出主要包括哪些?
7. 所有固定資產折舊是否都可以在計算應納稅所得額時扣除?
8. 非營利組織的收入是否可以全部免稅?
9. 企業所得稅包括哪些稅收優惠政策?
10. 在什麼情況下,稅務機關有權對關聯企業實施特別納稅調整?如何調整?
11. 企業所得稅的納稅地點包括哪些內容?

第二節　個人所得稅

個人所得稅是對個人擁有的各項所得徵收的一種稅,它於1799年誕生於英國,迄今已經經歷了兩個世紀的發展和完善過程。由於個人所得稅同時具有籌集財政收入、調節個人收入和調節貧富差距維持社會穩定等多重功能,因此備受各國政府青睞。目前個人所得稅已經成為世界大多數國家,特別是發達國家稅制結構中最重要的稅種。1980年中國公布了《中華人民共和國個人所得稅法》,主要針對外籍人員徵收。1993年根據修改《中華人民共和國個人所得稅法》的規定,對中國居民和外國人,一律按

修訂後的《中華人民共和國個人所得稅法》徵稅。中國的個人所得稅具有以下特點：

一是對工資所得和其他所得分類課稅。工資、薪金所得實行超額累進稅率，其他所得實行比例稅率。

二是稅率較低。對工資、薪金所得實行3%至45%的超額累進稅率，按月徵收；其他各項所得，實行20%的比例稅率，按次徵收。這個稅率水準，比美國、法國、日本等發達國家要低，也比菲律賓等發展中國家要低。

三是採取定額、定率扣除。中國個人所得稅對納稅人的工資、薪金所得每月扣除3,500元；對其他所得採取定額扣除800元或定率20%扣除費用的辦法。

四是便於徵收管理。中國個人所得稅的稅率制度和扣除方法等都較為簡明，便於計算。徵收方法基本上實行由支付單位扣繳稅款的源泉徵收方法，既方便納稅人，也便於徵收管理。

一、納稅人

個人所得稅以所得人為納稅人。根據稅法規定，中國的個人所得稅依據住所和居住時間兩個標準，將納稅人分為居民納稅人和非居民納稅人。分別承擔不同的納稅義務。居民納稅人其所取得的應納稅所得，無論來源於中國境內還是境外，都要向中國繳納個人所得稅。非居民納稅人僅就來源於中國境內的所得，向中國繳納個人所得稅。

（一）居民納稅人

《中華人民共和國個人所得稅法》第一條規定：凡在中國境內有住所、或者無住所而在境內居住滿1年的個人，為個人所得稅的居民納稅人。其從中國境內和境外取得的所得，必須在中國繳納個人所得稅。

根據《中華人民共和國個人所得稅法實施條例》第三條的規定，所謂在中國境內居住滿1年，是指一個納稅年度內，在中國境內居住滿365日。臨時離境的，不扣除日數。臨時離境是指在一個納稅年度中一次不超過30日或者多次累計不超過90日的離境，應視為臨時離境。

《中華人民共和國個人所得稅法實施條例》第六條還規定：在中國境內無住所，但是居住1年以上5年以下的個人，其來源於中國境外的所得，經主管稅務機關批准，可以只就由中國境內公司、企業以及其他經濟組織或者個人支付的部分繳納個人所得稅；居住超過5年的個人，從第六年起，應當就其來源於中國境內、境外取得的全部所得繳納個人所得稅。

《中華人民共和國個人所得稅法實施條例》第七條還規定：在中國境內無住所，但是在一個納稅年度中連續或累計居住不超過90天的個人，其來源於中國境內的所得，由境外雇主支付並且不由該雇主在中國境內的機構、場所負擔的部分，免於繳納個人所得稅。

（二）非居民納稅人

《中華人民共和國個人所得稅法》第一條規定：凡在中國境內無住所又不居住或者無住所而在境內居住不滿1年的個人，為個人所得稅的非居民納稅人，只就從來源於

中國境內的所得，繳納個人所得稅。

二、徵收項目

個人所得稅的課稅對象是個人取得的各項所得，其中包括：

（一）工資薪金所得

工資薪金所得指納稅人因雇傭關係而從雇主那裡取得的各項收入，包括以現金和實物形式支付的工資、薪金所得以及由雇主代為繳納的稅款。目前，在中國主要是指個人在機關、團體、學校、企業等單位從事工作取得的工資、薪金、獎金、年終加薪、勞動分紅、津貼、補貼和其他所得。

（二）營業所得

營業所得主要指納稅人在每一納稅年度內從事工業、商業、服務業、建築安裝業、交通運輸、等行業的生產、經營而取得的所得。包括：

1. 個體工商業戶的生產、經營所得。
2. 對企事業單位的承包經營、承租經營所得。
3. 個人獨資企業和合夥企業個人投資者的生產經營所得。

（三）勞務報酬所得、稿酬所得、特許權使用費所得和財產租賃所得

1. 勞務報酬所得指個人從事各種技藝、提供各項勞務服務取得的報酬。具體包括從事設計、安裝、制圖、醫療、法律、會計、諮詢、講學、新聞、廣播、書畫、雕刻、電影、戲劇、音樂、舞蹈、曲藝、雜技，體育、技術服務等項勞動的所得。
2. 稿酬所得，指個人投稿、翻譯所取得的收入。
3. 特許權使用費所得指個人以專利權、版權、專有技術使用權等特許權供給他人使用或轉讓他人而取得的所得。
4. 財產租賃所得指個人出租房屋、機器設備、機動船舶及其他財產取得的資金。

（四）財產轉讓所得

財產轉讓所得是指個人出賣房屋、機器設備、機動船及其他財產取得的租金。

（五）利息、股息、紅利所得、偶然所得和其他所得

1. 利息指個人取得的存款利息和各種債券利息。
2. 股息是指按照每股股票的一定比例分得的息金。
3. 紅利是公司、企業按投資股份分配的利潤。
4. 偶然所得，指個人不經常發生的、偶爾取得的各項所得。
5. 經國務院財政部門確定徵稅的其他所得，指除上述 10 項所得以外，經財政部確定徵稅的所得。

三、稅率

（一）工資、薪金所得

根據《關於貫徹執行修改後的個人所得稅法有關問題的公告》，國家稅務總局公告

2011年第46號的規定：工資、薪金所得，適用超額累進稅率，稅率為3%～45%。

(二) 營業所得

營業所得包括個體工商戶、個人獨資企業和合夥企業的投資者、對企事業單位的承包經營、承租經營所得。2011年9月1日（含）以後的生產經營所得，適用稅法修改後的5%至35%的五級超額累進稅率。

(三) 勞務報酬所得、稿酬所得、特許權使用費所得和財產租賃所得

按照納稅人每次取得的收入計算繳納個人所得稅。適用比例稅率，稅率為20%。

對勞務報酬所得一次收入畸高的，可以實行加成徵收。勞務報酬所得一次收入畸高，是指個人一次取得勞務報酬，其應納稅所得額超過2萬元。應納稅所得額超過2萬元至5萬元的部分，應依照稅法規定計算應納稅所得額後再按照應納稅所得額加徵五成；超過5萬元的部分，加徵十成，這等於對應納稅所得額超過2萬元和超過5萬元的部分分別適用30%和40%的稅率。具體稅率如表3-1所示。

表3-1　　　　　　　　　　稅率表

級數	每次應納稅所得額（元）	稅率（％）
1	不超過20,000的	20
2	超過20,000至50,000的部分	30
3	超過50,000的部分	40

(四) 利息、股息、紅利所得

財產租賃所得和偶然所得和其他所得，按照納稅人每次取得的收入計算繳納個人所得稅，適用比例稅率，稅率為20%。

目前，對個人出租房屋取得的所得，暫減按10%繳納「財產租賃項目」個人所得稅。為配合國家宏觀調控和需要，經國務院批准，自2008年10月9日起，儲蓄存款利息收入的現行稅率為5%，目前暫免徵收。具體稅率如表3-2、表3-3所示。

表3-2　　　　　　　　　　稅率表
（工資、薪金所得適用）

級數	全月應納稅所得額 含稅級距	全月應納稅所得額 不含稅級距	稅率（％）	速算扣除數
1	不超過1,500元的	不超過1,455元的	3	0
2	超過1,500元至4,500元的部分	超過1,455元至4,155元的部分	10	105
3	超過4,500元至9,000元的部分	超過4,155元至7,755元的部分	20	555
4	超過9,000元至35,000元的部分	超過7,755元至27,255元的部分	25	1,005
5	超過35,000元至55,000元的部分	超過27,255元至41,255元的部分	30	2,755

表3-2(續)

級數	全月應納稅所得額		稅率(％)	速算扣除數
	含稅級距	不含稅級距		
6	超過55,000元至80,000元的部分	超過41,255元至57,505元的部分	35	5,505
7	超過80,000元的部分	超過57,505元的部分	45	13,505

註：(1)本表所列含稅級距與不含稅級距，均為按照稅法規定減除有關費用後的所得額；(2)含稅級距適用於由納稅人負擔稅款的工資、薪金所得；不含稅級距適用於由他人（單位）代付稅款的工資、薪金所得。

表3-3　　　　　　　　　　　　　　稅率表

（個體工商戶的生產、經營所得和對企事業單位的承包經營、承租經營所得適用）

級數	全年應納稅所得額		稅率(％)	速算扣除數
	含稅級距	不含稅級距		
1	不超過15,000元的	不超過14,250元的	5	0
2	超過15,000元至30,000元的部分	超過14,250元至27,750元的部分	10	750
3	超過30,000元至60,000元的部分	超過27,750元至51,750元的部分	20	3,750
4	超過60,000元至100,000元的部分	超過51,750元至79,750元的部分	30	9,750
5	超過100,000元的部分	超過79,750元的部分	35	14,750

註：(1)本表所列含稅級距與不含稅級距，均為按照稅法規定以每一納稅年度的收入總額減除成本、費用以及損失後的所得額；(2)含稅級距適用於個體工商戶的生產、經營所得和由納稅人負擔稅款的對企事業單位的承包經營、承租經營所得；不含稅級距適用於由他人（單位）代付稅款的對企事業單位的承包經營、承租經營所得。

四、費用扣除

（一）工資薪金所得的稅前扣除

工資薪金所得以納稅人當月取得的工資、薪金收入減除下列項目金額以後的餘額為應納稅所得額，扣除項目主要包括：

1. 基本扣除額為3,500元。

2. 按照國家規定，單位為個人繳付和個人繳付的基本養老保險費、基本醫療保險費和失業保險費、住房公積金；規定標準以內的公務用車和通訊補貼。

3. 捐贈扣除。根據《中華人民共和國個人所得稅法》第六條第二款和《中華人民共和國個人所得稅法實施條例》第二十四條的規定：個人將所得通過中國境內的社會團體、國家機關向教育和其他公益事業以及遭受嚴重自然災害地區、貧困地區的捐贈，捐贈額未超過納稅義務人申報的應納稅所得額30％的部分，可以從其應納稅所得額中扣除。

4. 附加減除費用。根據《中華人民共和國個人所得稅法》第七條的規定，對在中國境內無住所而在中國境內取得工資、薪金所得的納稅人和在中國境內有住所而在中國境外取得工資、薪金所得的納稅人，可以根據其在計算工資、薪金所得的個人所得稅應納稅所得額的時候，根據其平均收入水準、生活水準和匯率變化等因素確定附加

減除費用，《中華人民共和國個人所得稅法實施條例》第二十四條、二十九條的規定附加減除費用是指每月在減除費用 3,500 元費用的基礎上，再減除附加減除費用 2,800 元。附加減除費用適用範圍包括：

（1）在中國境內的外商投資企業和外國企業中取得工資、薪金的外籍人員。

（2）應聘在中國境內企業、事業單位、社會團體、國家機關中工作取得工資、薪金的外籍專家。

（3）在中國境內有住所而在中國境外任職或者受雇取得工資、薪金所得的個人。

（4）財政部確定的取得工資、薪金所得的其他人員（目前確定的只有遠洋運輸船員）。

（5）華僑和中國香港、中國澳門、臺灣同胞參照上述附加減除費用標準執行。

（二）利息、股利、紅利所得的稅前扣除

利息、股息、紅利所得屬於投資所得，不需要支付任何費用，因此，對這類所得不扣除任何費用。

（三）勞務報酬所得、財產租賃所得、稿酬所得、特許權使用費等各項

對勞務報酬所得、財產租賃所得、稿酬所得、特許權使用費等各項，均實行定額和定率相結合的扣除方法，按照納稅人每次取得的收入徵收個人所得稅。每次收入不足 4,000 元的，定額扣除 800 元。超過 4,000 元的，定率扣除 20% 後得出其應納稅所得額。

（四）財產轉讓所得

財產轉讓所得按照一次轉讓財產的收入總額減除財產原值和合理費用和在財產轉讓過程中繳納的有關稅金後的餘額計徵收入。

（五）承包經營所得和承租經營所得

承包經營所得和承租經營所得是以每一納稅年度的收入總額，減除必要的費用後計算得出。

（六）對不在中國境內居住的個人，從中國境內取得的勞務報酬所得、特許權使用費所得，財產租賃、轉讓所得

這屬於預提所得稅性質，按預提所得稅的徵稅原則，就其收入金額徵稅，不扣除任何費用。

對個人所得徵稅一般要扣除必要的費用，世界各國費用扣除的項目和方法很不一致，而且十分繁瑣複雜。如日本個人所得稅扣除項目有十多項，包括醫療費扣除、社會保險費扣除、生命保險費扣除、捐贈款扣除、傷殘者扣除、老年人扣除、遺孀扣除、勤工儉學學生扣除、撫養扣除等。美國個人所得稅扣除項目也有多項，包括經費扣除、損失扣除、資產折舊扣除、生活費用扣除等。對每個扣除項目又分別規定了扣除條件、扣除標準和計算方法。

五、應納稅所得額的計算

1. 工資、薪金所得，以每月收入額減除費用 3,500 元的餘額，為應納稅所得額。

其計算公式為：

應納所得稅額＝應納稅所得額×適用稅率－速算扣除數

2. 個體工商戶的生產、經營所得，以每一納稅年度的收入總額，減除成本、費用以及損失後的餘額，為應納稅所得額。其計算公式為：

應納所得稅額＝應納稅所得額×適用稅率－速算扣除數

3. 對企事業單位的承包經營、承租經營所得，以每一納稅年度的收入總額，減除必要費用的餘額，為應納稅所得額。其計算公式為：

應納所得稅額＝應納稅所得額×適用稅率－速算扣除數

4. 勞務報酬所得、稿酬所得、特許權使用費所得、財產租賃所得，每次收入額超過4,000元的，減除20%的費用，每次收入不足4,000元的，減除費用800元，其餘額為應納稅所得額。

5. 財產轉讓所得，以轉讓財產的收入額減除財產原值和合理費用後的餘額，為應納稅所得額，再乘以稅率即可求出應納所得稅額。其計算公式為：

應納所得稅額＝應納稅所得額×20%

6. 利息、股息、紅利所得、偶然所得和其他所得，以每次收入額為應納稅所得額，不扣除任何費用。其應納所得稅額的計算公式為：

應納所得稅額＝應納稅所得額×20%

六、減免規定

1. 根據《中華人民共和國個人所得稅法》第四條的規定，下列各項個人所得，免納個人所得稅：

（1）省級人民政府、國務院部委和中國人民解放軍軍以上單位，以及外國組織、國際組織頒發的科學、教育、技術、文化、衛生、體育、環境保護等方面的獎金。

（2）國債和國家發行的金融債券利息。

（3）按照國家統一規定發給的補貼、津貼。

（4）福利費、撫恤金、救濟金。

（5）保險賠款。

（6）軍人的轉業費、復員費。

（7）按照國家統一規定發給幹部、職工的安家費、退職費、退休工資、離休工資、離休生活補助費。

（8）依照中國有關法律規定應予免稅的各國駐華使館、領事館的外交代表、領事官員和其他人員的所得。

（9）中國政府參加的國際公約、簽訂的協議中規定的免稅所得。

（10）經國務院財政部門批准免稅的所得。

2. 根據《中華人民共和國個人所得稅法》第五條的規定，有下列情形之一的，經批准可以減徵個人所得稅：

（1）殘疾、孤老人員和烈屬的所得。

（2）因嚴重自然災害造成重大損失的。
（3）其他經國務院財政部門批准減稅的。

七、徵收管理

《中華人民共和國個人所得稅法》第八條規定：個人所得稅，以所得人為納稅義務人，以支付所得的單位為扣繳義務人。個人所得超過國務院規定數額的，在兩處以上取得工資、薪金所得或者沒有扣繳義務人的，納稅義務人應當按照國家規定辦理納稅申報，扣繳義務人應當按照國家規定辦理全員全額扣繳申報。

扣繳義務人每月所扣的稅款，自行申報納稅人每月應納的稅款，都應當在次月15日內繳入國庫，並向稅務機關報送納稅申報表。

1. 工資、薪金所得應納的稅款，按月計徵，由扣繳義務人或者納稅義務人在次月15日內繳入國庫，並向稅務機關報送納稅申報表。特定行業的工資、薪金所得應納的稅款，可以實行按年計算，分月預繳的方式計徵，具體辦法由國務院規定。

2. 個體工商戶的生產、經營所得應納的稅款，按年計算，分月預繳，由納稅義務人在次月15日內預繳，年度終了後3個月內匯算清繳，多退少補。

3. 對企事業單位的承包經營、承租經營所得應納的稅款，按年計算，由納稅義務人在年度終了後30日內繳入國庫，並向稅務機關報送納稅申報表。納稅義務人在一年內分次取得承包經營、承租經營所得的，應當在取得每次所得後的7日內預繳，年度終了後3個月內匯算清繳，多退少補。

4. 從中國境外取得所得納稅義務人，應當在年度終了後30日內，將應納的稅款繳入國庫，並向稅務機關報送納稅申報表。

根據《中華人民共和國個人所得稅法》第十條和《中華人民共和國個人所得稅法實施條例》第四十三條的規定，各項所得的計算，以人民幣為單位。所得為國外貨幣的，應當按照填開完稅憑證的上一月最後一日的人民幣匯率中間價，折合成人民幣計算應納稅所得額。依照稅法規定，在年度終了後匯算清繳的，對已經按月或者按次預繳稅款的外國貨幣所得，不再重新折算；對應當補交稅款的所得部分，按照上一納稅年度最後一日人民幣匯率中間價，折合成人民幣計算應納稅所得額。

5. 根據《中華人民共和國個人所得稅法實施條例》第三十六條的規定，納稅義務人有下列情形之一的，應當按照規定到主管稅務機關自行辦理納稅申報：

（1）年所得12萬元以上的；
（2）從中國境內兩處或兩處以上取得工資、薪金所得的；
（3）從中國境外取得所得的；
（4）取得應納稅所得，沒有扣繳義務人的；
（5）國務院規定的其他情形。

年所得12萬元以上的納稅義務人，在年度終了後3個月內到主管稅務機關辦理納稅申報。根據《中華人民共和國個人所得稅法實施條例》第三十八條的規定，自行申報的納稅義務人，在申報納稅時，其在中國境內已扣繳的稅款，準予按照規定從應納稅額中扣除。

八、個人所得稅會計科目的設置

按照《個人所得稅代扣代繳暫行辦法》的規定，扣繳義務人需設立專門會計科目對扣繳的個人所得稅進行核算。支付工資、薪金、承包經營、承租經營所得，勞務報酬所得，稿酬所得，特許權使用費所得，利息、股息、紅利所得，財產租賃所得，財產轉讓所得，偶然所得和其他所得到單位，應通過「其他應付款——代扣個人所得稅」科目或「應繳稅費——代扣個人所得稅」科目核算。在支付上述各項所得的同時，提取應代扣代繳的個人所得稅，借記「應付工資」科目，貸記「其他應付款——代扣個人所得稅」科目或「應交稅費——代扣個人所得稅」科目；稅款實際代繳入庫時，借記「其他應付款——代扣個人所得稅」或「應繳稅費——代扣個人所得稅」科目，貸記「銀行存款」科目。由單位或他人代付稅款即收入取得者收到的是已納個人所得稅後的淨收入，在會計核算上應遵循「支付納稅人的淨收入由某項目負擔，則代付的稅款也由該項目負擔」的原則進行會計核算。

實行查帳核算徵收的個體工商戶，其應繳納的個人所得稅，通過「所得稅」和「應繳稅費——應交個人所得稅」科目核算。在計算應納個人所得稅時，借記「所得稅」科目，貸記「應交稅費——應繳個人所得稅」科目；待上繳入庫時，借記「應繳稅費——應交個人所得稅」科目，貸記「銀行存款」科目，年終將所得稅科目轉入「本年利潤」。

個人所得稅計算示範：

例1 某企業聘請一外籍專家來華工作兩年，該外籍專家2007年7月份來華，月薪20,000元，該企業每月發放工資時為其代扣代繳個人所得稅。該外籍專家2007年兩次回國過感恩節和聖誕節，分別離境7天和15天。計算該外籍專家2007年應繳納的個人所得稅。

累計離境不超過90天，無須扣除天數，應連續計算。

每月應納個人所得稅 = （20,000 − 4,800）× 20% − 375 = 2,665（元）

例2 陳某於2008年4月份轉讓私有住房一套，取得轉讓收入800,000元。該住房購買時原價360,000元，轉讓時支付有關稅費30,000元。計算陳某轉讓該私有住房應繳納的個人所得稅。

應納稅所得額 = 800,000 − 360,000 − 30,000 = 410,000（元）

應納稅額 = 410,000 × 20% = 82,000（元）

思考題

1. 符合什麼條件的就屬於個人所得稅的居民納稅人？
2. 依據個人所得稅法納稅人在什麼種情形下需要自行申報納稅？
3. 工資薪金的個人所得稅稅率是多少？
4. 勞務報酬的個人所得稅稅率是多少？
5. 計算工資薪金的個人所得稅時哪些費用可在稅前扣除？
6. 簡述附加減除費用的適用範圍。

第四章　財產稅、行為稅和其他稅

第一節　財產稅、行為稅概述

一、財產稅概述

財產稅是指以納稅人（包括法人、自然人）擁有或屬其支配的財產為徵收對象的一種稅收。在中國，財產稅主要分為房產稅、城鎮土地使用稅、耕地占用稅、車船稅、資源稅、船舶噸稅和契稅。

（一）財產稅的劃分

財產稅可以分為以下幾類：

1. 財產按其在社會再生產中的作用和地位劃分，可分為生產性財產和消費性財產。生產性財產能夠給財產所有人帶來利益，屬所得課稅範圍；消費性財產能給財產所有人提供使用價值，雖不能帶來收益，但可以減少財產所有人的經濟支出，屬財產課稅範圍。

2. 財產按其相對運動形態劃分，分為不動產和動產。不動產如房屋、土地等，這些財產不便於隱瞞、轉移、藏匿，便於徵收管理；動產如金銀、貨幣、股票、債券、存款等，這些財產便於隱瞞、轉移、藏匿，不便於控制稅源，徵管較為困難。

3. 財產按其存在的物質形態劃分，分為有形財產和無形財產。有形財產包括不動產和有形動產，如股票、債券等；無形財產包括各種專利權、特許權等。無形財產一般都屬於能夠帶來收益的財產，因此一般納入所得稅的徵收範圍。

（二）財產稅的作用

1. 促進社會生產和限制奢侈性消費。
2. 彌補所得稅和流轉稅的不足。
3. 增加國家財政收入，加強國家對財產的監督和管理。

（三）財產稅的特點

1. 收入穩定可靠，便於徵管管理。由於房屋等不動產不能隨意移動，隱匿比較困難，作為課稅對象具有收入上的穩定性，而且隨著市場經濟的不斷發展，房屋等財產價值的不斷升值，稅源會不斷充裕。同時，由於房產等財產具有不可隱匿的特點，減少了偷稅的可能性，徵收相對方便，從而可以降低管理成本。

2. 可以防止財產過於集中於社會少數人，調節財富的分配，體現社會分配的公正性。

二、行為稅概述

行為稅是指以納稅人的某種行為為課稅對象而徵收的一種稅。

（一）行為稅的特點

行為課稅的最大特點是徵納行為的發生具有偶然性和一次性。因此，在按徵稅對象對稅收分類時，凡不能歸入流轉額課稅、所得額課稅、財產額課稅等種類的稅種均屬於行為稅範疇。國家課徵行為稅，是為了達到特定的目的，對某些行為加以特別鼓勵或特別限制。行為稅具有以下特點：

1. 具有較強的靈活性。當某種行為的調節已達到預定的目的時即可取消。

2. 收入的不穩定性。往往具有臨時性和偶然性，收入不穩定。

3. 徵收管理難度大。由於徵收面比較分散，徵收標準也較難掌握，徵收管理較複雜。

4. 具有特殊的目的性。行為稅的課稅目的，有時主要不是為了取得財政收入，而是為了限制某種行為，實行「寓禁於徵」的政策，有利於引導人們的行為方向，針對性強，可彌補其他稅種調節的不足。

行為稅包括的稅種較多，各個稅種的具體課徵對象差異很大，所以此類稅收中各稅種的課徵制度也不大相同。由於行為稅中很多稅種是國家根據一定時期的客觀需要，大部分是為了限制某種特定的行為而開徵的，因此，除印花稅等稅負較輕之外，其餘稅種稅負都較重，稅源都不很穩定。加之徵收範圍有限，稅源零星，徵收管理難度較大，又多為地方稅，在稅制體系中此類稅收一般作為輔助稅種存在。

（二）行為稅的功能

行為稅具有以下主要功能：

1. 可以適當地組織財政收入。行為稅雖不像主體稅那樣有充足的收入來源，但它同樣能為國家提供一定量的財政收入。特別是對地方政府來說，它有可能成為重要的財政收入。

2. 能促使稅制更為完善。行為稅往往是國家稅制體系中不可缺少的補充稅種，它具有「拾遺補缺」的特殊功能，是配合主體稅種完善總體稅制結構，發揮稅收整體作用的配套稅種。

3. 有效地配合國家一定時期的社會經濟政策，「寓禁於徵」，限制、引導某些特定行為以達到預期的目的，從而促進社會經濟的協調運轉。這是行為稅最重要的功能。

第二節　房產稅

房產稅是以房屋為徵稅對象，以房屋的計稅餘值或租金收入為計稅依據，向房屋產權所有人徵收的一種財產稅。房產稅由地方稅務局負責徵收管理，所得收入歸地方政府所有，是地方政府稅收收入的主要來源之一。房產稅具有以下特點：一是房產稅屬於財產稅中的個別財產稅，其徵稅對象只是房屋；二是徵收範圍限於城鎮的經營性房屋；三是區別房屋的經營使用方式規定徵稅辦法，對於自用的按房產計稅餘值徵收，對於出租、出典的房屋按租金收入徵稅。

一、納稅人

根據《中華人民共和國房產稅暫行條例》的規定，房產稅以產權所有人為納稅人。產權屬於全民所有的，由經營管理的單位繳納；產權出典的，由承典人繳納；產權所有人、承典人不在房產所在地的，或者產權未確定及租典糾紛未解決的，由房產代管人或者使用人繳納。根據《財政部、稅務總局關於房產稅若干具體問題的解釋和暫行規定》的規定，納稅單位和個人無租使用房產管理部門、免稅單位及納稅單位的房產，應由使用人代繳納房產稅。產權所有人、經營管理單位、承典人、房產代管人或者使用人，統稱為納稅義務人。

自2009年1月1日起，外商投資企業、外國企業和組織及外籍個人也是房產稅納稅人。

二、徵稅範圍

根據《財政部、稅務總局關於房產稅若干具體問題的解釋和暫行規定》的規定，房產稅的徵稅範圍為城市、縣城、建制鎮和工礦區徵收，不包括農村。

城市是指經國務院批准設立的市。城市的徵稅範圍為市區、郊區和市轄縣縣城，不包括農村。縣城是指未設立建制鎮的縣人民政府所在地。建制鎮是指經省、自治區、直轄市人民政府批准設立的建制鎮。建制鎮的徵稅範圍為鎮人民政府所在地，不包括所轄的行政村。工礦區是指工商業比較發達，人口比較集中，符合國務院規定的建制鎮標準，但尚未設立鎮建制的大中型工礦企業所在地。開徵房產稅的工礦區須經省、自治區、直轄市人民政府批准。

三、計稅依據和稅率

（一）計稅依據

根據《中華人民共和國房產稅暫行條例》的規定，房產稅依照房產原值一次減除10%至30%後的餘值計算繳納，具體減除幅度，由省、自治區、直轄市人民政府確定。沒有房產原值作為依據的，由房產所在地稅務機關參考同類房產核定。

根據《財政部、稅務總局關於房產稅若干具體問題的解釋和暫行規定》的規定，房產原值是指納稅人按照會計制度規定，在帳簿「固定資產」科目中記載的房屋原價。對納稅人未按會計制度規定記載的，在計徵房產稅時，應按規定調整房產原值；對房產原值明顯不合理的，應重新予以評估。

房產出租的，以房產租金收入為房產稅的計稅依據。個人出租的房產，不分用途，均應徵收房產稅，個人出租房屋，應按房屋租金收入徵稅。

對投資聯營的房產，根據《國家稅務總局關於安徽省若干房地產業務問題的批復》的規定，若投資者參與投資利潤分紅，共擔風險的，由房屋產權人按房產的計稅餘值作為計稅依據繳納房產稅；投資者不參與投資利潤分紅，不承擔聯營風險，只收取固定收入的，實際是以聯營名義收取房產租金，出租方按租金收入作為計稅依據繳納房產稅。

對融資租賃的房產，根據《國家稅務總局關於安徽省若干房地產業務問題的批復》的規定，由於租賃費包括購進房屋的價款、手續費、借貸利息等，與一般出租房屋的租金不同，且租賃期滿後，當承租方償還最後一筆租賃費時，房屋產權一般都轉移到承租方，實際上是一種變相的分期付款購買固定資產的形式，所以在計徵房產稅時應以房產餘值為計稅依據。

對居民住宅內業主共有的經營性房產，由實際經營（包括自營和出租）的代管人或使用人繳納房產稅。其中自營的依照房產原值減除10%至30%後的餘值計徵，沒有房產原值或不能將共有住房劃分開的，由房產所在地地方稅務機關參照同類房產核定房產原值；出租的，依照租金計徵。

（二）稅率

根據《中華人民共和國房產稅暫行條例》第四條的規定，房產稅的稅率，依照房產餘值計算繳納的，稅率為1.2%；依照房產租金收入計算繳納的，稅率為12%。

從2001年1月1日起，對個人居住用房出租仍用於居住的，其應繳納的房產稅暫減按4%的稅率徵稅。

四、應納稅額的計算

依照房產餘值計算繳納的應納稅額＝房產計稅餘值×1.2%

依照房產租金收入計算繳納的應納稅額＝租金收入×12%

個人居住用房出租仍用於居住的應納稅額＝租金收入×4%

五、稅收優惠

根據《中華人民共和國房產稅暫行條例》第五條的規定，下列房產免納房產稅。

（一）國家機關、人民團體、軍隊自用的房產

上述單位自用的房產，是指這些單位本身的辦公用房和公務用房。但上述單位的出租房產以及非自身業務使用的生產、營業用房，不屬於免稅範圍。

(二) 由國家財政部門撥付事業經費的單位自用的房產

上述單位自用的房產，是指這些單位本身的業務用房。根據《國家稅務總局關於安徽省若干房地產業務問題的批復》的規定，實行差額預算管理的事業單位，雖然有一定的收入，但收入不夠本身經費開支的部分，還要由國家財政部門撥付經費補助。因此，對實行差額預算管理的事業單位，也屬於由國家財政部門撥付事業經費的單位，對其本身自用的房產免徵房產稅。由國家財政部門撥付事業經費的單位，其經費來源實行自收自支後，應徵收房產稅，但為了鼓勵事業單位經濟自立，由國家財政部門撥付事業經費的單位，其經費來源實行自收自支後，從事業單位經費實行自收自支的年度起，免徵房產稅3年。

(三) 宗教寺廟、公園、名勝古跡自用的房產

宗教寺廟自用的房產，是指舉行宗教儀式等的房屋和宗教人員使用的生活用房屋。公園、名勝古跡自用的房產，是指供公共參觀遊覽的房屋及其管理單位的辦公用房屋。

上述免稅單位出租的房產以及非本身業務用的生產、營業用房產不屬於免稅範圍，應徵收房產稅。公園、名勝古跡中附設的營業單位，如影劇院、飲食部、茶社、照相館等所使用的房產及出租的房產，應徵收房產稅。

(四) 個人所有非營業用的房產

根據房產稅暫行條例規定，個人所有的非營業用的房產免徵房產稅。因此，對個人所有的居住用房，不分面積多少，均免徵房產稅。

(五) 經財政部批准免稅的其他房產

如企業辦的各類學校、醫院、托兒所、幼兒園自用的房產，可以比照由國家財政部門撥付事業經費的單位自用的房產，免徵房產稅。

六、稅收徵管

納稅人應根據稅法的規定，將現有房屋的坐落地點、結構、面積、原值、出租收入等情況，據實向當地稅務機關辦理納稅申報，並按規定納稅。

(一) 納稅義務發生時間

根據《國家稅務總局關於房產稅、城鎮土地使用稅有關政策規定的通知》的規定，納稅人購置新建商品房的，從房屋交付使用之次月起計徵房產稅；納稅人購置存量房，從辦理房屋權屬轉移、變更登記手續，房地產權屬登記機關簽發房屋權屬證書之次月起計徵房產稅；出租、出借房產，從交付出租、出借房產之次月起計徵房產稅。房地產開發企業自用、出租、出借本企業建造的商品房，自房屋使用或交付之次月起計徵房產稅；納稅人自建的房屋，自建成之次月起計徵房產稅；納稅人委託施工企業建設的房屋，從辦理驗收手續之次月起計徵房產稅。納稅人在辦理驗收手續前已使用或出租、出借的新建房屋，應從使用或出租、出借的當月起計徵房產稅。納稅人將原有房屋用於生產經營的，從生產經營之月起計徵房產稅。

自2009年1月1日起，納稅人因房產的實物或權利狀態發生變化而依法終止房產稅納稅義務的，其應納稅款的計算應截止到房產的實物或權利狀態發生變化的當月末。

（二）納稅期限

根據《中華人民共和國房產稅暫行條例》第七條的規定，房產稅實行按年徵收，分期繳納。納稅期限一般規定按季或按半年徵收一次，具體納稅期限由省、自治區、直轄市人民政府確定。

（三）納稅地點

根據《中華人民共和國房產稅暫行條例》第九條的規定，房產稅在房產所在地繳納。房產不在同一地方的納稅人，應按房產的坐落地點分別向房產所在地的稅務機關繳納。

七、房產稅會計科目的設置

企業按規定計算出應繳納的房產稅稅額，借記「管理費用」科目，貸記「應交稅費——應交房產稅」科目。該科目貸方反應企業應繳納的房產稅，借方反應企業實際已經繳納的房產稅，貸方餘額反應企業應交未交的房產稅。企業按照規定的納稅期限繳納房產稅時，借記「應交稅費——應交房產稅」科目，貸記「銀行存款」科目。

房產稅計算示範

例1 某公司2007年12月31「固定資產——房屋建築物」帳面原值為20,000,000元。2008年2月1日，企業將房產原值為10,000,000元的房屋租給其他單位使用，每年租金收入1,200,000元。當地政府規定，按房產原值一次扣除30%後作為房產餘值，房產稅按年計算，分季繳納。計算該企業1～3月應納房產稅並進行會計處理。

（1）1月份按房產餘值計算全年應納稅額為：

年應納稅額 = 20,000,000 × (1 - 30%) × 1.2% = 168,000（元）

月應納稅額 = 年應納稅額 ÷ 12 = 168,000 ÷ 12 = 14,000（元）

則1月份應納稅額為14,000元。

（2）2月份起企業應按房產餘值和租金收入分別計算應納稅額：

按房產餘值計算的應納稅額：

年應納稅額 = (20,000,000 - 10,000,000) × (1 - 30%) × 1.2% = 84,000（元）

月應納稅額 = 84,000 ÷ 12 = 7,000（元）

按租金收入計算的應納稅額為：

年應納稅額 = 1,200,000 × 12% = 144,000（元）

月應納稅額 = 144,000 ÷ 12 = 12,000（元）

則2月份、3月份應納房產稅稅額均為：

月應納稅額 = 7,000 + 12,000 = 19,000（元）

該企業1～3月份應納房產稅 = 14,000 + 19,000 + 19,000 = 52,000（元）

(3) 1月末應做如下會計分錄：
借：管理費用　　　　　　　　　　　　　　　　　　　　14,000
　　貸：應交稅費——應交房產稅　　　　　　　　　　　　14,000
2月末、3月末企業應分別做如下會計分錄：
借：管理費用　　　　　　　　　　　　　　　　　　　　19,000
　　貸：應交稅費——應交房產稅　　　　　　　　　　　　19,000
3月末企業繳納一季度應納稅額52,000元，做如下會計分錄：
借：應交稅費——應交房產稅　　　　　　　　　　　　　52,000
　　貸：銀行存款　　　　　　　　　　　　　　　　　　　52,000

例2 某工廠2008年1月1日擁有房產原值為8,000,000元，其中有一部分房產為企業所辦幼兒園使用，原值為700,000元。當地政府規定，按原值一次減除20%後的餘值計算應納稅額，按年計算，按半年繳納一次。計算企業上半年應納房產稅並進行會計處理。

按規定，企業辦的幼兒園自用的房產，免徵房產稅。則企業應納房產稅稅額為：
年應納稅額 = (8,000,000 - 700,000) × (1 - 20%) × 1.2% = 70,080（元）
月應納稅額 = 70,080 ÷ 12 = 5,840（元）
上半年應納稅額 = 5,840 × 6 = 35,040（元）
則每月末企業做如下會計分錄：
借：管理費用　　　　　　　　　　　　　　　　　　　　5,840
　　貸：應交稅費——應交房產稅　　　　　　　　　　　　5,840
2008年7月初企業實際繳納稅款時做如下會計分錄：
借：應交稅費——應交房產稅　　　　　　　　　　　　　35,040
　　貸：銀行存款　　　　　　　　　　　　　　　　　　　35,040

思考題

1. 哪些單位是房產稅的納稅人？
2. 簡述房產稅的納稅義務發生時間。
3. 哪些房屋可以減免房產稅？

第三節　契稅

中國的契稅是指在土地、房屋權屬轉移時，向取得土地使用權、房屋所有權的單位和個人徵收的一種稅。1997年7月7日，國務院發布《中華人民共和國契稅暫行條例》，從該年的10月1日起執行。契稅由地方稅務機關徵收，所得收入歸地方政府所有，是地方政府稅收收入的主要來源之一。契稅具有如下特點：一是契稅屬於財產轉

移稅。土地、房屋產權未發生轉移的不徵契稅。二是契稅由財產承受人繳納。一般稅種都規定銷售者為納稅人，即賣方納稅，契稅則由承受人納稅，即買方納稅。

一、納稅人

在中華人民共和國境內轉移土地、房屋權屬，承受的單位和個人為契稅的納稅人。包括城鄉居民個人，私營組織和個體工商戶，華僑、港澳臺同胞，外商投資企業和外國企業，外國人以及國有經濟單位。

轉移的土地和房屋，具體指如下行為：一是國有土地使用權出讓；二是土地使用權轉讓，包括出售、贈與和交換；三是房屋買賣；四是房屋贈與；五是房屋交換。土地使用權轉讓，不包括農村集體土地承包經營權的轉移。

根據《中華人民共和國契稅暫行條例細則》第八條的規定，土地房屋權屬以下列方式轉移的，視同土地使用權轉讓、買賣房屋或者房屋贈與徵稅：一是以土地、房屋權屬作價投資入股；二是以土地、房屋權屬抵債；三是以獲獎方式承受土地、房屋權屬。

二、計稅依據、稅率和計稅方法

（一）計稅依據

1. 一般規定

根據《中華人民共和國契稅暫行條例》第四條的規定，契稅的計稅依據為：

（1）國有土地使用權出讓、土地使用權出售、房屋買賣為成交價格；

（2）土地使用權贈與、房屋贈與由徵收機關參照土地使用權出售、房屋買賣的市場價格核定；

（3）土地使用權交換、房屋交換為所交換的土地使用權、房屋的價格的差額。

前款成交價格明顯低於市場價格且無正當理由的，或者所交換的土地使用權、房屋的價格差額明顯不合理且無正當理由的，由徵收機關參照市場價格核定。

2. 其他規定

（1）房屋附屬設施的徵稅

根據《財政部、國家稅務總局關於房屋附屬設施有關契稅政策的批復》的規定，對於承受與房屋相關的附屬設施（包括停車位、汽車庫、自行車庫、頂層閣樓以及儲藏室等）所有權或土地使用權的行為，按照契稅法律、法規的規定徵收契稅；對於不涉及土地使用權和房屋所有權轉移變動的，不徵收契稅。

承受的房屋附屬設施權屬單獨計價的，按照當地確定的適用稅率徵收契稅；與房屋統一計價的，適用與房屋相同的契稅稅率。

（2）分期付款方式購買房屋的徵稅

根據國家稅務總局《關於抵押貸款購買商品房徵收契稅的批復》的規定，採用分期付款方式購買房屋附屬設施土地使用權、房屋所有權的，當其從銀行取得抵押憑證時，契稅納稅義務已經發生，應按合同規定的總價款計徵契稅。

（3）出讓國有土地使用權

根據《財政部、國家稅務總局關於國有土地使用權出讓等有關契稅問題的通知》的規定，出讓國有土地使用權的，其契稅計稅價格為承受人為取得該國有土地使用權而支付的全部經濟利益。

（二）稅率

《中華人民共和國契稅暫行條例》第三條規定，契稅稅率為3%至5%。

契稅的適用稅率，由省、自治區、直轄市人民政府在3%至5%規定的幅度內按照本地區的實際情況確定，並報財政部和國家稅務總局備案。從1999年8月1日起，個人購買自用普通住宅，契稅暫時減半徵收。

（三）計稅方法

應納稅額 = 計稅依據 × 稅率

應納稅額以人民幣計算。轉移土地、房屋權屬以外匯結算的，按照納稅義務發生之日中國人民銀行公布的人民幣市場匯率中間價折合成人民幣計算。

三、稅收優惠

（一）一般規定

《中華人民共和國契稅暫行條例》第六條、《中華人民共和國契稅暫行條例細則》第十五條規定，有下列情形之一的，減徵或者免徵契稅：

1. 國家機關、事業單位、社會團體、軍事單位承受土地、房屋用於辦公、教學、醫療、科研和軍事設施的，免徵。
2. 城鎮職工按規定第一次購買公有住房的，免徵。
3. 因不可抗力滅失住房而重新購買住房的，酌情準予減徵或者免徵。
4. 土地、房屋被縣級以上人民政府徵用、占用後，重新承受土地、房屋權屬的，經省級人民政府決定是否給予減徵或免徵。
5. 納稅人承受荒山、荒溝、荒丘、荒灘土地使用權，用於農、林、牧、漁業生產的，免徵契稅。
6. 依照中國有關法律規定以及中國締結或參加的雙邊和多邊條約或協定的規定應當予以免稅的外國駐華使館、領事館、聯合國駐華機構及其外交人員承受土地、房屋權屬的，經外交部確認，可以免徵契稅。

（二）特殊規定

1. 企業公司制改革

在公司改革中，對不改變投資主體和出資比例改建成的公司制企業承受原企業土地、房屋權屬的，免徵契稅；對獨家發起、募集設立股份有限公司承受發起人土地、房屋權屬的，免徵契稅；對國有、集體企業經批准改建成全體職工持股的公司制企業承受原企業土地、房屋權屬的，免徵契稅。

2. 企業股權重組

在股權轉讓中，單位、個人承受企業股權，企業土地、房屋權屬不發生轉移，不徵收契稅。但在增資擴股中，如果是以土地、房屋權屬來認購股份，則承受方需繳契稅。

3. 企業合併

兩個或兩個以上的企業，依據法律規定、合同約定，合併改建為一個企業，對其合併後的企業承受原合併各方的土地、房屋權屬，合併前各方為相同投資主體的，免徵契稅，其餘徵收契稅。

4. 企業分立

企業依照法律規定、合同約定分設為兩個或兩個以上投資主體相同的企業，對派生方、新設方承受原企業土地、房屋權屬，不徵收契稅。

5. 企業破產

債權人（包括破產企業職工）承受破產企業土地、房屋權屬以抵償債務的，免徵契稅；對非債權人承受破產企業土地、房屋權屬的，徵收契稅。

四、徵收管理

（一）納稅義務發生時間

契稅的納稅義務發生時間，為納稅人簽訂土地、房屋權屬轉移合同的當天，或者納稅人取得其他具有土地、房屋權屬轉移合同性質憑證的當天。

（二）納稅期限

納稅人應當自納稅義務發生之日起10日內，向土地、房屋所在地的契稅徵收機關辦理納稅申報，並在契稅徵收機關核定的期限內繳納稅款。

（三）納稅地點

契稅在土地、房屋所在地的地方稅務局繳納。

（四）徵收管理

契稅徵收機關為財政機關或者地方稅務機關。具體徵收機關由省、自治區、直轄市人民政府確定。

納稅人辦理納稅事宜後，契稅徵收機關應向納稅人開具契稅完稅憑證。納稅人應當持契稅完稅憑證和其他規定的文件材料，依法向土地管理部門、房產管理部門辦理有關土地、房屋的權屬變更登記手續。納稅人未出具契稅完稅憑證的，土地管理部門、房產管理部門不予辦理有關土地、房屋的權屬變更登記手續。

經批准減徵、免徵契稅的納稅人改變有關土地、房屋的用途，不再屬於規定的減徵、免徵契稅範圍的，應當補繳已經減徵、免徵的稅款。

五、契稅會計科目的設置

對於企業取得的土地使用權，若是有償取得的，一般應作為無形資產入帳，相應地，為取得該項土地使用權而繳納的契稅，也應當計入無形資產價值；若該土地使用

權為無償取得，則一般不將該土地使用權作為無形資產入帳，相應地，企業繳納的契稅，可作為當期費用入帳；對於房地產開發企業，其取得土地使用權所發生的支出，包括其繳納的契稅，應當計入開發成本。實際繳納契稅時，借記「無形資產」、「開發成本」等科目，貸記「銀行存款」科目。對於企業承受房屋權屬所應繳納的契稅，不管是有償取得還是無償取得，按規定都應當計入固定資產價值。實際繳納契稅時，借記「固定資產」科目，貸記「銀行存款」科目。

契稅計算示範：

例1 某企業2008年1月從當地政府手中取得某塊土地使用權，支付土地使用權出讓金12,000,000元，省政府規定契稅的稅率為3%，計算該企業應當繳納的契稅並做會計處理。

應納契稅稅額 = 12,000,000 × 3% = 360,000（元）

應做如下會計分錄：

借：無形資產——土地使用權　　　　　　　　　　　　　360,000
　貸：銀行存款　　　　　　　　　　　　　　　　　　　360,000

例2 某福利工廠2008年2月取得當地政府無償劃入土地一塊，該企業申報繳納契稅，契稅徵收機關參照同樣土地市價，確定該土地使用權價格為2,000,000元，當地政府規定契稅稅率為4%。計算該工廠應繳納的契稅並做會計處理。

應納契稅稅額 = 2,000,000 × 4% = 80,000（元）

應做如下會計分錄：

借：管理費用　　　　　　　　　　　　　　　　　　　　80,000
　貸：銀行存款　　　　　　　　　　　　　　　　　　　80,000

例3 某房地產開發企業2008年4月12日購入國有土地一塊，按規定繳納土地出讓金24,000,000元，用於房地產開發。企業按規定申報繳納契稅，當地政府規定契稅稅率為5%，計算該企業應繳納的契稅並做會計處理。

應納稅額 = 24,000,000 × 5% = 1,200,000（元）

應做如下會計分錄：

借：開發成本　　　　　　　　　　　　　　　　　　　1,200,000
　貸：銀行存款　　　　　　　　　　　　　　　　　　1,200,000

例4 某企業2008年購入辦公房一幢，價值64,000,000元，當地政府規定契稅稅率為3%，企業按規定申報繳納契稅。計算該企業應繳納的契稅並做會計處理。

應納稅額 = 64,000,000 × 3% = 1,920,000（元）

應作如下會計分錄：

借：固定資產　　　　　　　　　　　　　　　　　　　1,920,000
　貸：銀行存款　　　　　　　　　　　　　　　　　　1,920,000

思考題

如何確定契稅計稅依據？

第四節　車船稅

2006年12月29日，國務院公布《中華人民共和國車船稅暫行條例》，從2007年的1月1日起執行。該條例是在原車船使用稅和車船使用牌照稅的基礎上合併修訂而成的。該條例的出抬對於統一稅制、公平稅負、拓寬稅基、增加地方財政收入具有重要的意義。車船稅由地方稅務局負責徵收管理，所得收入歸地方政府所有，是地方政府稅收收入的主要來源之一。

一、納稅人

車船稅的納稅人為在中華人民共和國境內的車輛、船舶的所有人或者管理人。車輛、船舶的所有人或者管理人未繳納車船稅的，使用人應當繳納車船稅。

從事機動車交通事故責任強制保險業務的保險機構為機動車車船稅的扣繳義務人。

上述車輛、船舶是指應當在公安、交通、農業、漁業和軍事等依法具有車船管理職能部門登記的車輛、船舶。

二、稅率和稅額標準

在計徵車船稅的時候，載客汽車、摩托車的計稅單位為輛，載貨汽車、三輪車和低速貨車的計稅單位為自重噸位，船舶的計稅單位為淨噸位。

(一) 稅目、稅率、稅額

1. 載客汽車

每輛每年60元至660元，包括電車。其中：

大型客車每輛480元至660元，核定載客20人以上。

中型客車每輛420元至660元，核定載客人數大於10至19人。

小型客車每輛360元至660元，核定載客人數9人以下。

微型客車每輛60元至480元，排氣量1升以下。

2. 載貨汽車

按自重噸位，每噸每年16元~120元。包括半掛牽引車、掛車和客貨兩用汽車。

3. 三輪汽車和低速貨車

按自重噸位，每噸每年24元至120元。

4. 摩托車

每輛每年36元至180元。

5. 船舶

(1) 淨噸位200噸以下的，每噸每年3元。

(2) 淨噸位201噸~2,000噸的，每噸每年4元。

(3) 淨噸位2,001噸~10,000噸的，每噸每年5元。

(4）淨噸位 10,001 噸及其以上的，每噸每年 6 元。

拖船、非機動駁船的稅額標準按照船舶稅額標準的 50% 計算。

車船稅所涉及的核定載客人數、自重噸位、淨噸位和馬力等計稅標準，以車輛、船舶管理部門核發的車船登記證書或者行駛證書相應項目所載數額為準。納稅人未按照規定到車船管理部門辦理登記手續的，上述計稅標準以車船出廠合格證明或者進口憑證相應項目所載數額為準；不能提供車船出廠合格證明或者進口憑證的，由主管地方稅務機關根據車船自身狀況並參照同類車船核定。

車輛自重尾數不超過 0.5 噸（含 0.5 噸）的，按照 0.5 噸計算；超過 0.5 噸的，按照 1 噸計算。船舶淨噸位尾數不超過 0.5 噸（含 0.5 噸）的不予計算，超過 0.5 噸的按照 1 噸計算。1 噸以下的小型車輛和船舶，一律按照 1 噸計算。拖船在計徵車船稅的時候按照發動機功率折合淨噸位，2 馬力折合 1 噸。

（二）應納稅額的計算

車船稅以應納稅車輛的數量或者自重噸位和應納稅船舶淨噸位為計稅依據，按照適用稅額標準計算應納稅額。計算公式為：

應納稅額 = 應納稅車輛數量或者自重噸位 × 適用稅額標準

應納稅額 = 應納稅船舶淨噸位 × 適用稅額標準

三、稅收優惠

（一）法定減免

根據《中華人民共和國車船稅暫行條例》第三條的規定，下列車船免徵車船稅：

1. 非機動車船。
2. 拖拉機。
3. 捕撈、養殖漁船。
4. 軍隊、武警專用的車船。
5. 警用車船。
6. 按照有關規定已經繳納船舶噸稅的船舶。
7. 依照中國有關法律和外國締結或者參加的國際條約的規定應當予以免稅的外國駐華使館、領事館和國際組織駐華機構及其有關人員的車船。

註釋：根據《中華人民共和國車船稅暫行條例實施細則》第五條的規定，非機動車船是指以人力或者畜力驅動的車輛，以及符合國家有關標準的殘疾人機動輪椅車、電動自行車等車輛；非機動船是指自身沒有動力裝置，依靠外力驅動的船舶；非機動駁船是指在船舶管理部門登記為駁船的非機動船。

根據《中華人民共和國車船稅暫行條例實施細則》第六條的規定，拖拉機是指在農業（農業機械）部門登記為拖拉機的車輛。

根據《中華人民共和國車船稅暫行條例實施細則》第七條的規定，捕撈、養殖漁船是指在漁業船舶管理部門登記為捕撈船或者養殖船的漁業船舶，不包括在漁業船舶管理部門登記為捕撈船或者養殖船以外類型的漁業船舶。

根據《中華人民共和國車船稅暫行條例實施細則》第八條的規定，軍隊、武警專用的車船是指按照規定在軍隊、武警車船管理部門登記，並領取軍用牌照、武警牌照的車船。

根據《中華人民共和國車船稅暫行條例實施細則》第九條的規定，警用車船是指公安機關、國家安全機關、監獄、勞動教養管理機關和人民法院、人民檢察院領取警用牌照的車輛和執行警務的專用船舶。

根據《中華人民共和國車船稅暫行條例實施細則》第十條、第十一條的規定，依照中國有關法律和外國締結或者參加的國際條約的規定應當予以免稅的外國駐華使館、領事館和國際組織駐華機構及其有關人員的車船。中國有關法律是指《中華人民共和國外交特權與豁免條例》、《中華人民共和國領事特權與豁免條例》。

外國駐華使館、領事館和國際組織駐華機構及其有關人員在辦理上述第 7 項規定的免稅事項時，應當向主管地方稅務機關出具本機構或個人身分的證明文件和車船所有權證明文件，並申明免稅的依據和理由。

（二）特定減免稅

省級人民政府可以根據當地實際情況，對城市、農村公共交通車船給予定期減免稅。

四、徵收管理

（一）納稅義務發生時間

車船稅的納稅義務發生時間是車輛、船舶管理部門核發的車船登記證書或者行駛證書所記載日期的當月。

納稅人未按照規定到車船管理部門辦理應稅車船登記手續的，以車船購置發票所載開具時間的當月作為車船稅的納稅義務發生時間。對未辦理車船登記手續且無法提供車船購置發票的，由主管地方稅務機關核定納稅義務發生時間。

（二）納稅期限

車船稅按年申報繳納。納稅年度自公曆 1 月 1 日至 12 月 31 日。具體申報納稅期限由省級人民政府確定。

（三）納稅地點

車船稅由地方稅務機關負責徵收，納稅地點由省級人民政府根據當地實際情況確定。跨省、自治區、直轄市使用的車船，納稅地點為車船的登記地。

（四）申報管理

由扣繳義務人代收代繳機動車車船稅的，納稅人應當在購買機動車交通事故責任強制保險的同時繳納車船稅。

納稅人應當向主管地方稅務機關和扣繳義務人提供車船的相關信息。拒絕提供的，按照《中華人民共和國稅收徵收管理法》有關規定處理。

已完稅或者按照規定減免車船稅的車輛，納稅人在購買機動車交通事故責任強制保險時，應當向扣繳義務人提供地方稅務機關出具的本年度車船稅的完稅憑證或者減免稅證明。不能提供完稅憑證或者減免稅證明的，應當在購買保險時按照當地的車船稅稅額標準計算繳納車船稅。

納稅人對扣繳義務人代收代繳稅款有異議的，可以向納稅所在地的主管地方稅務機關提出。

納稅人在購買機動車交通事故責任強制保險時繳納車船稅的，不再向地方稅務機關申報納稅。

扣繳義務人在代收車船稅時，應當在機動車交通事故責任強制保險的保險單上註明已收稅款的信息，作為納稅人完稅的證明。除另有規定外，扣繳義務人不再給納稅人開具代扣代收稅款憑證。納稅人如有需要，可以持註明已收稅款信息的保險單，到主管地方稅務機關開具完稅憑證。

在一個納稅年度內，已完稅的車船被盜搶、報廢、滅失的，納稅人可以憑有關管理機關出具的證明和完稅證明，向納稅所在地的主管地方稅務機關申請退還自被盜搶、報廢、滅失月份起至該納稅年度終了期間的稅款。

已辦理退稅的被盜搶車船，失而復得的，納稅人應當從公安機關出具相關證明的當月起計算繳納車船稅。

五、車船稅會計科目的設置

企業按規定計算出應繳納的車船稅，借記「管理費用」科目，貸記「應交稅費——應交車船稅」科目。實際上繳時，借記「應交稅費——應交車船稅」科目，貸記「銀行存款」科目。車船稅計算示範：

例如，某運輸公司擁有載貨汽車20輛（貨車自重均為10噸）；大型客車8輛；中型客車15輛；船舶4艘（每艘淨噸位8,000噸）（載貨汽車按自重噸位年稅額60元；大型客車每輛年稅額480元；中型客車每輛年稅額280元）。計算該公司應納車船稅並做會計處理。

載貨汽車應納稅額 = 20 × 10 × 60 = 12,000（元）

大型客車應納稅額 = 8 × 480 = 3,840（元）

中型客車應納稅額 = 15 × 280 = 4,200（元）

船舶應納稅額 = 4 × 8,000 × 5 = 160,000（元）

應納車船稅總額 = 12,000 + 3,840 + 4,200 + 160,000 = 180,040（元）

應做會計分錄如下：

借：管理費用　　　　　　　　　　　　　　　　　　180,040
　　貸：應交稅費——應交車船稅　　　　　　　　　　180,040
借：應交稅費——應交車船稅　　　　　　　　　　　180,040
　　貸：銀行存款　　　　　　　　　　　　　　　　　180,040

思考題

1. 哪些車船需要繳納車船稅？
2. 車船稅的扣繳義務人包括哪些？
3. 車船稅的稅目包括哪些？
4. 車船稅應當在什麼時候繳納？
5. 車船稅的優惠政策包括哪些？

第五節　印花稅

印花稅是對經濟活動和經濟交往中書立、領受、使用的應稅經濟憑證所徵收的一種稅。1988年8月6日，國務院發布《中華人民共和國印花稅暫行條例》，從當年的10月1日起執行。印花稅分別由國家稅務局、地方稅務局負責徵收管理，所得收入由中央政府與地方政府共享。

印花稅具有如下特點：一是兼有憑證稅和行為稅性質。二是徵稅範圍廣泛。印花稅的徵稅範圍包括了經濟活動和經濟交往中的各種應稅憑證，凡書立和領受這些憑證的單位和個人都要繳納印花稅，其徵稅範圍十分廣泛。三是稅率低、稅負輕。四是由納稅人自行完成納稅義務。納稅人通過自行計算、購買並粘貼印花稅票的方法完成納稅義務，並在印花稅票和憑證的騎縫處自行蓋戳註銷或劃銷。

一、納稅人

在中華人民共和國境內書立、領受《印花稅法》所列舉憑證的單位和個人，都是印花稅的納稅義務人，包括國有企業、集體企業私營企業、其他企業、事業單位、國家機關、社會團體、部隊以及中外合資企業、合作企業，外資企業，外國公司企業和其他經濟組織及其在華機構等單位、個體工商戶和個人。具體包括：

1. 立合同人。書立經濟合同的，以立合同人為納稅人。立合同人是指合同的當事人，當事人在兩方或兩方以上的，各方均為納稅人。
2. 立帳簿人。建立營業帳簿的，以立帳簿人為納稅人。
3. 立據人。訂立各種財產轉移書據的，以立據人為納稅人。如立據人未貼或者少貼印花，書據的持有人應負責補貼印花。所立書據以合同方式簽訂的，應由持有書據的各方分別按全額貼花。
4. 領受人。領取權利許可證照的，以領受人為納稅人。
5. 使用人。在國外書立或領受，在國內使用應稅憑證的單位和個人。

二、稅目和稅率

（一）稅目

根據《中華人民共和國印花稅暫行條例》的規定，下列憑證為應納稅憑證：

1. 經濟合同。包括購銷、加工承攬、建築工程承包（包括建設工程勘察設計、建築安裝工程承包）、財產租賃、貨物運輸、倉儲保管、借款、財產保險、技術合同或者具有合同性質的憑證。
2. 產權轉移書據。
3. 營業帳簿。
4. 權利、許可證照。
5. 經財政部確定徵稅的其他憑證。

具有合同性質的憑證，是指具有合同效力的協議、契約、合約、單據、確認書及其他各種名稱的憑證。

上述憑證無論在中國境內或者境外書立，均應依照條例規定貼花。

（二）稅率

1. 購銷合同：包括供應、預購、採購、購銷結合及協作、調劑、補償、易貨等合同，按照購銷金額的0.3‰貼花。納稅人為立合同人。

2. 加工承攬合同：包括加工、定做、修繕、修理、印刷、廣告、測繪、測試等合同，按照加工或承攬收入的0.5‰貼花。納稅人為立合同人。

3. 建設工程勘察設計合同：包括勘察、設計合同，按收取費用的0.5‰貼花。納稅人為立合同人。

4. 建築安裝工程承包合同：包括建築、安裝工程承包合同，按承包金額的0.3‰貼花。納稅人為立合同人。

5. 財產租賃合同：包括租賃房屋、船舶、飛機、機動車輛、機械、器具、設備等租賃，按租賃金額的1‰貼花。納稅人為立合同人。

6. 貨物運輸合同：包括民用航空、鐵路運輸、海上運輸、內河運輸、公路運輸和聯運合同。按運輸費用的0.5‰貼花。納稅人為立合同人，單據作為合同使用的，按合同貼花。

7. 倉儲保管合同：包括倉儲、保管合同。按倉儲保管費用的1‰貼花。納稅人為立合同人倉單或棧單作為合同使用的，按合同貼花。

8. 借款合同：銀行及其他金融組織和借款人（不包括銀行同業拆借）所簽訂的借款合同，按借款金額的0.05‰貼花。納稅人為立合同人。單據作為合同使用的，按合同貼花。

9. 財產保險合同：包括財產、責任、保證、信用等保險合同，按投保金額的1‰貼花。納稅人為立合同人，單據作為合同使用的，按合同貼花。

10. 技術合同：包括技術開發、轉讓、諮詢、服務等合同，按合同所載金額的0.3‰貼花。納稅人為立合同人。

11. 產權轉移書據：包括財產所有權和版權、商標專用權、專利權、專有技術使用權等產權轉移書據，土地使用權出讓、轉讓合同和商品房銷售合同，按書據所載金額的 0.5‰ 貼花。納稅人為立據人。

12. 營業帳簿：生產經營用帳簿。記載資金的帳簿，按實收資本和資本公積的合計金額的 0.5‰ 貼花。其他帳簿按件貼花，每件 5 元。納稅人為立帳簿人。

13. 權利、許可證照：包括政府部門發給的房屋產權證、工商營業執照、商標註冊證、專利證、土地使用證。按件貼花，每件 5 元納稅人為領受人。

同一憑證，因載有兩個或兩個以上經濟事項而適用不同稅目稅率的，如分別記載金額的，應分別計算應納稅額，相加後按合計稅額貼花；如未分別記載金額的，按稅率高的計稅貼花。

納稅人根據應納稅憑證的性質，分別按比例稅率或者按件定額計算應納稅額。應納稅額不足 1 角的，免納印花稅。應納稅額在 1 角以上的，其稅額尾數不滿 5 分的不計，滿 5 分的按 1 角計算繳納，對財產租賃合同的應納稅額超過 1 角但不足 1 元的，按 1 元貼花。

此外，根據國家稅務總局的規定，股份制企業向社會公開發行的股票，因購買、繼承、贈與所書立的股權轉讓書據，均依照書立時證券市場當日實際成交價格計算的金額，從 2008 年 4 月 27 日起，由立據雙方當事人分別按 1‰ 的稅率繳納印花稅（包括 A 股和 B 股）。

三、計稅方法

印花稅以應納稅憑證所記載的金額、收入額和憑證的件數為計稅依據，按照適用稅率或者稅額標準計算應納稅額。

應納稅額計算公式為：

應納稅額 = 應納稅憑證所記載的金額或收入額 × 適用稅率

應納稅額 = 應納稅憑證的件數 × 適用稅額標準

四、稅收優惠

（一）一般規定

根據規定，下列憑證免納印花稅：

1. 已繳納印花稅的憑證副本或抄本。已繳納印花稅的憑證副本或者抄本對外不發生權利義務關係，屬於備查性質，所以對其不再徵稅印花稅。但副本或抄本作為正本使用的，應另行貼花。

2. 財產所有人將財產贈給政府、社會福利單位、學校所立的書據。其中，社會福利單位是指撫養孤寡傷殘的社會福利單位。

3. 國家指定的收購部門與村民委員會、農民個人書立的農副產品收購合同。

4. 無息、貼息貸款合同。

5. 外國政府或者國際金融組織向中國政府及國家金融機構提供優惠貸款所書立的

合同。

（二）其他規定

1. 房地產管理部門與個人訂立的租房合同，凡房屋用於生活居住的，暫免貼花。

2. 軍事貨物運輸、搶險救災物資運輸以及新建鐵路臨管線運輸等的特殊貨運憑證。

3. 對國家郵政局及所屬各級郵政企業，從 1999 年 1 月 1 日起獨立營運新設立的資金帳簿，凡屬在郵電管理局分營前已貼花的資金免徵印花稅，從 1999 年 1 月 1 日以後增加的資金按規定貼花。

4. 自 2004 年 7 月 1 日起，對經國務院和省級人民政府決定或批准進行的國有（含國有控股）企業改組改制而發生的上市公司國有股權無償轉讓行為，暫不徵收證券（股票）交易印花稅。對不屬於上述情況的上市公司國有股權無償轉讓行為，仍應徵收證券（股票）交易印花稅。

5. 企業改制前簽訂但尚未履行完的各類應稅合同，改制後需要變更執行主體的，對僅改變執行主體，其餘條款未作變動且制前已貼花的，不再貼花。

6. 企業因改制而簽訂的產權轉移書據免予貼花。

7. 對投資者（包括個人和機構）買賣封閉式證券投資基金免徵印花稅。

8. 對國家石油儲備基地第一期項目建設過程中涉及的印花稅免于徵收。

9. 自 2006 年 1 月 1 日至 2008 年 12 月 31 日，對與高校學生簽訂的學生公寓租賃合同免徵印花稅。

10. 證券投資者保護基金有限責任公司發生的下列憑證和產權轉移書據享受印花稅的優惠政策：一是新設立的資金帳簿免徵印花稅。二是與中國人民銀行簽訂的再貸款合同、與證券公司行政清算機構簽訂的借款合同免徵印花稅。三是接收被處置證券公司財產簽訂的產權轉移書據免徵印花稅。四是以保護基金自有財產和接收的受償資產與保險公司簽訂的財產保險合同免徵印花稅。

五、徵收管理

（一）繳納方法

印花稅一般實行由納稅人根據稅法規定自行計算應納稅額，自行購買並一次貼足印花稅票和自行劃銷，自行完成納稅義務。為簡化貼花手續，對那些應納稅額較大或者貼花次數頻繁的，稅法規定了三種簡化的繳納方法：

1. 以繳款書或完稅憑證代替貼花的方法。如果一份憑證應納稅額超過 500 元的，可向當地稅務機關申請填寫繳款書或者完稅證，將其中一聯粘貼在憑證上或者由稅務機關在憑證上加註完稅標記代替貼花。

2. 按期匯總繳納印花稅的方法。同一種類應納稅憑證，需頻繁貼花的，可向當地稅務機關申請按期匯總繳納印花稅。稅務機關對核准匯總繳納印花稅的單位，應發給匯繳許可證。匯總繳納的限期限額由當地稅務機關確定，但最長期限不得超過一個月。凡匯總繳納印花稅的憑證，應加註稅務機關指定的匯繳戳記、編號並裝訂成冊後，將已貼印花或者繳款書的一聯粘貼於冊後，蓋章註銷，保存備查。

3. 代扣稅額匯總繳納的方法。稅務機關為了加強稅源控制管理，可以委託某些代理填開應稅憑證的單位（如代辦運輸、聯運的單位）對憑證的當事人應納的印花稅予以代扣，並按期匯總繳納。

（二）其他規定

1. 應納稅憑證粘貼印花稅票後應立即註銷。納稅人有印章的，加蓋印章註銷；納稅人沒有印章的，可用鋼筆（圓珠筆）劃幾條橫線註銷。註銷標記應與騎縫處相交。騎縫處是指粘貼的印花稅票與憑證及印花稅票之間的交接處。

2. 凡多貼印花稅票者，不得申請退稅或者抵用。

3. 納稅人對納稅憑證應妥善保存。憑證的保存期限，凡國家已有明確規定的，按規定辦；其餘憑證均應在履行完畢後保存一年。

4. 納稅人對憑證不能確定是否應當納稅的，應及時攜帶憑證，到當地稅務機關鑑別。

5. 納稅人同稅務機關對憑證的性質發生爭議的，應檢附該憑證報請上一級稅務機關核定。

發放或者辦理應納稅憑證的單位即指發放權利、許可證照的單位和辦理憑證的鑑證、公證及其他有關事項的單位負有監督納稅人依法納稅的義務，應對以下納稅事項監督：一是應納稅憑證是否已粘貼印花。二是粘貼的印花是否足額。三是粘貼的印花是否按規定註銷。

對未完成以上納稅手續的，應督促納稅人當場貼花。

印花稅票的票面金額以人民幣為單位，分為壹角、貳角、伍角、壹元、貳元、伍元、拾元、伍拾元、一百元九種。

印花稅票可以委託單位或者個人代售，並由稅務機關付給代售金額5%的手續費。支付來源從實徵印花稅款中提取。印花稅應當在書立或者領受時貼花。

印花稅一般實行就地納稅。對於全國性商品物資訂貨會（包括展銷會、交易會等）上所簽訂合同應納的印花稅，由納稅人回其所在地後及時辦理貼花完稅手續；對地方主辦，不涉及省級關係的訂貨會、展銷會上所簽訂的合同的印花稅，其納稅地點由各省、自治區、直轄市人民政府自行確定。

（三）新規定

為適應經濟形勢發展變化的需要，完善稅制，對印花稅有關政策明確如下：

1. 對納稅人以電子形式簽訂的各類應稅憑證按規定徵收印花稅。

2. 對發電廠與電網之間、電網與電網之間（國家電網公司系統、南方電網公司系統內部各級電網互供電量除外）簽訂的購售電合同按購銷合同徵收印花稅。電網與用戶之間簽訂的供用電合同不屬於印花稅列舉徵稅的憑證，不徵收印花稅。

3. 對土地使用權出讓合同、土地使用權轉讓合同按產權轉移書據徵收印花稅。

4. 對商品房銷售合同按照產權轉移書據徵收印花稅。

六、印花稅會計科目的設置

由於印花稅是自行完稅，企業繳納的印花稅不存在應付未付的情況，也不存在與

稅務機關結算或清算的問題，因此，企業繳納的印花稅不需要通過「應交稅費」科目核算，直接借記「管理費用」科目，貸記「銀行存款」科目。印花稅計算示範：

例如，某企業年初開業，領受房屋產權證、工商營業執照、商標註冊證、土地使用證各一件，與其他企業訂立轉移專用技術使用權書據一件，所載金額 100 萬元，訂立產品購銷合同 1 件，所載金額為 200 萬元；訂立財產保險合同 1 份，保險費 18 萬元。企業營業資金帳中記載固定資產原值 200 萬元，自有流動資金 40 萬元，其他帳簿 5 本。該企業到年底固定資產原值增為 220 萬元，自有流動資金增為 70 萬元。計算該企業應納印花稅稅額和 12 月份應補納印花稅稅額並做會計處理。

（1）企業領受權利、許可證照應納稅額 = 4 × 5 = 20（元）
（2）企業訂立產權轉移書據應納稅額 = 1,000,000 × 0.5‰ = 500（元）
（3）企業訂立購銷合同應納稅額 = 2,000,000 × 0.3‰ = 600（元）
（4）企業訂立財產保險合同應納稅額 = 180,000 × 1‰ = 180（元）
（5）企業營業資金帳中所載固定資產原值和自有流動資金應納稅額 = (2,000,000 + 400,000) × 0.5‰ = 1,200（元）
（6）企業其他營業帳冊應納稅額 = 5 × 5 = 25（元）
（7）企業年底應補納印花稅額 = [(2,200,000 − 2,000,000) + (700,000 − 400,000)] × 0.5‰ = 250（元）

應做會計分錄如下：
借：管理費用　　　　　　　　　　　　　　　　　　　　2,525
　　貸：銀行存款　　　　　　　　　　　　　　　　　　　2,525
年底補交印花稅時：
借：管理費用　　　　　　　　　　　　　　　　　　　　　250
　　貸：銀行存款　　　　　　　　　　　　　　　　　　　　250

思考題

1. 簡述印花稅的徵稅範圍。
2. 印花稅的優惠政策主要包括哪些？

第六節　車輛購置稅

中國的車輛購置稅是對購置的車輛徵收的一種稅收。2000 年 10 月 22 日，國務院公布《中華人民共和國車輛購置稅暫行條例》，並於 2001 年 1 月 1 日在中國實施。車輛購置稅目前由國家稅務局負責徵收，所得收入歸中央政府所有，專門用於交通事業建設。

車輛購置稅具有如下特點：一是徵收範圍單一。車輛購置稅以購置的特定車輛為

課稅對象，而不是對所有的財產或消費財產徵稅。二是徵收環節單一。車輛購置稅實行一次性課徵。三是徵稅具有特定目的。車輛購置稅為中央稅，它取之於應稅車輛，用之於交通建設。四是價外徵收，不轉嫁稅負。徵收車輛購置稅的商品價格中不含車輛購置稅稅額，車輛購置稅是附加在價格之外的，且稅收的繳納者即為最終的稅收負擔者，稅負沒有轉嫁性。

一、納稅人

在中華人民共和國境內購置應稅車輛的單位和個人，為車輛購置稅的納稅人。單位包括國有企業、集體企業、私營企業、股份制企業、外商投資企業、外國企業以及其他企業和事業單位、社會團體、國家機關、部隊以及其他單位。個人包括個體工商戶以及其他個人。購置是指購買、進口、自產、受贈、獲獎或者以其他方式取得並自用應稅車輛的行為。

車輛購置稅的徵收範圍包括汽車、摩托車、電車、掛車、農用運輸車。

二、計稅依據、稅率和計稅方法

車輛購置稅實行從價定率的辦法計算應納稅額。車輛購置稅的稅率為10%。

應納稅額的計算公式為：應納稅額＝計稅價格×稅率

車輛購置稅的計稅價格根據不同情況，按照下列規定確定：

1. 納稅人購買自用的應稅車輛的計稅價格，為納稅人購買應稅車輛而支付給銷售者的全部價款和價外費用，不包括增值稅稅款。

2. 納稅人進口自用的應稅車輛的計稅價格的計算公式為：

計稅價格＝關稅完稅價格＋關稅＋消費稅

3. 納稅人自產、受贈、獲獎或者以其他方式取得並自用的應稅車輛的計稅價格，由主管稅務機關參照國家稅務總局規定的相同類型應稅車輛的最低計稅價格核定。

國家稅務總局參照應稅車輛市場平均交易價格，規定不同類型應稅車輛的最低計稅價格。納稅人購買自用或者進口自用應稅車輛，申報的計稅價格低於同類型應稅車輛的最低計稅價格，又無正當理由的，按照最低計稅價格徵收車輛購置稅。

三、稅收優惠

車輛購置稅的免稅、減稅，按照下列規定執行：

1. 外國駐華使館、領事館和國際組織駐華機構及其外交人員自用的車輛，免稅。

2. 中國人民解放軍和中國人民武裝警察部隊列入軍隊武器裝備訂貨計劃的車輛，免稅。

3. 設有固定裝置的非運輸車輛，免稅。

4. 有國務院規定予以免稅或者減稅的其他情形的，按照規定免稅或者減稅。

四、稅收徵管

車輛購置稅實行一次徵收制度。購置已徵車輛購置稅的車輛，不再徵收車輛購

置稅。

納稅人以外匯結算應稅車輛價款的，按照申報納稅之日中國人民銀行公布的人民幣基準匯價，折合成人民幣計算應納稅額。納稅人所在地的主管稅務機關申報納稅。

納稅人購買自用應稅車輛的，應當自購買之日起60日內申報納稅；進口自用應稅車輛的，應當自進口之日起60日內申報納稅；自產、受贈、獲獎或者以其他方式取得並自用應稅車輛的，應當自取得之日起60日內申報納稅。

納稅人應當在向公安機關車輛管理機構辦理車輛登記註冊前繳納車輛購置稅。

納稅人應當持主管稅務機關出具的完稅證明或者免稅證明，向公安機關車輛管理機構辦理車輛登記註冊手續；沒有完稅證明或者免稅證明的，公安機關車輛管理機構不得辦理車輛登記註冊手續。

免稅、減稅車輛因轉讓、改變用途等原因不再屬於免稅、減稅範圍的，應當在辦理車輛過戶手續前或者辦理變更車輛登記註冊手續前繳納車輛購置稅。

五、車輛購置稅的會計科目設置

企業繳納的車輛購置稅應當作為所購置車輛的成本，由於車輛購置稅是一次性繳納，因此它可以不通過「應交稅費」帳戶進行核算。在具體進行會計核算時，對於企業實際繳納的車輛購置稅，借記「固定資產」科目，貸記「銀行存款」科目；企業購置的減稅、免稅車輛改制後用途發生變化的，按規定應補交的車輛購置稅，借記「固定資產」科目，貸記「銀行存款」科目。車輛購置稅計算示範：

例如，長江公司2007年4月從某汽車市場購入小汽車一輛，價款175,500元（含增值稅）。計算長江公司應納的車輛購置稅並做會計處理。

計稅價格 = 1,755,000 ÷（1 + 17%）= 150,000（元）

應納車輛購置稅 = 150,000 × 10% = 15,000（元）

應做會計分錄如下：

借：固定資產　　　　　　　　　　　　　　　　　　　　　　190,500
　　貸：銀行存款　　　　　　　　　　　　　　　　　　　　190,500

思考題

1. 簡述車輛購置稅的徵收範圍。
2. 車輛購置稅有哪些稅收優惠？

第七節　城市維護建設稅

為加強城市的維護建設，擴大和穩定城市維護建設資金的來源，1985年2月8日，國務院發布《中華人民共和國城市維護建設稅暫行條例》，並從1985年1月1日起施行。城市維護建設稅分別由國家稅務局和地方稅務局負責徵收管理，所得收入由中央

政府和地方政府共享，是地方政府稅收收入的來源之一。

城市維護建設稅與其他稅種相比較具有以下特點：一是稅款專款專用，具有受益稅性質。城市維護建設稅專款專用，用來保證城市的公共事業和公共設施的維護和建設，是一種具有受益稅性質的稅種。二是屬於附加稅。城市維護建設稅與其他稅種不同，沒有獨立的徵稅對象或稅基，而是以增值稅、消費稅、營業稅「三稅」實際繳納的稅額之和為計稅依據，隨「三稅」同時附徵，本質上屬於一種附加稅。三是根據城建規模設計稅率。一般來說，城鎮規模越大，所需要的建設和維護資金越多，相應的，城市維護建設稅的稅率越高。納稅人所在地在城市市區的，稅率為7％；納稅人所在地在縣城、建制鎮的，稅率為5％；納稅人所在地不在城市市區、縣城或建制鎮的，稅率為1％。四是徵收範圍廣。原則上講，只要繳納增值稅、消費稅、營業稅中任一種稅的納稅人都要繳納城市維護建設稅，也就是說，除了減免稅等特殊情況外，任何從事生產經營活動的單位和個人都要繳納城市維護建設稅，這個徵稅範圍是比較廣泛的。

一、納稅人

城市維護建設稅的納稅人包括繳納增值稅、消費稅、營業稅的單位和個人（不包括進口貨物者），即包括國有企業、集體企業、私營企業、股份制企業、其他企業、事業單位、國家機關、社會團體、部隊、其他單位、個體工商戶和其他個人。增值稅、消費稅、營業稅的扣繳義務人也是城市維護建設稅的扣繳義務人。外商投資企業、外國企業和外國人自2010年12月1日起，按照《中華人民共和國城市維護建設稅暫行條例》繳納城市維護建設稅。

二、計稅依據、稅率和計稅方法

（一）計稅依據

城市維護建設稅，以納稅人實際繳納的增值稅、消費稅、營業稅稅額為計稅依據，按照適用稅率計算應納稅額，分別與增值稅、消費稅、營業稅同時繳納，但不包括「三稅」繳納時繳納的滯納金和罰款。生產企業出口貨物經稅務機關批准免徵、抵扣的增值稅，也應當計徵城市維護建設稅。

（二）稅率

城市維護建設稅實行地區差別比例稅率。不同地區的納稅人適用不同檔次的稅率，具體規定如下：

納稅人所在地在城市市區的，稅率為7％；納稅人所在地在縣城、建制鎮的，稅率為5％；納稅人所在地不在城市市區、縣城或建制鎮的，稅率為1％。

城市維護建設稅的稅率一般規定按納稅人所在地的適用稅率執行，但對下列兩種情況，可按納稅人繳納「三稅」所在地的規定稅率就地繳納城市維護建設稅：一是由受託方代收、代扣「三稅」的單位和個人。二是流動經營無固定納稅地點的單位和個人。

（三）計稅方法

應納稅額的計算公式為：應納稅額＝計稅依據×適用稅率

計稅依據＝實際繳納的增值稅稅額＋實際繳納的消費稅稅額＋實際繳納的營業稅稅額

三、減免稅優惠

城市維護建設稅隨同增值稅、消費稅、營業稅徵收、減免。對由於免徵、減徵增值稅、消費稅、營業稅而發生的退稅，同時退還已經徵收的城市維護建設稅。但是針對一些特殊情況，財政部和國家稅務總局陸續做出了一些稅收優惠規定：

1. 根據《關於貫徹執行〈中華人民共和國城市維護建設稅暫行條例〉幾個具體問題的規定》的規定，海關對進口產品代徵增值稅、消費稅的，不徵收城市維護建設稅。

2. 對出口產品退還已經繳納的增值稅、消費稅的時候，不退還已繳納的城市維護建設稅；根據《財政部、國家稅務總局關於增值稅、營業稅、消費稅實行先徵後返等辦法有關城市維護建設稅和教育費附加政策的通知》的規定，對「三稅」實行先徵後返、先徵後退、即徵即返的，除另有規定外，對隨「三稅」附徵的城市維護建設稅一律不予退還。

3. 對金融業調增3％徵收的營業稅，不徵收城市維護建設稅。

4. 對國家石油儲備基地第一期項目建設過程中涉及的營業稅、城市維護建設稅、教育費附加予以免徵。

5. 對下崗失業人員從事個體經營（除建築業、娛樂業以及廣告業、桑拿、按摩、網吧、氧吧外）的，自領取稅務登記證之日起，3年內免徵城市維護建設稅、教育費附加。

6. 為支持三峽工程建設，對三峽工程建設基金，在2004年1月1日至2009年12月31日期間，免徵城市維護建設稅。

四、徵收管理

城市維護建設稅分別與增值稅、消費稅、營業稅同時繳納。

城市維護建設稅的徵收管理、納稅環節、獎罰等事項，比照增值稅、消費稅、營業稅的有關規定辦理。

根據稅法規定的原則，針對一些比較複雜且有特殊性的納稅地點，財政部和國家稅務總局做了如下規定：

1. 納稅人直接繳納「三稅」的，在繳納「三稅」地繳納城市維護建設稅。

2. 代扣代繳的納稅地點。代徵、代扣、代繳增值稅、消費稅、營業稅的企業單位，同時也代徵、代扣、代繳城市維護建設稅。如果沒有代徵城市維護建設稅的，應由納稅單位或個人回到其所在地申報納稅。

3. 銀行的納稅地點。各銀行繳納的營業稅，均由取得業務收入的核算單位在當地繳納。縣以上各級銀行直接經營業務取得的收入，由各級銀行分別在所在地納稅。縣

和設區的市，由縣支行或區辦事處在其所在地納稅，而不能分別按所屬營業所的所在地計算納稅。

由於城市維護建設稅是與增值稅、消費稅、營業稅同時徵收的，所以在一般情況下，城市維護建設稅不單獨加收滯納金或罰款，但是，如果納稅人繳納了「三稅」之後，卻不按規定繳納城市維護建設稅的，可以對其單獨加收滯納金，也可以單獨進行罰款。

思考題

1. 簡述城市維護建設稅的納稅地點。
2. 簡述城市維護建設稅的計稅依據。

第八節　教育費附加

為貫徹落實《中共中央關於教育體制改革的決定》，加快發展地方教育事業，擴大地方教育經費的資金來源。1986年4月28日，國務院發布了《徵收教育費附加的暫行規定》，從同年7月1日起執行。2005年國務院對該辦法進行了修改。教育費附加由國家稅務局和地方稅務局分別負責徵收管理，其收入納入財政預算管理，作為教育專項資金，由教育行政部門統籌管理，主要運用支持義務教育。

教育費附加是以單位和個人繳納的增值稅、消費稅、營業稅稅額為計算依據徵收的一種附加稅。外商投資企業、外國企業、外國人自2010年12月1日起繳納教育費附加。

一、納稅人

教育費附加的繳納單位包括繳納增值稅、消費稅、營業稅的單位和個人。

二、計稅依據和附加率

教育費附加的計稅依據以納稅人實際繳納的增值稅、消費稅、營業稅稅額為計稅依據，分別與增值稅、消費稅、營業稅同時繳納。除國務院另有規定外，任何地區、部門不得擅自提高或減低教育費附加率。

根據《徵收教育費附加的暫行規定》的規定，教育費附加率為3%。

根據國務院的要求，財政部於2010年11月7日發出《關於統一地方教育附加有關問題的通知》，規定全國統一開徵地方教育附加，徵收標準統一為單位和個人實際繳納的增值稅、營業稅和消費稅的2%。

應納教育費附加＝計稅依據×3%

計稅依據＝（實際繳納的增值稅稅額＋實際繳納的消費稅稅額＋實際繳納的營業稅稅額）×徵收比率

三、減免規定

1. 海關對進口產品代徵增值稅、消費稅的，不徵收教育費附加。
2. 根據《財政部、國家稅務總局關於增值稅、營業稅、消費稅實行先徵後返等辦法有關城市維護建設稅和教育費附加政策的通知》的規定，對「三稅」實行先徵後返、先徵後退、即徵即返的，除另有規定外，對隨「三稅」附徵的教育費附加一律不予退還。
3. 對下崗失業人員從事個體經營（除建築業、娛樂業以及廣告業、桑拿、按摩、網吧、氧吧外）的，自領取稅務登記證之日起，3年內免徵教育費附加。

四、城市維護建設稅和教育費附加會計科目的設置

（一）會計科目設置

企業按規定計算出的城市維護建設稅借記「營業稅金及附加」、「其他業務成本」等科目，貸記「應交稅費——應交城市維護建設稅」；實際上繳時，借記「應交稅費——應交城市維護建設稅」，貸記「銀行存款」等科目。

（二）計算示範

例如，某公司設在縣城，2008年2月份貨物銷售實際繳納增值稅200,000元，繳納消費稅100,000元。該公司應納城市維護建設稅和教育費附加的計算及會計處理如下：

應納城市維護建設稅＝（200,000＋100,000）×5％＝15,000（元）

應納教育費附加：（200,000＋100,000）×3％＝9,000（元）

會計分錄如下：

借：營業稅金及附加	24,000
貸：應交稅費——應交城市維護建設稅	15,000
——應交教育費附加	9,000

實際繳納城市維護建設稅和教育費附加時：

借：應交稅費——應交城市維護建設稅	15,000
——應交教育費附加	9,000
貸：銀行存款	24,000

思考題

1. 簡述教育費附加的計稅依據。
2. 教育費附加的優惠政策有哪些？

第九節　資源稅

中國的資源稅是為了調節資源級差收入並體現國有資源有償使用而徵收的一種稅。中國從 1984 年 10 月 1 日起，對開採礦產品的單位和個人開徵了資源稅。當時只對原油、天然氣、煤炭三種產品徵收，其他礦產品暫緩徵收。1994 年稅制改革時，首次決定對礦產品全面徵收資源稅，並將鹽產品納入了資源稅的徵收範圍。資源稅分別由國家稅務局和地方稅務局負責徵收管理，其收入由中央政府與地方政府共享。

資源稅是以各種應稅自然資源為徵稅對象的一種稅。中國開徵的資源稅是對在中國境內開採應稅礦產品及生產鹽的企業單位和個人，就其應稅產品銷售數量或自用數量為計稅依據而徵收的。

資源稅具有如下特點：一是具有特定的徵收範圍。考慮到中國資源開採的實際情況，現行資源稅只對礦產品和鹽徵收。在徵收過程中，主要採取列舉品目的方法徵收。二是具有受益稅性質。在中國，國家既是自然資源的所有者，又是政治權力的行使者，資源稅實質上是國家憑藉其政治權力和對自然資源的所有權雙重權力對開採者徵收的一種稅，是國家採用稅收手段收取的自然資源所有權的經濟報酬。它一方面體現了有償開發利用國有資源，另一方面體現了稅收強制性、固定性。所以說，中國的資源稅具有受益稅性質。三是具有級差收入稅的特點。中國地域遼闊，各地資源及開發條件存在較大差異。由於各地資源儲存狀況、開採條件、選礦條件、地理位置的不同，可能造成同一種資源形成不同的級差收入，通過對同一資源實行高低不同的差別稅率，可以達到促進資源合理開發利用的目的。四是實行從量定額徵收。資源稅稅負是根據應稅資源的不同品種以及同一品種的不同資源、開採條件，按其資源產地和等級分別確定的，並根據各種資源的計量單位確定其單位稅額，實行從量定額徵收。採用定額稅率計算簡便、便於徵管。

一、納稅人

在中華人民共和國境內開採應稅礦產品或者生產鹽的單位和個人，為資源稅的納稅義務人。單位是指國有企業、集體企業、私有企業、股份制企業、外商投資企業、外國企業、其他企業和行政單位、事業單位、軍事單位、社會團體及其他單位。個人是指個體經營者及其他個人。

收購未稅礦產品的單位為資源稅的扣繳義務人。現規定符合規定條件的個體工商戶也是資源稅的扣繳義務人。

目前，中國資源稅收入主要來自從事原油、煤炭、鐵礦石、石灰石等礦產資源開採和生產鹽的國有企業、集體企業、私營企業、股份制企業。

二、稅目和徵稅範圍

(一) 資源稅徵稅範圍

1. 原油，是指開採的天然原油，不包括人造石油。
2. 天然氣，是指專門開採或與原油同時開採的天然氣，暫不包括煤礦生產的天然氣。
3. 煤炭，是指原煤，不包括洗煤、選煤及其他煤炭製品。
4. 其他非金屬礦原礦，是指上列產品和井礦鹽以外的非金屬礦原礦。
5. 黑色金屬礦原礦，包括鐵礦石、錳礦石和鉻礦石。
6. 有色金屬礦原礦，包括銅礦石、鉛鋅礦石、鋁土礦石、鎢礦石、錫礦石、鉬礦石、鎳礦石和黃金礦石等。
7. 固體鹽，包括海鹽原鹽、湖鹽原鹽和井礦鹽。
8. 液體鹽、鹵水。

(二) 資源稅稅目稅額

1. 原油。每噸8元至30元。
2. 天然氣。每千立方米2元至15元。
3. 煤炭。每噸0.3元至8元。
4. 其他非金屬礦原礦。每噸或立方米0.5元至20元。
5. 黑色金屬礦原礦。每噸2元至30元。
6. 有色金屬礦原礦。每噸0.4元至30元。
7. 鹽。固體鹽每噸10元至60元；液體鹽每噸2元至10元。

現規定，北方海鹽的稅額標準暫減為每噸15元，南方海鹽、井礦鹽、湖礦鹽的稅額標準暫減為每噸10元，液體鹽的稅額標準暫減為每噸2元。

三、資源稅的計算

(一) 應納稅額的計算

資源稅以應稅產品的課稅數量為計稅依據，按照適用稅額標準計算應納稅額。
應納稅額計算公式：
應納稅額 = 課稅數量 × 適用稅額標準

(二) 資源稅的課稅數量規定

1. 納稅人開採或者生產應稅產品銷售的，以銷售數量為課稅數量。
2. 納稅人開採或者生產應稅產品自用的，以自用數量為課稅數量。

原油中的稠油、高凝油與稀油劃分不清或不易劃分的，一律按原油的數量課稅。

納稅人開採或者生產不同稅目應稅產品的，應當分別核算不同稅目應稅產品的課稅數量；未分別核算或者不能準確提供不同稅目應稅產品的課稅數量的，稅務機關在徵收資源稅的時候適用稅額標準從高。

納稅人不能準確提供應稅產品銷售數量或移送使用數量的，以應稅產品的產量或主管稅務機關確定的折算比換算成的數量為課稅數量，據以徵收資源稅。

四、稅收優惠

有下列情形之一的，減徵或者免徵資源稅：

1. 開採原油過程中用於加熱、修井的原油，免稅。
2. 納稅人開採或者生產應稅產品過程中，因意外事故或者自然災害等原因遭受重大損失的，由省、自治區、直轄市人民政府酌情決定減稅或者免稅。
3. 國務院規定的其他減稅、免稅項目。

納稅人的減稅、免稅項目，應當單獨核算課稅數量；未單獨核算或者不能準確提供課稅數量的，不予減稅或者免稅。

五、徵收管理

（一）納稅義務發生時間

1. 納稅人銷售應稅產品，其納稅義務發生時間根據其結算方式的不同分為以下情況處理：

（1）納稅人採取分期收款結算方式的，其納稅義務發生時間，為銷售合同規定的收款日期的當天。

（2）納稅人採取預收貨款結算方式的，其納稅義務發生時間，為發出應稅產品的當天。

（3）納稅人採取其他結算方式的，其納稅義務發生時間，為收訖銷售款或者取得索取銷售款憑據的當天。

2. 納稅人自產自用應稅產品的納稅義務發生時間，為移送使用應稅產品的當天。
3. 扣繳義務人代扣代繳稅款的納稅義務發生時間，為支付首筆貨款或者首次開具應支付貨款憑據的當天。

（二）納稅地點

納稅人應納的資源稅，應當向應稅產品的開採或者生產所在地主管稅務機關繳納。納稅人在本省、自治區、直轄市範圍內開採或者生產應稅產品，其納稅地點需要調整的，由省、自治區、直轄市稅務機關決定。

跨省開採資源稅應稅產品的單位，其下屬生產單位與核算單位不在同一省、自治區、直轄市的，對其開採的礦產品，一律在開採地納稅，其應納稅款由獨立核算、自負盈虧的單位，按照開採地的實際銷售量（或者自用量）及適用的單位稅額計算劃撥。

扣繳義務人代扣代繳的資源稅，應當向收購地主管稅務機關繳納。

（三）納稅期限

納稅人的納稅期限由主管稅務機關根據實際情況分別核定為 1 日、3 日、5 日、10 日、15 日或者 1 個月。納稅人不能按固定期限計算納稅的，可以按次計算納稅。

納稅人以 1 個月為一期納稅的，自期滿之日起 10 日內申報納稅；以 1 日、3 日、5 日、10 日或者 15 日為一期納稅的，自期滿之日起 5 日內預繳稅款，於次月 1 日起 10 日內申報納稅並結清上月稅款。

扣繳義務人的解繳稅款期限，比照前兩款的規定執行。

（四）資源稅代扣代繳管理辦法

收購資源稅未稅礦產品的獨立礦山、聯合企業以及其他單位為資源稅代扣代繳義務人（以下簡稱扣繳義務人）。扣繳義務人應當主動向主管稅務機關申請辦理代扣代繳義務人的有關手續。主管稅務機關經審核批准後，發給扣繳義務人代扣代繳稅款憑證及報告表。

1. 扣繳義務人履行代扣代繳的適用範圍是：收購的除原油、天然氣、煤炭以外的資源稅未稅礦產品。「未稅礦產品」是指資源稅納稅人在銷售其礦產品時不能向扣繳義務人提供「資源稅管理證明」的礦產品。

2. 扣繳義務人代扣代繳資源稅適用的單位稅額按如下規定執行：

（1）獨立礦山、聯合企業收購與本單位礦種相同的未稅礦產品，按照本單位相同礦種應稅產品的單位稅額，依據收購數量代扣代繳資源稅。

（2）獨立礦山、聯合企業收購與本單位礦種不同的未稅礦產品，以及其他收購單位收購的未稅礦產品，按照收購地相應礦種規定的單位稅額，依據收購數量代扣代繳資源稅。

（3）收購地沒有相同品種礦產品的，按收購地主管稅務機關核定的單位稅額，依據收購數量代扣代繳資源稅。

3. 扣繳義務人代扣代繳資源稅的計算公式為：

代扣代繳的資源稅額＝收購未稅礦產品數量×適用單位稅額

4. 扣繳義務人代扣代繳資源稅義務發生時間為扣繳義務人支付貨款的當天。

5. 扣繳義務人代扣代繳資源稅的地點為應稅未稅礦產品的收購地。

6. 扣繳義務人代扣資源稅稅款的解繳期限為 1 日、3 日、5 日、10 日、15 日或者 1 個月。具體解繳期限由主管稅務機關根據實際情況核定。

7. 扣繳義務人依法履行代扣稅款義務時，納稅人不得拒絕。

納稅人拒絕的，扣繳義務人應當及時報告主管稅務機關處理。否則，納稅人應繳納的稅款由扣繳義務人負擔。

8. 扣繳義務人發生下列行為之一者，按《稅收徵管法》及其實施細則處理：

（1）應代扣而未代扣或少代扣資源稅款。

（2）不繳或少繳已扣稅款。

（3）未按規定期限解繳稅款。

（4）未按規定設置、保管有關資源稅代扣代繳帳簿、憑證、報表及有關資料。

（5）轉借、塗改、損毀、造假、不按照規定使用「資源稅管理證明」的行為。

（6）其他違反稅收規定的行為。

（五）自產自用資源稅的規定

1. 自產自用產品的課稅數量。資源稅納稅人自產自用應稅產品，因無法準確提供移送使用量而採取折算比換算課稅數量辦法的，具體規定如下：

（1）煤炭，對於連續加工前無法正確計算原煤移送使用量的，可按加工產品的綜合回收率，將加工產品實際銷量和自用量折算成原煤數量作為課稅數量。

（2）金屬和非金屬礦產品原礦，因無法準確掌握納稅人移送使用原礦數量的，可將其精礦按選礦比折算成原礦數量作為課稅數量。

2. 自產自用產品的範圍。資源稅暫行條例和實施細則中所說的自產自用產品，包括用於生產和非生產兩部分。

六、資源稅會計科目的設置

1. 企業按規定應交的資源稅，通過「應交稅費——應交資源稅」科目核算。「應交資源稅」明細科目的借方發生額，反應企業已交的或按規定允許抵扣的資源稅；貸方發生額，反應應交的資源稅；期末借方餘額，反應多交或尚未抵扣的資源稅；期末貸方餘額，反應尚未繳納的資源稅。

2. 企業銷售產品應繳納的資源稅，借記「營業稅金及附加」科目，貸記「應交稅費——應交資源稅」科目；上繳資源稅時，借記「應交稅費——應交資源稅」科目，貸記「銀行存款」科目。

3. 企業自產自用應稅產品應繳納的資源稅，借記「生產成本」、「製造費用」等科目，貸記「應交稅費——應交資源稅」科目；上繳資源稅時，借記「應交稅費——應交資源稅」科目，貸記「銀行存款」科目。

4. 企業收購未稅礦產品，按實際支付的收購款借記「材料採購」、「原材料」等科目，貸記「銀行存款」等科目，代扣代繳的資源稅計入收購礦產品的成本，借記「材料採購」、「原材料」等科目，貸記「應交稅費——應交資源稅」科目；上繳資源稅時，借記「應交稅費——應交資源稅」科目，貸記「銀行存款」科目。

5. 企業外購液體鹽加工固體鹽，在購入液體鹽時，按所允許抵扣的資源稅，借記「應交稅費——應交資源稅」科目，按外購價款扣除允許抵扣資源稅後的數額，借記「材料採購」、「原材料」等科目，按應支付的全部價款，貸記「銀行存款」、「應付帳款」等科目；企業加工成固體鹽後，在銷售時，按計算出的銷售固體鹽應交的資源稅，借記「營業稅金及附加」科目，貸記「應交稅費——應交資源稅」科目；將銷售固體鹽應納資源稅扣抵液體鹽已納資源稅後的差額上繳時，借記「應交稅費——應交資源稅」科目，貸記「銀行存款」科目。資源稅計算示範：

例如，某油田 2008 年 3 月份生產原油 1,200,000 噸，其中向外銷售原油 840,000 噸，企業自辦煉油廠消耗原油 260,000 噸，企業與原油同時生產天然氣 400,000 千立方米，向外銷售 340,000 千立方米，企業自辦煉油廠使用 50,000 千立方米，用於取暖方面使用 10,000 千立方米。該油田原油的單位稅額為 12 元/噸，天然氣單位稅額為 8 元/千立方米。計算該油田應繳納的資源稅並做會計處理。

1. 原油應納稅額

（1）對外銷售原油應以實際銷售數量為課稅數量。

應納稅額＝840,000×12＝10,080,000（元）

應做如下會計分錄：

借：營業稅金及附加　　　　　　　　　　　　　　10,080,000
　　貸：應交稅費——應交資源稅　　　　　　　　　　　　10,080,000

（2）自產自用原油，應以實際自用數量為課稅數量。

應納稅額＝260,000×12＝3,120,000（元）

應做如下會計分錄：

借：生產成本　　　　　　　　　　　　　　　　　3,120,000
　　貸：應交稅費——應交資源稅　　　　　　　　　　　　3,120,000

2. 天然氣應納稅額

（1）對外銷售天然氣應納稅額＝340,000×8＝2,720,000（元）。

應做如下會計分錄：

借：營業稅金及附加　　　　　　　　　　　　　　2,720,000
　　貸：應交稅費——應交資源稅　　　　　　　　　　　　2,720,000

（2）自產自用天然氣應納稅額＝50,000×8＝400,000（元）。

用於取暖方面使用天然氣應納稅額＝10,000×8＝80,000（元）

應做如下會計分錄：

借：生產成本　　　　　　　　　　　　　　　　　　400,000
　　製造費用　　　　　　　　　　　　　　　　　　 80,000
　　貸：應交稅費——應交資源稅　　　　　　　　　　　　　480,000

思考題

1. 資源稅代扣代繳管理辦法是如何規定的？
2. 為什麼要開徵資源稅？

第十節　土地增值稅

　　為規範土地、房地產市場交易秩序，合理調節土地增值收益，維護國家利益，國務院於1993年12月13日，發布了《中華人民共和國稅土地增值稅暫行條例》，並從1994年1月1日起開徵土地增值稅。土地增值稅由地方稅務局負責徵收管理，所得收入歸地方政府，是地方政府稅收收入的來源之一。

　　土地增值稅有如下特點：一是以轉讓房地產取得的增值額為徵稅對象。二是徵稅面較廣。凡在中國境內轉讓房地產並取得增值收入的單位和個人，稅法規定免稅的除外，

均應依照稅法規定繳納土地增值稅。三是採用扣除法和評估法計算增值額。以納稅人轉讓房地產取得的收入減除法定扣除項目金額後的餘額為計稅依據，四是實行超率累進稅率。五是實行按次徵收，其納稅時間、繳納方法根據房地產轉讓情況而定。

一、納稅人

土地增值稅的納稅人是轉讓國有土地使用權及地上的一切建築物和其附著物產權，並取得收入的單位和個人。

單位包括國有企業、集體企業、私營企業機關、外商投資企業、外國企業、股份制企業、其他企業、事業單位、社會團體、國家機關、個體工商戶和其他個人，如華僑、港澳臺同胞及外國公民等。

轉讓國有土地使用權及地上的一切建築物和其附著物並取得收入是指以出售或者其他方式有償轉讓房地產的行為。不包括以繼承、贈與方式無償轉讓房地產的行為。房地產繼承贈與行為包括以下兩種情形：一是房產所有人、土地使用權所有人將房屋產權、土地使用權贈與直系親屬或承擔直接贍養義務人的。二是房產所有人、土地使用權所有人通過中國境內非營利的社會團體、國家機關將房屋產權、土地使用權贈與教育、民政和其他社會福利、公益事業的。

上述社會團體是指中國青少年發展基金會、希望工程基金會、宋慶齡基金會、減災委員會、中國紅十字會、中國殘疾人聯合會、全國老年基金會、老區促進會以及經民政部門批准成立的其他非營利的公益性組織。

轉讓房地產的收入包括轉讓房地產的全部價款及有關的經濟利益。國有土地是指按照國家法律規定屬於國家所有的土地。

轉讓國有土地使用權及地上的一切建築物和其附著物並取得收入是指土地增值稅既對轉讓房地產課稅，也對轉讓地上建築物和其他附著物的產權徵稅。地上的一切建築物，包括地上、地下的各種附屬設施，如廠房、倉庫、商店、醫院、地下室、圍牆、電梯、中央空調、管道等。附著物是指附著於土地上的不能移動，一經移動即遭損壞的物品，如種植物、養植物等。

二、計稅依據、稅率和計稅方法

（一）計稅依據

納稅人轉讓房地產所取得的增值額為土地增值稅的計稅依據。增值額為納稅人轉讓房地產所取得的收入減去法定項目金額後的餘額。

（1）納稅人轉讓房地產所取得的收入，包括貨幣收入、實物收入和其他收入。

（2）計算增值額的扣除項目：

①取得土地使用權所支付的金額；

②開發土地的成本費用；

③新建房及配套設施的成本、費用，或者舊房及建築物的評估價格；

④與轉讓房地產有關的稅金；

⑤財政部規定的其他扣除項目。

取得土地使用權所支付的金額是指納稅人為取得土地使用權所支付的地價款和按國家統一規定繳納的有關費用。

開發土地和新建房及配套設施的成本是指納稅人房地產開發項目實際發生的成本，包括土地徵用及拆遷補償費、前期工程費、建築安裝工程費、基礎設施費、公共配套設施費、開發間接費用。其中土地徵用及拆遷補償費，包括土地徵用費、耕地占用稅、勞動力安置費及有關地上、地下附著物拆遷補償的淨支出、安置動遷用房支出等；前期工程費，包括規劃、設計、項目可行性研究和水文、地質、勘察、測繪、「三通一平」等支出；建築安裝工程費，是指以出包方式支付給承包單位的建築安裝工程費，以自營方式發生的建築安裝工程費；基礎設施費，包括開發小區內道路、供水、供電、供氣、排污、排洪、通信、照明、環衛、綠化等工程發生的支出；公共配套設施費，包括不能有償轉讓的開發小區內公共配套設施發生的支出；開發間接費用，是指直接組織、管理開發項目發生的費用，包括工資、職工福利費、折舊費、修理費、辦公費、水電費、勞動保護費、週轉房攤銷等。

開發土地和新建房及配套設施的費用：是指與房地產開發項目有關的銷售費用、管理費用、財務費用。其中：財務費用中的利息支出，凡能夠按轉讓房地產項目計算分攤並提供金融機構證明的，允許據實扣除，但最高不能超過按商業銀行同類同期貸款利率計算的金額；凡不能按轉讓房地產項目計算分攤利息支出或不能提供金融機構證明的，房地產開發費用按上述①、②項規定計算的金額之和的10%以內計算扣除。上述計算扣除的具體比例，由各省、自治區、直轄市人民政府規定；其他房地產開發費用，按上述①、②項規定計算的金額之和的5%以內計算扣除。

舊房及建築物的評估價格：是指在轉讓已使用的房屋及建築物時，由政府批准設立的房地產評估機構評定的重置成本價乘以新折扣率後的價格。評估價格須經當地稅務機關確認。

與轉讓房地產有關的稅金，是指在轉讓房地產時繳納的營業稅、城市維護建設稅、印花稅。因轉讓房地產繳納的教育費附加，可以視同稅金予以扣除。

對從事房地產開發的納稅人可按上述①、②項規定計算的金額之和，加計20%扣除。

(3) 根據《中華人民共和國土地增值稅暫行條例》第九條的規定，納稅人有下列情形之一的，按照房地產評估價格計算徵收。

①隱瞞、虛報房地產成交價格的。
②提供扣除項目金額不實的。
③轉讓房地產的成交價格低於房地產評估價格，又無正當理由的。

《中華人民共和國土地增值稅暫行條例實施細則》第十三條指出，房地產的評估價格，是指由政府批准設立的房地產評估機構根據相同地段、同類房地產進行綜合評定的價格。評估價格須經當地稅務機關確認。

《中華人民共和國土地增值稅暫行條例實施細則》第十四條指出：上述所講的隱瞞、虛報房地產成交價格是指納稅人不報或有意低報轉讓土地使用權、地上建築物及

其附著物價款的行為；提供扣除項目金額不實是指納稅人在納稅申報時不據實提供扣除項目金額的行為；轉讓房地產的成交價格低於房地產評估價格、又無正當理由，是指納稅人申報的轉讓房地產的實際成交價低於房地產評估機構評定的交易價，納稅人又不能提供憑據或無正當理由的行為。

《中華人民共和國土地增值稅暫行條例實施細則》第十四條還指出，隱瞞、虛報房地產成交價格的，應由評估機構參照同類房地產的市場交易價格進行評估。稅務機關根據評估價格確定轉讓房地產的收入；提供扣除項目金額不實的，應由評估機構按照房屋重置成本價乘以成新度折舊率計算的房屋成本價和取得土地使用權時的基準地價進行評估。稅務機關根據評估價格確定扣除項目金額。轉讓房地產的成交價格低於房地產評估價格，又無正當理由的，由稅務機關參照房地產評估價格確定轉讓房地產的收入。

納稅人成片受讓土地使用權後，分期分批開發、轉讓房地產的，對允許扣除項目的金額可按轉讓土地使用權的面積占總面積的比例計算分攤；或按照稅務機關確認的其他方式計算分攤。

納稅人採用預售方式出售房地產的，可以預徵土地增值稅。可以按買賣雙方簽訂銷售合同所載金額計算出應納土地增值稅額，再根據每筆預收款占總售價款的比例，計算分攤每次所需繳納的土地增值稅，在每次預收款時計徵。

現規定：納稅人轉讓舊房和建築物，不能取得評估價格，但能提供購房發票，經當地稅務機關確認，其為取得房屋所支付的金額和購房及配套設施的成本、費用的扣除，可按發票所記載金額，從購買年度起至轉讓年度止，每年加計5%。納稅人購房時的契稅可扣除，但不能作為加計5%的基數。

（4）土地增值稅的核定徵收。

房地產開發企業有下列情形之一的，稅務機關可以參照與其開發規模和收入水準相近的當地企業的土地增值稅稅負情況，按不低於預徵率的徵收率核定徵收土地增值稅：

①依照法律、行政法規的規定應當設置但未設置帳簿的。

②擅自銷毀帳簿或者拒不提供納稅資料的。

③雖設置帳簿，但帳目混亂或者成本資料、收入憑證、費用憑證殘缺不全，難以確定轉讓收入或扣除項目金額的。

④符合土地增值稅清算條件，未按照規定的期限辦理清算手續，經稅務機關責令限期清算，逾期仍不清算的。

⑤申報的計稅依據明顯偏低，又無正當理由的。

（二）稅率

土地增值稅實行四級超率累進稅率：

（1）增值額未超過扣除項目金額50%的部分，稅率為30%。

（2）增值額超過扣除項目金額50%、未超過扣除項目金額100%的部分，稅率為40%。

（3）增值額超過扣除項目金額100%、未超過扣除項目金額200%的部分，稅率為50%。

（4）增值額超過扣除項目金額200%的部分，稅率為60%。

（三）計稅方法

計算土地增值稅稅額，可按轉讓房地產的增值額乘以適用的稅率減去扣除項目金額乘以速算扣除係數的簡便方法計算。具體公式如下：

1. 增值額未超過扣除項目金額50%的：

土地增值稅稅額＝增值額×30%

2. 增值額超過扣除項目金額50%，未超過100%的：

土地增值稅稅額＝增值額×40%－扣除項目金額×5%

3. 增值額超過扣除項目金額100%，未超過200%的：

土地增值稅稅額＝增值額×50%－扣除項目金額×15%

4. 增值額超過扣除項目金額200%的：

土地增值稅稅額＝增值額×60%－扣除項目金額×35%

公式中的5%、15%、35%為速算扣除係數。

三、稅收優惠

（一）稅法規定

根據《中華人民共和國土地增值稅暫行條例》第八條的規定，有下列情形之一的，免徵土地增值稅：

1. 納稅人建造普通標準住宅出售，增值額未超過扣除項目金額20%的。

2. 因國家建設需要依法徵用、收回的房地產。

3. 個人因工作調動或改善居住條件而轉讓原自用住房（非普通住宅），經向稅務機關申報核准，凡居住滿5年或5年以上的，免予徵收土地增值稅；居住滿3年未滿5年的，減半徵收土地增值稅；居住未滿3年的，按規定計徵土地增值稅。

現規定個人銷售住房，在其轉讓時暫免徵收土地增值稅。

（二）其他若干規定

下列項目暫免徵稅：

1. 以房地產進行投資、聯營。投資、聯營的一方以土地（房地產）作價入股進行投資或作為聯營條件，將房地產轉讓到所投資、聯營的企業中的，暫免徵收土地增值稅。但所投資、聯營的企業從事房地產開發的和房地產開發企業以其建造的商品房投資、聯營的除外。

2. 合作建房。一方出地，一方出資金，雙方合作建房，建成後按比例分房自用的，暫免徵收土地增值稅；建成後轉讓的，應徵收土地增值稅。

3. 企業兼併中，被兼併企業將房地產轉讓到兼併企業中的。

4. 個人之間互換自有居住用房地產，經當地稅務機關核實的。

四、其他問題

1. 房地產抵押的。在抵押期間不徵收土地增值稅。待抵押期滿後，視該房地產是否轉移產權來確定是否徵收土地增值稅。以房地產抵押而發生房地產產權轉讓的，屬於徵收土地增值稅的範圍。

2. 房地產出租的徵免稅問題。房地產出租，出租人取得了收入，但沒有發生房地產產權的轉讓，不屬於徵收土地增值稅的範圍。

3. 房地產評估增值的徵免稅問題。房地產評估增值，沒有發生房地產權屬的轉讓，不屬於徵收土地增值稅的範圍。

4. 國家收回土地使用權、徵用地上建築物及附著物的徵免稅問題。國家收回或徵用，雖然發生了權屬的變更，原房地產所有人也取得了收入，但可以免徵土地增值稅。

五、徵收管理

(一) 納稅期限

1. 納稅人應在轉讓房地產合同簽訂後的 7 日內，到房地產所在地主管稅務機關辦理納稅申報，並向稅務機關提交房屋及建築物產權、土地使用權證書，土地轉讓、房產買賣合同，房地產評估報告及其他與轉讓房地產有關的資料。

2. 納稅人因經常發生房地產轉讓而難以在每次轉讓後申報的，經稅務機關審核同意後，可以按月或定期進行納稅申報，具體期限由稅務機關根據情況確定。

(二) 納稅地點

土地增值稅由房地產所在地的稅務機關負責徵收。房地產所在地，是指房地產的坐落地。納稅人轉讓房地產坐落在兩個或兩個以上地區的，應按房地產所在地分別申報納稅。

六、其他繳納土地增值稅的規定

1. 一次交割、付清價款方式轉讓房地產的。主管稅務機關可以在納稅人辦理納稅申報後，根據其應納稅額的大小及向有關部門辦理過戶、登記手續的期限等，規定其在辦理過戶、登記手續前數日內一次性繳納全部土地增值稅。

2. 以分期收款方式轉讓房地產的。主管稅務機關可以根據合同規定的收款日期來確定具體的納稅期限。即先計算出應繳納的全部土地增值稅稅額，再按總稅額除以轉讓房地產的總收入，求得應納稅額佔總收入的比例。然後，在每次收到價款時，按收到價款的數額乘以這個比例來確定每次應納的稅額，並規定其應在每次收款後數日內繳納土地增值稅。

3. 項目全部竣工結算前轉讓房地產的。可以預徵土地增值稅，待該項目全部竣工、辦理結算後再進行清算，多退少補。主要涉及兩種情況：①納稅人進行小區開發建設的，其中一部分房地產項目因先行開發並已轉讓出去，但小區內的部分配套設施往往在轉讓後才建成。在這種情況下，稅務機關可以對先行轉讓的項目，在取得收入時預

徵土地增值稅。②納稅人以預售方式轉讓房地產的，對在辦理結算和轉交手續前就取得的收入，稅務機關也可以預徵土地增值稅。具體辦法由省級地方稅務局根據當地情況制定。凡採用預徵方法徵收土地增值稅的，在該項目全部竣工辦理結算時，都需要對土地增值稅進行清算，根據應徵稅額和已徵稅額進行清算，多退少補。

4. 非直接銷售和自用房地產的收入確定。根據《國家稅務總局關於房地產開發企業土地增值稅清算管理有關問題的通知》的規定，房地產開發企業將開發產品用於職工福利、獎勵、對外投資、分配給股東或投資人、抵償債務、換取其他單位和個人的非貨幣性資產等，發生所有權轉移時應視同銷售房地產，其收入按下列方法和順序確認：

（1）按本企業在同一地區、同一年度銷售的同類房地產的平均價格確定。

（2）由主管稅務機關參照當地當年、同類房地產的市場價格或評估價值確定。

房地產開發企業將開發的部分房地產轉為企業自用或用於出租等商業用途時，如果產權未發生轉移，不徵收土地增值稅，在稅款清算時不列收入，不扣除相應的成本和費用。

5. 房地產開發企業土地增值稅清算管理。為進一步加強房地產開發企業土地增值稅清算管理工作，國家稅務總局根據《國家稅務總局關於房地產開發企業土地增值稅清算管理有關問題的通知》對房地產開發企業土地增值稅清算管理做了專門規定：

（1）土地增值稅以國家有關部門審批的房地產開發項目為單位進行清算，對於分期開發的項目，以分期項目為單位清算。開發項目中同時包含普通住宅和非普通住宅的，應分別計算增值額。

（2）土地增值稅的清算條件符合下列情形之一的，納稅人應進行土地增值稅的清算：

①房地產開發項目全部竣工、完成銷售的。

②整體轉讓未竣工決算房地產開發項目的。

③直接轉讓土地使用權的。

（3）符合下列情形之一的，主管稅務機關可要求納稅人進行土地增值稅清算：

①已竣工驗收的房地產開發項目，已轉讓的房地產建築面積占整個項目可售建築面積的比例在85%以上，或該比例雖未超過85%，但剩餘的可售建築面積已經出租或自用的。

②取得銷售（預售）許可證滿三年仍未銷售完畢的。

③納稅人申請註銷稅務登記但未辦理土地增值稅清算手續的。

④省稅務機關規定的其他情況。

（4）土地增值稅清算時的扣除項目：

①房地產開發企業辦理土地增值稅清算時計算與清算項目有關的扣除項目金額，應根據土地增值稅暫行條例第六條及其實施細則第七條的規定執行。除另有規定外，扣除取得土地使用權所支付的金額、房地產開發成本、費用及與轉讓房地產有關稅金，須提供合法有效憑證；不能提供合法有效憑證的，不予扣除。

②房地產開發企業辦理土地增值稅清算所附送的前期工程費、建築安裝工程費、

基礎設施費、開發間接費用的憑證或資料不符合清算要求或不實的,地方稅務機關可參照當地建設工程造價管理部門公布的建安造價定額資料,結合房屋結構、用途、區位等因素,核定上述四項開發成本的單位面積金額標準,並據以計算扣除。具體核定方法由省稅務機關確定。

③房地產開發企業開發建造的與清算項目配套的居委會和派出所用房、會所、停車場（庫）、物業管理場所、變電站、熱力站、水廠、文體場館、學校、幼兒園、托兒所、醫院、郵電通信等公共設施,按以下原則處理：建成後產權屬於全體業主所有的,其成本、費用可以扣除；建成後無償移交給政府、公用事業單位用於非營利性社會公共事業的,其成本、費用可以扣除；建成後有償轉讓的,應計算收入,並準予扣除成本、費用。

（5）房地產開發企業銷售已裝修的房屋,其裝修費用可以計入房地產開發成本。房地產開發企業的預提費用,除另有規定外,不得扣除。

（6）屬於多個房地產項目共同的成本費用,應按清算項目可售建築面積占多個項目可售總建築面積的比例或其他合理的方法,計算確定清算項目的扣除金額。

6. 土地增值稅清算應報送的資料。符合本通知第二條第（一）項規定的納稅人,須在滿足清算條件之日起90日內到主管稅務機關辦理清算手續；符合本通知第二條第（二）項規定的納稅人,須在主管稅務機關限定的期限內辦理清算手續。納稅人辦理土地增值稅清算應報送以下資料：

（1）房地產開發企業清算土地增值稅書面申請、土地增值稅納稅申報表。

（2）項目竣工決算報表、取得土地使用權所支付的地價款憑證、國有土地使用權出讓合同、銀行貸款利息結算通知單、項目工程合同結算單、商品房購銷合同統計表等與轉讓房地產的收入、成本和費用有關的證明資料。

（3）主管稅務機關要求報送的其他與土地增值稅清算有關的證明資料等。納稅人委託稅務仲介機構審核鑒證的清算項目,還應報送仲介機構出具的《土地增值稅清算稅款鑒證報告》。

7. 土地增值稅清算項目的審核鑒證。稅務仲介機構受託對清算項目審核鑒證時,應按稅務機關規定的格式對審核鑒證情況出具鑒證報告。對符合要求的鑒證報告,稅務機關可以採信。

稅務機關要對從事土地增值稅清算鑒證工作的稅務仲介機構在准入條件、工作程序、鑒證內容、法律責任等方面提出明確要求,並做好必要的指導和管理工作。

8. 土地增值稅的核定徵收。房地產開發企業有下列情形之一的,稅務機關可以參照與其開發規模和收入水準相近的當地企業的土地增值稅稅負情況,按不低於預徵率的徵收率核定徵收土地增值稅：

（1）依照法律、行政法規的規定應當設置但未設置帳簿的。

（2）擅自銷毀帳簿或者拒不提供納稅資料的。

（3）雖設置帳簿,但帳目混亂或者成本資料、收入憑證、費用憑證殘缺不全,難以確定轉讓收入或扣除項目金額的。

（4）符合土地增值稅清算條件,未按照規定的期限辦理清算手續,經稅務機關責

令限期清算，逾期仍不清算的。

（5）申報的計稅依據明顯偏低，又無正當理由的。

9. 清算後再轉讓房地產的處理。在土地增值稅清算時未轉讓的房地產，清算後銷售或有償轉讓的，納稅人應按規定進行土地增值稅的納稅申報，扣除項目金額按清算時的單位建築面積成本費用乘以銷售或轉讓面積計算。

單位建築面積成本費用＝清算時的扣除項目總金額÷清算的總建築面積

土地增值稅以人民幣為計算單位。轉讓房地產所取得的收入為外國貨幣的，以取得收入當天或當月1日國家公布的市場匯價折合成人民幣，據以計算應納土地增值稅稅額。對於以分期收款形式取得的外幣收入，也應按實際收款日或收款當月1日國家公布的市場匯價折合人民幣。

七、土地增值稅會計科目的設置

（一）會計科目的設置

為了核算土地增值稅的應交及實交等情況，企業應在「應交稅費」科目下設置「應交土地增值稅」明細科目，貸方登記企業應繳納的土地增值稅，借方登記企業上交和預交的土地增值稅，貸方餘額為尚未繳納的土地增值稅，預交土地增值稅的企業，該科目的借方餘額包括預交的土地增值稅。

1. 對於主營房地產業務的企業，如房地產開發企業，應根據計算的應納土地增值稅額，做會計分錄：

借：營業稅金及附加
　　貸：應交稅費——應交土地增值稅

當實際繳納時，做分錄

借：應交稅費——應交土地增值稅
　　貸：銀行存款

2. 對於非主營房地產業務的企業，在轉讓房地產時，則應分別情況進行會計處理。

（1）兼營房地產業務的企業，房地產完工後未轉入固定資產的，轉讓時計算應納土地增值稅時應做會計分錄：

借：其他業務成本
　　貸：應交稅費——應交土地增值稅

（2）轉讓以支付土地出讓金等方式取得國有土地使用權，原已納入「無形資產」核算的，其轉讓時計算應繳納的土地增值稅做會計分錄：

借：其他業務成本
　　貸：應交稅費——應交土地增值稅

（3）轉讓的國有土地使用權已連同地上建築物及其他附著物一併在「固定資產」科目核算的，其轉讓房地產（包括地上建築物及其他附著物），計算應繳納的土地增值稅做會計分錄：

借：固定資產清理

貸：應交稅費——應交土地增值稅

（4）轉讓的以行政劃撥方式取得的國有土地使用權，如僅轉讓國有土地使用權，轉讓時計算應繳納的土地增值稅，做會計分錄：

　　借：其他業務成本

　　　　貸：應交稅費——應交土地增值稅

如國有土地使用權連同地上建築物及其他附著物一併轉讓，轉讓時計算應繳納的土地增值稅，做會計分錄：

　　借：固定資產清理

　　　　貸：應交稅費——應交土地增值稅

（5）上述繳納土地增值稅時，做會計分錄：

　　借：應交稅費——應交土地增值稅

　　　　貸：銀行存款

（二）土地增值稅計算示範

例1 某工業企業兼營房地產開發業務，轉讓一塊已開發的土地使用權，取得轉讓收入1,400萬元，為取得土地使用權所支付金額320萬元，開發土地成本65萬元，開發土地費用21萬元，應納有關稅費77.70萬元。該企業不能按轉讓房地產項目計算分攤利息支出。計算該企業應納土地增值稅並做會計處理。

扣除項目金額 = (320 + 65) × (1 + 20%) + 21 + 77.70 = 560.70（萬元）

增值額 = 1,400 - 560.70 = 839.30（萬元）

增值率 = 839.30 ÷ 560.70 = 149.69%（適用稅率為50%，速算扣除系數為15%）

應納稅額 = 839.30 × 50% - 560.70 × 15% = 335.54（萬元）

應做會計分錄如下：

借：其他業務成本　　　　　　　　　　　　　　　3,355,400
　　貸：應交稅費——應交土地增值稅　　　　　　　　　　3,355,400
借：應交稅費——應交土地增值稅　　　　　　　　3,355,400
　　貸：銀行存款　　　　　　　　　　　　　　　　　　3,355,400

例2 某房地產開發企業將其開發的寫字樓一幢出售，共取得收入6,800萬元。企業為開發該項目支付土地出讓金1,200萬元，房地產開發本為3,000萬元，專門為開發該項目支付的貸款利息120萬元。為轉讓該項目應當繳納營業稅、城市維護建設稅、教育費附加及印花稅共計210.9萬元。當地政府規定，企業可以按土地使用權出讓費、房地產開發成本之和的5%計算扣除其他房地產開發費用。另外，稅法規定，從事房地產開發的企業可以按土地出讓費和房地產開發成本之和的20%加計扣除。計算該房地產企業應繳納的土地增值稅並做會計處理。

扣除項目金額 = 1,200 + 3,000 + 120 + 210.9 + (1,200 + 3,000) × 5% + (1,200 + 3,000) × 20% = 5,580.90（萬元）

增值額 = 6,800 - 5,580.90 = 1,219.10（萬元）

增值率 = 1,219.10 ÷ 5,580.90 = 21.84%

應納稅額 = 1,219.10 × 30% = 365.73（萬元）
應做如下會計分錄：
借：營業稅金及附加　　　　　　　　　　　　　　　3,657,300
　　貸：應交稅費——應交土地增值稅　　　　　　　　3,657,300
實際向稅務機關繳納土地增值稅時做如下會計分錄：
借：應交稅費——應交土地增值稅　　　　　　　　　3,657,300
　　貸：銀行存款　　　　　　　　　　　　　　　　　3,657,300

第十一節　耕地占用稅

為了合理利用土地資源，加強土地管理，保護耕地，中國於1987年4月1日以國務院文件發布了《中華人民共和國耕地占用稅暫行條例》，並於2007年12月1日以國務院令修改並公布，自2008年1月1日起實施。耕地占用稅由地方稅務局負責徵收管理，其收入歸地方政府所有。

一、納稅人

占用耕地建房或者從事非農業建設的單位或者個人，為耕地占用稅的納稅人。單位包括國有企業、集體企業、私營企業、股份制企業、外商投資企業、外國企業以及其他企業和事業單位、社會團體、國家機關、部隊以及其他單位；個人包括個體工商戶以及其他個人。

二、計稅依據、稅額標準和計稅方法

耕地，是指用於種植農作物的土地。

耕地占用稅以納稅人實際占用的耕地面積為計稅依據，按照規定的適用稅額一次性徵收。耕地占用稅的稅額規定如下：

1. 人均耕地不超過1畝（1畝≈666.67平方米，全書同）的地區（以縣級行政區域為單位，下同），每平方米為10元至50元。
2. 人均耕地超過1畝但不超過2畝的地區，每平方米為8元至40元。
3. 人均耕地超過2畝但不超過3畝的地區，每平方米為6元至30元。
4. 人均耕地超過3畝的地區，每平方米為5元至25元。

國務院財政、稅務主管部門根據人均耕地面積和經濟發展情況確定各省、自治區、直轄市的平均稅額。經濟特區、經濟技術開發區和經濟發達且人均耕地特別少的地區，適用稅額可以適當提高，但是提高的部分最高不得超過上述第3條規定的當地適用稅額的50%。

占用基本農田的，適用稅額應當在上述第3條和有關經濟特區、經濟技術開發區、經濟發達且人均耕地特別少的地區所規定的當地適用稅額的基礎上提高50%。

應納稅額計算公式＝納稅人實際占用的耕地面積×適用稅額標準

三、稅收優惠

（一）下列情形免徵耕地占用稅

1. 軍事設施占用耕地。
2. 學校、幼兒園、養老院、醫院占用耕地。

（二）下列情形減徵耕地占用稅

1. 鐵路線路、公路線路、飛機場跑道、停機坪、港口、航道占用耕地，減按每平方米 2 元的稅額徵收耕地占用稅。
2. 農村居民占用耕地新建住宅，按照當地適用稅額減半徵收耕地占用稅。
3. 農村烈士家屬、殘疾軍人、鰥寡孤獨以及革命老根據地、少數民族聚居區和邊遠貧困山區生活困難的農村居民，在規定用地標準以內新建住宅繳納耕地占用稅確有困難的，經所在地鄉（鎮）人民政府審核，報經縣級人民政府批准後，可以免徵或者減徵耕地占用稅。

依照上述第 1 條、第 2 條規定免徵或者減徵耕地占用稅後，納稅人改變原占地用途，不再屬於免徵或者減徵耕地占用稅情形的，應當按照當地適用稅額補繳耕地占用稅。

四、納稅期限和納稅地點

耕地占用稅由地方稅務機關負責徵收。土地管理部門在通知單位或者個人辦理占用耕地手續時，應當同時通知耕地所在地同級地方稅務機關。

耕地占用稅的納稅義務發生時間為獲準占用耕地的單位或者個人在收到土地管理部門的通知之日起 30 日內繳納耕地占用稅。土地管理部門憑耕地占用稅完稅憑證或者免稅憑證和其他有關文件發放建設用地批准書。

納稅人臨時占用耕地，應當依照《耕地占用稅務暫行條例》的規定繳納耕地占用稅。納稅人在批准臨時占用耕地的期限內恢復所占用耕地原狀的，全額退還已經繳納的耕地占用稅。

占用林地、牧草地、農田水利用地、養殖水面以及漁業水域灘塗等其他農用地建房或者從事非農業建設的，比照本條例的規定徵收耕地占用稅。

建設直接為農業生產服務的生產設施占用前款規定的農用地的，不徵收耕地占用稅。

五、耕地占用稅會計科目的設置

對於耕地占用稅，由於是按照實際占用耕地面積計算，並一次性繳納，因此可以不通過「應交稅費」科目進行核算。企業按規定繳納耕地占用稅時，借記「在建工程」科目，貸記「銀行存款」科目。

（一）耕地占用稅計算示範

例如，某工廠 2008 年 1 月份經批准徵用耕地 10,000 平方米用於建設廠房，當地政

府規定的耕地占用稅稅額為 8 元/平方米，計算該工廠應繳納的耕地占用稅並做會計處理。

應納耕地占用稅 = 8 × 10,000 = 80,000（元）

(二) 會計分錄示範

會計分錄如下：
借：在建工程　　　　　　　　　　　　　　　　80,000
　　貸：銀行存款　　　　　　　　　　　　　　　80,000

思考題

1. 耕地占用稅的納稅範圍如何確定？
2. 耕地占用稅的稅額如何確定？

第十二節　城鎮土地使用稅

為了合理使用城鎮土地，加強土地管理，調節土地級差收入，提高土地使用效益，加強土地管理，中國於 1988 年 9 月 27 日以國務院令發布了《中華人民共和國城鎮土地使用稅暫行條例》，並於 2006 年 12 月 31 日以國務院令修改並公布，自 2007 年 1 月 1 日起實施。城鎮土地使用稅由地方稅務局負責徵收管理，其收入歸地方政府所有。

城鎮土地使用稅是以徵收範圍內的土地為徵稅對象，以實際占用的土地面積為計稅依據，按規定稅額對擁有土地使用權的單位和個人徵收的一種稅。

城鎮土地使用稅具有以下特點：一是對占用或使用土地的行為徵稅；二是徵稅對象是國有土地；三是徵收範圍比較廣；四是實行差別幅度稅額。

一、納稅人

城鎮土地使用稅的納稅義務人是在城市、縣城、建制鎮、工礦區範圍內使用土地的單位和個人，包括國有企業、集體企業、私營企業、股份制企業、外商投資企業、外國企業以及其他企業和事業單位、社會團體、國家機關、軍隊以及其他單位和個體工商戶、其他個人。

2007 年 1 月 1 日起在城市、縣城、建制鎮、工礦區範圍內使用土地的外商投資企業、外國企業和外籍個人也被確定為城鎮土地使用稅的納稅人，應當依據《城鎮土地使用稅暫行條例》的規定繳納土地使用稅。

具體規定如下：
1. 城鎮土地使用稅由擁有土地使用權的單位或個人繳納。
2. 擁有土地使用權的納稅人不在土地所在地的，由代管人或實際使用人納稅。
3. 土地使用權未確定或權屬糾紛未解決的，由實際使用人納稅。

4. 土地使用權共有的，由共有各方分別納稅。

房管部門經租的公房用地，凡土地使用權屬於房管部門的，由房管部門繳納土地使用稅。

二、徵稅範圍

城鎮土地使用稅的徵收範圍包括城市、縣城、建制鎮、工礦區內的國家所有和集體所有的土地。

城市的徵稅範圍包括市區和郊區。城市是指經國務院批准設立的市。

縣城的徵稅範圍為縣人民政府所在地的城鎮。

建制鎮的徵稅範圍為由省、自治區和直轄市地方稅務局提出方案，報經當地省級人民政府批准以後執行，並報國家稅務局備案。

建制鎮是指經省、自治區、直轄市人民政府批准設立的建制鎮。

工礦區是指工商業比較發達，人口比較集中，符合國務院規定的建制鎮標準，但尚未設立鎮建制的大中型工礦企業所在地。工礦區須經省、自治區、直轄市人民政府批准。

三、計稅依據、稅額標準和和計稅方法

（一）計稅依據

土地使用稅以納稅人實際占用的土地面積為計稅依據，依照規定稅額計算徵收。納稅人實際占用的土地面積，是指由省、自治區、直轄市人民政府確定的單位組織測定的土地面積。尚未組織測量，但納稅人持有政府部門核發的土地使用證書的，以證書確認的土地面積為準；尚未核發土地使用證書的，應由納稅人據實申報土地面積。

（二）稅額標準

城鎮土地使用稅實行分級幅度稅額。每平方米土地年稅額如下：
1. 大城市為1.5元至30元。
2. 中等城市為1.2元至24元。
3. 小城市為0.9元至18元。
4. 縣城、建制鎮、工礦區為0.6元至12元。

根據《關於土地使用稅若干具體問題的解釋和暫行規定》的規定，大、中、小城市以公安部門登記在冊的非農業正式戶口人數為依據，按照國務院頒布的《城市規劃條例》中規定的標準劃分。現行的劃分標準是：市區及郊區非農業人口總計在50萬以上的，為大城市；市區及郊區非農業人口總計在20萬至50萬的，為中等城市；市區及郊區非農業人口總計在20萬以下的，為小城市。

《中華人民共和國城鎮土地使用稅暫行條例》第五條指出，各省、自治區、直轄市人民政府，應當在所列稅額幅度內，根據市政建設狀況、經濟繁榮程度等條件確定所轄地區的適用稅額幅度。

市、縣人民政府應當根據實際情況，將本地區土地劃分為若干等級，在省、自治

區、直轄市人民政府確定的稅額幅度內，制定相應的適用稅額標準，報省、自治區、直轄市人民政府批准執行。

經省、自治區、直轄市人民政府批准，經濟落後地區土地使用稅的適用稅額標準可以適當降低，但降低額不得超過《城鎮土地使用稅暫行條例》第四條規定最低稅額的 30%。經濟發達地區土地使用稅的適用稅額標準可以適當提高，但須報經財政部批准。

（三）計稅方法

應納稅額＝納稅人實際占用的土地面積（平方米）×適用稅額標準

土地使用權幾方共有的，由共有的各方按其實際使用的土地面積占總面積的比例，分別計算繳納土地使用稅。

四、稅收優惠

（一）一般規定

根據《中華人民共和國稅城鎮土地使用稅暫行條例》第六條的規定，具有下列情形的土地免繳土地使用稅：

1. 國家機關、人民團體、軍隊自用的土地。
2. 由國家財政部門撥付事業經費的單位自用的土地。
3. 宗教寺廟、公園、名勝古跡自用的土地。
4. 市政街道、廣場、綠化地帶等公共用地。
5. 直接用於農、林、牧、漁業的生產用地。
6. 經批准開山填海整治的土地和改造的廢棄土地，從使用的月份起免繳土地使用稅 5 至 10 年。
7. 由財政部另行規定免稅的能源、交通、水利設施用地和其他用地。

根據《關於土地使用稅若干具體問題的解釋和暫行規定》的規定，免稅單位自用的土地，是指這些單位本身的辦公用地和公務用地。一是國家機關、人民團體、軍隊自用的土地，是指這些單位本身的辦公用地和公務用地。二是人民團體是指經國務院授權的政府部門批准設立或登記備案並由國家撥付行政事業費的各種社會團體。現規定，企業辦的學校、醫院、托兒所、幼兒園的自用土地，其用地能與企業其他用地明確區分的，可以比照由國家財政部門撥付事業經費的單位自用的土地，免徵土地使用稅。以上單位的生產、營業用地和其他用地，不屬於免稅範圍，應按規定繳納土地使用稅。三是事業單位自用的土地，是指這些單位本身的業務用地（由國家財政部門撥付事業經費的單位，是指由國家財政部門撥付經費、實行全額預算管理或差額預算管理的事業單位。不包括實行自收自支、自負盈虧的事業單位）。事業單位的生產、營業用地和其他用地，不屬於免稅範圍，應按規定繳納土地使用稅。四是宗教寺廟自用的土地，是指舉行宗教儀式等的用地和寺廟內的宗教人員生活用地。五是公園、名勝古跡自用的土地，是指供公共參觀遊覽的用地及其管理單位的辦公用地。

以上單位的生產、營業用地和其他用地，不屬於免稅範圍，應按規定繳納土地使

用稅。公園、名勝古跡中附設的營業單位，如影劇院、飲食部、茶社、照相館等使用的土地，應徵收土地使用稅。直接用於農、林、牧、漁業的生產用地，是指直接從事種植、養殖、飼養的專業用地，不包括農副產品加工場地和生活、辦公用地。

（二）由省、自治區、直轄市稅務局確定的免稅項目

根據《關於土地使用稅若干具體問題的解釋和暫行規定》第十八條的規定，下列土地的徵免稅由省、自治區、直轄市稅務局確定：

1. 個人所有的居住房屋及院落用地。
2. 房產管理部門在房租調整改革前經租的居民住房用地。
3. 免稅單位職工家屬的宿舍用地。
4. 民政部門舉辦的安置殘疾人占一定比例的福利工廠用地。

註：此規定已經廢止。新規定是在一個納稅年度內，月平均實際安置殘疾人就業人數占本單位在職職工總數的比例達到25%以上且安置殘疾人10人以上的單位，可減徵或免徵該納稅年度的城鎮土地使用稅，具體減免稅比例和管理辦法由省級財稅主管部門確定。

5. 集體和個人辦的各類學校、醫院、托兒所、幼兒園用地。

（三）由國地稅規定的免稅土地

根據《國家稅務總局關於印發〈關於城鎮土地使用稅若干具體問題的補充規定〉的通知》的規定，下列土地的徵免稅由省、自治區、直轄市稅務局確定：

1. 對有些基建項目，特別是國家產業政策扶持發展的大型基建項目占地面積大，建設週期長，在建期間又沒有經營收入，為照顧其實際情況，對納稅人納稅確有困難的，可由各省、自治區、直轄市稅務局根據具體情況予以免徵或減徵土地使用稅；對已經完工或已經使用的建設項目，其用地應照章徵收土地使用稅。

2. 對城鎮內的集貿市場（農貿市場）用地，按規定應徵收土地使用稅。為了促進集貿市場的發展及照顧各地的不同情況，各省、自治區、直轄市稅務局可根據具體情況自行確定對集貿市場用地徵收或者免徵土地使用稅。

3. 對於各類危險品倉庫、廠房所需的防火、防爆、防毒等安全防範用地，可由各省、自治區、直轄市稅務局確定，暫免徵收土地使用稅；對倉庫庫區、廠房本身用地，應照章徵收土地使用稅。

4. 企業搬遷後，原有場地不使用的，經各省、自治區、直轄市稅務局審批，可暫免徵收土地使用稅。

5. 對企業範圍內的荒山、林地、湖泊等占地，尚未利用的，經各省、自治區、直轄市稅務局審批，可暫免徵收土地使用稅。

根據《國家稅務局關於對交通部門的港口用地徵免土地使用稅問題的規定》的規定：對港口的碼頭（即泊位，包括岸邊碼頭、伸入水中的浮碼頭、堤岸、堤壩、棧橋等）用地，免徵土地使用稅。

五、徵收管理

（一）納稅期限

城鎮土地使用稅按年計算，分期繳納。繳納期限由省、自治區、直轄市人民政府確定。

（二）納稅地點

城鎮土地使用稅由土地所在地的稅務機關徵收。土地管理機關應當向土地所在地的稅務機關提供土地使用權屬資料。

根據《國家稅務總局關於檢發〈關於城鎮土地使用稅若干具體問題的解釋和暫行規定〉的通知》的規定，納稅人使用的土地不屬於同一省、自治區、直轄市管轄範圍的，應由納稅人分別向土地所在地的稅務機關繳納土地使用稅。在同一省、自治區、直轄市管轄範圍內，納稅人跨地區使用的土地，由各省、自治區、直轄市稅務局確定。

（三）納稅義務發生時間

根據《關於城鎮土地使用稅有關政策規定的通知》的規定：

購置新建商品房，自房屋交付使用之次月起計徵城鎮土地使用稅。

購置存量房，在辦理房屋權屬轉移、變更登記手續，房地產權屬登記機關簽發房屋權屬證書之次月起計徵城鎮土地使用稅。

出租、出借房產，自交付出租、出借房產之次月起計徵城鎮土地使用稅。

房地產開發企業自用、出租、出借本企業建造的商品房，自房屋使用或交付之次月起計徵城鎮土地使用稅。

納稅人新徵用的耕地，自批准徵用之日起滿一年時開始繳納城鎮土地使用稅。

納稅人新徵用的非耕地，自批准徵用次月起繳納城鎮土地使用稅。

自 2009 年 1 月 1 日起，納稅人因土地的權利狀態發生變化而依法終止城鎮土地使用稅納稅義務的，其應納稅款的計算應截止到土地權利狀態發生變化的月末。

六、城鎮土地使用稅會計科目的設置

企業按規定計算出應繳納的城鎮土地使用稅，借記「管理費用」科目，貸記「應交稅費——應交城鎮土地使用稅」科目。實際繳納時，借記「應交稅費——應交城鎮土地使用稅」科目，貸記「銀行存款」科目。

城鎮土地使用稅計算示範

例如，某企業地處城郊，土地使用證記載企業實際占用土地 5,000 平方米，該公司所在地人民政府規定土地使用稅單位稅額為每年每平方米 9 元。2007 年 7 月經批准占用耕地 1,000 平方米，用於建立一個倉庫，已經按規定繳納了耕地占用稅。當地政府規定城鎮土地使用稅按年計算，每半年繳納一次。計算該企業 2008 年應繳納的城鎮土地使用稅並做會計處理。

第一，該企業 1~6 月份城鎮土地使用稅計算如下：

年應納稅額＝5,000×9＝45,000（元）

月應納稅額＝45,000÷12＝3,750（元）

1～6月份應納稅額＝3,750×6＝22,500（元）

1月末至6月末分別做如下會計分錄：

借：管理費用 3,750
　　貸：應交稅費——應交城鎮土地使用稅 3,750

2007年7月初實際繳納城鎮土地使用稅時做如下會計分錄：

借：應交稅費——應交城鎮土地使用稅 22,500
　　貸：銀行存款 22,500

第二，按規定，新徵用的耕地已經繳納了耕地占用稅的，從批准占用之日起滿一年徵收城鎮土地使用稅，在此以前不徵收城鎮土地使用稅。則從2008年7月份起，企業應徵收城鎮土地使用稅的土地面積為6,000平方米。該企業7～12月份其應納稅額為：

年應納稅額＝6,000×9＝54,000（元）

月應納稅額＝54,000÷12＝4,500（元）

7～12月份應納稅額＝4,500×6＝27,000（元）

7月末至12月末企業應分別做如下會計分錄：

借：管理費用 4,500
　　貸：應交稅費——應交城鎮土地使用稅 4,500

2009年1月初實際繳納城鎮土地使用稅時做如下會計分錄：

借：應交稅費——應交城鎮土地使用稅 27,000
　　貸：銀行存款 27,000

思考題

略。

第十三節　菸葉稅

中國於2006年4月28日頒布並實施《菸葉稅暫行條例》。國務院法制辦、財政部、國家稅務總局明確指出，開徵菸葉稅不會增加農民的負擔。這主要是因為原菸葉特產農業稅是在菸葉收購環節由菸草收購公司繳納的，這次改徵菸葉稅以後，納稅人、納稅環節、計稅依據等都保持了原菸葉特產農業稅的規定不變。菸葉稅是對在中華人民共和國境內收購菸葉徵收的一種稅。菸葉稅由地方稅務局負責徵收，所得收入歸中央政府所有。

在中華人民共和國境內收購菸葉的單位為菸葉稅的納稅人。

菸葉稅實行比例稅率，稅率為20%。菸葉稅稅率的調整，由國務院決定。

菸葉，是指晾曬菸葉、烤菸葉。上述單位包括中國菸草專賣法規定的有權收購菸葉的菸草公司和受其委託收購菸葉的單位。

菸葉稅的應納稅額按照納稅人收購菸葉的收購金額和規定的稅率計算。

應納稅額的計算公式為：

應納稅額＝菸葉收購金額×稅率

應納稅額以人民幣計算。

菸葉稅由地方稅務機關徵收。納稅人收購菸葉，應當向菸葉收購地的主管稅務機關申報納稅。

菸葉稅的納稅義務發生時間為納稅人收購菸葉的當天。

納稅人應當自納稅義務發生之日起30日內申報納稅。具體納稅期限由主管稅務機關核定。

思考題

略。

第五章　稅收徵管制度

第一節　稅收徵管概論

　　稅收徵管是指稅務機關依據國家法律、法規和稅收徵管法的規定，對稅款徵收過程進行組織、管理、檢查等一系列工作的總稱。稅收徵管是整個稅收管理活動的中心環節，是實現稅收管理目標，將潛在的稅源變為現實的稅收收入的實現手段，也是貫徹國家產業政策，指導、監督納稅人正確履行納稅義務，發揮稅收作用的重要措施的基礎性工作。稅收徵收管理的內容主要包括稅務管理、稅款徵收、稅務檢查和徵管法律責任等，而稅務管理又可細分為稅務登記、帳簿、憑證管理、納稅申報等。

一、稅收執法依據和稅務機關

（一）稅收執法依據

　　新徵管法是稅收徵收管理的基本法律，凡依法由稅務機關徵收的各種稅收的徵收管理均適用本法。耕地占用稅、契稅、農業稅、牧業稅徵收管理的具體辦法，由國務院另行制定。關稅及海關代徵稅收的徵收管理，依照法律、行政法規的有關規定執行。中華人民共和國同外國締結的有關稅收的條約、協定同徵管法有不同規定的，依照條約、協定的規定辦理。

　　1. 稅收的開徵、停徵以及減稅、免稅、退稅、補稅，依照法律的規定執行；法律授權國務院規定的，依照國務院制定的行政法規的規定執行。

　　2. 任何機關、單位和個人不得違反法律、行政法規的規定，擅自作出稅收開徵、停徵以及減稅、免稅、退稅、補稅和其他同稅收法律、行政法規相抵觸的決定。任何部門、單位和個人作出的與稅收法律、行政法規相抵觸的決定一律無效，稅務機關不得執行，並應當向上級稅務機關報告。

　　3. 國務院稅務主管部門主管全國稅收徵收管理工作。各地國家稅務局和地方稅務局應當按照國務院規定的稅收徵收管理範圍分別進行徵收管理。上級稅務機關發現下級稅務機關的稅收違法行為，應當及時予以糾正；下級稅務機關應當按照上級稅務機關的規定及時改正。下級稅務機關發現上級稅務機關的稅收違法行為，應當向上級稅務機關或有關部門報告。

　　4. 地方各級人民政府應當依法加強對本行政區域內稅收徵收管理工作的領導或者協調，支持稅務機關依法執行職務，依照法定稅率計算稅額，依法徵收稅款。

5. 稅務機關依法執行職務，任何單位和個人不得阻撓。各有關部門和單位應當支持、協助稅務機關依法執行職務。

6. 稅務機關應當廣泛宣傳稅收法律、行政法規，普及納稅知識，無償為納稅人提供納稅諮詢服務。

7. 稅務機關應當加強隊伍建設，提高稅務人員的政治業務素質。稅務機關、稅務人員必須秉公執法、忠於職守、清正廉潔、禮貌待人、文明服務，尊重和保護納稅人、扣繳義務人的權利，依法接受監督。稅務人員不得索賄受賄、徇私舞弊、玩忽職守、不徵或者少徵應徵稅款；不得濫用職權多徵稅款或者故意刁難納稅人和扣繳義務人。

8. 各級稅務機關應當建立、健全內部制約和監督管理制度。上級稅務機關應當對下級稅務機關的執法活動依法進行監督。各級稅務機關應當對其工作人員執行法律、行政法規和廉潔自律準則的情況進行監督檢查。

9. 稅務機關負責徵收、管理、稽查、行政復議的人員的職責應當明確，並相互分離、相互制約。

10. 稅務人員徵收稅款和查處稅收違法案件，與納稅人、扣繳義務人或者稅收違法案件有利害關係的，應當迴避。

（二）稅務機關

稅務機關是國家為了實現稅收職能而設立的專門從事稅收管理工作的機構，它是國家的重要職能部門。

目前，中國稅務機關設置的層次和結構是：國家稅務總局是中央稅務機關，負責組織全國稅務工作，為國務院直屬正部級單位。各省、自治區、直轄市國家稅務局等國稅系統的單位歸國家稅務總局垂直管理，各省、自治區、直轄市地方稅務局是稅收管理的地方組織機構，國家稅務總局協同省級人民政府對省級地方稅務局實行雙重領導，對省級地方稅務局局長任免提出意見。地方稅務局在國家稅務總局的業務指導下，在同級政府的領導下，負責本地區的地方稅收收入的組織工作，國地稅的機構設置基本上與國家稅務局對口，局下設處。地（市）和縣（市）稅務局的機構設置有兩種情況：一是由上級稅務局垂直管理；另一種是受上級和同級政府雙重領導，其機構設置也大都與上一級稅務機構對口。縣以下稅務所的設置：農村稅務所，一般按經濟區劃設置，也有的按行政區劃設置；城鎮稅務所，有的按納稅人的經濟性質設置，有的按行業設置，有的按經濟規模設置，也有的按稅種設置。

二、納稅人、扣繳義務人

納稅人是指依照法律、行政法規的規定負有納稅義務的單位和個人，亦稱納稅義務人。代扣代繳義務人亦稱扣繳義務人，即有義務從持有的納稅人收入中扣除應納稅款並代為繳納的企業或單位。

（一）納稅人的權利

根據《國家稅務總局關於納稅人權利與義務的公告》的規定，納稅人在履行納稅義務過程中，依法享有下列權利：

1．知情權

有權向稅務機關瞭解國家稅收法律、行政法規的規定以及與納稅程序有關的情況。

2．保密權

有權要求稅務機關為納稅人（包括單位和個人）的情況保密。包括依法保護商業秘密和個人隱私保密。

3．稅收監督權

有權對稅務機關違反稅收法律、行政法規的行為進行檢舉和控告。同時對其他納稅人的稅收違法行為也有權進行檢舉。

4．納稅申報方式選擇權

納稅人可以直接到辦稅服務廳辦理納稅申報或者報送代扣代繳、代收代繳稅款報告表，也可以按照規定採取郵寄、數據電文或者其他方式辦理上述申報、報送事項。

5．申請延期申報權

納稅人如不能按期辦理納稅申報或者報送代扣代繳、代收代繳稅款報告表，可以在規定的期限內向稅務機關提出書面延期申請，經核准，可在核准的期限內辦理。

6．申請延期繳納稅款權

納稅人因有特殊困難，不能按期繳納稅款的，經省、自治區、直轄市國家稅務局、地方稅務局批准，可以延期繳納稅款，但是最長不得超過三個月。

7．申請退還多繳稅款權

對納稅人超過應納稅額繳納的稅款，稅務機關發現後，將自發現之日起10日內辦理退還手續；如納稅人自結算繳納稅款之日起三年內發現的，可以向稅務機關要求退還多繳的稅款並加算銀行同期存款利息。

8．依法享受稅收優惠權

納稅人可以依照法律、行政法規的規定書面申請減稅、免稅。

9．委託稅務代理權

納稅人有權就辦理、變更或者註銷稅務登記、納稅申報或扣繳稅款報告、稅款繳納和申請退稅、製作涉稅文書——提起稅務行政訴訟以及國家稅務總局規定的其他業務委託稅務代理。

10．陳述與申辯權

對稅務機關作出的決定，納稅人享有陳述權、申辯權。

11．拒絕檢查權對未出示稅務檢查證和稅務檢查通知書的稅務機關通知的稅務檢查可以拒絕。

12．稅收法律救濟權

對稅務機關作出的決定，依法享有申請行政復議、提起行政訴訟、請求國家賠償等權利。

13．依法要求聽證的權利

對稅務機關作出行政處罰之前，送達的《稅務行政處罰事項告知書》，納稅人有權要求舉行聽證。

14. 索取有關稅收憑證的權利

稅務機關徵收稅款時，必須開具完稅憑證。扣繳義務人代扣、代收稅款時，納稅人要求扣繳義務人開具代扣、代收稅款憑證時，扣繳義務人應當開具。

稅務機關扣押商品、貨物或者其他財產時，必須開付收據；查封商品、貨物或者其他財產時，必須開付清單。

(二) 納稅人的義務

依照憲法、稅收法律和行政法規的規定，納稅人在納稅過程中負有以下義務：

1. 依法進行稅務登記的義務

納稅人應當自領取營業執照之日起30日內，持有關證件，向稅務機關申報辦理稅務登記；並根據稅務機關的規定提交相關資料，按照稅務機關的規定使用稅務登記證件。

2. 依法設置帳簿、保管帳簿和有關資料以及依法開具、使用、取得和保管發票的義務

納稅人應按照有關法律、行政法規和有關部門的規定設置帳簿，根據合法、有效憑證記帳，進行核算；從事生產、經營的，必須按照國務院、稅務主管部門規定的保管期限保管帳簿、記帳憑證、完稅憑證及其他有關資料；帳簿、憑證及其他有關資料不得偽造、變造或者擅自損毀。

3. 財務會計制度和會計核算軟件備案的義務

納稅人的財務、會計制度或者財務、會計處理辦法和會計核算軟件，應當報送稅務機關備案。

4. 按照規定安裝、使用稅控裝置的義務

納稅人應當按照規定安裝、使用稅控裝置，不得損毀或者擅自改動稅控裝置。

5. 按時、如實申報的義務

納稅人應當依照法律、行政法規的規定確定的申報期限、申報內容如實辦理納稅申報，以及稅務機關要求報送的其他納稅資料。扣繳義務人，必須依照規定確定的申報期限、申報內容如實報送代扣代繳、代收代繳稅款報告表以及稅務機關要求報送的其他有關資料。

6. 按時繳納稅款的義務

納稅人應當按照法律、行政法規確定的期限，繳納或者解繳稅款。代扣代繳、代收代繳義務人應按照法律、行政法規的規定履行代扣、代收稅款的義務。

7. 接受依法檢查的義務

納稅人應主動配合稅務機關按法定程序進行的稅務檢查，如實反應情況，並按有關規定提供報表和資料。

8. 及時提供信息的義務

納稅人有歇業、經營情況變化、遭受各種災害等特殊情況的，應及時向稅務機關說明，以便稅務機關依法妥善處理。

9. 報告其他涉稅信息的義務

(1) 有義務就本公司與關聯企業之間的業務往來，向當地稅務機關提供有關的價

格、費用標準等資料。

(2) 有合併、分立情形的，應當向稅務機關報告，並依法繳清稅款。分立後的納稅人對未履行的納稅義務應當承擔連帶責任。

(3) 報告全部帳號的義務。

(4) 處分大額財產報告的義務。如欠繳稅款數額在5萬元以上，在處分不動產或者大額資產之前，應當向稅務機關報告。

思考題

1. 納稅人的權利和義務包括哪些？
2. 稅務機關徵稅的法律依據是什麼？

第二節 稅務管理

一、稅務登記

稅務登記是整個稅收徵管工作的首要環節。《中華人民共和國稅收徵收管理法》中系統地規定了稅務登記的範圍、內容和要求。2003年12月17日，國家稅務總局公布了《稅務登記管理辦法》，進一步規範稅務登記管理。

稅務登記又稱納稅登記，是稅務機關根據稅收法規對納稅人的設立、變更、歇業以及生產經營範圍等與納稅有關的事項進行法定登記的一項管理制度，是納稅人履行納稅義務的法定手續，也是稅務機關瞭解納稅人的基本情況，掌握經濟稅源，加強稅收徵管的前提，對增強納稅人依法納稅的觀念具有重要作用。

根據《中華人民共和國稅收徵收管理法》及其有關規定，企業、企業在外地設立的分支機構和從事生產、經營的場所，個體工商戶和從事生產、經營的事業單位，均應當依法辦理稅務登記。

根據稅收法律、行政法規的規定負有扣繳稅款義務的扣繳義務人（國家機關除外），應當按照《中華人民共和國稅收徵收管理法》及《中華人民共和國稅收徵收管理法實施細則》和本辦法的規定辦理扣繳稅款登記。

縣以上（含本級，下同）國家稅務局（分局）、地方稅務局（分局）是稅務登記的主管稅務機關，負責稅務登記的設立登記、變更登記、註銷登記和稅務登記證驗證、換證以及非正常戶處理、報驗登記等有關事項。

國家稅務局（分局）、地方稅務局（分局）按照國務院規定的稅收徵收管理範圍，實施屬地管理，採取聯合登記或分別登記的方式辦理稅務登記。有條件的城市，國家稅務局（分局）、地方稅務局（分局）可以按照「各區分散受理、全市集中處理」的原則辦理稅務登記。國家稅務局（分局）、地方稅務局（分局）聯合辦理稅務登記的，應當對同一納稅人核發同一份加蓋國家稅務局（分局）、地方稅務局（分局）印章的

稅務登記證。

(一) 設立登記

企業在外地設立的分支機構和從事生產、經營的場所，個體工商戶和從事生產、經營的事業單位（以下統稱從事生產、經營的納稅人），向生產、經營所在地稅務機關申報辦理稅務登記：

1. 登記的主要規定

（1）從事生產、經營的納稅人領取工商營業執照（含臨時工商營業執照）的，應當自領取工商營業執照之日起 30 日內申報辦理稅務登記，稅務機關核發稅務登記證及副本（納稅人領取臨時工商營業執照的，稅務機關核發臨時稅務登記證及副本）。

（2）從事生產、經營的納稅人未辦理工商營業執照但經有關部門批准設立的，應當自有關部門批准設立之日起 30 日內申報辦理稅務登記，稅務機關核發稅務登記證及副本。

（3）從事生產、經營的納稅人未辦理工商營業執照也未經有關部門批准設立的，應當自納稅義務發生之日起 30 日內申報辦理稅務登記，稅務機關核發臨時稅務登記證及副本。

（4）有獨立的生產經營權、在財務上獨立核算並定期向發包人或者出租人上交承包費或租金的承包承租人，應當自承包承租合同簽訂之日起 30 日內，向其承包承租業務發生地稅務機關申報辦理稅務登記，稅務機關核發臨時稅務登記證及副本。

（5）從事生產、經營的納稅人外出經營，自其在同一縣（市）實際經營或提供勞務之日起，在連續的 12 個月內累計超過 180 天的，應當自期滿之日起 30 日內，向生產、經營所在地稅務機關申報辦理稅務登記，稅務機關核發臨時稅務登記證及副本。

（6）境外企業在中國境內承包建築、安裝、裝配、勘探工程和提供勞務的，應當自項目合同或協議簽訂之日起 30 日內，向項目所在地稅務機關申報辦理稅務登記，稅務機關核發臨時稅務登記證及副本。其他納稅人，除國家機關、個人和無固定生產、經營場所的流動性農村小商販外，均應當自納稅義務發生之日起 30 日內，向納稅義務發生地稅務機關申報辦理稅務登記，稅務機關核發稅務登記證及副本。

已辦理稅務登記的扣繳義務人應當自扣繳義務發生之日起 30 日內，向稅務登記地稅務機關申報辦理扣繳稅款登記。稅務機關在其稅務登記證件上登記扣繳稅款事項，稅務機關不再發給扣繳稅款登記證件。根據稅收法律、行政法規的規定可不辦理稅務登記的扣繳義務人，應當自扣繳義務發生之日起 30 日內，向機構所在地稅務機關申報辦理扣繳稅款登記。稅務機關核發扣繳稅款登記證件、稅務登記的內容和基本要求。

2. 登記時的注意事項

（1）應向稅務機關提供的資料

納稅人在申報辦理稅務登記時，應當根據不同情況向稅務機關如實提供以下證件和資料：①工商營業執照或其他核准執業證件；②有關合同、章程、協議書；③組織機構統一代碼證書；④法定代表人或負責人或業主的居民身分證、護照或者其他合法證件。其他需要提供的有關證件、資料，由省、自治區、直轄市稅務機關確定。

（2）稅務登記表的主要內容

辦理稅務登記應當填寫稅務登記表，稅務登記表的主要內容包括：單位名稱、法定代表人或者業主姓名及其居民身分證、護照或者其他合法證件的號碼；住所、經營地點；登記類型；核算方式；生產經營方式；生產經營範圍；註冊資金（資本）、投資總額；生產經營期限；財務負責人、聯繫電話；國家稅務總局確定的其他有關事項。納稅人提交的證件和資料齊全且稅務登記表的填寫內容符合規定的，稅務機關應及時發放稅務登記證件。納稅人提交的證件和資料不齊全或稅務登記表的填寫內容不符合規定的，稅務機關應當場通知其補正或重新填報。納稅人提交的證件和資料明顯有疑點的，稅務機關應進行實地調查，核實後予以發放稅務登記證件。

稅務登記證件的主要內容包括：納稅人名稱、稅務登記代碼、法定代表人或負責人、生產經營地址、登記類型、核算方式、生產經營範圍（主營、兼營）、發證日期、證件有效期等。

辦理稅務登記的基本要求是：應由納稅人親自辦理，並如實填寫稅務登記表和提供有關證件。在填寫稅務登記表時，要做到字跡工整、清晰、不遺漏項目、不隱匿謊報。稅務機關對納稅人填報稅務登記表，做到事前有輔導，事後有檢查，如發現遺漏等，立即退回原填報單位，重新進行填報。

（二）變更登記

納稅人稅務登記內容發生變化的，應當向原稅務登記機關申報辦理變更稅務登記。

內容發生變化是指納稅人在辦理稅務登記後，如果發生變更企業名稱、法定代表人、改變經營地點、改變生產經營範圍或經營方式、轉業、改組、分設、合併、聯營、增減註冊資本、改變開戶銀行或帳號、改變工商證照等。

1. 納稅人已在工商行政管理機關辦理變更登記的，應當自工商行政管理機關變更登記之日起30日內，向原稅務登記機關如實提供工商登記變更表及工商營業執照、納稅人變更登記內容的有關證明文件、稅務機關發放的原稅務登記證件（登記證正、副本）和登記表等申報辦理變更稅務登記。

2. 納稅人按照規定不需要在工商行政管理機關辦理變更登記，或者其變更登記的內容與工商登記內容無關的，應當自稅務登記內容實際發生變化之日起30日內，或者自有關機關批准或者宣布變更之日起30日內，持納稅人變更登記內容的有關證明文件、稅務機關發放的原稅務登記證件（登記證正、副本和稅務登記表等）到原稅務登記機關申報辦理變更稅務登記；納稅人提交的有關變更登記的證件、資料齊全的，應如實填寫稅務登記變更表，經稅務機關審核，符合規定的，稅務機關應予以受理；不符合規定的，稅務機關應通知其補正。稅務機關應當自受理之日起30日內，審核辦理變更稅務登記。納稅人稅務登記表和稅務登記證中的內容都發生變更的，稅務機關按變更後的內容重新核發稅務登記證件；納稅人稅務登記表的內容發生變更而稅務登記證中的內容未發生變更的，稅務機關不重新核發稅務登記證件。

（三）停業、復業登記

實行定期定額徵收方式的個體工商戶需要停業的，應當在停業前向稅務機關申報

辦理停業登記。納稅人的停業期限不得超過一年。納稅人在申報辦理停業登記時，應如實填寫停業申請登記表，說明停業理由、停業期限、停業前的納稅情況和發票的領、用、存情況，並結清應納稅款、滯納金、罰款。稅務機關應收存其稅務登記證件及副本、發票領購簿、未使用完的發票和其他稅務證件。納稅人在停業期間發生納稅義務的，應當按照稅收法律、行政法規的規定申報繳納稅款。納稅人應當於恢復生產經營之前，向稅務機關申報辦理復業登記，如實填寫《停、復業報告書》，領回並啟用稅務登記證件、發票領購簿及其停業前領購的發票。納稅人停業期滿不能及時恢復生產經營的，應當在停業期滿前向稅務機關提出延長停業登記申請，並如實填寫《停、復業報告書》。

(四) 註銷登記

納稅人發生解散、破產、撤銷以及其他情形，依法終止納稅義務的，應當在向工商行政管理機關或者其他機關辦理註銷登記前，持有關證件和資料向原稅務登記機關申報辦理註銷稅務登記；按規定不需要在工商行政管理機關或者其他機關辦理註冊登記的，應當自有關機關批准或者宣告終止之日起15日內，持有關證件和資料向原稅務登記機關申報辦理註銷稅務登記。納稅人被工商行政管理機關吊銷營業執照或者被其他機關予以撤銷登記的，應當自營業執照被吊銷或者被撤銷登記之日起15日內，向原稅務登記機關申報辦理註銷稅務登記。納稅人因住所、經營地點變動，涉及改變稅務登記機關的，應當在向工商行政管理機關或者其他機關申請辦理變更、註銷登記前，或者住所、經營地點變動前，持有關證件和資料，向原稅務登記機關申報辦理註銷稅務登記，並自註銷稅務登記之日起30日內向遷達地稅務機關申報辦理稅務登記。境外企業在中國境內承包建築、安裝、裝配、勘探工程和提供勞務的，應當在項目完工、離開中國前15日內，持有關證件和資料，向原稅務登記機關申報辦理註銷稅務登記。納稅人辦理註銷稅務登記前，應當向稅務機關提交相關證明文件和資料，結清應納稅款、多退（免）稅款、滯納金和罰款，繳銷發票、稅務登記證件和其他稅務證件，經稅務機關核准後，辦理註銷稅務登記手續。

(五) 外出經營報驗登記

納稅人到外縣（市）臨時從事生產經營活動的，應當在外出生產經營以前，持稅務登記證向主管稅務機關申請開具《外出經營活動稅收管理證明》（以下簡稱《外管證》）。稅務機關按照一地一證的原則，核發《外管證》，《外管證》的有效期限一般為30日，最長不得超過180天。

(六) 非正常戶處理

已辦理稅務登記的納稅人未按照規定的期限申報納稅，在稅務機關責令其限期改正後，逾期不改正的，稅務機關應當派員實地檢查，查無下落並且無法強制其履行納稅義務的，由檢查人員製作非正常戶認定書，存入納稅人檔案，稅務機關暫停其稅務登記證件、發票領購簿和發票的使用。納稅人被列入非正常戶超過三個月的，稅務機關可以宣布其稅務登記證件失效，其應納稅款的追徵仍按《稅收徵管法》及其《實施

細則》的規定執行。

(七) 稅務登記證的使用與管理

稅務登記證是納稅人履行了納稅登記義務的書面證明，應當正確使用和管理。

1. 稅務登記證的使用

納稅人應當按照有關規定使用稅務登記證件，不得出借（只限於納稅人自己使用）、轉讓、塗改、損毀、買賣或者偽造。納稅人應將稅務登記證正本在其生產經營場所或者辦公場所公開懸掛，接受稅務機關檢查。

除按照規定不需要核發稅務登記證的外，納稅人辦理下列稅務事項時，必須攜帶稅務登記證：開立銀行帳戶，申報辦理減稅、免稅、退稅，申請辦理延期申報、延期納稅，領購發票，申請辦理外出經營稅收管理證明，申請辦理停業、歇業等稅務機關規定的有關事項。

2. 管理

(1) 驗證和換證。稅務機關對稅務登記證實行定期驗證和換證制度，具體驗證和換證時間，由國家稅務總局規定。驗證時間一般一年一次，此外，稅務機關定期更換稅務登記證，一般3年至5年進行一次。

(2) 遺失稅務登記證的處理。納稅人、扣繳義務人遺失稅務登記證件的，應當自遺失稅務登記證件之日起15日內，書面報告主管稅務機關。

(八) 稅務登記的法律責任

納稅人未按照規定期限申報辦理稅務登記、變更或者註銷登記的，稅務機關應當自發現之日起3日內責令其限期改正，逾期不改正的，可以處二千元以下的罰款；情節嚴重的，處二千元以上一萬元以下的罰款。納稅人不辦理稅務登記的，稅務機關應當自發現之日起3日內責令其限期改正；逾期不改正的，可以處二千元以下的罰款；情節嚴重的，處二千元以上一萬元以下的罰款。

納稅人未按照規定使用稅務登記證件，或者轉借、塗改、損毀、買賣、偽造稅務登記證件的，可以二千元以下的罰款；情節嚴重的，處二千元以上一萬元以下的罰款。納稅人通過提供虛假的證明資料等手段，騙取稅務登記證的，處二千元以下的罰款；情節嚴重的，處二千元以上一萬元以下的罰款。納稅人涉嫌其他違法行為的，按有關法律、行政法規的規定處理。扣繳義務人未按照規定辦理扣繳稅款登記的，稅務機關應當自發現之日起3日內責令其限期改正，並可處以二千元以下的罰款。納稅人、扣繳義務人違反本辦法規定，拒不接受稅務機關處理的，稅務機關可以收繳其發票或者停止向其發售發票。稅務人員徇私舞弊或者玩忽職守，違反本辦法規定為納稅人辦理稅務登記相關手續，或者濫用職權，故意刁難納稅人、扣繳義務人的，調離工作崗位，並依法給予行政處分。

二、納稅申報

納稅申報是納稅人在發生納稅義務後按照稅法規定的期限和內容向主管稅務機關提交有關納稅書面報告的法律行為，是界定納稅人法律責任的主要依據，是稅務機關

稅收管理信息的主要來源，也是稅務機關核定應徵稅額和填開納稅憑證的主要依據。它是稅收徵管的一項基本制度，是整個納稅程序的關鍵環節。納稅人及時、全面、準確地進行納稅申報，對於納稅人依法納稅和稅務機關依法徵稅都具有十分重要的作用。

(一) 一般規定

1. 納稅人必須依照法律、行政法規規定或者稅務機關依照法律、行政法規的規定確定的申報期限、申報內容如實辦理納稅申報，報送納稅申報表、財務會計報表及其說明材料（例如與納稅有關的合同、協議書及憑證、稅控裝置的電子報稅資料、外出經營活動稅收管理證明和異地完稅憑證、境內或者境外公證機構出具的有關證明文件）以及稅務機關根據實際需要要求納稅人報送的其他納稅資料。

2. 扣繳義務人必須依照法律、行政法規規定或者稅務機關依照法律、行政法規的規定確定的申報期限、申報內容如實報送代扣代繳、代收代繳稅款報告表以及稅務機關根據實際需要要求扣繳義務人報送的其他有關資料。

3. 納稅人、扣繳義務人可以直接到稅務機關辦理納稅申報或者報送代扣代繳、代收代繳稅款報告表，也可以按照規定採取郵寄、數據電文或者其他方式辦理上述申報、報送事項。納稅人採取郵寄方式辦理納稅申報的，應當使用統一的納稅申報專用信封，並以郵政部門收據作為申報憑據。郵寄申報以寄出的郵戳日期為實際申報日期。納稅人採取電子方式辦理納稅申報的（數據電文方式，是指稅務機關確定的電話語音、電子數據交換和網絡傳輸等電子方式），應當按照稅務機關規定的期限和要求保存有關資料，並定期書面報送主管稅務機關。

4. 實行定期定額繳納稅款的納稅人，可以實行簡易申報、簡並徵期等申報納稅方式。

5. 納稅人、扣繳義務人不能按期辦理納稅申報或者報送代扣代繳、代收代繳稅款報告表的，經稅務機關核准，可以延期申報。納稅人、扣繳義務人因不可抗力，不能按期辦理納稅申報或者報送代扣代繳、代收代繳稅款報告表的，可以延期辦理；但是，應當在不可抗力情形消除後立即向稅務機關報告。稅務機關應當查明事實，予以核准。

6. 納稅人在納稅期內沒有應納稅款的，也應當按照規定辦理納稅申報。納稅人享受減稅、免稅待遇的，在減稅、免稅期間應當按照規定辦理納稅申報。

7. 納稅人、扣繳義務人的納稅申報或者代扣代繳、代收代繳稅款報告表的主要內容包括：稅種、稅目，應納稅項目或者應代扣代繳、代收代繳稅款項目，計稅依據，扣除項目及標準，適用稅率或者單位稅額，應退稅項目及稅額，應減免稅項目及稅額，應納稅額或者應代扣代繳、代收代繳稅額，稅款所屬期限、延期繳納稅款、欠稅、滯納金等。

(二) 申報違章的法律責任

納稅人未按照規定的期限辦理納稅申報的，或者扣繳義務人未按照規定的期限向稅務機關報送代扣代繳、代收代繳稅款報告表的，由稅務機關責令限期改正，可以處以二千元以下的罰款；逾期不改正，稅務機關有權核定其應納稅額，並可以處以二千元以上一萬元以下的罰款。

三、帳簿、憑證管理

納稅人、扣繳義務人應當按照有關法律、行政法規和國務院財政、稅務主管部門的規定設置帳簿，根據合法、有效憑證記帳，進行核算。

1. 從事生產、經營的納稅人應當自領取營業執照或者發生納稅義務之日起 15 日內，按照國家有關規定設置帳簿；並將其財務、會計制度或者財務、會計處理辦法報送主管稅務機關備案。

2. 扣繳義務人應當自稅收法律、行政法規規定的扣繳義務發生之日起 10 日內，按照所代扣、代收的稅種，分別設置代扣代繳、代收代繳稅款帳簿。

3. 納稅人、扣繳義務人會計制度健全，能夠通過計算機正確、完整計算其收入和所得或者代扣代繳、代收代繳稅款情況的，其計算機輸出的完整的書面會計記錄，可視同會計帳簿。納稅人、扣繳義務人會計制度不健全，不能通過計算機正確、完整計算其收入和所得或者代扣代繳、代收代繳稅款情況的，應當建立總帳及與納稅或代扣代繳、代收代繳稅款有關的其他帳簿。

4. 納稅人、扣繳義務人的財務、會計制度或者財務、會計處理辦法與國務院或者國務院財政、稅務主管部門有關稅收的規定抵觸的，依照國務院或者國務院財政、稅務主管部門有關稅收的規定計算應納稅款、代扣代繳和代收代繳稅款。

5. 從事生產、經營的納稅人、扣繳義務人必須按照國務院財政、稅務主管部門規定的保管期限保管帳簿、記帳憑證、完稅憑證及其他有關資料。帳簿、記帳憑證、報表、完稅憑證、發票、出口憑證以及其他有關涉稅資料應當保存 10 年；但是，法律、行政法規另有規定的除外。

6. 帳簿、記帳憑證、報表、完稅憑證、發票、出口憑證以及其他有關涉稅資料應當合法、真實、完整。不得偽造、變造或者擅自損毀。

7. 帳簿、會計憑證和報表，應當使用中文。民族自治地方可以同時使用當地通用的一種民族文字。外商投資企業和外國企業可以同時使用一種外國文字。

四、發票的管理

為了加強發票管理和財務監督，保障國家稅收收入，維護經濟秩序，1993 年 12 月 12 日經國務院批准，1993 年 12 月 23 日以財政部令發布了《中華人民共和國發票管理辦法》，2010 年 12 月 20 日根據《國務院關於修改〈中華人民共和國發票管理辦法〉的決定》對該管理辦法進行了修訂。2011 年 1 月 27 日，國家稅務總局以國家稅務總局令公布了《中華人民共和國發票管理辦法實施細則》，並決定從 2011 年 2 月 1 日起施行。

發票，是指在購銷商品，提供或者接受服務以及從事其他經營活動中，開具、收取的收付款憑證。國家稅務總局統一負責全國發票管理工作。在全國範圍內統一式樣的發票，由國家稅務總局確定。在省、自治區、直轄市範圍內統一式樣的發票，由省、自治區、直轄市國家稅務局、地方稅務局（以下簡稱省稅務機關）確定。稅務機關是發票的主管機關，負責發票印製、領購、開具、取得、保管、繳銷的管理和監督。

國有金融、郵電、鐵路、民用航空、公路和水上運輸等單位使用的專業發票，經國家稅務總局或者總局所轄省、自治區、直轄市分局批准，可以由國務院有關主管部門或者省、自治區、直轄市人民政府有關主管部門自行管理。

財政、審計、工商行政管理、公安等有關部門在各自職責範圍內，配合稅務機關做好發票管理工作。

單位、個人在購銷商品、提供或者接受經營服務以及從事其他經營活動中，應當按照規定開具、使用、取得發票。

（一）發票的基本聯次

發票的基本聯次包括存根聯、發票聯、記帳聯。存根聯由收款方或開票方留存備查；發票聯由付款方或受票方作為付款原始憑證；記帳聯由收款方或開票方作為記帳原始憑證。

省以上稅務機關可根據發票管理情況以及納稅人經營業務需要，增減除發票聯以外的其他聯次，並確定其用途。

（二）發票的基本內容

發票的基本內容包括發票的名稱、發票代碼和號碼、聯次及用途、客戶名稱、開戶銀行及帳號、商品名稱或經營項目、計量單位、數量、單價、大小寫金額、開票人、開票日期、開票單位（個人）名稱（章）等。

增值稅專用發票還應包括購貨人地址、購貨人增值稅登記號、增值稅稅率、稅額、供貨方名稱、地址及增值稅登記號。

省以上稅務機關可根據經濟活動以及發票管理需要，確定發票的具體內容。

有固定生產經營場所、財務和發票管理制度健全的納稅人，發票使用量較大或統一發票式樣不能滿足經營活動需要的，可以向省以上稅務機關申請印有本單位名稱的發票。

（三）發票的印製

1. 增值稅專用發票由國家稅務總局統一印製，其他發票由省、自治區、直轄市國家稅務局、地方稅務局指定企業印製。未經上述稅務機關指定，不得印製發票。

2. 全國統一的發票防偽措施由國家稅務總局確定，增值稅專用發票防偽專用品由國家稅務總局指定的企業生產。省稅務機關可以根據需要增加本地區的發票防偽措施，並向國家稅務總局備案。禁止非法製造發票防偽專用品。發票防偽專用品應當按照規定專庫保管，不得丟失。次品、廢品應當在稅務機關監督下集中銷毀。

3. 稅務機關對發票印製實行統一管理的原則，嚴格審查印製發票企業的資格，對指定為印製發票的企業發給發票準印證。發票準印證由國家稅務總局統一監制，省稅務機關核發。

4. 全國統一發票監制章是稅務機關管理發票的法定標誌，其形狀、規格、內容、印色由國家稅務總局規定。發票應當套印全國統一發票監制章。發票監制章由省、自治區、直轄市稅務機關製作。禁止偽造發票監制章。

5. 發票實行不定期換版制度。全國範圍內發票換版由國家稅務總局確定；省、自治區、直轄市範圍內發票換版由省稅務機關確定。

發票換版時，應當進行公告。發票監制章和發票防偽專用品的使用和管理實行專人負責制度。

（四）發票的領購

依法辦理稅務登記的單位和個人，在領取稅務登記證件後，向主管稅務機關申請領購發票。申請領購發票的單位和個人應當提出購票申請，提供經辦人身分證明、稅務登記證件或者其他有關證明，以及財務印章或者發票專用章的印模，經主管稅務機關審核後，發給發票領購簿。身分證明是指經辦人的居民身分證、護照或者其他能證明經辦人身分的證件。

領購發票的單位和個人應當憑發票領購簿核准的種類、數量以及購票方式，向主管稅務機關領購發票。稅務機關在發售發票時，應當按照核准的收費標準收取工本管理費，並向購票單位和個人開具收據。發票工本費徵繳辦法按照國家有關規定執行。

需要臨時使用發票的單位和個人，可以直接向稅務機關申請辦理。

臨時到本省、自治區、直轄市行政區域以外從事經營活動的單位或者個人，應當憑所在地稅務機關的證明，向經營地稅務機關申請領購經營地的發票。臨時在本省、自治區、直轄市以內跨市、縣從事經營活動領購發票的辦法，由省、自治區、直轄市稅務機關規定。

稅務機關對外省、自治區、直轄市來本轄區從事臨時經營活動的單位和個人申請領購發票的，可以要求其提供保證人或者根據所領購發票的票面限額及數量繳納不超過1萬元的保證金，並限期繳銷發票。按期繳銷發票的，解除保證人的擔保義務或者退還保證金；未按期繳銷發票的，由保證人或者以保證金承擔法律責任。

稅務機關收取保證金應當開具收據。

（五）發票的開具

銷售商品、提供服務以及從事其他經營活動的單位和個人，對外發生經營業務收取款項，收款方應向付款方開具發票；特殊情況下由付款方向收款方開具發票。

填開發票的單位和個人必須在發生經營業務確認營業收入時開具發票。未發生經營業務一律不準開具發票。向消費者個人零售小額商品或者提供零星服務的，是否可免予逐筆開具發票，由省稅務機關確定。

開具發票後，如發生銷貨退回需開紅字發票的，必須收回原發票並註明「作廢」字樣或取得對方有效證明。開具發票後，如發生銷售折讓的，必須在收回原發票並註明「作廢」字樣後重新開具銷售發票或取得對方有效證明後開具紅字發票。

納稅人在開具發票時，必須做到按照號碼順序填開，填寫項目齊全，內容真實，字跡清楚，全部聯次一次打印，內容完全一致，並在發票聯和抵扣聯加蓋發票專用章。

所有單位和從事生產、經營活動的個人在購買商品、接受服務以及從事其他經營活動支付款項時，應當向收款方取得發票。取得發票時，不得要求變更品名和金額。

開具發票應當按照規定的時限、順序、逐欄、全部聯次一次性如實開具，並加蓋

單位財務印章或者發票專用章。

納稅人使用電子計算機開具發票，須經主管稅務機關批准，並使用稅務機關統一監制的機外發票，開具後的存根聯應當按照順序號裝訂成冊。

任何單位和個人不得轉借、轉讓、代開發票；未經稅務機關批准，不得拆本使用發票；不得自行擴大專業發票使用範圍。不符合規定的發票，不得作為財務報銷憑證，任何單位和個人有權拒收。

禁止倒買倒賣發票、發票監制章和發票防偽專用品。

發票限於領購單位和個人在本省、自治區、直轄市內開具。省、自治區、直轄市稅務機關可以規定跨市、縣開具發票的辦法。任何單位和個人未經批准，不得跨規定的使用區域攜帶、郵寄、運輸空白發票。禁止攜帶、郵寄或者運輸空白發票出入境。

（六）發票的保管

開具發票的單位和個人應當建立發票使用登記制度，設置發票登記簿，並定期向主管稅務機關報告發票使用情況。

開具發票的單位和個人應當按照稅務機關的規定存放和保管發票，發生發票丟失情形時，應當於發現丟失當日書面報告稅務機關，並登報聲明作廢。已開具的發票存根聯和發票登記簿，不得擅自損毀，應當保存五年。保存期滿，報經稅務機關查驗後銷毀。開具發票的單位和個人應當在辦理變更或者註銷稅務登記的同時，辦理發票和發票領購簿的變更、繳銷手續。

（七）發票的檢查

稅務機關在發票管理中有權進行下列檢查：一是檢查印製、領購、開具、取得和保管發票的情況；二是調出發票查驗；三是查閱、複製與發票有關的憑證、資料；四是向當事各方詢問與發票有關的問題和情況；五是在查處發票案件時，對與案件有關的情況和資料，可以記錄、錄音、錄像、照相和複製。稅務人員進行檢查時，應當出示稅務檢查證。

印製、使用發票的單位和個人，必須接受稅務機關依法檢查，如實反應情況，提供有關資料，不得拒絕、隱瞞。用票單位和個人有權申請稅務機關對發票的真偽進行鑑別。收到申請的稅務機關應當受理並負責鑑別發票的真偽；鑑別有困難的，可以提請發票監制稅務機關協助鑑別。在偽造、變造現場以及買賣地、存放地查獲的發票，由當地稅務機關鑑別。

稅務機關需要將已開具的發票調出查驗時，應當向被查驗的單位和個人開具發票換票證。發票換票證與所調出查驗的發票有同等的效力。被調出查驗發票的單位和個人不得拒絕接受。稅務機關需要將空白發票調出查驗時，應當開具收據；經查無問題的，應當及時發還。

單位和個人從中國境外取得的與納稅有關的發票或者憑證，稅務機關在納稅審查時有疑義的，可以要求其提供境外公證機構或者註冊會計師的確認證明，經稅務機關審核認可後，方可作為計帳核算的憑證。

稅務機關在發票檢查中需要核對發票存根聯與發票聯填寫情況時，可以向持有發

票或者發票存根聯的單位發出發票填寫情況核對卡，有關單位應當如實填寫，按期報回。

稅務機關對違反發票管理法規的行為進行處罰，應當將行政處罰決定書面通知當事人；對違反發票管理法規的案件，應當立案查處。對違反發票管理法規情節嚴重構成犯罪的，稅務機關應當依法移送司法機關處理。

對違反發票管理法規的行政處罰，由縣以上稅務機關決定；罰款額在二千元以下的，可由稅務所決定。

違反發票管理法規的行為包括：未按照規定印製發票或者生產發票防偽專用品的；未按照規定領購發票的；未按照規定開具發票的；未按照規定取得發票的；未按照規定保管發票的；未按照規定接受稅務機關檢查的。

對有上述所列行為之一的單位和個人，由稅務機關責令限期改正，沒收非法所得，可以並處一萬元以下的罰款。有上述所列兩種或者兩種以上行為的，可以分別處罰。

對非法攜帶、郵寄、運輸或者存放空白發票的，由稅務機關收繳發票，沒收非法所得，可以並處一萬元以下的罰款。

對私自印製、偽造變造、倒買倒賣發票，私自製作發票監制章、發票防偽專用品的，由稅務機關依法予以查封、扣押或者銷毀，沒收非法所得和作案工具，可以並處一萬元以上五萬元以下的罰款；構成犯罪的，依法追究刑事責任。

對違反發票管理法規，導致其他單位或者個人未繳、少繳或者騙取稅款的，由稅務機關沒收非法所得，可以並處未繳、少繳或者騙取的稅款一倍以下的罰款。

當事人對稅務機關的處罰決定不服的，可以依法向上一級稅務機關申請復議或者向人民法院起訴；逾期不申請復議，也不向人民法院起訴，又不履行的，作出處罰決定的稅務機關可以申請人民法院強制執行。

稅務人員利用職權之便，故意刁難印製、使用發票的單位和個人，或者有違反發票管理法規行為的，依照國家有關規定給予行政處分；構成犯罪的，依法追究刑事責任。

對違反發票管理法規的行為，任何單位和個人可以舉報。稅務機關應當為檢舉人保密，並酌情給予獎勵。

思考題

1. 簡述稅務管理的內容。
2. 企業不辦理稅務登記或偽造稅務登記證件應如何處理？
3. 什麼行為違反發票管理法規？對違法行為如何處理？
4. 稅務機關對帳簿管理有何規定？
5. 納稅人在哪種情況下應辦理變更稅務登記？
6. 辦理稅務登記時應當提供哪些內容？

第三節　稅款徵收

稅款徵收是稅務機關按照稅法規定，通過一定的徵收方式，將納稅人應納的稅款及時足額入庫的活動。

一、稅務機關在徵收管理中的責任

（一）稅款徵收

稅務機關依照法律、行政法規的規定徵收稅款，不得違反法律、行政法規的規定開徵、停徵、多徵、少徵、提前徵收、延緩徵收或者攤派稅款。

稅務機關針對不同的納稅人，採取不同的徵收方式包括查帳徵收、定期定額徵收、核定徵收、代扣代繳和代收代繳等方式徵收稅款。

稅務機關徵收稅款時，必須給納稅人開具完稅憑證。納稅人通過銀行繳納稅款的，稅務機關可以委託銀行開具完稅憑證。稅務機關按照規定付給扣繳義務人代扣、代收手續費。

（二）批准延期納稅

納稅人、扣繳義務人按照法律、行政法規規定或者稅務機關依照法律、行政法規的規定確定的期限，繳納或者解繳稅款。納稅人因有特殊困難，不能按期繳納稅款的，經省、自治區、直轄市國家稅務局、地方稅務局批准，可以延期繳納稅款，但是最長不得超過三個月。

（三）稅款核定

納稅人有下列情形之一的，稅務機關有權核定其應納稅額：一是依照法律、行政法規的規定可以不設置帳簿的；二是依照法律、行政法規的規定應當設置但未設置帳簿的；三是擅自銷毀帳簿或者拒不提供納稅資料的；四是雖設置帳簿，但帳目混亂或者成本資料、收入憑證、費用憑證殘缺不全，難以查帳的；五是發生納稅義務，未按照規定的期限辦理納稅申報，經稅務機關責令限期申報，逾期仍不申報的；六是納稅人申報的計稅依據明顯偏低，又無正當理由的。稅務機關核定應納稅額的具體程序和方法由國務院稅務主管部門規定。

稅務機關有權核定納稅人應納稅額時可以按照以下規定執行：一是參照當地同類行業或者類似行業中經營規模和收入水準相近的納稅人的稅負水準核定；二是按照營業收入或者成本加合理的費用和利潤的方法核定；三是按照耗用的原材料、燃料、動力等推算或者測算核定；四是按照其他合理方法核定。採用前款所列一種方法不足以正確核定應納稅額時，可以同時採用兩種以上的方法核定。

納稅人對稅務機關採取本條規定的方法核定的應納稅額有異議的，應當提供相關證據，經稅務機關認定後，調整應納稅額。

（四）關聯企業納稅調整

企業或者外國企業在中國境內設立的從事生產、經營的機構、場所與其關聯企業之間的業務往來，應當按照獨立企業之間的業務往來收取或者支付價款、費用；不按照獨立企業之間的業務往來收取或者支付價款、費用，而減少其應納稅的收入或者所得額的，稅務機關有權進行合理調整。

納稅人與其關聯企業之間的業務往來有下列情形之一的，稅務機關可以調整其應納稅額：

1. 購銷業務未按照獨立企業之間的業務往來作價。
2. 融通資金所支付或者收取的利息超過或者低於沒有關聯關係的企業之間所能同意的數額，或者利率超過或者低於同類業務的正常利率。
3. 提供勞務，未按照獨立企業之間業務往來收取或者支付勞務費用。
4. 轉讓財產、提供財產使用權等業務往來，未按照獨立企業之間業務往來作價或者收取、支付費用。
5. 未按照獨立企業之間業務往來作價的其他情形。

納稅人上述所列情形之一的，稅務機關可以按照下列方法調整計稅收入額或者所得額：

1. 按照獨立企業之間進行的相同或者類似業務活動的價格。
2. 按照再銷售給無關聯關係的第三者的價格所應取得的收入和利潤水準。
3. 按照成本加合理的費用和利潤。
4. 按照其他合理的方法。

納稅人與其關聯企業未按照獨立企業之間的業務往來支付價款、費用的，稅務機關自該業務往來發生的納稅年度起 3 年內進行調整；有特殊情況的，可以自該業務往來發生的納稅年度起 10 年內進行調整。

稅收徵管法所稱關聯企業，是指有下列關係之一的公司、企業和其他經濟組織：

1. 在資金、經營、購銷等方面，存在直接或者間接的擁有或者控制關係。
2. 直接或者間接地同為第三者所擁有或控制。
3. 在利益上具有相關聯的其他關係。

《稅收徵管法》第三十六條所稱獨立企業之間的業務往來，是指沒有關聯關係的企業之間按照公平成交價格和營業常規所進行的業務往來。

（五）稅收保全

稅務機關有根據認為從事生產、經營的納稅人有逃避納稅義務行為的，可以在規定的納稅期之前，責令限期繳納應納稅款；在限期內發現納稅人有明顯的轉移、隱匿其應納稅的商品、貨物以及其他財產或者應納稅的收入的跡象的，稅務機關可以責成納稅人提供納稅擔保。如果納稅人不能提供納稅擔保，經縣以上稅務局（分局）局長批准，稅務機關可以採取下列稅收保全措施：

1. 書面通知納稅人開戶銀行或者其他金融機構凍結納稅人的金額相當於應納稅款的存款。

2. 扣押、查封納稅人的價值相當於應納稅款的商品、貨物或者其他財產。其他財產包括納稅人的房地產、現金、有價證券等不動產和動產。

稅務機關在執行扣押、查封商品、貨物或者其他財產時，應當由兩名以上稅務人員執行，並通知被執行人。稅務機關採取稅收保全措施的期限一般不得超過 6 個月；重大案件需要延長的，應當報國家稅務總局批准。納稅人在稅務機關採取稅收保全措施以後按照規定的限期內繳納稅款的，稅務機關應當在收到稅款或者銀行轉回的完稅憑證之日起 1 日之內立即解除稅收保全措施；限期期滿仍未繳納稅款的，經縣以上稅務局（分局）局長批准，稅務機關可以書面通知納稅人開戶銀行或者其他金融機構從其凍結的存款中扣繳稅款，或者依法拍賣或者變賣所扣押、查封的商品、貨物或者其他財產，以拍賣或者變賣所得抵繳稅款。

稅務機關採取的稅收保全措施，不得由法定的稅務機關以外的單位和個人行使。

（六）稅收強制執行

根據《中華人民共和國稅收徵管法》第四十條至四十三條的規定，從事生產、經營的納稅人、扣繳義務人未按照規定的期限繳納或者解繳稅款，納稅擔保人未按照規定的期限繳納所擔保的稅款，由稅務機關責令限期繳納，逾期仍未繳納的，經縣以上稅務局（分局）局長批准，稅務機關可以採取下列強制執行措施：

1. 書面通知其開戶銀行或者其他金融機構從其存款中扣繳稅款。
2. 扣押、查封、依法拍賣或者變賣其價值相當於應納稅款的商品、貨物或者其他財產，以拍賣或者變賣所得抵繳稅款。

稅務機關採取強制執行措施時，對前款所列納稅人、扣繳義務人、納稅擔保人未繳納的滯納金同時強制執行。

個人及其所扶養家屬維持生活必需的住房和用品，不在強制執行措施的範圍之內。

稅收保全措施、強制執行措施的權力，不得由法定的稅務機關以外的單位和個人行使。

稅務機關採取稅收保全措施和強制執行措施必須依照法定權限和法定程序，不得查封、扣押納稅人個人及其所扶養家屬維持生活必需的住房和用品。

稅務機關濫用職權違法採取稅收保全措施、強制執行措施，或者採取稅收保全措施、強制執行措施不當，使納稅人、扣繳義務人或者納稅擔保人的合法權益遭受損失的，應當依法承擔賠償責任。

（七）欠稅清理、阻止出境

根據《中華人民共和國稅收徵管法》第四十四條的規定，欠繳稅款的納稅人或其法定代表人需要出境的，應當在出境前向稅務機關結清應納稅款、滯納金或提供擔保。未結清稅款、滯納金，又不提供擔保的，稅務機關可以通知出境管理機關阻止出境。

（八）稅款退還

根據《中華人民共和國稅收徵管法》第五十一條的規定，納稅人超過應納稅額繳納的稅款，稅務機關發現後應當立即退還；納稅人自結算繳納稅款之日起三年內發現

的，可以向稅務機關要求退還多繳的稅款並加算銀行同期存款利息，稅務機關及時查實後應當立即退還；涉及從國庫中退庫的，依照法律、行政法規有關國庫管理的規定退還。

(九) 稅款追徵

根據《中華人民共和國稅收徵管法》第五十二條的規定，因稅務機關的責任，致使納稅人、扣繳義務人未繳或者少繳稅款的，稅務機關在三年內可以要求納稅人、扣繳義務人補繳稅款，但是不得加收滯納金。

因納稅人、扣繳義務人計算錯誤等失誤，未繳或者少繳稅款的，稅務機關在三年內可以追徵稅款、滯納金；有特殊情況的，追徵期可以延長到五年。

對偷稅、抗稅、騙稅的，稅務機關追徵其未繳或者少繳的稅款、滯納金或者所騙取的稅款，不受前款規定期限的限制。

(十) 稅款繳入國庫

根據《中華人民共和國稅收徵管法》第五十三條的規定，國家稅務局和地方稅務局應當按照國家規定的稅收徵收管理範圍和稅款入庫預算級次，將徵收的稅款繳入國庫。

對審計機關、財政機關依法查出的稅收違法行為，稅務機關應當根據有關機關的決定、意見書，依法將應收的稅款、滯納金按照稅款入庫預算級次繳入國庫，並將結果及時回復有關機關。

二、納稅人的責任

納稅人、扣繳義務人應當按照法律、行政法規規定或者稅務機關依照法律、行政法規的規定確定的期限，繳納或者解繳稅款。

納稅人有解散、撤銷、破產情形的，在清算前應當向其主管稅務機關報告；未結清稅款的，由其主管稅務機關參加清算。

納稅人因有特殊困難，不能按期繳納稅款的，應當在繳納稅款期限以內，向稅務機關申請延期納稅，並提供相關資料證明。經過當地稅務機關批准，可以延期繳納稅款並免繳滯納金，但是最長不得超過 3 個月（特殊困難是指因不可抗力，導致納稅人發生較大損失，正常生產經營活動受到較大影響；當期貨幣資金在扣除應付職工工資、社會保險費後，不足以繳納稅款的）。

納稅人需要延期繳納稅款的，應當在繳納稅款期限屆滿前提出申請，並報送申請延期繳納稅款報告，當期貨幣資金餘額情況及所有銀行存款帳戶的對帳單，資產負債表，應付職工工資和社會保險費等稅務機關要求提供的支出預算。

三、扣繳義務人的責任

1. 扣繳義務人應當依照法律、行政法規的規定履行代扣、代收稅款的義務。對法律、行政法規沒有規定負有代扣、代收稅款義務的單位和個人，稅務機關不得要求其履行代扣、代收稅款義務。

2. 扣繳義務人依法履行代扣、代收稅款義務時，納稅人不得拒絕。納稅人拒絕的，扣繳義務人應當及時報告稅務機關處理。受託單位和人員按照代徵證書的要求，以稅務機關的名義依法徵收稅款，納稅人不得拒絕；納稅人拒絕的，受託代徵單位和人員應當及時報告稅務機關。

3. 扣繳義務人代扣、代收稅款時，納稅人要求扣繳義務人開具代扣、代收稅款憑證的，扣繳義務人應當開具。

四、納稅爭議的處理意見

納稅爭議，是指納稅人、扣繳義務人、納稅擔保人對稅務機關確定納稅主體、徵稅對象、徵稅範圍、減稅、免稅及退稅、適用稅率、計稅依據、納稅環節、納稅期限、納稅地點以及稅款徵收方式等具體行政行為有異議而發生的爭議。納稅人、扣繳義務人、納稅擔保人同稅務機關在納稅上發生爭議時，必須先依照稅務機關的納稅決定繳納或者解繳稅款及滯納金或者提供相應的擔保，然後可以依法申請行政復議；對行政復議決定不服的，可以依法向人民法院起訴。當事人對稅務機關的處罰決定、強制執行措施或者稅收保全措施不服的，可以依法申請行政復議，也可以依法向人民法院起訴。

具體程序是：一是納稅人、扣繳義務人或其他當事人必須按照稅務機關的決定先繳納稅款和滯納金；二是納稅人、扣繳義務人或其他當事人在繳足稅款和滯納金後，可以在稅務機關填發繳款憑證之日起 60 天內向上一級稅務機關申請復議；三是上一級稅務機關應在接到申訴人的申請之日起 60 天內作出答復；四是申訴人對上一級稅務機關的答復不服的，可在接到答復之日起 15 日內向人民法院起訴。

納稅人、代徵人或其他當事人如果在規定的復議期限內未申請復議，視為納稅人、代徵人或其他當事人放棄起訴權利，稅務機關按原處理決定執行。

思考題

1. 在稅收徵管中納稅人、扣繳義務人要履行的責任是什麼？
2. 納稅人多繳納了稅款可以退還嗎？
3. 什麼是離境清稅制度？
4. 稅收強制執行措施包括哪些？
5. 稅務機關對關聯企業業務往來有什麼規定？
6. 稅務機關在什麼情況下可以核定納稅人的應納稅額？
7. 納稅人在什麼情形下可申請延期納稅？
8. 在稅收徵管中納稅人、扣繳義務人與稅務機關發生了爭議應如何處理？

第四節　稅務檢查

稅務檢查，是國家稅務機關根據稅法規定，依法對納稅人、扣繳義務人的稅務事項實施的檢查，是稅收徵收管理的一個重要環節。

稅務機關有權進行下列稅務檢查：

一是檢查納稅人的帳簿、記帳憑證、報表和有關資料，檢查扣繳義務人代扣代繳、代收代繳稅款帳簿、記帳憑證和有關資料。

二是到納稅人的生產、經營場所和貨物存放地檢查納稅人應納稅的商品、貨物或者其他財產，檢查扣繳義務人與代扣代繳、代收代繳稅款有關的經營情況。

三是責成納稅人、扣繳義務人提供與納稅或者代扣代繳、代收代繳稅款有關的文件、證明材料和有關資料。

四是詢問納稅人、扣繳義務人與納稅或者代扣代繳、代收代繳稅款有關的問題和情況。

五是到車站、碼頭、機場、郵政企業及其分支機構檢查納稅人托運、郵寄應納稅商品、貨物或者其他財產的有關單據、憑證和有關資料。

六是經縣以上稅務局（分局）局長批准，憑全國統一格式的檢查存款帳戶許可證明，查詢從事生產、經營的納稅人、扣繳義務人在銀行或者其他金融機構的存款帳戶。稅務機關在調查稅收違法案件時，經設區的市、自治州以上稅務局（分局）局長批准，可以查詢案件涉嫌人員的儲蓄存款。稅務機關查詢所獲得的資料，不得用於稅收以外的用途。

稅務機關對從事生產、經營的納稅人以前納稅期的納稅情況依法進行稅務檢查時，發現納稅人有逃避納稅義務行為，並有明顯的轉移、隱匿其應納稅的商品、貨物以及其他財產或者應納稅的收入的跡象的，可以按照稅法規定的批准權限採取稅收保全措施或者強制執行措施。

稅務機關依法進行稅務檢查時，有權向有關單位和個人調查納稅人、扣繳義務人和其他當事人與納稅或者代扣代繳、代收代繳稅款有關的情況，有關單位和個人有義務向稅務機關如實提供有關資料及證明材料。

稅務機關調查稅務違法案件時，對與案件有關的情況和資料，可以記錄、錄音、錄像、照相和複製。

稅務機關派出的人員進行稅務檢查時，應當出示稅務檢查證和稅務檢查通知書，並有責任為被檢查人保守秘密；未出示稅務檢查證和稅務檢查通知書的，被檢查人有權拒絕檢查。

納稅人、扣繳義務人必須接受稅務機關依法進行的稅務檢查，如實反應情況，提供有關資料，不得拒絕、隱瞞。

思考題

1. 什麼是稅務檢查？稅務檢查的對象有哪些？
2. 稅務機關在稅務檢查時有何權利？

第五節　違規、違規處罰及法律責任

一、常見的違規手法

（一）偷稅

《最高人民法院、最高人民檢察院關於辦理偷稅、抗稅刑事案件具體應用法律的若干問題的解釋》中明確的偷稅手段有：偽造、塗改、隱匿、銷毀帳冊、票據、憑證；轉移資金、財產、帳戶；不報或者謊報應稅項目、數量、所得額、收入額；虛增成本、多報費用、減少利潤；虛構事實騙取減稅、免稅等。《中華人民共和國稅收徵管法》規定：納稅人偽造、變造、隱匿、擅自銷毀帳簿、記帳憑證，或者在帳簿上多列支出或者不列、少列收入，或者經稅務機關通知申報而拒不申報或者進行虛假的納稅申報，不繳或者少繳應納稅款的，是偷稅。歸納起來有下列幾種類型。

1. 少報收入偷稅

一是隱瞞或者少記銷售收入。二是設置「帳外帳」或「兩套帳」。三是減少營業外收入，私設「小金庫」。四是隱瞞投資收入，將投資收入長期掛在往來帳戶。五是隱瞞其他業務收入。將出租固定資產、房屋或轉讓專利技術等所取得的收入，不按規定計入「其他業務收入」，而是掛在「其他應付款」等往來帳戶中。六是將殘次品、等外品、廢品、下腳料及聯產品、副產品銷售收入，不做銷售處理。七是自制產品或半成品自用。八是將降價處理產品不做銷售處理。九是將企業輔營、兼營收入不報稅。

2. 利用稅率進行偷稅

一是混淆一般納稅人和小規模納稅人界限；二是兼營不同稅率商品，按低稅率納稅。

3. 利用稅收優惠進行偷稅

一是虛報殘疾人、下崗職工人數；二是設立假合資企業；三是以諮詢服務為名，行銷售產品之實。

4. 多列成本支出偷稅

一是多結轉成本或收入未實現時提前結轉成本；二是將自制設備用料、固定資產購置運費等資產項目計入生產成本；三是多列福利費支出；四是通過提高折舊率、改變折舊方法、提前計提折舊、提前報廢或已經變賣的固定資產仍提折舊等方法多提固定資產折舊；五是虛列預提費用；六是違規攤銷，通過改變低值易耗品核算辦法、在建工程支出，計入待攤費用、縮短待攤費用攤銷期限等方法多計支出；七是擴大產品

材料成本，通過變更原材料計價方法，人為提高材料成本差異率，增加材料成本的差異，材料假出庫，基本建設領用材料，計入產品生產成本等方法偷逃稅款；八是通過虛報職工人數等方式擴大產品工資成本。

5. 利用發票偷稅

一是銷售商品時不按規定開具發票；二是利用虛開紅字發票。

6. 利用關聯企業偷稅

一是在辦企業的同時，專門創辦一個能夠享受稅收優惠政策的企業，讓享受優惠政策的企業利潤多，而正常納稅的企業利潤少。在正常納稅企業創建企業品牌，培植企業客戶群的同時，享受「關聯企業」的減免稅稅收優惠政策，而一旦「關聯企業」享受稅收優惠政策期結束，便換個企業名稱繼續註冊，重新享受稅收優惠政策。二是關聯企業之間的商品交易採取抬高定價的手段，正常納稅企業將商品或產品低價銷售給享受稅收優惠政策關聯企業，享受稅收優惠政策關聯企業再高價出貨，以轉移利潤，實現逃稅。三是套用發票。正常納稅企業從享受稅收優惠政策的關聯企業套用發票，蓋上自己企業的公章使用。

7. 其他形式的逃稅

一是亂設往來帳戶。將應作收入的款項掛往來帳戶，將應在經營費用中列支的費用在往來帳戶中列支。二是多計提費用。不按規定的標準和範圍計提，如借款利息、預提費用等。三是通過非貨幣性交易的方式偷稅。如以物易物、以物抵債等方式不確認收入從而減少繳納稅款。

（二）騙稅

騙稅是指採取弄虛作假和欺騙等手段，將本來沒有發生的應稅行為，虛構成發生的應稅行為，將小額的應稅行為偽造成大額的應稅行為，從而從國家騙取出口退稅款的一種少繳稅款的行為。

中國現行的出口退稅率主要有17%、13%、11%、9%、5%五檔。實行出口退稅政策本意是為擴大出口，促進經濟發展，但被一些不法分手利用來騙取國家稅收。騙取出口退稅的主要手段如下：

1. 利用虛假業務假報關。有些企業以子虛烏有的業務為名報關出口騙取退稅，實際上既沒有報關出口的商品，也沒有國外購買商，根本不存在相關出口業務，以其虛構的業務騙取退稅，甚至騙取銀行信用。

2. 低值高報，以少報多，以次充好。有的企業採取多報出口貨物數量的方式騙取超額退稅款。

3. 以低稅率商品冒充高稅率商品。例如有的企業將出口退稅率為5%的化學製品冒充為出口退稅率9%的化學製品報關出口，從而多得出口退稅。

（三）欠稅

是指納稅人超過稅務機關核定的納稅期限而發生的拖欠稅款的行為。現在，中國把主觀欠稅列入違法犯罪行為，要求客觀欠稅的企業應當主動向主管稅務機關申請緩交，但緩繳期限最長不得超過3個月。

（四）抗稅

抗稅是指以暴力、威脅方法拒不繳納稅款的行為。這裡所說的暴力，指對稅務人員實施身體強制，包括捆綁、毆打、傷害等手段，使其不能或不敢要求行為人納稅的情況；這裡所說的威脅，指以暴力相威脅，對被害人實行精神強制，使其產生恐懼，不敢向行為人收繳稅款的情況。

二、稅收違法行為的法律責任

（一）偷稅的法律責任

1. 行政處罰

納稅人有下列情形之一的，由稅務機關追繳其不繳或者少繳的稅款、滯納金，並處不繳或者少繳的稅款50%以上5倍以下的罰款。

（1）納稅人偷稅數額不滿1萬元的。

（2）納稅人偷稅數額占應納稅額不到10%的。

（3）扣繳義務人採取納稅人偷稅手段，不繳或少繳已扣、已收稅款，數額不滿1萬元的或占應納稅額不到10%的。

2. 刑事處罰

（1）偷稅數額占應納稅額的10%以上不滿30%，並且偷稅數額在1萬元以上不滿10萬元的；或者因偷稅被稅務機關給予二次行政處罰又偷稅的，處3年以下有期徒刑或者拘役，並處偷稅數額1倍以上5倍以下罰款。

（2）偷稅數額占應納稅額的30%以上並且偷稅數額在10萬元以上的，處3年以上7年以下有期徒刑，並處偷稅數額1倍以上5倍以下罰款。

（3）扣繳義務人採取上述手段偷稅的，依照以上規定處罰。

（4）對多次犯有偷稅行為，未經處理的，按照累計數額計算。

（二）騙稅的法律責任

《中華人民共和國稅收徵管法》規定：以假報出口或者其他欺騙手段，騙取國家出口退稅款，由稅務機關追繳其騙取的退稅款，並處騙取稅款1倍以上5倍以下的罰款；構成犯罪的，依法追究刑事責任。對騙取國家出口退稅款的，稅務機關可以在規定期間內停止為其辦理出口退稅。

1. 行政處罰

企業事業單位採取對所生產或者經營的商品假報出口等欺騙手段，騙取國家出口退稅款數額不滿1萬元的，由稅務機關追繳其騙取的退稅款，處以騙取稅款1倍以上5倍以下的罰款。

企業事業單位以外的單位或者個人騙取國家出口退稅款數額較小，未構成犯罪的，由稅務機關追繳其騙取的退稅款，處以騙取稅款5倍以下的罰款。

企業事業單位從事或者參與騙稅逃稅活動的，包括虛開專用發票和以少充多、虛抬價格、假冒或虛報出口，以及在進口中以多報少、假捐贈等逃稅行為的，一經查實，

對直接責任人一律開除公職，對有關負責人予以撤職。

企業騙取出口退稅，情節嚴重的，經國家稅務總局批准停止其半年以上的出口退稅權。在停止退稅期間出口和代理出口的貨物，一律不予退稅。對騙取退稅數額較大或情節特別嚴重的企業，由對外貿易經濟合作部撤銷其出口經營權。

2. 刑事處罰

(1) 以假報出口或者其他欺騙手段，騙取國家出口退稅款數額在 1 萬元以上的，除由稅務機關追繳其騙取的退稅款以外，處 5 年以下有期徒刑，並處騙取稅款 1 倍以上 5 倍以下罰金。

(2) 數額巨大或者有其他嚴重情節的，處 5 年以上 10 年以下有期徒刑，並處騙取稅款 1 倍以上 5 倍以下罰金。

(3) 數額特別巨大或者有其他特別嚴重情節的，處 10 年以上有期徒刑或者無期徒刑，並處騙取稅款 1 倍以上 5 倍以下罰金或者沒收財產。納稅人繳納稅款後，採取以假報出口或者其他欺騙手段，騙取所繳納的稅款的，依照偷稅的規定處罰；騙取稅款超過所繳納的稅款部分，依照騙稅的規定處罰。

3. 其他處理規定

2008 年 4 月，國家稅務總局發出通知，對企業騙取出口退稅行為停止辦理出口退稅，具體懲罰規定為：

(1) 騙取國家出口退稅款不滿 5 萬元的，稅務機關可以停止為其辦理出口退稅半年以上 1 年以下。

(2) 騙取稅款 5 萬元以上不滿 50 萬元的，可以停止 1 年以上一年半以下。

(3) 對於騙取退稅款 50 萬元以上不滿 250 萬元，或因騙取出口退稅行為受過行政處罰、兩年內又騙取國家出口退稅款數額在 30 萬元以上不滿 150 萬元的，可以停止為其辦理出口退稅 1 年半以上兩年以下。

(4) 騙取 250 萬元以上，或因騙取出口退稅行為受過行政處罰、兩年內又騙取國家出口退稅款數額在 150 萬元以上的，停止為其辦理出口退稅兩年以上 3 年以下。出口企業自稅務機關停止為其辦理出口退稅期限屆滿之日起，可以按現行規定到稅務機關辦理出口退稅業務。

(三) 逃稅的法律責任

1. 行政處罰

納稅人欠繳應納稅款，採取轉移或者隱匿財產的手段，致使稅務機關無法追繳欠繳的稅款，數額不滿 1 萬元的，由稅務機關追繳欠繳的稅款，處以欠繳稅款 5 倍以下的罰款。

2. 刑事處罰

(1) 逃稅數額在 1 萬元以上不滿 10 萬元的，除由稅務機關追繳欠繳的稅款外，對逃稅行為人處 3 年以下有期徒刑或者拘役，並處或者單處欠繳稅款 1 倍以上 5 倍以下的罰金。

(2) 逃稅數額在 10 萬元以上的，處 3 年以上 7 年以下有期徒刑，並處欠繳稅款 1

倍以上 5 倍以下的罰金。

（3）納稅人向稅務人員行賄，不繳或少繳應納稅款的，依照行賄罪追究刑事責任，並處不繳或少繳稅款 5 倍以下的罰金。單位犯逃稅罪的，對單位判處罰金，對直接負責的主管人員及其直接責任人依上述規定處罰。

（四）欠稅的法律責任

《中華人民共和國稅收徵管法》規定：納稅人欠繳應納稅款，採取轉移或者隱匿財產的手段，妨礙稅務機關追繳欠繳的稅款的，由稅務機關追繳欠繳的稅款、滯納金，並處欠繳稅款 50% 以上 5 倍以下的罰款；構成犯罪的，依法追究刑事責任。

1. 數額在 1 萬元以上不滿 10 萬元的處 3 年以下有期徒刑或者拘役，並處欠繳稅款 5 倍以下的罰金。

2. 數額在 10 萬元以上的，處 3 年以上 7 年以下有期徒刑，並處欠繳稅款 5 倍以下的罰金。

（五）抗稅的法律責任

以暴力、威脅方法拒不繳納稅款的，是抗稅，除由稅務機關追繳其拒繳的稅款、滯納金外，依法追究刑事責任。情節輕微，未構成犯罪的，由稅務機關追繳其拒繳的稅款、滯納金，並處拒繳稅款 1 倍以上 5 倍以下的罰款。

對抗稅行為的刑事處罰，主要包括：

1. 犯抗稅罪的，除由稅務機關追繳拒繳的稅款外，處 3 年以下有期徒刑或者拘役，並處拒繳稅款 1 倍以上 5 倍以下的罰金。

2. 情節嚴重的，處 3 年以上 7 年以下有期徒刑，並處拒繳稅款 1 倍以上 5 倍以下罰金。

3. 以暴力方法抗稅，致人重傷或者死亡的，分別以傷害罪、殺人罪處罰。

4. 拒絕、阻礙稅務人員依法執行職務並使用暴力威脅方法的，由公安機關依照治安管理處罰條例的規定處罰。

（六）其他違法行為的行政處罰及法律責任

1. 納稅人、扣繳義務人逃避、拒絕或者以其他方式阻撓稅務機關檢查的，由稅務機關責令改正，可以處一萬元以下的罰款；情節嚴重的，處一萬元以上五萬元以下的罰款。

2. 非法印製發票的，由稅務機關銷毀非法印製的發票，沒收違法所得和作案工具，並處一萬元以上五萬元以下的罰款；構成犯罪的，依法追究刑事責任。非法印製、轉借、倒賣、變造或者偽造完稅憑證的，由稅務機關責令改正，處二千元以上一萬元以下的罰款；情節嚴重的，處一萬元以上五萬元以下的罰款；構成犯罪的，依法追究刑事責任。

3. 銀行和其他金融機構未依照稅收徵管法的規定在從事生產、經營的納稅人的帳戶中登錄稅務登記證件號碼，或者未按規定在稅務登記證件中登錄從事生產、經營的納稅人的帳戶帳號的，由稅務機關責令其限期改正，處二千元以上二萬元以下的罰款；

情節嚴重的，處二萬元以上五萬元以下的罰款。

4. 納稅人、扣繳義務人的開戶銀行或者其他金融機構拒絕接受稅務機關依法檢查納稅人、扣繳義務人存款帳戶，或者拒絕執行稅務機關作出的凍結存款或者扣繳稅款的決定，或者在接到稅務機關的書面通知後幫助納稅人、扣繳義務人轉移存款，造成稅款流失的，由稅務機關處十萬元以上五十萬元以下的罰款，對直接負責的主管人員和其他直接責任人員處一千元以上一萬元以下的罰款。

5. 納稅人、扣繳義務人的行為涉嫌犯罪的，稅務機關應當依法移交司法機關追究刑事責任。稅務人員徇私舞弊，對依法應當移交司法機關追究刑事責任的不移交，情節嚴重的，依法追究刑事責任。

6. 未經稅務機關依法委託徵收稅款的，責令退還收取的財物，依法給予行政處分或者行政處罰；致使他人合法權益受到損失的，依法承擔賠償責任；構成犯罪的，依法追究刑事責任。

三、檢舉納稅人稅收違法行為獎勵辦法

中國《檢舉納稅人稅收違法行為獎勵暫行辦法》已經國家稅務總局、財政部審議通過，自2007年3月1日起施行。

（一）一般稅收違法行為

檢舉的稅收違法行為經稅務機關立案查實處理並依法將稅款收繳入庫後，根據本案檢舉時效、檢舉材料中提供的線索和證據翔實程度、檢舉內容與查實內容相符程度以及收繳入庫的稅款數額，按照以下標準對本案檢舉人計發獎金：

1. 收繳入庫稅款數額在1億元以上的，給予10萬元以下的獎金。
2. 收繳入庫稅款數額在5,000萬元以上不足1億元的，給予6萬元以下的獎金。
3. 收繳入庫稅款數額在1,000萬元以上不足5,000萬元的，給予4萬元以下的獎金。
4. 收繳入庫稅款數額在500萬元以上不足1,000萬元的，給予2萬元以下的獎金。
5. 收繳入庫稅款數額在100萬元以上不足500萬元的，給予1萬元以下的獎金。
6. 收繳入庫稅款數額在100萬元以下的，給予5,000元以下的獎金。

（二）增值稅專用發票

檢舉虛開增值稅專用發票以及其他可用於騙取出口退稅、抵扣稅款發票行為的，根據立案查實虛開發票填開的稅額按照上述規定的標準計發獎金。檢舉偽造、編造、倒賣、盜竊、騙取增值稅專用發票以及可用於騙取出口退稅、抵扣稅款的其他發票行為的，按照以下標準對檢舉人計發獎金：

1. 查獲偽造、編造、倒賣、盜竊、騙取上述發票10,000份以上的，給予10萬元以下的獎金。
2. 查獲偽造、編造、倒賣、盜竊、騙取上述發票6,000份以上不足10,000份的，給予6萬元以下的獎金。
3. 查獲偽造、編造、倒賣、盜竊、騙取上述發票3,000份以上不足6,000份的，

給予4萬元以下的獎金。

4. 查獲偽造、編造、倒賣、盜竊、騙取上述發票1,000份以上不足3,000份的，給予2萬元以下的獎金。

5. 查獲偽造、編造、倒賣、盜竊、騙取上述發票100份以上不足1,000份的，給予1萬元以下的獎金。

6. 查獲偽造、編造、倒賣、盜竊、騙取上述發票不足100份的，給予5,000元以下的獎金。查獲偽造、編造、倒賣、盜竊、騙取前款所述以外其他發票的，最高給予5萬元以下的獎金；檢舉獎金具體數額標準及批准權限，由各省、自治區、直轄市和計劃單列市國家稅務局根據本辦法規定並結合本地實際情況確定。

四、有下列情形之一的，不予獎勵

1. 匿名檢舉稅收違法行為，或者檢舉人無法證實其真實身分的。
2. 檢舉人不能提供稅收違法行為線索，或者採取盜竊、詐欺或者法律、行政法規禁止的其他手段獲取稅收違法行為證據的。
3. 檢舉內容含糊不清、缺乏事實根據的。
4. 檢舉人提供的線索與稅務機關查處的稅收違法行為無關的。
5. 檢舉的稅收違法行為稅務機關已經發現或者正在查處的。
6. 有稅收違法行為的單位和個人在被檢舉前已經向稅務機關報告其稅收違法行為的。
7. 國家機關工作人員利用工作便利獲取信息用以檢舉稅收違法行為的。
8. 檢舉人從國家機關或者國家機關工作人員處獲取稅收違法行為信息檢舉的。
9. 國家稅務總局規定不予獎勵的其他情形。

思考題

1. 簡述偷稅的主要手法及處罰措施。
2. 在哪些情況下偷稅要負法律責任？
3. 納稅人騙取出口退稅如何處理？
4. 什麼是抗稅？稅務機關對抗稅行為如何處理？
5. 銀行等金融機構出於自身利益，不配合稅務機關依法執行公務，造成國家稅款損失，應如何處理？

第六節　稅務代理

稅務代理是指稅務代理人接受納稅人、扣繳義務人的委託，以被代理人的名義依法辦理稅務事宜的行為。稅務代理具有代理的一般共性，屬於委託代理的一種。

一、中國實行稅務代理的必要性與可行性

（一）必要性

1. 是中國社會主義市場經濟迅猛發展的客觀需要。隨著中國經濟體制改革的深入，中國呈現了以公有制經濟為主體，多種經濟成分並存和多種經營方式多種經營渠道相互交錯的複雜局面。這必然給稅收徵管工作帶來複雜性和一定的難度。因此把納稅人必須履行的納稅事宜，委託給通曉各種稅法並具有足夠業務知識的稅務代理人去辦理，既便利了納稅人，又可減少徵稅機關的許多事務性工作，從而使稅收政策得到順利貫徹實施。

2. 是規範徵納雙方的權利和義務，維護納稅人合法權益的客觀需要。稅務代理為納稅人主動申報納稅和辦理涉稅事宜提供了條件，使中國徵管工作還責於納稅人，規範徵納關係有了客觀基礎。稅務代理人能幫助納稅人依法納稅，緩解了徵納雙方的矛盾，又維護了納稅人的合法權益。

3. 是深化徵管改革的客觀需要。近年來的徵管改革解決了稅務部門內部的相互制約問題，徵納之間的制約問題即社會對稅務機關的監督和對納稅人的制約問題並沒有得到根本解決。這就要求在全社會範圍內建立健全監控制約機制，既形成對徵方的有效監控，又構成對納方的必要管理。

4. 是降低徵收成本，增加稅收收入的客觀需要。國家每增加一名稅務人員，相應地也就提高了徵收成本。而稅務代理人及其事務所則是社會法人，不是政府機關，一切費用均從自己的勞動所得中支付，降低稅收成本顯而易見。

（二）可行性

1. 社會主義市場經濟新體制的建立，為深化稅制改革，建立有中國特色的稅務代理制創造了良好的社會環境。

2. 納稅人已經有了委託代理的要求，有些納稅人認為委託代理人代辦納稅事宜，不僅可以做到依法納稅，還省時省力，有利於企業集中精力搞生產，開展公平競爭，因而委託代理的納稅人逐步增多。

3. 經過近十年來稅務諮詢業務的開展，稅務代理行業已經積聚和培養了一大批人才，並在實踐中摸索到一些行之有效的經驗，為實行稅務代理制打下了良好的基礎。

4. 有世界發達國家日本等行之多年的「稅理士制度」和其他國家的成功經驗可以借鑑，結合中國實際情況，可以洋為中用。

二、實行稅務代理制應當遵循的基本原則

開展稅務代理工作應當遵循以下原則：

1. 依法代理。依法代理是指開展稅務代理業務必須依照稅收法律和法規進行，不能違反稅法規定。這是一切代理活動的前提。

2. 客觀公正。客觀公正是服務的態度和堅持的立場，這是由仲介機構的性質決定的。堅持這一點就可以得到納稅人的信賴和稅務機關的支持。

3. 雙方自願。雙方自願是指在開展代理業務中必須堅持自願的原則，不能靠行政命令，更不能強加於人。納稅人可以委託，也可以不委託，可以全部委託，也可以單項委託。另外，稅務代理人根據委託事項和內容的本身實力，可以接受委託，也可以不接受委託。

4. 有償服務。有償服務是指稅務（諮詢）事務所在開展稅務代理業務中要實行有償服務、合理收費。稅務代理人付出了知識、技能和勞務支出，按照商品經濟的原則應該取得報酬。

三、稅務代理的業務項目或範圍

從總體上說，凡是納稅人、扣繳義務人依照稅法規定應履行的義務，應享受的權利以及應辦理的具體納稅事宜都可以辦理。一般包括以下項目：

1. 受託擔任常年稅務顧問。向委託單位提供稅收政策和稅務財務諮詢，幫助委託單位貫徹執行好現行稅收政策，維護徵納雙方的合法權益。
2. 受託代理申請減免和退補稅。
3. 受託代理納稅申報審核、申報納稅、計算應納稅款。
4. 受託代理企業財務初審、出具審計報告。
5. 受託擔任稅務、財務會計輔導和經濟諮詢。
6. 受託代理稅務登記。
7. 受託代理申請稅務案件復議及應訴。
8. 受託代理稅務發票印製、保管。
9. 受託代理設計會計、財務制度。
10. 受託代理資產評估、資金驗證、財務清算。
11. 受理代理有關稅務、財務糾紛。

思考題

1. 稅務代理應遵循什麼原則？
2. 簡述稅務代理存在的必要性。

第七節　稅收徵管體制改革展望

稅收涉及千家萬戶，與納稅人利益密切相關。加強稅收管理，不斷改進和優化對納稅人的服務和管理工作，對籌集財政收入、維護社會和諧穩定，將起到重要的作用。

一、中國稅收徵管體制改革的發展歷程

新中國的最早的稅收徵管模式是實行管理員專責模式，即「一員進廠，各稅統管，集徵、管、查於一身」。這是與計劃經濟條件下經濟成分單一、納稅人規模不大、稅制

結構簡單等相適應的。這種徵管模式直到 1988 年才開始轉變，稅務機關開始按照徵收、管理、稽查三個系列設置相應機構，分別承擔相關職能。這種模式基本劃清了各環節的職責分工，有利於加強監督制約，但仍未解決徵納雙方權利義務不清等問題。在加強徵收管理的同時，中國也在開始重視稅收徵管的法律體系建設。1993 年 1 月 1 日實施的《中華人民共和國稅收徵收管理法》，初步建立了中國稅收徵管的法律體系。1994 年，中國開始稅制改革。與稅制改革相適應，在稅收徵管制度方面，開始普遍建立納稅申報制度，加速稅收徵管信息化進程，探索建立嚴格的稅務稽查制度，積極推行稅務代理。這次稅收徵管制度改革強調合理劃分稅收徵納雙方職責，是中國稅收徵管發展史上一次具有重要意義的實踐。1995 年 2 月 28 日八屆全國人大常委會第十二次會議對稅收徵收管理法個別條款作了修改。為配合徵收管理法的實施，國務院、財政部、國家稅務總局又陸續頒布了《稅收徵收管理法實施細則》、《稅務登記管理辦法》、《發票管理辦法》、《稅務稽查工作規程》等稅收徵管的法規和制度。上述法規和規章的制定、頒布與實施，使稅收徵管的各個方面和環節都有法可依。

1997 年，稅務機關提出了建立以申報納稅和優化服務為基礎，以計算機網絡為依託，集中徵收，重點稽查的稅收徵管模式。要求建立健全納稅人自行申報制度、稅務機關和社會仲介相結合的服務體系、以計算機網絡為依託的管理監控體系、人工與計算機結合的稽查體系、以徵管功能為主的機構設置體系。這次改革基本形成徵收、管理、稽查既相互分離又相互制約的徵管格局。2004 年，在稅收徵管中重點強調了兩點：一是實施科技加管理，積極利用現代信息技術手段促進稅收徵管。二是實施科學化、精細化管理，切實提高稅收徵管水準。通過逐一梳理稅收徵管的薄弱環節，實施納稅評估等一系列針對性強、行之有效的管理措施，進一步改變了粗放式管理狀況。黨的十七大以來，面對中國經濟社會發展的新形勢和稅收徵管工作的新要求，稅務部門提出大力推行專業化、信息化管理，最大限度地提高徵管資源的利用效率。同時按照建設服務型政府的要求，順應經濟社會發展的新要求和納稅人的新期待，國家稅務總局把稅收徵收管理的重點放在了以下幾個方面：一是國家稅務總局專門成立納稅服務司，把納稅服務提到前所未有的高度。2010 年國家稅務總局委託第三方機構對部分稅務機關在稅法宣傳、納稅諮詢輔導、涉稅審批、稅收執法、稅收政策落實、稅收法律救濟等方面工作情況開展了納稅人滿意度調查。調查結果顯示，稅務機關的工作得到了 80% 納稅人的滿意。二是借鑑國際上針對性地為納稅人提供差異化管理服務將納稅人分類管理的經驗，專門設立大企業管理司，積極探索對大企業實施專業化稅收管理與服務。三是在加強國內稅收管理的同時，大力推進國際稅收管理和反避稅工作，切實維護中國稅收主權和跨境納稅人合法權益。四是在稅收徵管中引入風險管理、分類管理、專業化管理的理念，根據稅收管理工作風險程度，對不同類別納稅人採取分類管理和專業化稅收管理，包括對中小企業實行查帳和核定徵收管理，對個體工商戶加強戶籍管理和定額管理。五是完善稅源管理，通過建立稅收分析、納稅評估、稅務稽查等環節的互動機制，提高徵管質量和效率。

二、稅收徵管體制改革目標與主要內容

（一）進一步完善現行稅收徵管法律制度

現行的《稅收徵收管理法》是在中國剛剛提出建立社會主義市場經濟的 1993 年開始實施的，距今已 19 年了。隨著改革的深化、開放的擴大和社會主義市場經濟體制的逐步建立與發展，經濟和社會各方面都發生了許多變化，迫切需要進一步完善稅收徵管法律體系，提高法律效力。一是在稅收立法進一步明確稅收徵納雙方的法律責任，包括用法律規定納稅人必須遵守的涉稅信息報告制度，逐步擴大納稅人涉稅信息報告的範圍。逐步解決徵納雙方信息不對稱問題，提高稅收徵管水準、降低稅收流失率。二是強調納稅人對自己申報納稅行為負法律責任，稅務機關在為納稅人實現申報納稅提供方便的同時，強調對納稅人自我申報繳納稅款。三是完善法律援助制度，包括行政復議、法律訴訟、法律救濟等。確保納稅人合法權益得到有效保護。四是提高立法層次，將現行暫行條例、規章或地方性法規提高到法律層次，保證稅收徵管在每一個環節都有法可依，有章可循。五是注重保護納稅人權益的法律制度建設。要完善現有納稅人權益保護法律制度，建立稅制改革和重大稅收政策調整措施出抬前的專家論證、公開聽證等制度，切實保障納稅人的知情權、參與權、表達權、監督權，納稅人遵從。

（二）堅持依法行政，規範稅收執法行為，努力營造良好稅收法治環境

一是全面推進政務公開和行政監督，嚴格按照稅收法定權限和程序行使權力、嚴格約束稅收執法中的自由裁量權，履行職責，提高稅法遵從度。二是進一步強化稅收執法監督，推行稅收執法責任制，加大執法考核和過錯追究力度。通過加強對稅收管理權的監督，防止稅收管理執法中的權力濫用。

（三）積極推進稅源專業化管理，提高稅收監管和服務水準

大力推進稅源專業化管理，提高徵管質量。以實行分類分級管理為基礎，以加強稅收風險管理為導向，以實施信息管稅為依託，以完善運行機制為保障，不斷提高稅收徵管的質量和效率。

（四）按照建設服務型政府的要求，不斷提高納稅服務水準，優化納稅服務，構建和諧的稅收徵納關係

一是做好稅收工作的定位，實現稅收管理和納稅服務理念的轉變。堅持徵納雙方法律地位平等，切實尊重納稅人的平等主體地位，維護納稅人應有的尊嚴。要從理念上樹立納稅人不僅是依法納稅的義務主體，也是政府部門提供公共服務的對象。二是為納稅人提供優質服務。包括注重以納稅人為導向優化徵管流程和資源配置，從納稅人的實際狀況和合理需求出發，積極運用現代技術手段，簡化辦稅環節，縮短辦稅時間，提高辦稅效率；加強稅務機關內部各部門之間、國稅局和地稅局之間以及稅務部門與外部門之間的協調配合，切實減輕納稅人辦稅負擔，增強服務合力；繼續探索按納稅人類別設立機構和配置人員，為納稅人提供專業化、個性化服務保護納稅人的合法權益。三是加強稅法宣傳，保證納稅人瞭解稅法的渠道暢通。包括建立稅法公布制度，

除了國家公布稅收法律、法規外，要以國家稅務主管部門公報的權威形式，及時公布依法制定的各項稅收規章、制度以及其他規範性文件；稅務機關要優化自身的服務功能，結合管理為納稅人提供稅法信息諮詢。

(五) 強化國際稅收管理和反避稅工作

完善反避稅工作機制、非居民稅收管理機制、「走出去」稅收服務與管理機制、國際稅收徵管協作機制，切實維護中國稅收主權和跨境納稅人合法權益。

思考題

1. 中國稅收徵管體制改革的方向？
2. 1994年以後中國稅收徵管體制改革的發展進程？

第六章　國際稅收

第一節　國際稅收的形成與研究對象

　　稅收是國家或政府為滿足社會公共需要，憑藉政治權力按照法定標準強制、無償參與國民收入分配，取得財政收入的一種形式。稅收總是與國家緊密相連，是一個國家的主權，一個國家可以在本國疆域內決定對什麼徵稅，對什麼不徵稅，並適時調整稅收制度，這就是國家稅收。在很長一段時間內，世界上大多數國家也是根據本國的實際情況來決定和實施本國的稅收制度和政策，而不考慮其他國家的情況，但是，隨著國際經濟交往的出現，各國自行其是的稅收制度在一定程度上必然對進一步交往產生障礙，迫切需要消除這些障礙，需要國家之間的稅收協調，這些就催生了國際稅收。

一、國際稅收的定義與研究對象

（一）國際稅收的定義

　　國際稅收是指兩個或兩個以上的主權國家或地區，依據各自的稅收管轄權對跨國納稅人的課稅，以及由此形成的各國政府與跨國納稅人之間的稅收徵納關係和國家（地區）與國家（地區）之間的稅收分配關係。這一概念可以從以下五個層次理解。

　　一是國際稅收首先是作為稅收存在的，是以國家（地區）稅收為基礎發展起來的，具有稅收的一般特徵。

　　二是國際稅收涉及兩個或兩個以上的主權國家或地區的稅收利益。

　　三是國際稅收以國際間的經濟交往為存在前提，是對跨國納稅人徵稅而引起的。如果不存在跨國納稅人，國際稅收也就無從談起。

　　四是涉及主權國家或地區之間的稅收分配關係構成國際稅收的本質。與國家稅收不同的是國際稅收體現了對同一納稅人或者同一筆所得同時進行徵稅而形成的主權國家或地區之間的稅收分配關係，國家稅收則體現的是主權國家或地區內部國家與納稅人的分配關係。

　　五是國際稅收涉及一系列稅收活動，通過稅收協定來加以協調。與國家稅收不同的是國際稅收包括一系列稅收活動，雙重徵稅的避免和消除，國際避稅到情報交換等，這些活動一般都是通過國際稅收協定來加以規範協調。而國家稅收靠制定法律來確定國家與納稅人之間的徵納關係。

（二）國際稅收的研究對象

國際稅收是研究兩個或兩個以上國家對跨國納稅人的課徵，以及由此而來形成的國家與納稅人和國家與國家之間的分配關係。主要包括稅收管轄權及其協調、國際重複課稅的緩解和消除、協調國家與國家之間的稅收關係、消除對非居民的稅收歧視、國際避稅與反避稅、國際稅收協定、鼓勵國際投資的稅收優惠、國際逃稅港、國際稅收合作、各國國內稅法中有關涉外稅收的規定以及各國法院與國際法院在國際稅收方面的司法判例等。

例如，假設一個人他是 A 國的公民，居住在 B 國，從 C 國獲取經濟收益，如何對其徵稅呢？A 國政府認為他有權對本國公民來自於全球的所得徵稅，B 國認為本國居民應在本國納稅，C 國認為本國是收入來源國理應對該納稅人徵稅，同一筆收入要有 3 個國家徵稅顯然對納稅人是不公平的，由此產生了以下兩組矛盾：

第一，各國政府同跨國納稅人的矛盾。這首先涉及國家或地區內部的稅收管理主權問題，各國政府有權在自己政權管轄的範圍內對納稅人徵稅，但由於納稅人成為跨國納稅人，政府與納稅人的關係就比較複雜了。是否徵稅，徵多少稅，關係到有關國家的財政收入和納稅人的負擔。

第二，有關國家之間的稅收利益關係。這屬於國家或地區之間在處理國際稅收方面所發生的稅收利益調整或利益的分配。如果 A 國向跨國納稅人多徵了稅，就可能影響 B 國、C 國的稅收收入；如果 B 國向跨國納稅人多徵了稅，A 國和 C 國的稅收就可能少。

在上述兩組關係中，第一種是國家與納稅人之間的關係，基本上是國家稅收的內容，但由於納稅人不是普通的納稅人，而是跨國納稅人，因而，有關國家同跨國納稅人的徵納關係，成為國際稅收關係中的基礎。另一種關係反應了有關國家（地區）之間的稅收分配權益，它超出了國家（地區）稅收的範圍，不是任何一個國家（地區）能獨立解決的，這是國際稅收研究的重點內容。

根據以上分析，概括起來說，國際稅收的研究對象是各國政府為協調對跨國納稅人的稽徵管理和解決有關國家間的稅收權益而採取的措施，以及這些措施所依據的準則和規範。

二、國際稅收的產生

國際稅收是在國家稅收的基礎上產生的，是國際經濟交往發展到一定歷史階段的產物。從歷史上看，大體上從國家產生到第二次世界大戰之前，只有國內稅收。在這個時期內，還不具備或者說基本上還不具備產生國際稅收的歷史條件。那麼，在國家稅收產生和發展的歷史長河中，國際稅收到底產生於那個階段？它是如何形成和逐步發展？只有追溯稅收的發展歷程才能找到答案。

（一）原始關稅是國際稅收的起源

19 世紀末 20 世紀初，隨著商品經濟的發展，出現了國與國之間的商品交流。外國商品入境後，不可避免地要成為徵稅的對象，一些國家開始對對進出本國國境或者關

境的貨物徵收關稅，因為進出本國國境或他國國境而被徵收了關稅的外國商人也自然成為納稅人。乍看起來，稅收似乎已經帶有國際性，其實不然，因為，只有在甲國的商人將貨物運入乙國時，乙國才能對之徵稅；反之亦然。這說明各國只能在各自的國境內對外商徵稅，稅收管轄權既沒有超出國境，也就不可能出現國家與國家之間分享稅收的問題，從而也就不能認為稅收已經帶有國際性。

(二) 從 19 世紀末至第二次世界大戰前

從 19 世紀末至第二次世界大戰前，資本輸出盛行，按理應當出現資本輸出國與資本輸入國對同一投資收益同時徵稅的現象，即產生國與國之間分享稅收的問題，從而使稅收具有國際性。但是，事實上這種國際性的稅收基本上並不存在，或者確切地說，雖然已經開始存在，而問題是尚未達到必須立即各國一起來協商解決的程度。原因有三：一是在第二次世界大戰前，資本被輸入國主要是殖民地或半殖民地。當時在許多殖民地和半殖民地裡，這些地區沒有獨立的國家政權，自然也就不可能有獨立的徵稅權。因而，在帝國主義各國和殖民地之間，一般就不可能提出分享國際稅收的問題。二是資本主義各國之間的相互投資，在第二次世界大戰前雖然已經存在，但為數甚少。由於資本主義各國間相互投資額不大，所以，雖有分享國際稅收的問題，但不尖銳。三是多數資本主義國家都是在 20 世紀後才建立所得稅制度，且稅率大多不高。如美國 1913 年、法國 1917 年、德國 1920 年、義大利 1925 年才實行所得稅。美國的所得稅僅是 1%～6%。正是由於這些原因，國與國之間在對資本收益徵稅方面的矛盾就不那麼嚴重。

在國際商品交流方面，隨著各國所得稅制度的建立，矛盾已比上一歷史階段明顯。由於國與國之間在投資收益方面分享稅收的問題開始出現，因而稅收國際化問題日益突出，就逐漸為人們所重視，有些人開始試圖著手解決這一問題。但是，由於問題本身還不具有迫切性，也由於 20 世紀 30 年代國際形勢日益緊張，所以在這個歷史階段內，國際稅收問題沒能引起人們普遍重視。這種為了發展國際貿易而涉及的關稅徵收和互讓以及其他稅收調節活動不屬於國際稅收的範疇，只是初步具備了而後形成的國際稅收的一些特徵。

(三) 第二次世界大戰後，國際稅收建立

第一，隨著廣大殖民地紛紛獨立，獨立後的國家有了獨立的徵稅權。過去那種對外來投資無權徵稅的現象一去不復返了。第二，世界經濟格局也發生了重大變化。一是資本的國際流動呈現了多樣化的趨勢。與戰前資本輸出主要流入殖民地和半殖民地不同的是，戰後，發達的資本主義國家之間的相互投資大大增加，並且其投資額已大大超過了對發展中國家的投資額。這也導致它們在對投資收益的徵稅關係上尖銳的矛盾。二是跨國經營空前發展，收入國際化趨勢日趨明顯。跨國公司由於所屬的分支機構和子公司遍布世界各地。就形成了同一納稅人從不同國家獲得收入，不同的國家對同一納稅人的同一收入徵稅的情況。收入的國際化要求稅收國際化，各國之間的稅收關係遂因跨國公司的到處經營而出現了極其錯綜複雜的局面。由於跨國公司的下屬機構遍布全世界，它們能夠利用各國稅制的不同，鑽空子、找漏洞，對這種現象，單純

依靠各國的稅法已無法杜絕，需要在國際稅收方面制定適當的準則來加以節制和管理。三是第二次世界大戰後各國的所得稅制度日益完善，稅收國際化問題逐步被各國政府加以重視。不僅發達的資本主義國家都確立了以所得稅為主的徵稅制度，許多發展中國家都引進了所得稅。而且大都大幅度地提高了所得稅率，甚至高達50%左右。稅率如此之高，如不解決國際間重複課稅問題，國際貿易往來勢必要遇到嚴重的障礙。正是在上述種種情況的推動下，國際稅收終於正式作為一個新的範疇出現在稅收這個領域內，並與國內稅收並立，成為國際上的一個新興學科。

思考題

1. 為什麼會有國際稅收？其產生過程與政治風雲變化的關係。
2. 國際稅收學的研究對象是什麼？
3. 國際稅收與國內稅收的區別？

第二節　稅收管轄權

一、稅收管轄權的概念

稅收管轄權就是稅收徵稅權，是一個主權國家在稅收管理方面所行使的在一定範圍內的徵稅權利，它是國家的主權在稅收上的具體體現。也就是說，任何一個主權國家，在不違背國際法和國際公約的前提下，都有權選擇最優（或對本國最有利）的稅收制度。這一制度包括三項內容：納稅主體、納稅客體、納稅數量。

稅收管轄權並不是在國際稅收形成後才出現的，而是在稅收產生的同時就存在了，只不過在國際稅收形成之前，稅收只對國內課徵。稅收管轄權是一個國家對本國內的人和物來行使的，由於局限在本國領土之內，沒有在國際上引起廣泛注意。在國際稅收形成之後，出現了兩個或兩個以上的國家對同一徵稅對象徵稅，這樣稅收管轄權問題在國際上變得日益突出和複雜了。

二、稅收管轄權的主體和客體

稅收管轄權的主體和客體是稅收制度中不可缺少的要素。在國際稅收中，由於涉及兩個或兩個以上的國家對跨國納稅人的徵稅，稅收管轄權的主體和客體就變得複雜了，可以說稅收管轄權的主體和客體也是國際稅收學研究中的一個基本問題。主體是擁有徵稅權的國家（地區），客體則是負有納稅義務的跨國納稅人及其國際所得。

（一）稅收管轄權的主體——國家

稅收管轄權的主體是擁有徵稅權的國家（地區）。

在國家稅收裡，作為稅收管轄權主體的國家只有一個，稅收的徵納關係比較單純。在國際稅收中，稅收管轄權主體則是兩個或兩個以上國家（地區），而且這些國家（地

區）無論在政治、經濟、文化等方面差異較大。尤其是發達國家與發展中國家的經濟發展水準不同，因此在國際稅收關係中很可能處於不平等的地位。由於發達國家積極參與國際經濟的時間比發展中國家早，參與的規模與範圍也大，所以，發達國家較早地出現跨國徵稅問題，並較早地投入對國際稅收問題的研究。現在有關國際稅收的原則、條約等，大多是發達國家在國際稅收方面理論與實踐的產物。由於發達國家一般處於資本輸出國的地位，因而它們處理國際稅收關係的立場、原則和政策當然是有利於發達國家利益的。發展中國家經濟水準較低，在國際經濟關係中往往處於不利地位，在國際稅收關係中很難維護自己的利益。各國在行使稅收管轄權時奉行的原則不同，不同國家實行的經濟政策不同都會給國際稅收關係帶來影響。

總之，在國際稅收中，各個徵稅主體的存在，伴隨著不同的徵稅主體所奉行的不同原則、政策的出現，使國際稅收關係複雜化了。

(二) 稅收管轄權的客體——納稅人、國際所得

1. 納稅人

在國際稅收關係中的納稅人與大多數國家稅法中規定的納稅人相同，包括自然人和法人，但又有其本身的特點。

第一，國際稅收中的納稅人是跨國納稅人。若一國規定的納稅人，只是在本國管轄範圍內從事經濟活動，那他只與本國政府發生單一的徵稅關係，不是國際稅收涉及的納稅人。只有當納稅人的活動跨出國界，同時成為兩個或兩個以上國家的納稅義務人時，他才成為國際稅收中的納稅人。

例如，某自然人，他居住在 A 國，到 B 國從事勞務服務並取得收入，他同時對 A、B 兩國負有納稅義務，就成為國際稅收涉及的納稅人了。

第二，國際稅收涉及的納稅人不單純以國籍為判斷依據。國籍是分析判斷納稅人的一個因素，但這不是唯一因素。

2. 國際所得

國際稅收涉及的徵收對象主要是所得額，即跨國納稅人的跨國所得。

由於國際經濟交往、社會經濟活動以及人們從事的業務是多方面的，不論自然人，還是法人，所得範圍很廣，種類很多，一般來說，國際所得大致分為四類：

(1) 跨國經營所得。跨國經營所得是指跨國納稅人從事跨國的工業、商業、服務業等生產經營活動取得的所得。

(2) 跨國勞務所得。跨國勞務所得是指跨國納稅人跨越國界從事設計、講學、諮詢、演出等項勞務的所得。

(3) 跨國投資所得。跨國投資所得是指跨國納稅人通過跨國投資入股、放貸、轉讓特許權等活動取得的所得，如股息、利息、特許權使用費等。

(4) 其他跨國所得。其他跨國所得是指上述三種跨國所得以外的跨國所得，如財產所得、遺產繼承所得等。

三、稅收管轄權的分類

目前，來源地管轄權、公民管轄權和居民管轄權是國際稅收中三種最基本的稅收

管轄權。一般說來，奉行「屬地原則」的國家在行使稅收管轄權時採用「來源地稅收管轄權」，奉行「屬人原則」的國家則採用「居民管轄權」或「公民稅收管轄權」。

(一) 來源地稅收管轄權

來源地管轄權又稱收入來源地方管轄權或地域管轄權，它是指一個主權國家對發生其領土範圍裡的一切應稅活動和來源於或被認為來源於其境內全部所得行使的徵稅權力。行使地域管轄權的國家有權對發生在本國疆界範圍內的所得徵稅，而不管納稅人是何國公民或居民。相反，它對納稅人來自國外的收益、所得不徵稅，即使納稅人是本國的公民或居民。按來源地稅收管轄權徵稅，收入來源發生在哪個國家（地區），就在哪個國家（地區）徵稅，體現了國際經濟利益分配的合理性，方便了稅收的徵管工作，為世界各國所普遍接受。但單一行使地域稅收管轄權的國家和地區不多，主要有文萊、沙特阿拉伯、馬耳他、危地馬拉、厄瓜多爾、巴西、玻利維亞、委內瑞拉、巴拿馬、烏拉圭、尼加拉瓜、多米尼亞、海地、哥斯達黎加、埃塞俄比亞、加納、塞舍爾、中國香港等18個國家和地區。

(二) 居民稅收管轄權

居民稅收管轄權是指一個國家對居住在本國境內的全體居民取得的來自世界各國的全部所得行使的徵稅權力。

(三) 公民稅收管轄權

它是國家對有本國國籍的公民來自世界範圍的全部所得行使的徵稅權，是按屬人原則建立起來的。公民稅收管轄權，以國籍來判斷其納稅義務，不論其居住於國內或國外。對於住在外國者，也不論其居住期限的長短，都應按其世界範圍內的收入納稅。按公民身分行使稅收管轄權給國際稅收帶來了更多的困難。因為，甲國公民如在另一國居住，而在第三國取得收入，則甲國要按公民身分對其徵稅，居住國要按居民身分對其徵稅，而收入來源國則要從源徵稅，這就使國際稅收關係更加複雜化。

特別是對一個很少，甚至從來也不在所屬國籍國居住，而經常在他國居住和從事經營活動的跨國人員行使該權，對其來源於世界範圍內的所得徵稅，往往是不現實的。所以除了美國和羅馬尼亞等少數國家外，絕大多數國家放棄了公民稅收管轄權，轉而採用了居民稅收管轄權。

「居民」指居住在一國境內並受該國法律管轄的一切人，在各國稅法中，居民的概念包括自然人和法人。在自然人方面，各國都按居住地確立納稅人的居民身分，並對之行使稅收管轄權。多數國家，居住期限都規定為連續半年，但也有規定連續一年的，如中國、日本和巴西。

在法人方面，各國對居民身分的確立也不一樣，但一般都依照下列兩條原則：第一，按公司的組成地，即公司按何國法律在何國註冊成立，便視為何國居民的公司；第二，按公司的實際管理機構所在地，即實際管理機構設在何國，便視為何國公民的公司。公司董事會的所在地或經常開會的地點，是判斷實際管理機構所在地的標誌。凡按上述原則之一，確立為是有某國居民身分的公司，該國就可以對其行使居民稅收

管轄權，按其世界範圍內的收入徵所得稅。

目前世界各國較普遍地行使居民稅收管轄權。

四、稅收管轄權的選擇

在國際稅收實踐中，單一行使某種稅收管轄權的國家很少，絕大多數國家都在同時行使地域稅收管轄權和居民稅收管轄權。之所以出現這種情況，是各國行使其主權來維護本國利益的結果。一個國家如果只是單一地行使地域稅收管轄權，對來源於本國領土範圍內的收益和所得徵稅，但是對本國居民或公民來源於其他國家的收益和所得不予徵稅，這樣，就喪失了本國的一部分財權利益。一個國家如果只是單一地行使居民（公民）徵收管轄權，它可以對本國的居民或公民來自全世界範圍的收益和所得徵稅，而對於其他國家的居民或公民來源於本國領土範圍內的收入和所得，不予徵稅。對來源於本國領土範圍內的收入和所得徵稅，本來是國際公認的國家權力，而單一行使居民（公民）徵收管轄權，卻因未行使地域徵收管轄權而喪失了本國應得的一部分財權利益。因此，為了維護各自國家的財權利益，避免不應有的損失，世界上絕大多數國家在行使某種徵收管轄權的同時，也行使另一種徵收管轄權，出現了「兩權並用」或「三權並用」的現象。

目前，大多數國家同時行使居民徵收管轄權和來源地徵收管轄權，這些國家有阿富汗、澳大利亞、日本、韓國、馬來西亞、新加坡、德國、義大利、英國、法國等五十多個國家。同時行使公民徵收管轄權和來源地徵收管轄權的國家是羅馬尼亞。同時行使公民稅收管轄、居民稅收管轄權和來源地徵收管轄權「三權並用」的國家是美國。

既然單一地行使某種徵收管轄權會給國家帶來財權利益上損失，為什麼還有少數國家單一地行使地域稅收管轄權呢？這些國家這樣做的目的，是為了給外國投資者提供一種對境外收益不徵稅的誘人條件，來吸引國際資本和先進技術流入本國，實際上是用本國的一部分財權利益去換取吸引外資的經濟利益。有的國家和地區採取這種做法獲得了一定的成功。

思考題

1. 稅收管轄權的含義是什麼？
2. 稅收管轄權主要分為幾類？
3. 國際上大多數國家採用哪種稅收管轄權？為什麼？

第三節　國際重複徵稅

世界上各個國家（地區）由於政治、文化、經濟和傳統習慣等方面的差異，行使的稅收管轄權是不同的。當不同的稅收管轄權，相互交錯，對同一跨國納稅人的同一所得徵稅時，這個納稅人的所得就可能被兩個或兩個以上的國家同時進行兩次或兩次

以上的課徵，出現重複徵稅的現象。由於國際間的重複徵稅大多是兩個國家對同一納稅所得的重複課徵，故習慣上將國際重複課稅稱為國際雙重徵稅。

一、重複徵稅的概念和類型

重複徵稅是多次對同一徵稅對象進行徵稅，導致稅收負擔加重或者過重。

重複徵稅分別由法律、稅制和經濟制度方面的差異引起，因此重複徵稅可劃分稅制性重複徵稅、法律性重複徵稅和經濟性重複徵稅。

（一）稅制性重複徵稅，是指由於實行複合稅制而引起的重複徵稅。目前，世界各國基本上都在實行複合稅制，既然所有國家都實行複合稅制，那麼雙重徵稅不可避免。例如，對同一納稅人的同一稅源，即徵收流轉稅，又徵收所得稅，實際上形成該稅源的重複徵稅。

（二）法律性重複徵稅，是指在稅收法律上規定對同一納稅人和徵稅對象採取不同的徵稅原則，而引起的重複徵稅。其典型的情況是不同稅收管轄權所造成的重複徵稅。例如，A國採取居民管轄權，B國採取來源地稅收管轄權，那麼對在B國居住的A國居民而言，將承擔向兩國納稅的義務，所以法律性重複徵稅即是不同稅收管轄權相互交錯地對某納稅人徵稅出現的重複徵稅。

（三）經濟性重複徵稅，是指對同一經濟關係中不同納稅人的重複徵稅。這種課稅在對公司徵收的公司所得稅及其員工的個人所得稅中表現尤為明顯。例如，股份公司是由比較普遍的經濟組織形成，在對股份公司和股東個人的徵稅中，一方面，對公司的所得徵收公司所得稅；另一方面，又對從股東公司分得的股息徵收個人所得稅，而這部分股息是從公司已納稅的利潤中分配來的，於是出現了重複徵稅。因此對它們都予以課稅，實際上是不合理的。

上述三種性質不同的重複徵稅，是普遍存在於各國稅收實踐中的，但並非都是國際重複徵稅的內容。稅制性的重複徵稅是由複合稅制引起的，而複合稅制是由某一國家自己制定的。這樣，稅制性的重複徵稅是一個徵稅權主體行使徵稅權產生的，一般不涉及其他國家，不屬於國際重複課稅的範圍。法律性重複徵稅是由不同徵稅權主體行使不同稅收管轄權，對同一納稅人的同一徵稅對象徵稅所引起的。由於徵稅權主體的範圍不同，有兩種情況：一種是同屬於一個國家的兩個徵稅權主體引起的，如中央政府與地方政府對同一納稅所得的徵收，這不屬於國際重複課稅的範圍；另一種情況是，徵稅權主體是兩個或兩個以上的國家，對同一納稅人所得徵稅產生的，由於涉及了國家與國家之間的關係，是屬於國際重複徵稅範圍。

經濟性的重複徵稅，由於同一稅源的不同納稅人所處的地域不同，與國際重複徵稅的關係也是不同的。如同一稅源的不同納稅人（如公司與股東）同處於一個國家，這種情況下產生的經濟性重複徵稅只是屬於一個國家的範圍。如果同一稅源的不同納稅人是分處在兩個或兩個以上的不同國家，由此引起的經濟性重複徵稅就成為國際重複徵稅的內容。可見，具有國際性質的重複徵稅只是重複徵稅的一部分，並不是所有的重複徵稅都是國際重複徵稅。

二、國際重複徵稅的特徵

根據上述特點，國際重複徵稅一般具有三個特徵：一是徵稅權主體是多元的，即是兩個或兩個以上的國家；二是納稅人是跨越國界的，同時對兩個或兩個以上的國家負有納稅義務；三是徵稅對象或稅源是單一的。同時具備這三個特徵的重複徵稅才是國際重複徵稅。國際重複徵稅是指兩個或兩個以上的國家，在同一時期對同一跨國納稅人的同一徵稅對象或稅源徵收同類稅收所造成的重複徵稅。

三、國際重複徵稅的產生

（一）不同稅收管轄權產生的國際重複徵稅

目前，世界各國行使的稅收管轄權有來源地稅收管轄權、居民稅收管轄權和公民稅收管轄權，這三種稅收管轄權中的任何兩種，若同時對同一跨國納稅人的同一所得徵稅，都會發生國際重複課稅。由於兩種稅收管轄權相互重疊而產生國際重複徵稅的情形有以下三種。

1. 來源地稅收管轄權與居民稅收管轄權的重疊。某人作為 A 國的居民到 B 國從事經營活動，在 B 國獲得了所得 100 萬美元，B 國行使來源地稅收管轄權，對來源於本國的所得課徵所得稅，所得稅率為 40%，應徵所得稅 40 萬美元；而 A 國則行使居民稅收管轄權，對本國的居民徵稅，所得稅率為 35%，應徵所得稅 35 萬元。這樣，這個跨國納稅人在 B 國的所得受到兩國的雙重課徵。即兩國同時對該居民的同一所得徵收所得稅 75 萬美元。

2. 來源地稅收管轄權與公民稅收管轄權的相互重疊。由於現在行使公民稅收管轄權的國家很少，所以出現來源地稅收管轄權與公民稅收管轄權重疊的現象很少。如果出現，也同來源地稅收管轄權與居民稅收管轄權一樣，會出現國際雙重徵稅。

3. 居民稅收管轄權與公民稅收管轄權的重疊。公民與居民的概念是不同的，公民一般是指具有本國國籍，並享有法定權利和承擔義務的個人；而居民則指居住在本國境內並受本國法律管轄的一切人，包括本國公民和外國人。由於公民與居民的概念不同，在行使居民稅收管轄權的國家與行使公民稅收管轄權的國家同時對同一跨國納稅人徵稅時，就可能出現國際重複徵稅。

例如，某人是 A 國的公民，但因其長期居住在 B 國而被 B 國認定為 B 國的居民，全年總所得 100 萬美元，A 國行使公民稅收管轄權，稅率為 40%，對該人來自全世界範圍的所得課徵所得稅 40 萬美元；而 B 國則行使居民稅收管轄權，稅率為 35%，對該納稅人來源於全世界的所得徵所得稅 35 萬美元。A 國的公民稅收管轄與 B 國的居民稅收管轄權在這個跨國納稅人身上重疊，出現重複徵稅，共計 75 萬美元。

（二）同種稅收管轄權重疊產生的國際重複徵稅

從理論上講，兩個或多個國家都實行同一種稅收管轄權徵稅是不會產生雙重徵稅的。假如 A 國和 B 國全行使來源地稅收管轄權，各自對本國領土內的所得徵稅，不會造成國際雙重徵稅。但在國際稅收實踐中，由於許多國家對一些概念的理解和判定標

準不同，因而在行使同一種稅收管轄權時，也會發生國際雙重徵稅。

1. 雙重居民稅收管轄權產生的國際雙重徵稅。各個行使居民稅收管轄權的國家，在其稅法中規定的居民判定標準是不盡相同的，有的國家按是否擁有永久性住所來判定。個人是否為居民，有的國家則用納稅人在該國停留時間的長短作判定標準。於是，雖然有關國家都是行使居民稅收管轄權，但由於對居民的判定標準有差異，也有可能出現兩種居民稅收管轄權相互重疊的現象。

2. 雙重來源地稅收管轄權產生的國際雙重徵稅。一般說來，一個國家所管轄的地域界線是清楚的，不大可能出現兩個或多個國家同時行使來源地稅收管轄權徵稅而產生國際重複課稅問題。但也的確存在著由於各國對納稅人的來源地確定標準不同而產生的國際重複徵稅。

四、國際重複徵稅的影響

(一) 加重了跨國納稅人的稅收負擔

由於有關國家稅收管轄權的重疊交叉，跨國納稅人要依法向兩個甚至兩個以上的國家納稅，稅收負擔大大加重了，甚至是成倍加重。

(二) 違反稅收的公平原則

眾所周知，稅收公平原則是稅收原則中的一個重要原則，它意味著相同納稅能力的人應承擔相同的特徵稅的重複本身就說明了納稅人承受了比所應承受的稅負更多的負擔。所以說國際重複徵稅加重了跨國所得的稅收負擔，破壞了稅收的公平原則。

(三) 阻礙國際經濟的發展

國際經濟、技術、文化的相互交流合作，是世界經濟發展的大趨勢。這個趨勢是社會生產力發展的必然要求，它能使各種資源要素在世界範圍內得到更合理的利用，促進國際專業化分工，加速各國經濟的發展。但是，國際重複徵稅卻加重了跨國所得的稅收負擔，打擊了跨國投資、經營、技術合作的積極性，從而阻礙了國際經濟的發展。

(四) 影響有關國家之間的財權利益關係

由於國際重複徵稅是兩個或兩個以上國家對同一納稅所得徵稅造成的，面對同一徵稅對象，一國多徵了稅，就有可能影響其他國家要少徵稅，國際重複徵稅已成為國際經濟關係中的一個重要問題。

五、國際重複徵稅的免除原則方式和方法

(一) 國際重複徵稅的免除原則

1. 來源地稅收管轄權優先原則的確立

各國按照屬人原則行使居民稅收管轄權或公民稅收管轄權，按照屬地原則行使來源地稅收管轄權，如果說這種現象不可避免的話，那麼要避免由此而引起的國際重複徵稅，至少應該在它們之間承認某一種稅收管轄權是居於優先地位的。撇開屬地原則

與屬人原則對不同國家的稅收意義這一點不論，根據來源地稅收管轄權原則，課稅對象發生或存在於哪一個國家境內，就應當由哪一個國家課稅，這樣做更為合理。該原則不僅體現了國際稅收權益分配的客觀性和稅務管理的方便性，而且從國際經濟關係的現實情況來看，如果一個從事跨國經濟活動的企業或個人不承認有關國家的來源地稅收管轄權，不向非居住國政府繳納稅收，絕不可能取得在該國境內從事經濟活動的權利。當然一國的居民（公民）不能獲準在其他國家從事經濟活動，就根本談不上該國政府對其境外所得的課稅問題。因此，「屬地優先原則」必然成為世界各國處理國際重複徵稅問題共同遵循的一個基本原則。

在貫徹屬地優先原則的條件下，不僅居民（公民）稅收管轄權與來源地稅收管轄權的衝突引起的國際重複徵稅，而且因居民（公民）稅收管轄權與居民稅收管轄權引起的國際重複徵稅，都可以得到避免或消除。因為貫徹屬地優先原則實質上意味著將對居民（公民）納稅人的課徵範圍限制在本國的地域稅收管轄權實施範圍內。即使兩國分別對同一納稅人按照屬人原則行使居民稅收轄權，或分別行使居民稅收管轄權和公民稅收管轄權，只要雙方國家均限制了本國對納稅人在對方國家所得課稅權，國際重複徵稅現象仍可得到避免或消除。

2. 來源地管轄權優先徵稅範圍和內容的確定

貫徹屬地優先原則雖然得到了有關國家的優先承認，但這不意味著凡非居住國所徵收的款項都應由居住國給予承認。一些國家相繼制定了來源地管轄權優先徵稅的範圍和內容，主要包括以下幾個方面：

（1）承認來源地優先徵收的所得或資產必須是按照本國稅法確定的境外來源所得或境外財產。判定納稅人的一項所得或財產是否屬於境外所得或境外財產，應以本國稅法中規定的判定標準為依據。如果納稅人的一項所得或財產，根據本國稅法已劃為境內所得或境內財產，即使同時被有關國家劃為其境內課稅對象並已徵稅，也不能享受本國提供的免除國際重複徵稅待遇。這一限制性條件的實質問題是維護本國的地域稅收管轄權，防止其他國家實施地域稅收管轄權範圍的擴大而造成對本國稅收權益的損害。

（2）承認來源地優先徵收的必須是稅收而不是費。各國政府徵收的稅收種類較多，但有些名義上是稅，實際上是費。判斷兩者的區別，關鍵在於無償與否。凡是納稅人為獲得某種利益向有關外國政府繳納的款項，只能作為費用扣除，而不能要求在本國獲得稅收抵免，例如註冊費、社會保險費等。

（3）承認來源地優先徵收的必須是實際已納稅的境外所得或境外財產。大多數國家規定，可在本國享受免除重複徵稅待遇的必須是已向外國政府實際繳納稅收的境外所得或境外財產。本國納稅人申請享受免徵待遇時，必須申報有關外國所得或財產總額及已稅情況，同時提交有關外國政府的納稅證明和其他有關材料。如果外國政府在課稅的同時，又通過各種形式給予納稅人一定的補貼，即使是間接補貼，納稅人已納的外國稅收也不能在本國要求抵免，可以抵免的只能是已納外國稅收減除補貼後的餘額。由此可見，貫徹「屬地優先原則」並不意味著居住國（國籍國）完全放棄對本國居民（公民）納稅人的境外所得或境外財產應行使的稅收管轄權，而只是承認所得來

源國或財產所在國對此行使地域稅收管轄權的優先地位,且這種承認也是以不能損害本國的地域稅收管轄權為前提的。

(二) 避稅國際重複徵稅的方式

1. 單式方式

單邊方式是指一國政府單方面採取措施,在稅法中做出有些規定,以避免本國居民納稅人的國外所得承受國際重複徵收稅的方式。這種單邊方式一般不要求對方國家給予同等的讓步或者規定,而只做單方面的處理。目前大多數實行居民管轄權的國家為了鼓勵本國居民參與國際經濟活動,一般都有承認來源地稅收管轄權優先的情況下,單方面作出規定在本國的居民稅收管轄權作適度約束的同時採取不同方法盡量避免在本國居民國外來源所得的重複徵稅。但是實踐證明,這種單邊方式解決國際重複徵稅問題上的作用還是不徹底的。

2. 雙邊方式

所謂雙邊方式是指兩個國家政府通過談判簽訂雙邊稅收協定來協調相互之間的稅收分配關係以此避免對所涉及的跨國納稅人雙重徵稅的方式。雙邊方式簽訂的稅收協定主要包括以下三個方面:

一是明確締約國之間居民稅收管轄權的範圍。通常的做法是,首先依據締約國國內稅法的有關規定,列舉一個或若干個居民納稅人判定標準,然後以特別條款規定對同時成為締約國雙方居民的人,根據這些標準,經締約國主管部門審議,確定其僅為締約國一方的居民。各國在協定中採用的居民個人認定標準主要是住所和居所標準,對公司居民則主採用實際管理機構標準以及總機構和註冊地標準。

由於一個公司的實際管理機構以及總機構或註冊地較易判定,即使因有關國家簽訂的協定中採用了兩個或兩個以上判定標準,經協商把一個公司確定為締約國一方的居民在技術上並不困難。對於居民個人,由於各國國內法律關於住所或居所確定標準的內涵不同,在確定一個同時成為締約國各方居民的個人僅為締約國一方居民的問題上仍是相當困難的。一般需要結合納稅人的主要經濟利益所在地以及國籍等因素來加以判定。其判定順序如下:

①應以永久性住所所在國為準。如果一個人在兩個國家同時有永久性住所,應視其為與個人經濟利益更密切所在國的居民。

②如果其重要利益中心所在國無法確定,或者在其中一國都沒有永久性住所,應視其為有習慣性住所所在國的居民。如果其在兩個國家都有或者都沒有習慣性住處,應視其為國民所在國的居民。

③如果其同時是兩個國家的國民,或者不是其中任何國的國民,應由締約國雙方主管部門協商解決。

二是明確締約國來源地稅收管轄權實施範圍。在對締約國之間行使的居民稅收管轄權加以規範的基礎上,締約國各方對締約國另一方的居民來源於本國境內的所得或財產,擁有優先行使地域稅收管轄權的權力。對於地域稅收管轄權的規範,是按照不同類型所得或財產對締約國規定限制性條件來實現的。例如,為防止常設機構外延的

擴大，可採取列舉的辦法加以明確：管理場所、分支機構、辦事處、工廠、車間、礦場、油井或氣井、採石場或者任何開採其他自然資源的場所；建築工地、建築、裝配或安裝工程，但不包括專為儲存或陳列本企業貨物或商品的場所，專為本企業採購商品貨物或搜集情報而設有的固定營業場所。再如，為限制締約國以匯出所得稅或股息預提稅等形式對常設機構向總機構匯出利潤徵稅，可規定在一個國家的居民公司從締約國另一方取得利潤的情況下，另一方不得對該公司的未分配利潤和對該公司支付的股息徵任何稅收。

三是明確適用的稅種範圍。為了防止因締約國稅制不同，在免除國際重複徵稅方法適用的稅種範圍上發生矛盾和衝突，這就需要對適用的稅種範圍做出明確規定。鑒於締約國之間在徵收的稅種、徵收範圍、徵收方法和計稅標準等方面往往存在著這樣或那樣的差別，難求統一，通常以專門條款分別列舉稅種，在規定的稅種範圍內，締約國一方應對另一方徵收的稅種承擔稅收抵免的義務。

應該指出，雙邊及多邊方式雖然是避免和消除國際重複徵稅現象的有效途徑，但是並不意味著國際重複徵稅現象可因此而消失。因此，在國際稅收領域，如何更好地消除國際重複徵稅現象，以減少避稅行為的發生，仍是今後較長時期內很繁重的任務。

(三) 免除國際重複徵稅的方法

1. 免稅法

免稅法，又稱豁免法，是免除國際雙重徵稅的方法之一。這種方法實質上是居住國政府，對其居民來自國外的所得，在一定條件下，免予徵稅。這種方法實際上是以居住國政府承認收入來源國政府（非居住國地域）稅收管轄權優先的原則為前提，有條件地放棄行使居民（公民）稅收管轄權，來避免對跨國納稅人的國際重複徵稅。由於免稅法不能很好地維護居住國的利益，故採用此法的國家較少。採用免稅法的國家在對本國居民來自國外的所得給予免稅的具體做法上有所不同，可以分為全額免稅法和累進免稅法。

(1) 全額免稅法，是指居住國（國籍國）政府在計算本國居民（公民）的應納稅所得額時，僅以本國居民的國內所得直接按照適用稅率計算徵稅，完全不考慮其來源於境外的所得的一種方法。

居住國應徵所得稅額＝居民的國內所得×適用稅率

(2) 累進免稅法，是指居住國（國籍國）政府在計算本國居民的應納稅所得額的稅率時，把其國內外的所得匯總起來，以總所得為依據來確定的方法。累進免稅法和全額免稅法相比較，不同之處在於對居民國內所得稅所選擇的稅率不同。全額免稅法在選擇稅率時，完全不考慮居民在國外的所得，只按居民的國內所得確定稅率。累進免稅法在確定稅率時，按包括國外所得在內的總所得來確定。這意味著按累進免稅法確定的稅率，會高於全額免稅法確定的稅率。居住國應徵所得稅額＝居民的總所得×適用稅率×（國內所得/總所得）。

例如：A居民取得了收入共20,000元，其中在居住國所得為16,000元，在國外來源國所得4,000元；居住國實行累進稅率，按規定所得20,000元的稅率為40%，

16,000元為30%；來源國實行的是比例稅率為20%。如果居住國與來源國之間沒有簽訂避免國際雙重徵稅協定，那麼A居民納稅額將是8,800元（20,000×40%＋4,000×20%）。

如果採用豁免法時，納稅情況如下：第一，全部豁免時，居住國對國外的4,000元所得不予考慮，對國內的16,000元所得按30%徵稅。即居住國稅收16,000×30%＝4,800（元），來源國稅收4,000×20%＝800（元），那麼A居民納稅總額5,600（元）；居住國放棄稅收8,000－4,800＝3,200（元）。第二，累進豁免時，居住國將國外的4,000元所得與國內的16,000元所得合計為20,000元，找出其適用稅率為40%，然後用40%的稅率乘以國內所得16,000元，求得該居民應在國內繳納的稅款，即居住國稅收16,000×40%＝6,400（元），來源國稅收4,000×20%＝800（元），那麼A居民納稅總額7,200（元），居住國放棄稅收8,000－6,400＝1,600（元）。

累進免稅法雖然比全額免稅法多徵了一些所得稅，但國際雙重徵稅還是被免除掉了，因為居住國並未對某公司在來源國已納稅所得徵稅。無論是全額免稅法還是累進免稅法，由於放棄了對納稅人國外所得的徵稅權，免除了國際雙重徵稅，方便簡單。但是由於免稅法存在著一些缺陷，不是較完善的國際雙重徵稅的免除方法。因此，世界上採用免稅法的國家不多，有波蘭、丹麥、法國、瑞士、羅馬尼亞、澳大利亞、新西蘭、委內瑞拉等。

2. 扣除法

扣除法指居住國（國籍國）政府在實行居民（公民）稅收管轄權時，允許跨國納稅人將其向外國政府繳納的所得稅額，作為扣除項目從應稅所得中扣除，就扣除後的餘額計徵所得稅，以免除國際雙重徵稅的一種方法。

居住國應徵所得稅額＝（居民的總所得－國外已納所得稅）×適用稅率

居住國（國籍國）實行扣除法，不能完全免除由於稅收管轄權重疊交叉造成的國際重複徵稅，其給予跨國納稅人扣除的一部分稅額，只能對國際雙重徵稅起一定緩解作用。究其原因，是居住國（國籍國）沒有完全承認收入來源國行使地域稅收管轄權的優先地位，而只是承認了一部分，致使跨國納稅人的重複徵稅問題不可能得到完全的解決，所以採用該法的國家很少。

3. 抵免法

抵免法指居住國（國籍國）政府對其居民來自境內外的所得一律匯總徵稅，但允許在本國應納稅額中抵扣本國居民就其境外所得在境外已經繳納的稅款。

居住國應徵所得稅額＝居民總所得×適用稅率－允許抵免的已繳來源國稅額

抵免法是居住國政府承認了收入來源國行使地域稅收管轄權的優先地位，但並不承認其獨占。也就是說居住國政府還要行使居民稅收管轄權對其居民的境外所得徵稅。但允許將在境外實際繳納的稅額從應向居住國繳納的稅額中抵扣。抵免法按照抵免數額的不同可以分為全額抵免法和限額抵免法。按照抵免數額的不同可以分為全額抵免法和限額抵免法。

（1）直接抵免法，是指居住國（國籍國）允許本國居民（公民）用已向來源國直

接繳納的所得稅，來充抵其應繳納本國政府所得稅一部分稅額的做法。

不是任何情況下都可以使用直接抵免法的，它有其特定的使用範圍。一般來說，直接抵免法適用於同一經濟實體的納稅人向來源國已納所得稅的抵免，包括跨國自然人和分支機構。

跨國自然人舉例：一個跨國自然人A，既要向收入來源國納稅，又要承擔其居住國（國籍國）的納稅義務，那麼這個跨國自然人A在收入來源國已經繳納的稅額就可以在其居住國（國籍國）繳納稅收時從應納稅額中抵免。這就是同一經濟實體，適用直接抵免法。

分支機構舉例：居住國（國籍國）的公司在國外設立的分支機構，向收入來源國繳納所得稅時適用直接抵免法，可以從總機構繳納的所得稅中抵免。分支機構不是獨立的經濟實體，其贏利不屬於其本身，而是屬於整個經濟實體，分支機構贏利的多少，也往往受總機構的控制和制約。其贏利和整個經濟實體的贏利一起，由總機構進行統一分配。究其原因，也是資金所有權的同一。

直接抵免的計算方法：

居住國應徵所得稅額＝居民總所得×適用稅率－允許抵免已繳來源國稅額

由於對「允許抵免的已繳來源國稅額」處理的不同，直接抵免法分為全額抵免和限額抵免。全額抵免：居住國政府在對跨國納稅人徵稅時，允許納稅人將其收入來源國繳納的所得稅，在應向本國繳納的稅款中，全部給予抵免的做法。限額抵免：又稱普通抵免。這種做法要求居住國（國籍國）政府在對跨國納稅人的國內外所得計算徵稅時，允許納稅人抵免的稅額，最高不得超過其國外所得乘以本國法定稅率所計算出的應納稅額。

由於全額抵免對納稅人在國外的已納稅款全部予以抵免，在一定條件下會影響居住國的利益。而限額抵免把予以抵免的稅額限制在居住國的稅率範圍之內，從而維護了居住國的利益。所以，世界上絕大多數國家實行限額抵免的做法。

限額抵免比全額抵免的計算要複雜一些，其複雜點主要集中在對「允許抵免的已繳來源國稅款」的確立上。在收入來源國的稅率低於居住國稅率時，抵免限額就大於納稅人已向收入來源國繳納的稅額；當收入來源國的稅率等於居住國的稅率時，抵免限額就與納稅人已繳收入來源國的稅額相等；而收入來源國的稅率高於居住國稅率時，抵免稅額則小於納稅人已向收入來源國繳納的所得稅稅額。

例如，一居民取得總收入為20,000元，其中居住國所得為16,000元，在國外來源國所得為4,000元；居住國家的稅率為30%；來源國家的稅率為20%（低於居住國稅率）或者為40%（高於居住國稅率）。

如果在國際重複徵稅的情況下，該居民稅收負擔應是6,800元（20,000×30%＋4,000×20%），或者是7,600元（20,000×30%＋4,000×40%）。

當採用全額抵免時，居住國允許居民將在國外繳納的稅款在本國稅額中予以全部抵免。居住國實行全額抵免，不管來源國稅率高低，均放棄對納稅人國外收入的徵稅權利。那麼納稅可抵免稅款為800元或者1600元。當普通（限額）抵免時，居住國允

許居民抵免的稅額最高不得超過外國所得額乘以本國稅法規定的稅率計算的應納稅額。那麼來源國的稅率為40%時，居民有400元的稅款不能抵免。

（2）間接抵免法，指居住國政府，對視同本國居民公司間接繳納的外國所得稅所給予的抵免。間接抵免是適用於跨國母子公司之間的稅收抵免。也就是母公司所在的居住國政府對母公司來自外國子公司股息所承擔的外國所得稅，允許從母公司應納稅款中扣除。在這個概念中，包括三個基本的內容：

其一，間接抵免法適用的範圍是具有跨國母子公司關係的納稅人，是由兩個居住國對兩個納稅人徵稅產生的國際雙重徵稅。其二，間接抵免法之所以稱為間接，是因為母公司所在的居住國政府允許母公司抵免的稅額，並不是由母公司直接向子公司所在國政府繳納的，而是通過子公司間接繳納的。其三，間接抵免法所允許抵免的稅額，不是子公司已繳其居住國的全部稅額，而是母公司所分股息應承擔的那部分稅額。這個稅額，只能通過母公司收到的股利間接地計算出來。

消除這種國際雙重徵稅，不能用子公司在其居住國已繳稅額來直接抵免母公司的應納稅款。這就需要採用間接抵免法。間接抵免法與直接抵免法的計算基本相同，只是更複雜一些。由於母子公司可以通過母公司—子公司—孫公司—曾孫公司等，層層參股投資，因此會出現一層、兩層以至數層重疊的情況，計算時也有一層間接抵免與多層間接抵免之分。

4. 稅收饒讓

所謂稅收饒讓，就是居住國政府對其居民納稅人在非居住國得到減免的那部分所得稅，視同已納稅額而給予抵免，不再按本國稅法規定補徵。稅收饒讓是在國際重複徵稅採用抵免法給予免除的條件下產生的，但它免除的不是國際重複徵稅，而是並未向非居住國繳納的稅收，它實際上是對跨國納稅人的一種稅收優惠，是居住國政府對外國政府稅收優惠措施的積極配合。

例如，甲國某公司年獲所得20萬元，甲國稅率為40%，該公司在乙國的分公司同年獲所得10萬元，乙國稅率為30%，享受減半徵收的稅收優惠，向乙國繳納所得稅額1.5萬元。當甲國允許對乙國的稅收惠給予稅收饒讓時，抵免限額為4萬元（10×40%），允許抵免的稅額3萬元（實繳乙國稅額1.5萬元＋視同已繳乙國的減免稅額1.5萬元），甲國在稅收饒讓條件下，對該公司徵稅9萬元［（20＋10）×40%－3］。

本例說明，乙國給予分公司的稅收減免額1.5萬元和實際徵收的1.5萬元，都在甲國得到了減免。如果沒有稅收饒讓，該公司應對甲、乙兩國共繳納稅款12萬元，由於稅收饒讓，該公司只繳納了10.5萬元，乙國減免稅優惠1.5萬元落實到了該公司。

稅收饒讓這種特殊的抵免，主要用於發達國家和發展中國家間。假如沒有稅收饒讓，居住國政府雖然允許跨國納稅人將已繳外國政府的稅額，在抵免限額內給予抵免，比較有效地免除了國際雙重稅收，但是，對一些國家為了吸引外資和引進先進技術，對外國企業給予的稅收減免優惠，一樣會被居住國的納稅抵免給抵消了。因為居住國政府給予本國納稅人的抵免一般是按本國的稅率計算出的納稅額進行抵免，在非居住國因為稅收優惠政策而得到的稅收減免，在居住國依然要求補繳，非居住國給予的稅

收優惠並沒有使納稅人本人受惠，該部分稅款只是由居住國政府徵收，從而使非居住國的優惠措施失去作用。為了使稅收優惠落實在納稅人的身上，一些國家要求居住國政府予以配合，將給予納稅人優惠減免的稅收視同於已繳給外國政府的稅額進行抵免。稅收饒讓一般都是通過有關國家之簽訂雙邊稅收協定的方式予以確定。目前國際上實行的稅收饒讓方式有兩種，一是差額饒讓抵免，二是定率饒讓抵免。

對稅收饒讓，世界各國所持的態度不同，有些國家贊成，有些國家反對。在贊成的國家中，各國出於各自國家利益的考慮，在準予饒讓的範圍上也是不盡相同的，外國政府實行稅收優惠政策，對來自國外的投資減免稅收，短期內在稅收利益方面是有損失的。但其稅收優惠政策是為了經濟發展服務的，犧牲一部分稅收利益，以吸引更多的外資和技術，換來經濟發展的更大利益。從長遠來看，經濟發展了，稅收利益也會增加的。因此，凡是希望用稅收優惠措施吸引外資的國家，都積極推行稅收饒讓。

稅收饒讓準予抵免的優惠減免稅款，本來就是外國政府應該徵得的稅款，只是出於政策的需要，才優惠減免給納稅人的，而不是優惠給其居住國政府的。所以，納稅人的居住國政府對其予以饒讓，根本不會在稅收利益上受到損失。如果居住國的過剩資本較多，實行稅收饒讓還能夠鼓勵資本和技術輸出。因此，相當多的發達國家都實行了稅收饒讓。

(四) 抵免法、免稅法和扣除法三者的比較

1. 抵免法、免稅法的比較

(1) 都承認地域稅收管轄權的優先地位。就承認收入來源國行使地域稅收管轄權的優先地位，以及免除國際雙重徵稅來說，抵免法和免稅法這兩種方法的效果基本相同。

(2) 行使居民稅收管轄權上有所不同。抵免法不像免稅法那樣，對本國居民來源於境外的所得完全給予免稅，完全放棄居民稅收管轄權，而是充分行使居民稅收管轄權，對居民來源於國內外的所得一併徵稅，只是允許納稅人將在境外實際繳納的稅額從應向居住國繳納的稅額中抵扣。

2. 抵免法和扣除法的比較

(1) 在充分行使居民稅收管轄權方面來說，這兩種方法是比較一致的。

(2) 在免除雙重徵稅上效果不同。扣除法對收入來源國已徵收本國居民的所得稅，只給予扣除一部分的照顧，沒有完全免除跨國納稅人的雙重國際稅負。抵免法是在本國稅法規定的限度內，對收入來源國已徵收本國居民的所得稅予以抵免，基本上免除了跨國納稅人的雙重國際稅負。

因為免稅法和扣除法都有一些缺陷，只有抵免法既承認了地域稅收管轄權的優先地位，又行使了居民稅收管轄權，起到了免除國際雙重徵稅的作用。不僅較好地處理了國際稅收關係，還維護了居住國的正當權益，所以被世界上絕大多數國家採用。

思考題

1. 怎樣理解國際重複徵稅的含義？
2. 簡述國際重複徵稅的產生及其影響。
3. 避免國際重複徵稅的方法有哪些？應如何評價？
4. 試比較避免國際重複徵稅的幾種方法中哪種在中國適用。

第四節　稅收協定

跨國從事經濟、貿易、服務的法人和自然人，由於其經濟活動涉及兩個或兩個以上國家，受兩個或兩個以上國家稅收管轄權的約束，因而很有可能負有雙重納稅義務，即不僅要向其母國納稅，而且還要向其收入來源國政府納稅。雙重課稅必然使跨國納稅人或有關各國政府的經濟利益受到不同程度的損害。鑒於這種情況，各國紛紛採取避免對跨國納稅人的雙重徵稅的措施。但是各國政府不能採取強制措施，需要締結國際稅收協定來加以協調。

一、國際稅收協定的概念和主要形式

（一）概念

國際稅收協定是指兩個或兩個以上的主權國家，為了協調相互之間在處理跨國納稅人徵稅事務和其他有關方面的稅收分配關係，本著對等的原則，在有關稅收事務方面經由政府間談判，所簽訂的一種書面協議。

國際稅收協定是調整國家之間稅收分配關係的法律規範，是國際公法的重要組成部分。國際稅收協定經批准及換文生效後，對締約國各方均有法律約束力，締約國各方都必須對協定中一切條款承擔義務，任何一方的國內稅法規定，如與協定相抵觸，必須按照協定的條款執行，即國際稅收協定具有高於國內稅法的法律效力。在協定期滿後，只要在原締約國中，有任何一方由外交途徑發出終止通知書，該協定即自動停止生效。

（二）主要形式

國際稅收協定的分類方法多種多樣。按照涉及的主體劃分，可以分為由兩個國家簽訂的雙邊稅收協定和由三個以上國家所簽訂的多邊稅收協定；按照稅收協定所涉及的內容劃分，可以分為僅涉及締約國之間某一單項業務的特定稅收問題的單項協定（如避免海運和空運雙重稅收協定、有關避免特許權使用費雙重徵稅協定、有關避免遺產雙重稅收協定以及有關公司稅制度的協定等）和涉及締約國之間多方面稅收問題的綜合稅收協定；按照國際稅收協定涉及的內容範圍大小可以分為一般稅收協定和特定稅收協定。

雙邊稅收協定是當今國際稅收協定的主要形式。雙邊稅收協定是指兩個主權國家所簽訂的協調相互間稅收分配關係的稅收協定。由於各國政治、經濟和文化背景的不同，尤其是稅制方面存在很大差異，出於維護各自財權利益的需要，多個國家談判就有關稅收事務達成一致的協議是十分困難的，而兩個國家之間就相對容易一些。現階段國際上所簽訂的稅收協定絕大多數是雙邊協定。中國對外簽訂的稅收協定都屬雙邊稅收協定。

　　國際稅收協定發展到今天，已由最初的偶然性、多樣化、發展成為經常性、規範化。目前，雖然各國簽訂的稅收協定內容各異，但通常都是以《經濟合作與發展組織關於避免對所得和財產雙重徵稅的協定範本》，或《聯合國關於發達國家與發展中國家間避免雙重徵稅的協定範本》為樣本制定的。《經濟合作與發展組織關於避免對所得和財產雙重徵稅的協定範本》，是由經濟合作與發展組織（簡稱 OECD）制定，並於 1977 年公布的簽訂國際稅收協定的示範文本，《聯合國關於發達國家與發展中國家間避免雙重徵稅的協定範本》，是由聯合國專家小組制定並於 1977 年公布的簽訂國際稅收協定的示範文本，簡稱聯合國範本。

二、經合組織範本和聯合國範本的區別

　　經合組織範本和聯合國範本是目前世界上通用的兩個國際稅收協定範本，其總體架構基本相同，對協定的適用範圍基本一致（主要包括納稅人的適用範圍規定和稅種的適用範圍規定），但在具體的結構與條款上仍略有區別，各有側重。

　　（一）結構上的差別

　　兩個範本在結構形式上的差別是經合組織範本多了「協助徵收稅款」和「區域的擴大」兩條。「協助徵收稅款」要求締約雙方在稅款的追繳方面相互提供協助，而「區域的擴大」強調協定適用的地理範圍不應絕對固定，根據實際情況的變化可以經各方同意後相應地擴大。

　　（二）內容上的差別

　　從具體內容上看兩個範本存在的根本性差別是聯合國範本強調要兼顧發達國家和發展中國家的利益，而經合組織範本則主要考慮發達國家的利益。具體區別為：一是協定總名稱不同。經合組織範本寫明是所得和財產徵稅協定範本，聯合國範本則在總協定名稱中沒有明確，而是在具體的條款上出現對所得和財產的字樣，是否對財產避免雙重徵稅，由締約國雙方自主決定。2001 年的聯合國範本則明確了對所得和財產徵稅。二是協定中具體各條標題略有不同。聯合國範本對船運、內河運輸、空運以及退休金和社會保險金有選擇的 A 和 B 兩個方面，經合組織範本沒有此內容。相比之下，聯合國範本的標題更加規範和全面。

　　（三）徵稅權的劃分與協定的適用範圍不同

　　兩個範本在指導思想上都承認優先考慮收入來源管轄權原則，即從源課稅原則，由納稅人的居住國採取免稅或抵免的方法來避免國際雙重徵稅。但兩個範本也存在重

要區別：聯合國範本比較強調收入來源地徵稅原則，分別反應發達國家和發展中國家的利益；經合組織範本較多地要求限制收入來源地原則。

（四）對常設機構的規定不同

兩個範本都對常設機構的含義作了約定。明確常設機構含義的，是為了確定締約國一方對另一方所得的徵稅權。常設機構範圍確定的寬窄，直接關係居住國與收入來源國之間稅收分配的多寡。經合組織範本傾向於把常設機構的範圍劃得窄些，對建築工地、建築裝配或安裝工程，對連續12個月以上的才可視為常設機構，有利於發達國家徵稅；聯合國範本則傾向於把常設機構的範圍劃得寬些，規定連續6個月以上的就可視為常設機構。這對發展中國家有利。

（五）對預提稅的規定不同

對股息、利息、特許權使用費等投資所得徵收預提稅的通常做法是限定收入來源國的稅率，使締約國雙方都能徵到稅，排除任何一方的稅收獨占權。稅率的限定幅度，兩個範本有明顯的區別。經合組織範本要求稅率限定很低，如規定母公司擁有子公司股份不少於25%的，對子公司支付股息的預提稅稅率不應超過5%，對支付的特許權使用費非居住國不能徵稅，這樣收入來源國徵收的預提稅就較少，居住國給予抵免後，還可以徵收到較多的稅收。聯合國範本沒有沿用這一規定，預提稅限定稅率要由締約國雙方談判確定。對支付的特許權使用費確認可以由非居住國徵稅。

（六）對獨立個人勞務的稅收管轄範圍不同

2000年以前，經合組織範本規定只有在非居住國設有固定基地從事活動取得的所得，非居住國才可以徵稅。而聯合國範本規定非居住國除可以對在非居住國設有固定基地從事活動取得的所得徵稅外，對在一個年度中停留累計等於或超過183天的，或某人取得的所得是由非居住國支付的或者是由設在該國的常設機構或固定基地負擔，並且在一個年度內超過一定金額限度的，也可以徵稅。

（七）關於交換情報條款的區別

在情報交換範圍上，兩個範本有所不同。聯合國範本強調締約國雙方應交換防止詐欺和偷漏稅的情報，並指出雙方主管部門應通過協商確定有關情報交換事宜的適當條件、方法和技術，包括適當交換有關逃稅的情報。經合組織範本則沒有強調這一點。

三、國際稅收協定的作用

從目前大多數國家的規定來看，當國際稅收協定與國內稅法不一致時，國際稅收協定處於優先執行的地位。中國是主張稅收協定應優先於國內稅法的國家。

1. 避免或消除國際重複徵稅，即國際稅收協定通過協調國家之間稅收管轄權衝突，從而能夠避免或消除兩個或兩個以上的國家，在同一納稅期內對同一納稅主體和同一納稅客體徵收同樣或類似的稅。

2. 防止國際性的偷、逃稅和避稅，以消除潛在的不公平稅收，維護各國的財政利益。

3. 有利於國家間劃分稅源。通過一定的法律規範，明確劃清什麼應由來源國徵收，什麼應由居住國徵收。稅源的劃分完全取決於締約國各自的經濟結構。就一般而言，居住國都希望國際稅收條約在較大的程度上採用居住管轄權的原則；反之，來源國則希望國際稅收條約在較大程度上採取來源管轄權的原則。國際稅收條約可以通過一定的法律規範，在締約國之間劃分出能普遍接受的稅源，從而達到避免重徵稅的目的。

4. 避免稅收歧視，保證外國國民與本國國民享受同等稅收待遇，不至於因納稅人的國籍或居民地位的不同而在稅收上受到差別待遇。

5. 進行國際間的稅收情報交換，加強相互在稅收事務方面的行政和法律協助。此外，通過國際稅收協定還可以鼓勵發達國家向發展中國家投資，改善發展中國家的投資環境，從而促進發展中國家的經濟發展。

四、中國與其他國家簽訂避免雙重徵稅協定的原則和主要內容

（一）原則

中國對外簽訂稅收協定的基本原則是：既有利於維護國家主權和經濟利益，又有利於吸收外資，引進技術，有利於本國企業走向世界。在此基礎上，中國目前對外簽訂的綜合性雙邊稅收協定中，一般堅持下列原則：

1. 堅持平等互利的原則。協定中所有條款規定都要體現對等，對締約國雙方具有同等約束力。

2. 堅持所得來源國優先徵稅的原則。從中國對外交往多處於資本輸入國地位出發，堅持和維護所得來源地優先課稅權。在合理合法的基礎上充分保障中國的稅收權益。

3. 遵從國際稅收慣例的原則。中國對外談簽稅收協定，參考了國際上通行的範本，起草的稅收協定文本更多地吸取了聯合國稅收協定範本中的規定，兼顧了雙方的稅收利益。

4. 堅持稅收饒讓的原則。堅持對方國家對中國的減免稅優惠要視同已徵稅額給予抵免，以便使中國的稅收優惠措施切實有效。

（二）主要內容

1. 居民、非居民的判定

稅收協定中居民的概念：在協定中中國居民是指按照中國稅收法律，由於住所、居所、總機構所在地在中國境內的「人」為中國居民。協定條款中的「人」包括個人、公司和在稅收上視同一個實體的其他團體，公司是指法人團體或者在稅收上視同法人團體的實體。

具體講個人作為中國居民的判定標準是：在中國境內有住所，或者無住所而在中國境內居住滿1年的個人為中國居民；在中國境內無住所又不居住或者無住所而在中國境內居住不滿1年的個人為非居民。中國居民應就來源於中國境內和境外所得繳納所得稅。非中國居民，僅就來源於中國境內的所得繳納所得稅。

具體講企業作為中國居民企業的判定標準是總機構所在地是否在中國，企業的總機構設在中國境內，該企業即為中國居民企業，應就來源於中國境內和境外的所得繳

納所得稅。非中國居民企業，僅就來源於中國境內的所得繳納所得稅。

2. 協定適用的稅種

在中國境內協定適用的現行稅種是：個人所得稅、企業所得稅。消除對所得雙重徵稅的主要內容包括：

(1) 營業利潤

對企業直接投資取得的利潤即營業利潤，在沒有簽訂協定的情況下企業的法人居民所在國和收入來源國都有權利徵稅。避免雙重徵稅的徵稅原則是：締約國一方企業的利潤，締約國另一方不得徵稅。除非該企業在締約國另一方設有常設機。也就是說締約國一方居民企業跨境經營，只要不按照締約另一國的法律組成法人企業，其在締約國另一國的徵免稅待遇，應以其是否構成常設機構為準。如中國企業在締約國另一方從事經營活動取得的利潤，倘若在締約國另一方沒有設常設機構，其營業利潤可以不在另一國繳稅，反之，締約國另一方的企業在中國取得營業利潤，假如不構成中國居民企業，沒有常設機構，那麼在中國取得的營業利潤也可以不在中國繳稅。

所謂常設機構是指企業進行全部或部分營業的固定營業場所，包括管理場所、分支機構、辦事處、工廠、作業場所、礦場、油井或氣井、採石場或者其他開採自然資源的場所。對於建築工地、建築、裝配或安裝工程，或者與其有關的監督管理活動以及為工程項目提供的勞務期限一般定為 6 個月、12 個月、24 個月不等。對構成常設機構企業的徵稅原則，協定一般規定僅以其歸屬於常設機構本身的營業利潤為限。為合理計算常設機構的營業利潤，應把常設機構作為一個獨立的實體看待，按照獨立企業原則進行盈虧核算，允許其扣除進行營業發生的各項費用，並合理分攤總分機構之間的費用、利潤等。

(2) 投資所得

對投資所得各國普遍採取源泉控制徵收預提稅的做法。只有來源地優先徵稅的原則才可避免雙重徵稅。

對於跨國投資所得，締約國雙方都有徵稅權，一般實行居住地稅收管轄權和來源地稅收管轄權相結合的原則。稅收協定對投資所得的協調徵稅原則是，通過對來源地國家實行限制稅率來兼顧締約國雙方的稅收管轄權。中國為吸引外資、引進技術，在對外簽訂的稅收協定中都堅持了來源地徵稅權，同時對投資所得按限制稅率徵稅的做法。為此，在協定中除對投資所得的判定、徵收預提稅範圍等做出明確規定外，對股息、利息、特許權使用費等按協定規定的、優於國內法規定的稅率徵收。根據不同國家的不同情況，分別規定了相應的限制稅率，一般為 10%，個別達到 5%、7%、15%。

除對投資所得實行限制稅率外，在中國對外簽訂的稅收協定中，大多數列有對締約國政府、中央銀行或者完全為政府擁有的金融機構取得的利息在來源國免於徵稅的規定。具體分為兩種：一是做出原則性規定；二是具體列舉免稅範圍。

(3) 不動產所得

對於不動產所得，中國實行的是以不動產所在地的國家徵稅的原則。不動產的定義是根據財產所在地的國家法律所規定的含義，包括附屬於不動產的財產。不動產出租或者任何其他形式使用不動產取得的所得都要徵稅。

(4) 個人勞務所得

①獨立個人勞務所得

締約國一方居民從事獨立個人勞務的所得，應僅在該國徵稅，但在下列情況下，也可在締約國另一方徵稅。一是在締約國另一方（來源國）從事其活動，設有經常使用的固定基地；二是如在締約國另一方（來源國）有關會計年度中累計停留等於或超過 183 天；三是如在締約國另一方（來源國）進行活動的報酬，是由該締約國居民支付或由該締約國的常設機構或固定基地負擔，其金額在會計年度中超過一定金額（具體金額參照不同國家的協定）。

根據稅收協定關於獨立個人勞務的定義規定，所謂「獨立個人勞務」是指以獨立的個人身分從事科學、文學、藝術、教育或教學活動以及醫師、律師、工程師、建築師、牙醫師和會計師等專業性勞務人員，沒有固定的雇主，可以多方面提供服務。因此，對在締約國對方應聘來華從事勞務的人員是否適用稅收協定獨立個人勞務條款規定的，中國主管稅務機關應檢查其是否能提供如下證明：一是職業證件，包括登記註冊證件和能證明其身分的證件，或者由其為居民的締約國稅務當局在出具居民證明中註明其現時從事專業性勞務的職業；二是提供其與有關公司簽訂的勞務合同，表明其與該公司的關係是勞務服務關係，不是雇主與雇員關係。審核合同時，應著重以下幾點：醫療保險、社會保險、假期工資、海外津貼等方面不享受公司雇員待遇；其從事勞務服務所取得的勞務報酬，是按相對的小時、周、月或一次性計算支付；其勞務服務的範圍是固定的或有限的，並對其完成的工作負有質量責任；其為提供合同規定的勞務所相應發生的各項費用，由其個人負擔。對於不能提供上述證明，或在勞務合同中未載明有關事項或難於區別的，仍應視其所從事的勞務為非獨立個人勞務。

②非獨立個人勞務所得

非獨立個人勞務所得是指個人由於受雇從事勞務活動而取得的薪金、工資和其他類似報酬。一般實行來源地徵收，由非居住國徵收。但是稅收協定還規定：締約國一方個人在締約國另一方受雇從事勞務活動而取得的所得滿足下列條件之一的，可以在其締約國一方納稅：一是締約國一方個人在有關歷年中在締約國另一方停留連續或累計不超過 183 天；二是該項報酬是由締約國一方雇主支付的；三是該項報酬不由締約國一方設在締約國另一方境內的常設機構或固定基地所負擔。以中國為例，通常情況下，境外個人從中國取得的非獨立個人勞務所得應當在中國繳稅。但是當境外個人滿足下列條件之一，即可在其居住國繳稅：一是境外居民在有關歷年中在中國停留連續或累計不超過 183 天；二是該項報酬由境外雇主支付的；三是該項報酬不由境外雇主設在中國境內的常設機構或固定基地所負擔。

③特殊個人勞務所得

董事費和高級管理人員報酬。境外居民作為中國居民公司的董事會成員取得的董事費和其他類似款項，應當在中國繳稅，而不問其停留期限和實際勞務地點。

境外非居民，作為表演家（如戲劇、電影、廣播或電視藝術家、音樂家）、運動員，在中國從事其個人活動取得的所得，在中國納稅，而不受固定基地、停留時間或支付金額的限制。但是表演家或運動員從事其個人活動取得的所得，並非歸屬表演家

或者運動員本人，而是歸屬於其他組織，該項所得可以在該表演家或運動員從事活動居民國徵稅。

3. 消除雙重徵稅

(1) 消除雙重徵稅的兩種方法中，中國明確用抵扣法消除雙重徵稅

國際上消除雙重徵稅方法有兩種：一是免稅法，二是抵扣法。屬於屬地原則稅收管轄權的國家，多採用免稅法。對其居民的境外所得，如營業利潤、個人勞務所得免於徵稅，由所得來源地國家獨占稅收。實行屬地和屬人原則相結合稅收管轄權的國家，通常採用扣除法。對其居民境外所得所繳納的外國稅收，准許從本國應繳納稅款中扣除。在中國已經對外締結的稅收協定中，中國明確對中國居民境外所得所繳納的稅收，用抵扣法消除雙重徵稅。

一些國家對本國公司就來自於中國境內的所得在中國繳納所得稅後，在本國納稅時明確給予以免稅法來消除雙重徵稅。這些國家是法國、比利時、荷蘭、德國、挪威、瑞士、波蘭、保加利亞、西班牙、匈牙利、奧地利、盧森堡等。對其居民在中國取得的所得，按照稅收協定的規定在中國繳納的所得稅，該國將不再對其居民徵稅。但具體每個國家在稅收協定中免稅限定的範圍不同。締約國明確用抵扣法消除雙重徵稅的國家有日本、美國、英國、馬來西亞、丹麥、新加坡、加拿大、芬蘭、新西蘭、泰國、義大利、澳大利亞、巴基斯坦、科威特、巴西、蒙古、馬耳他、阿聯酋、韓國等。

(2) 饒讓抵免

稅收饒讓是一些國家在計算該國居民應納所得稅額時，對其境外所得由來源國國家給予的減免稅優惠，視同已經徵稅予以扣除的一種特殊稅收抵免方法，又稱虛擬抵免、饒讓抵免。在稅收協定談判中，發展中國家通常要求實行抵扣法的發達國家，對其為鼓勵投資二採區的減免稅措施承擔饒讓抵免的義務，同時發展中國家之間為有利於經濟合作，也有相互實行饒讓抵免的做法。

中國同日本、英國、馬來西亞、丹麥、新加坡、加拿大、芬蘭、新西蘭、澳大利亞、沙特、阿聯酋等協定國規定由這些國家單方面承當饒讓抵免的義務，具體國家饒讓抵免的範圍不同。

中國同泰國、義大利、馬耳他、韓國、印度、越南、牙買加、馬其頓等國家在協定中明確雙方相互給予饒讓抵免待遇。

(3) 定率抵扣

對於居民從境外取得的股息、利息和特許權使用費等項投資所得，無論採取免稅法和抵扣法的國家，通常都採用稅收抵扣的方法消除雙重徵稅。中國同大多數國家簽訂的稅收協定中，採取了對投資所得定率抵扣的方式，即締約國一方居民從締約國另一方取得的投資所得，不論締約國一方是按照協定規定的限制稅率徵稅，還是按照其國內法的規定給予減免稅，該締約國一方在對其居民徵稅時都按照協定規定的比例給予稅收抵扣。

中國同法國、比利時、荷蘭、德國、挪威、瑞典、瑞士、波蘭、西班牙、匈牙利、奧地利、盧森堡、日本、丹麥、新加坡、加拿大、芬蘭、新西蘭、澳大利亞、科威特、阿聯酋、冰島等國家協定規定，由這些國家單方面承諾對其居民從中國取得的投資所

得，在計算徵稅時按協定規定的比率，給予稅收抵扣。

在中國與義大利、巴基斯坦、馬耳他、韓國、越南、牙買加的稅收協定中，明確雙方對各自國家居民從對方國家取得的投資所得，在徵稅時，按協定定率抵扣，即相互給予定率抵扣。

4. 實行稅收無差別待遇

稅收無差別待遇包括：一是國籍無差別，即不同納稅人國籍不同、身分不同（居民或非居民）而在納稅上受到差別待遇；二是常設機構無差別，即常設機構的稅收負擔不應高於所在國的本國企業的稅收負擔；三是支付無差別，即除聯屬企業和收支雙方有特殊關係的以外，在計算應納稅所得額的費用扣除上，不因支付對象是本國居民或對方國居民而有差別；四是資本無差別，即不因資本為對方國家的企業或個人所擁有或控制，而與本國其他企業的稅收負擔不同或比其更重。

5. 情報交換條款

為防止逃稅、避稅，稅收協定規定了情報交換的內容：一是交換為實施稅收協定的規定所需要的情報；二是交換與稅收協定有關稅種的國內法律的情報；三是交換防止稅收詐欺、偷漏稅的情報。所交換的情報應作密件處理，僅應告知與本協定所含稅種有關的查定、徵收人員或當局包括與其有關的裁決上訴的法庭。

6. 相互協商程序

締約國一方居民或者締約國雙方居民，感到締約國一方或者締約國雙方的徵稅措施不符合協定規定的徵稅條款時，締約國一方居民可以將案情書面提交本人為其居民的締約國主管當局，此項申請應說明要求修改徵稅的依據。上述主管當局如果認為所提意見合理，又不能單方面圓滿解決時，應設法同締約國另一方主管當局相互協商解決，以避免不符合本協定規定的徵稅。

五、中國政府與外國政府簽訂的國際稅收協定的簡單介紹

1978年前，中國與其他國家一般只是通過稅收換文或在某些經濟活動的協定中寫進有稅收條款，以達到對某項特定經濟活動的收入或所得實行稅收互免。從1979年1月23日開始，中國才正式對外簽訂綜合稅收協定，近30年來中國簽訂稅收協定方面取得了很大的成績，稅收協定網絡基本形成。20世紀80年代初到20世紀80年代末，中國共簽署了22個稅收協定，談簽對象主要是發達國家，主要目的是配合改革開放、吸引外來投資，維護來源地稅收管轄權。20世紀90年代至今，中國對外共簽署了74個稅收協定以及與香港特別行政區和澳門特別行政區的兩個安排，談簽對象主要是發展中國家，主要目的是配合「走出去」戰略的實施，為中國企業和個人境外投資、經營和勞務等提供稅收法律上的支持。截至2011年5月底，中國已對外正式簽署96個避免雙重徵稅協定，其中93個協定已生效。

已經生效的93個協定是（依簽字順序）：日本、美國、法國、英國、比利時、德國、馬來西亞、挪威、丹麥、加拿大、瑞典、新西蘭、泰國、義大利、荷蘭、捷克斯洛伐克、波蘭、澳大利亞、前南斯拉夫、保加利亞、巴基斯坦、科威特、瑞士、塞浦路斯、西班牙、羅馬尼亞、奧地利、巴西、蒙古、匈牙利、阿聯酋、盧森堡、韓國、

俄羅斯、巴新、印度、毛里求斯、克羅地亞、白俄羅斯、斯洛文尼亞、以色列、越南、土耳其、烏克蘭、亞美尼亞、牙買加、冰島、立陶宛、拉脫維亞、烏茲別克斯坦、孟加拉國、原南斯拉夫聯盟、蘇丹、馬其頓、埃及、葡萄牙、愛沙尼亞、老撾、塞舌爾、菲律賓、尼泊爾、愛爾蘭、南非、巴巴多斯、摩爾多瓦、卡塔爾國、古巴、委內瑞拉、哈薩克斯坦、印度尼西亞、阿曼、尼日利亞、突尼斯、伊朗、巴林、希臘、吉爾吉斯、摩洛哥、斯里蘭卡、特立尼達和多巴哥、阿爾巴尼亞、文萊、阿塞拜疆、格魯吉亞、墨西哥、沙特阿拉伯、阿爾及利亞、新加坡、塔吉克斯坦、土庫曼斯坦、捷克、芬蘭。

已經正式簽署但尚未生效的 5 個協定是：埃塞俄比亞、比利時、贊比亞、馬耳他、敘利亞。

思考題

1. 避免重複徵稅的方法有哪些？
2. 兩個稅收協定範本有何不同？
3. 中國對外簽訂稅收協定的基本原則是什麼？
4. 中國對外簽訂稅收協定的主要內容有哪些？

第五節　國際稅收管理的經驗

國際貨幣基金組織財政事務部主任說過「稅收是一門強調可行性的學問，一種不可管理的稅制是沒有多少價值的」，自從 20 世紀 80 年代，稅制改革席捲全球，在稅制改革的探索中，各國逐漸認識到稅收管理是稅制改革的核心而不是輔助的問題。稅收管理作為稅收制度中體現執行力的關鍵內容，必然要適應稅收制度的現代趨勢不斷變革發展，綜觀世界各國稅收徵管的實踐，目前在形式上及內容上都較以前發生了許多深刻的變化，雖然世界各國在具體的稅收管理措施方面有所區別，稅收徵管改革的步伐不同，但是建立一個適應經濟社會發展變化，有利於提高稅收徵管質量和效率的稅收徵管體系已經成為各國完善稅收徵收管理的共識，經過近 30 年的徵管改革，各國累積了許多加強稅收徵管的經驗，這些經驗對我們加強稅收徵管具有借鑒意義。主要經驗有：

一、稅收管理法制化

（一）依照稅法對應稅收入的整個活動過程進行全程管理

世界各國的稅收管理改革的歷程是相同的，即由人治走向法治。各國的稅收管理法律最初大多只規定稅務機關的權利和納稅人的義務。伴隨著稅收管理的實踐，各國都逐漸開始重視納稅人的權利與保護，並出現了保護納稅人權利的專門性法律法規。目前，發達國家普遍把稅收管理提高到法律的高度，依照稅法對應稅收入的整個活動

過程進行全程管理。它主要包括兩點；一是依照法律把納稅人和其應繳納的稅額全部納入稅收管理範圍，對應繳稅款都納入了法律、法規的調節範圍，從源頭上加強管理。二是依法把稅收活動運行的全過程，包括應交稅的管理、已交稅的管理、減免稅的管理、欠交稅的管理（如稅務登記、納稅申報、稅款徵收、代扣代繳、稅收減免和出口退稅）、稅務爭議和稅務處罰、稅務機關的權利與義務、納稅人的權利與義務、稅務代理的權利與義務等均納入稅收管理的範圍，從而形成系統化的管理。

（二）建立內外並舉的稅收執法監督體系

許多國家都建立了外部執法監督和內部執法監督。外部執法監督是指政府、社會組織、媒體等對稅務機關行使稅收執法權的監督，主要有議會監督、政府監督、司法監督、媒體監督和公眾監督。內部執法監督是指稅務機關內部上級對下級、同級之間對稅收執法權的監督，主要通過抽象行政行為審批制度、大案通報制度、即時監控制度、質量復查制度、辦稅公開制度、納稅人評議制度、復議制度、責任追究制度等相關制度體系來實現。

二、利用高度發達的信息化，加強稅收管理

（一）推行統一稅務代碼制度

目前許多發達國家都建立了全國性的稅務代碼，即納稅人鑑別號碼，以加強對納稅人稅務登記和納稅信息的管理。統一的代碼制度強調代碼的終身性和唯一性。個人納稅人終身只有一個代碼，保證信息的連續性。個人用身分證作為代碼，以便核查納稅人的各種信息，監督其照章納稅；法人納稅人則要求總公司和分支機構使用同一個代碼，以明晰其間的關聯性信息。納稅人的各種活動都會以代碼相聯繫。

（二）納稅申報嚴格規範

納稅申報的國際模式主要有兩種：一是自主申報模式。以加拿大、美國、澳大利亞、法國為代表。該模式以自行申報為特色，稅務機關根據納稅人提供納稅申報信息建立納稅人的個人檔案，並通過獲得的第三方信息進行比對、核查。如加拿大建立了全方位的自核自繳制度，提供了包括社會、司法、稅務在內的服務。美國將納稅人自主申報的信息與銀行、社保局、海關、商業註冊局等信息系統的數據進行對比，以審查申報信息的準確性和完整性。二是非自主申報模式。以德國為代表。德國法律規定營業登記機關必須將工作記錄傳遞給稅務局，稅務機關根據接收到得信息，對納稅人進行編碼登記並備案，稅務機關完全掌握了納稅人成立、變更、註銷的信息，規避了納稅人利用各部門的信息部對稱，鑽法律空子。在申報上除郵寄申報外，大量採取電子申報方式，如網上申報、電話申報和代理電子申報。繳納稅款也大量通過電子方式，主要包括稅務機關從納稅人銀行帳戶直接扣除，納稅人撥打電話直接電子支付稅款，通過網絡帳單支付功能進行稅款繳納等。

（三）普遍採用納稅評估手段

納稅評估是各國普遍採用的稅收管理手段。稅務機關運用數據信息對比分析的方

法，對納稅人和扣繳義務人的納稅申報的真實性和準確性做出定性和定量的分析，從而進一步採取相應的徵管措施。流程包括稅務部門將納稅人的申報表錄入計算機後，利用系統設定的程序，自動核查納稅人申報表的稅率和計算結果，如果沒問題，則轉到下一環節；如果有問題，則退給納稅人。在快速評估後的數年內，稅務機關可以對申報表再次評估，如果發現納稅人有涉稅疑點，則轉入實地審計。

（四）實行稅務審計制度

西方發達國家稅源管理普遍推行稅務審計制度，各審計機構必須嚴格按照一系列審計業務程序和方法實施稅務審計。在美國，審計人員約占稅務人員的50%以上，在德國，稅務審計人員是高級稅務官員，如果企業不提供會計核算資料，或者資料不齊全，在足夠證據的前提下，稅務審計人員可採用一定的方法進行稅款估算並補稅，還可以對補稅金額除以罰款。稅務審計制度的推行，提高了徵管效率，最大限度地遏制了偷逃稅款的發生。

三、稅源管理社會化

稅收徵管是稅務機關的法定職責，但由於社會分工的日益細化，稅務機關根本不可能獨立地完成稅收徵管任務，必須得到銀行、海關、司法等部門的支持和配合。不少各國都在法律中明確規定，一是任何負有納稅義務的納稅人在離開關境前必須繳清稅款，否則，海關不允許離境；二是銀行對於存款人的利息收入，在通知存款人的同時，也必須通知稅務機關。目前，許多國家的稅務機關都與政府的其他部門（如海關等）以及銀行、保險公司和雇主之間建立了廣泛的合作網，使稅務機關的電子服務與其他部門進行了廣泛的連接。通過建立離境人員清稅制度，有效地控制了外籍人員偷逃稅款。通過信息通報制度（如通過對有詐欺、瞞騙稅款行為人員向銀行通報，提高其貸款門檻和增加貸款成本），有效地加強了稅源監管。

四、方便快捷的納稅服務措施

一是貼近廣大納稅人的稅法宣傳，包括製作大量內容豐富、通俗易懂、有針對性的宣傳手冊，向納稅人免費發放。二是重視稅收政策出抬前的宣傳討論，包括利用新聞媒體進行宣傳、發布稅務公告等。三是提供規範、標準的納稅諮詢，包括為納稅人提供電話、上門、網絡等多種形式的諮詢服務，例如24小時的電腦自動服務。四是設置為納稅人服務的專門機構。在機構設置上，西方各國大多成立了為納稅人服務的機構或者針對納稅人需求調整了納稅機構。如美國1998年國會通過的《聯邦稅務局再造和改革法案》，對稅務機構進行了重新的設置，在新設的機構中，四個業務局、上訴辦公室和納稅人服務局最能體現對納稅人的服務的理念。澳大利亞聯邦稅務局設立了相對獨立的投訴服務部，新加坡稅務局設立了納稅人服務辦公室。五是不斷規範仲介代理。目前，世界各國都制定了稅務代理法律法規，以調節和規範稅務代理行為。包括對稅務代理的業務範圍、從業人員資格認定以及法律責任都作出了明確細緻的規定，比如日本的《稅理士法》、德國的《稅務諮詢法》、法國和韓國的《稅務士法》等。專

業機構的代理一方面積極地保護了納稅人的合法權利，降低了納稅成本，而且提高了納稅人的遵從度。六是提供志願者服務。通過社區志願者的幫助，有效地解決了殘疾人、老年人和低收入者的納稅問題。

五、尊重和保障納稅人權利

一是制定保護納稅人權利的相關法案。在OECD《納稅人宣言》範本基本思想指導下，許多國家都相繼通過了類似的保護納稅人權利的法案。如美國1966年通過了《納稅人權利法案》，澳大利亞1997年制定了《納稅人憲章》等都是針對納稅人權益進行保護的專門法律。作為納稅主體的納稅人享有獲取信息資料、不受歧視、禮貌待遇、誠實推定、享受專業的服務及幫助、隱私保密、信息安全、有權提出異議或提出訴訟的基本權利。為開展納稅服務工作提供了法律基礎和保障。二是增加公共財政開支透明度。每個財政年度結束後，各級財政部門都會公布財政收支情況，讓納稅人知道自己繳納的稅款都用在哪些公共開支項目上。三是暢通的申訴途徑，提供稅務救濟，包括行政復議和行政訴訟。

思考題

中國應如何借鑑世界上先進的稅收管理制度？

第七章　中國的避稅與反避稅

第一節　避稅概述

　　避稅是指納稅人通過個人或企業事務的人為安排，利用稅法的漏洞、特例和缺陷規避或減輕其納稅義務的行為。

　　避稅違反了稅收立法意圖，有悖於政府的稅收政策導向，不僅會使國家稅基受損，導致稅款流失，減少財政收入，而且會影響資本的正常流動，破壞公平競爭的經濟環境。對於避稅各國大多是通過完善立法與加強管理來加以防範。

一、避稅產生的原因和條件

（一）原因

　　第一，利益驅動是避稅行為產生的最主觀原因。第二，採取避稅行為的納稅人必須具備一定的條件：一是對稅法有一定的瞭解，能夠瞭解什麼是合法，什麼是非法，以及合法與非法的臨界點，在總體上確保自己經營活動和有關行為的合法性。二是納稅人必須具有一定的經營規模和收入規模，值得為有效避稅花費代價。三是納稅人應對政府徵收稅款的具體方法有一定的瞭解，知曉稅收管理中的固有缺陷和漏洞。

（二）避稅產生的條件

　　避稅之所以產生，主要是稅法及有關法律方面的不完善、不健全。一般來說，稅法本身具有原則性、穩定性和針對性的特徵。一是從原則性來說，無論哪一種稅收法律制度的內容，都以簡練為原則，不能包羅現實經濟生活中的一切。二是從穩定性來說，稅收法律制度一經制定，就同其他法律制度一樣，就具有相對的穩定性。既使修改，然而，社會經濟生活的狀況是瞬息萬變的，由於情況的變化，要求稅法做出相應的修改，但修改稅法也要有個過程，需要一定的時間。三是稅收法規是總的規定不可能針對每個經濟生活做出具體規定，稅收法制中的具體規定雖然一般都有針對性，但在具體運用時，使針對性達到全部對號入座的程度是辦不到的。這也就是說，當稅法等規定不夠嚴密時，納稅人就有可能通過這些不足之處，實現自己避稅的願望。

二、避稅的主要方式

　　在中國，目前避稅的主要方法包括：

　　一是利用現有稅收法規相對不夠具體、詳細、完善避稅。為了防止納稅人避稅，

目前中國國家稅務機關一直在致力於不斷完善稅法，但是稅收法規不可能將與納稅有關的所有方面都十分全面而又詳盡地予以規定和限定，不可能把避稅的通道全部堵死。一些納稅人就會利用稅法漏洞避稅。

二是利用稅收優惠政策避稅。目前中國的稅收優惠政策比較多，當納稅人處於不同經濟發展水準條件下，稅法規定有不同偏重和優惠政策時，容易造成不同經濟發展水準的企業、經濟組織及納稅人利用稅收優惠的差異實現避稅。如利用經濟開發區或新技術產業園區作為實現少納稅或不納稅的目的。

三是利用稅收徵管漏洞避稅。由於目前國地稅之間，不同地區之間、不同部門之間的不協調，稅源難以有效監控。同時由於中國稅務部門缺乏瞭解國際市場行情，稅務人員缺乏豐富的反避稅經驗和能力，都給反避稅工作帶來困難。

四是利用轉讓定價避稅。轉讓定價是現代企業特別是跨國公司進行國際避稅所借用的重要工具。在現代經濟生活中不論是國內避稅還是國際避稅活動，都與轉讓定價有關。本章將在下面詳細介紹。

五是利用國際避稅地避稅。在國際避稅地建立公司，然後通過避稅地的公司與其他地方的公司進行商業、財務運作，把利潤轉移到避稅地，靠避稅地的免稅收或低稅收減少稅負。

第二節 內資企業常用的避稅方式

一、利用稅法條文伸縮性避稅

稅收政策是有彈性的，彈性主要表現在某些特定條款往往具有特殊性。特殊性往往隱含著較大的避稅空間，尋找並運用稅制結構及稅收政策中的特定性、特殊性條款，可以降低企業稅負。

中國增值稅暫行條例及其實施細則第五條對納稅人的混合銷售行為有如下規定：從事貨物的生產、批發或零售為主，並兼營非應稅勞務的企業、企業性單位和個體經營者，年增值稅銷售額超過50%，非應稅勞務營業額不到50%的混合銷售行為，均視為銷售貨物，一律徵收增值稅。對以從事增值稅非應稅勞務為主，並兼營貨物銷售的單位和個人，其混合銷售行為應視為銷售非應稅勞務，不徵增值稅，但必須單獨核算，如果不單獨核算就視同銷售貨物，一併徵收增值稅。這樣納稅人可以通過控制增值稅應稅貨物和勞務與營業稅應稅勞務占整個銷售收入的比例來達到選擇繳納低稅負稅種的目的。

例如，某建材商城主營建築材料批發和零售的同時，還兼營安裝、裝修勞務，該商城是增值稅一般納稅人，增值稅稅率為17%。2007年9月對外發生一筆混合銷售業務，銷售建築材料一批並為客戶提供裝修服務共收取價款280萬元，該批材料的購入價為220萬元，營業稅稅率為3%。該建材商城的實際增值率為 $(280-220) \div 280 \times 100\% = 21\%$，臨界增值率為 $3\% \div 17\% \times 100\% = 17.65\%$。實際增值率大於臨界增值

率，繳納營業稅比較合算，可以節約稅款（280×17% - 220×17%） - 280×3% = 1.8（萬元）。假如該商城銷售貨物並提供裝修服務共收取價款 250 萬元，則實際增值率為（250 - 220）÷250×100% = 12%，小於臨界增值率 17.65%，此時繳納增值稅比較合算，可以節約稅款 250×3% -（250×17% - 220×17%）= 2.4（萬元）。

二、利用法律條文不明晰和不完善避稅

有些條文則不夠確定或不太完整，使人們可以對其有多種理解，在實際執行中模稜兩可，而納稅人從對自身有利的角度來理解又能得到稅務機關的默許或是稅務機關沒有明確的法律依據對其進行證偽，納稅人也就實現了避稅。例如，美國政府對中國出口的紡織品徵收較高的進口關稅稅率，其中針對手套徵收 100% 的進口關稅。中國某紡織企業迫於成本壓力研究美國稅法，發現美國稅法中有一條關於紡織品的規定：進口紡織殘次品按噸徵收進口關稅，而且稅率很低。於是該企業不再將手套包裝精美後出口，而是將大批手套的左手捆在一起出口，由於手套僅一只，美國海關認定為殘次品，稅負大幅下降。一段時間以後，該企業將大批手套的右手捆在一起從另一海關向美國出口，也被認定為殘次品，然後將兩批手套在美國重新組合包裝精美後銷售。該企業利用美國稅法這一條文的不明晰和不完整巧妙地避免了大量稅負。

三、利用稅收籌劃避稅

（一）利用調整成本避稅

調整成本避稅是指通過對成本的合理調整，抵消收益，減少利潤，以達到躲避納稅義務的避稅。企業從事生產經營活動時產品成本涉及的範圍很廣，為了劃清企業各項資金的使用界限，保證產品成本的真實性，國家統一規定了產品成本的開支範圍，各個企業都要遵照這一範圍來進行成本核算。但各個企業的具體情況不同，而國家規定的範圍是一定的，在這種情況下，有些企業開始運用這一規定的範圍，選擇有利於擴大產品成本的計算方法，盡可能地擴大產品成本，從而減少利潤，減少所繳納的公司所得稅。成本調整法普遍適用於工礦企業、商業企業和各種經營實體。其內容主要有材料計算法、折舊計算法、費用分攤法等。

1. 材料計算法

在企業中，材料資金是企業流動資金的重要組成部分，材料費用在產品成本中佔有很大比率，而且材料種類繁多，變動頻繁。在市場經濟條件下，材料價格是不斷變化的，它隨著市場供求的變化，價格圍繞價值做上下波動。企業購進材料也是分期分批的，材料價格的變動勢必影響產品成本的變化，從而影響企業的利潤，進而影響企業繳納稅款的多少。把材料費用計入產品成本的方法有以下幾種：一是先進先出法；二是全月一次加權平均法；三是移動加權平均法；四是後進後出法。

例如，某一生產企業為保證其生產經營活動的正常進行，必須有可供一年生產用的庫存材料。2009 年，該企業共進貨 6 次，在 2009 年底，該廠銷售產品 10,000 件，假定該產品市場銷售價格為 30 元，除材料費用外，其他費用開支每件 5 元。試分析：

採用哪種計算方法對企業最有利？相關數據如表 7-1 所示。

表 7-1　　　　　　　　　　　　　相關數據

次數	進貨數量	單價	總價
第一次	5,000 件	15 元	75,000 元
第二次	6,000 件	16 元	96,000 元
第三次	2,500 件	20 元	50,000 元
第四次	8,500 件	21 元	178,500 元
第五次	5,000 件	18 元	90,000 元
第六次	7,000 件	20 元	140,000 元

假定該廠本年年初無結存進貨材料，當期生產領用數量與年度銷售數量一致，則各種方法下的成本計算及稅額計算如下：採用先進先出法，有關計算為：

本期材料成本 = 15 × 5,000 + 16 × 5,000 = 155,000（元）

其他費用 = 5 × 10,000 = 50,000（元）

本期生產成本 = 155,000 + 50,000 = 205,000（元）

由於本期產品全部銷售，故產品的生產成本與產品銷售成本一致，即產品銷售成本為 205,000 元。

產品銷售收入 = 30 × 10,000 = 300,000（元）

假如該廠無其他調整事項，則：

應納稅所得額 = 300,000 - 205,000 = 95,000（元）

應納所得稅額：95,000 × 25% = 23,750（元）

採用後進先出法，有關計算為：

本期材料成本 = 20 × 7,000 + 18 × 3,000 = 194,000（元）

其他生產費用 = 5 × 10,000 = 50,000（元）

本期生產成本 = 194,000 + 50,000 = 244,000（元）

本期產品銷售成本與本期生產成本一致。

產品銷售收入 = 30 × 10,000 = 300,000（元）

假如該廠本期無其他調整事項，則：

應納稅所得額 = 300,000 - 244,000 = 56,000（元）

應納所得稅額 = 56,000 × 25% = 14,000（元）

採用加權平均法，有關計算如下：

本期進貨材料單價 = (75,000 + 96,000 + 5,000 + 178,500 + 90,000 + 140,000) ÷ (5,000 + 6,000 + 25,000 + 85,000 + 5,000 + 7,000) = 18.51（元）

本期材料成本 = 18.51 × 10,000 = 185,100（元）

其他生產費用 = 5 × 10,000 = 50,000（元）

本期生產成本 = 185,100 + 50,000 = 235,100（元）

由於本期產品全部對外銷售，故產品銷售成本數額與本期生產成本數額一致。

本期產品銷售收入 = 30 × 10,000 = 30,000（元）

假如該廠本期無其他調整事項，則：

應納稅所得額 = 300,000 − 235,100 = 64,900（元）

應納所得稅額 = 64,900 × 25% = 16,225（元）

顯然，在這個例子中先進先出法計算材料成本使企業產品銷售所承擔的稅負最重，納稅額最多，加權平均法次之，後進後出法稅負最輕、最少。當然，這個例子有其自身的局限性。先進先出法與後進後出法本身不一定哪個更好，這主要看企業如何運用，在這個例子中用後進後出法比用先進先出法的稅負要低，主要是因為最後一批材料價格高於第一批價格。企業完全可以從自身需要出發，選擇使自己受益最大的計算方法。

2. 折舊計算法

折舊的計算方法主要有兩種：一是平均年限法；二是加速折舊法。

在企業採用累進所得稅稅率的情況下，平均年限法企業承擔的稅負最輕。其原因就在於，平均年限法使折舊額攤入成本的數量平均，從而有效地遏制住某一年內利潤過於集中，而適用較高稅率，其他年份利潤驟減，適用稅率較低的現象。採用加速折舊法提取折舊額，在使用期早期提取較多，後期提取較少，利潤主要集中在後幾年，後幾年承擔的稅負明顯加重。但對於適用比例稅率繳納所得稅的企業而言，由於使固定資產成本在使用期內得到加快補償，導致企業前期利潤少，後期利潤多，實際上起到了延期繳納所得稅的作用。中國財務會計制度規定，固定資產折舊應當採用平均年限法（直線法）計算，只有符合規定的企業，才能採用加速折舊法。故在此不再舉例。

3. 費用分攤法

企業費用開支有很多種內容，如勞務費用開支、管理費用開支、福利費用開支等。在所有費用開支方面，勞務費用和管理費用開支最為普遍，也是企業費用開支中兩項最主要的內容。通常所用的費用分攤方法主要有三種：平均分攤法、實際費用攤銷法和不規則攤銷法。企業選擇不同的費用分攤辦法，可以擴大或縮小企業成本，進而影響企業利潤和應納稅款。

例如，中國的生產性外商投資企業，經營期在10年以上，可以從獲利的年度起享受「兩免三減」的稅收優惠。這類企業為了充分享受稅收優惠，在開業之初，就採用擴大成本開支範圍，多計成本費用的辦法，使企業前幾年不反應利潤，甚至帳面虧損，由此推遲獲利年度。當企業產品銷路已打通，生產經營走上正軌後，報表上反應有利潤，抵補以前年度虧損後仍有利潤才是獲利年度，這時候開始計算兩年免稅，企業又採用減少費用開支的辦法，將應攤入的費用後移，使免稅期利潤異常的大，企業在免稅期內的利潤完全歸己所有。不僅如此，費用後移使以後年度應稅所得額變小，相應地減少了國家應得的稅款。

（二）利用不同的籌資方式避稅

籌資避稅是指利用一定的籌資技術使企業達到最大獲利水準和稅負最輕的方法。企業籌資的方式主要指以下幾種：

1. 企業自我累積，即通過企業自身經營活動的不斷擴大，增加贏利，增加累積，

擴大、增加投資。

2. 銀行貸款，即向銀行申請貸款，用貸款作為投資獎金。

3. 企業之間或者有關係的經濟組織之間的拆借，即企業之間、經濟組織之間憑藉良好的信譽進行相互融資。

4. 在社會上或在本企業及經濟組織內部集資，如發行債券、股票等形式。

5. 融資性租賃，也稱金融租賃，是指出租人將租賃物件出租給承租人，按期收取租金。回收的租金總額相當於租賃物件價款、價款利息、手續費的總和。租賃期滿時，承租人可以支付象徵性貨價以取得租賃物件的所有權。融資性租賃具有可自由選擇租賃物件，租賃時間長、不得中途退約的特點。所有這些籌資方法基本上可以滿足企業從事生產經營活動對資金的需要。然而，從納稅的角度來說，這些籌資方法產生的稅收後果卻有很大的差異。

從稅收角度考察，發行債券特別是發行股票，可以使企業稅收負擔最輕。這是因為，當企業發行股票後，企業的股東是很多的，它涉及許多公司和個人，這樣有利於企業利潤的平均分攤，以負利潤的過分集中而帶來相應的較高稅率。

向金融機構貸款的籌資方式只涉及企業與銀行兩個部門。如果企業與銀行是有關聯的，尚可減輕稅收負擔，但事實上大多數企業是與銀行無關聯的，也就是說不能通過利潤平均分攤，所以，這種籌資方式在稅收負擔上比發股票集資的方式要差，但要好於企業自身累積方式。企業自身累積這種籌資方式，是企業需要很長時間才能完成的。對企業來說，是企業實力的表現，但從稅收負擔上看卻不盡如人意，因為這一籌資方式只涉及企業自身，由這筆投資所帶來的利潤，沒有任何辦法去加以平均，所以企業只能承受這筆利潤所帶來的相應的稅收負擔。企業之間相互拆借以及結算中形成的資金，從稅收負擔看，要次於發股票方式，但要好於其他兩種。這是因為採用企業之間的相互融資及結算中形成這種籌資方式的企業，一般相互間是有一定關聯的，這時雙方必然要從各自利益角度出發，來分攤投資帶來的利潤，使稅負達到最小。

融資性租賃這種籌資方式，對承租單位來講，租金的支付過程是比較平穩的，與用其他方式籌集來的資金購買企業所需的機器設備相比，具有很大的均衡性。因為企業購買機器設備時，貸款一般為一次性支出，即使是用分期付款的方式，資金的支付時間仍是比較集中的。而租賃過程中所支付資金的方式，可在簽訂合同時由雙方共同商定。這樣，承租單位就可以減少稅負的角度出發，通過租金的平穩支付，來減少企業的利潤水準，使利潤在各個年度均攤，以達到避稅的目的。對出租人來講，不需要過分關心機器設備的使用情況，就可以取得數額相高的租金收入。特別是當兩個企業有關聯時，關聯企業完全可以通過固定資產的出租來進行固定資產的轉移，並可以通過租金的支付來平衡兩個關聯企業的利潤水準，從而實現有效地避稅。

四、通過企業合併或者收買虧損企業避稅

企業合併中的避稅主要是指利潤高的企業通過兼併有累計虧損的企業，可將原企業利潤沖抵虧損企業的虧損額。此舉表面上是沖抵虧損，實質上是以被兼併企業的虧損額來抵減其應繳納的所得稅，從而使合併後企業的稅負降低。

例如，假定有甲、乙兩個企業，甲企業 2000 至 2001 年度損益及納稅情況如表 7－2 所示。

表 7－2　　　　　　　甲企業 2000 年至 2001 年損益及納稅情況表　　　　　單位：元

	2000 年	2001 年	合計
利潤總額	100,000	100,000	200,000
所得稅額	25,000	25,000	50,000
實際利潤額	75,000	75,000	150,000

註：企業所得稅稅率為 25%（下同）。

乙企業在 1999 年末有 15 萬元的虧損額需遞延至以後年度彌補，且其在資產結構、經營範圍等方面與甲企業均有良好的互補性。如果甲企業於 2000 年兼併了乙企業，則甲、乙合併後的損益及納稅情況如表 7－3 所示。

表 7－3　　　　　　　甲、乙企業合併後損益及納稅情況表　　　　　單位：元

年份	2000	2001	合計
利潤總額	100,000	100,000	200,000
抵補虧損	100,000	50,000	150,000
應稅利潤額	0	50,000	50,000
所得稅額	0	12,500	12,500
實際利潤額	0	37,500	37,500

由表 7－3 可以看出，通過企業合併，使稅負由原來的 50,000 元降低到 12,500 元，減少了 37,500 元（150,000×25%），歸屬所有者的利潤也增加了 37,500 元。

五、通過企業分立進行避稅

企業分立中的避稅，主要體現在企業所得稅制度對不同企業採取不同的稅收負擔待遇，通過分立來降低企業的整體稅收負擔。

例如，在企業所得稅採用累進稅率的前提下，一個因利潤額較大適用高稅率的企業，可通過企業分立，分化成兩個以上的企業，從而將利潤總額分解，使分立後的各個企業均適用較低的稅率，達到減輕稅收負擔的目的。

假設某企業年應納稅額為 40 萬元，適用稅率 25%，應繳所得稅額為 100,000 元（400,000×25%）。根據中國現行所得稅法，儘管統一為比例稅率，但為照顧一些利潤低的或規模小的企業的實際負擔能力，規定年應納稅所得額在 30 萬元以下的企業按 20% 的稅率徵收，這種稅率結構實質上相當於累進稅率，從而為中國內資企業通過分立避稅提供了可能。該企業保持總體規模不變，可考慮分立為 A、B 兩個企業，其中 A 企業所得額 20 萬元並且滿足中小企業的判定其他標準，B 企業所得額 20 萬元，則兩個企業的納稅金額為：A 企業應納所得稅額 40,000 元（200,000×20%）；B 企業應納所

得稅額為 40,000 元（200,000×20%）。兩企業合計納稅 80,000 元（40,000＋40,000），較分立前避稅 20,000 元（100,000－80,000）。

六、通過企業清算進行避稅

根據《中華人民共和國企業所得稅法》第五十五條、《中華人民共和國企業所得稅法實施條例》第十一條的規定，企業在辦理註銷登記前，應當就其清算所得向稅務機關申報並依法繳納企業所得稅。清算所得是指企業的全部資產可變現價值或者交易價格減除資產淨值、清算費用以及相關稅費等後的餘額，由於企業清算中的避稅十分複雜，在此僅就企業如何利用清算日期的選擇進行避稅做一說明。

例如，某公司董事會於 2001 年 7 月 20 日向股東代表大會提交解散申請書，股東代表大會 7 月 28 日通過並做出決議，決定公司 7 月 31 日宣布解散，於 8 月 1 日開始正式清算。而後發現，當年 1 月至 7 月公司累計贏利 10 萬元，應納所得稅款 2.5 萬元（10 萬元×25%）。於是，在決議尚未公布的前提下，股東代表大會再次通過決議把公司解散日期更改為 8 月 15 日，於 8 月 16 日開始清算。公司在 8 月 1 日至 8 月 14 日共發生停產、停業費用 15 萬元。如果按照原定的清算期，這 15 萬元費用自然屬於清算期間的費用。但因清算日期的改變，使其變為經營期間的費用，抵減了經營期的贏利額，導致該公司由原 1 月至 7 月盈利 10 萬元變為 1 月至 8 月 14 日虧損 5 萬元。清算後，假設該公司清算所得為 10 萬元，將該公司清算日期變更前後納稅情況比較如下：

當清算開始日期定為 8 月 1 日時，2001 年 1 月至 7 月應納所得稅額為 2.5 萬元；清算所得虧損 5 萬元（10 萬～15 萬元）。當清算開始日期變更為 8 月 16 日時，2001 年 1 月至 8 月 14 日虧損 5 萬元，該納稅年度不納稅，虧損額還可遞延彌補；清算所得 10 萬元，彌補經營期間虧損後的應納稅所得額為 5 萬元，則清算所得稅額為 12,500 元（10 萬元－5 萬元）×25%。兩方案比較的結果，顯然通過變更清算日期，使該企業減輕稅收負擔 12,500 元（25,000 元－12,500 元）。

七、通過業務性質的轉化來避稅

企業有很多業務可以通過變通或轉化進行避稅籌劃。例如，購買、銷售、運輸、建房等業務可以合理轉化為代購、代銷、代運、代建等業務，無形資產轉讓可以合理轉化為投資或合營業務，工程招標仲介可以合理轉化為轉包人等。

代理銷售通常有兩種方式：一是收取手續費的方式，即受託方根據所代理銷售商品的數量向委託方收取手續費，這對受託方來說是一種勞務收入，需要繳納營業稅；二是視同買斷，即委託方通過較低的協議價格鼓勵受託方，而受託方對外銷售的價格由受託方自行決定，與委託方無關。這種情況受託方無須繳納營業稅，但委託方、受託方之間的流通環節應視為正常銷售行為，繳納增值稅。兩種代銷方式對委託雙方的稅務處理和總體稅負水準是不同的，合理選擇代銷方式可以合法達到避稅的目的。

甲商場用收取手續費的方式為乙服裝生產企業代銷服裝，銷售單價為每件 800 元，每銷售一件收取手續費 200 元，2008 年 2 月甲商場銷售此服裝 100 件，共收取手續費

20,000元。則雙方的涉稅處理如下：

　　甲商場應繳納營業稅 = 20,000 × 5% = 1,000（元）

　　甲商場應繳納城建稅及教育費附加 = 1,000 ×（7% + 3%）= 100（元）

　　假定乙服裝生產企業生產該批服裝相應的進項稅為8,000元，則：乙服裝生產企業應繳納的增值稅額 = 800 × 100 × 17% − 8,000 = 5,600（元）；乙服裝生產企業應繳納的城建稅及教育費附加 = 5,600 ×（7% + 3%）= 560（元）；甲、乙公司承擔的稅負之和 = 1,000 + 100 + 5,600 + 560 = 7,260（元）。

　　如果甲商場按照視同買斷方式為乙服裝生產企業代銷服裝，乙服裝生產企業以每件600元的價格銷售給甲商場，甲商場再以800元每件的價格對外銷售，2008年銷售此服裝100件。則雙方的涉稅處理如下：甲商場應繳納的增值稅額 = 800 × 100 × 17% − 600 × 100 × 17% = 3,400（元）

　　甲商場應繳納的城建稅及教育費附加 = 3,400 ×（7% + 3%）= 340（元）。假定乙服裝生產企業生產該批服裝相應的進項稅為8,000元，則：乙服裝生產企業應繳納的增值稅額 = 600 × 100 × 17% − 8,000 = 2,200（元）；乙服裝生產企業應繳納的城建稅及教育費附加 = 2,200 ×（7% + 3%）= 220（元）。

　　甲、乙公司承擔的稅負之和：3,400 + 340 + 2,200 + 220 = 6,160（元）

　　對上述兩種方法進行比較，視同買斷方式下，甲商場節省了1,000元營業稅，但多繳了3,400元增值稅，相應的城建稅及教育費附加也增加了240元，取得的收益減少了2,640元；乙服裝生產企業少繳增值稅3,400元，相應的城建稅及教育費附加也少繳了340元，從而多取得收益3,740元。委託雙方總體稅負水準，視同買斷方式比收取手續費方式減少1,100元。

　　因此，在代理銷售業務中，委託雙方應盡量爭取採用視同買斷方式。此時，受託方需多繳一部分增值稅，而委託方則可少繳等額的增值稅，受託方可以要求委託方在協議價格上做出一定的讓步，以使受託方多繳納的增值稅額在協議價格制定時就得到補償，最終使委託雙方的總體稅負水準趨於合理。假定協議價格為X，受託方多繳納的增值稅可以通過議價讓步得到補償，則：

　　$800 × 100 × 17\% - X × 100 × 17\% = (600 - X) × 100$

　　$X = 559.04$（元）

　　即乙服裝生產企業應按每件559.04元的協議價格銷售給甲商場，甲商場再按800元每件的價格對外銷售，這樣甲商場銷售100件服裝繳納的稅額為：（800 − 559.04）× 100 × 17% ×（1 + 7% + 3%）= 4,505.95（元），取得的收益為：（800 − 559.04）× 100 − 4,505.95 = 19,590.05（元），比收取手續費方式的收益18,900元（20,000 − 1,000 − 100）增加了690.05（元），而乙服裝生產企業則維持原有的稅負水準。有的企業擁有大量閒置庫房用於出租獲取租金收入，出租庫房不僅要按照租賃收入繳納營業稅，還要繳納房產稅，稅負較重。此時企業可以將租賃行為轉化為倉儲行為進行避稅。租賃是指租賃雙方在約定的時間內，出租方將房屋的使用權讓渡給承租方，並收取租金的一種契約形式；倉儲是指在約定的時間內，倉庫所有人用倉庫代客戶儲存、報關

貨物，並收取倉儲費的一種契約形式。不同的經營行為適用不同的稅收政策，進行經營行為的轉化可以實現避稅。

中國稅法規定：租賃業和倉儲業均需繳納營業稅，適用稅率相同為5%；房產用於租賃的，其房產稅按照租金收入的12%計算繳納，而倉儲業按照房產餘值的1.2%計算繳納房產稅；財產租賃合同按照租金收入的1‰計算繳納印花稅，而倉儲保管合同按照保管費用的1‰計算繳納印花稅。

甲公司訂立一份房產租賃合同，將一座閒置庫房出租，其房產餘值為1,000萬元，年租金收入為200萬元，則甲公司涉稅情況如下：

應繳納營業稅額 = 200 × 5% = 10（萬元）

應繳納房產稅額 = 200 × 12% = 24（萬元）

應繳納印花稅額 = 200 × 1‰ = 0.2（萬元）

應繳納的城建稅及教育費附加 = 10 ×（7% + 3%）= 1（萬元）

稅負總額 = 10 + 24 + 0.2 + 1 = 35.2（萬元）

如果甲公司與客戶協商將此項業務改為：訂立一份倉儲保管合同，增加服務內容，配備倉庫保管人員，為客戶提供24小時服務，年收取倉庫保管費用200萬元，則甲公司涉稅情況如下：

應繳納營業稅 = 200 × 5% = 10（萬元）

應繳納房產稅額 = 1,000 × 1.2% = 12（萬元）

應繳納印花稅額 = 200 × 1‰ = 0.2（萬元）

應繳納的城建稅及教育費附加 = 10 ×（7% + 3%）= 1（萬元）

稅負總額 = 10 + 12 + 0.2 + 1 = 23.2（萬元）

因此，採用倉儲保管形式比採用租賃形式每年可減少稅負12萬元。

合作建房的避稅問題。合作建房是指一方提供土地使用權，另一方提供資金，雙方合作建造房屋。合作建房有兩種方式：一是「以物易物」方式，二是成立「合營企業」方式，這兩種方式產生了不同的納稅義務。

甲、乙兩家企業均需要建房擴大經營規模，甲企業擁有地理位置優越地段的土地使用權，但缺乏資金；乙企業資金充裕，但苦於沒有合適地段的土地。經過協商，兩家企業決定合作建房，甲企業提供土地使用權，乙企業提供資金，雙方約定建成後均分房屋。經有關部門評估，建成後的房產價值16,000萬元，於是甲、乙企業各分得價值8,000萬元的房屋所有權。

按照現行稅收政策，甲企業屬於以轉讓部分土地使用權為代價換取房屋所有權，發生了轉讓土地使用權的行為；乙企業屬於以轉讓部分房屋所有權為代價換取土地使用權，發生了銷售不動產的行為。

因此，甲企業應按照轉讓無形資產繳納營業稅：

甲企業應繳納營業稅額 = 8,000 × 5% = 400（萬元）

乙企業應按照轉讓不動產繳納營業稅：

乙企業應繳納營業稅額：8,000 × 5% = 400（萬元）

如果甲、乙兩家企業改變合作方式，採取分別以土地使用權和資金投資入股的方式合作建房，則可以不繳納營業稅。即甲企業以土地使用權，乙企業以資金入股成立合營企業，合作建房，房屋建成後雙方採取風險共擔、利潤共享的分配方式經營，則按照現行稅法的規定，甲、乙企業均不需要繳納營業稅。

八、利用稅收優惠政策避稅

企業所得稅法涉及的稅收優惠方式有多種（見企業所得稅法），包括免稅收入、減計收入、低稅率、抵扣應稅所得額、加計扣除、投資抵免應納稅所得額、加速折舊等。稅法中的諸多稅收優惠政策，為納稅人稅收籌劃提供了可能性。

九、利用關聯企業之間分配利潤避稅

企業之間的關聯關係主要反應在管理、控制和資本三個方面。

例如，中國稅法規定，一個企業如果直接或間接擁有另一企業股權總和的25%或以上，這兩個企業即為關聯企業。關聯企業之間由於在資金和管理上具有特殊的關係，所以它們之間進行交易並不一定完全採用市場價格，因而關聯企業之間可以通過轉讓定價來轉移利潤。尤其是當關聯企業適用的所得稅稅率存在差異時，利用轉讓定價向適用稅率低的關聯企業轉移利潤就成為企業稅務籌劃的一個重要方法。中國企業所得稅有關法規規定，納稅人與其關聯企業之間的業務往來應當按照獨立企業之間的業務往來收取或支付價款、費用。不按照獨立企業之間的業務往來收取或者支付價款、費用而減少應納稅所得額的，稅務機關有權進行合理調整。但由於稅務機關在判定關聯企業之間的交易價格是否合理時有一定的難度，所以在實踐當中這種避稅方法仍給各國企業進行稅務籌劃留有一定的空間。

思考題

1. 內資企業避稅的主要方式有哪些？
2. 如何防範企業避稅？

第三節　外資企業的避稅方式

據商務部2009年公布的數據表明，從1979年到2008年年底，在中國註冊成立的外商投資企業累計已達66萬戶左右，累計實際使用外資金額約為8,800億美元，自1992年起中國已連續16年成為世界上吸收外資最多的發展中國家。然而，在這些令人欣喜的數字後面，也存在著這樣一個事實：總數達66萬多家的外企中，有相當部分企業長期處於虧損狀態，虧損面之大，令人觸目驚心。但這些企業在連年虧損的情況下，還不斷追加投資，越做越大。結果外商投資企業佔用中國大量的資源，包括土地資源、人力資源等，最後只有產值，沒有稅收。顯然，這種「假虧損」「沒利潤」，利用稅收

優惠年度跳躍性贏利現象已成為眾多外資企業「合理避稅」的重要手段。隨著中國市場經濟的不斷發展，外商投資企業在中國的避稅行為已經從最初的「高進低出」方式轉移利潤，轉變為通過支付勞務費和特許權使用費方式轉移利潤；從一般的減少徵稅客體（應納稅所得額）方式避稅，轉變為納稅主體利用稅收優惠政策避稅，以及利用國際避稅地、濫用稅收協定、實施資本弱化等新方式避稅。從目前情況歸納，外商避稅的常用的方式主要有以下幾個方面。

一、通過控制購銷渠道，連年虧損避稅

中國一些早期的合資企業避稅主要採取此種方法，由於合資企業外方控制了行銷權，採取了高報進口原材料和低報出口成品的方式，將利潤轉往海外，即所謂的高進低出，由於合資中方不掌握企業行銷的實際情況，又沒有查證能力，最終導致企業連年虧損，最後中方只能讓出屬於自己的股份。

例如，北京某中外合資企業，是一個「兩頭在外」（原料採購和產品銷售均由外方在境外進行）的加工企業，外方採取抬高原料進口價格、壓低成品出口價格的辦法，從中賺取高額差價，致使企業從成立開始便連續虧損，中方股東蒙受了巨大的經濟損失。

北京的這家企業，只是眾多虧損外企的冰山一角。這些合資企業的虧損，在很大程度上是一種避稅手法，其結果嚴重侵害了中方權益。由於利潤被轉移到境外，中方投資人不但無法獲利，而且需要賠錢彌補虧損。對外方來說是明虧實贏，對中方來說是實實在在的虧本生意。在無力出錢彌補虧損的情況下，中方只能出售公司股權減少損失，從而逐步喪失對公司的所有權，造成國有資產的大量流失。

二、利用關聯公司價格避稅

一些國外廠商在依靠境外的母公司或母公司的其他子公司為其代購原材料和包銷產品中，由於是集團公司內部的產品轉移，所以外資企業在讓境外關聯公司採購原材料的過程中提高原材料價格，境外公司銷售產品時壓低產品價格，通過高進低出的方式來逃避中國稅收。這樣就出現了一個怪現象，企業產品銷路不成問題，生產也處於飽和狀態，但企業表現為虧損或雖有利潤但獲利水準較低，然而，儘管企業虧損或微利，但生產規模並不呈現萎縮，反而不斷擴大。

例如，廈門某手套有限公司，是美國某兄弟股份公司在廈門湖裡工業區舉辦的獨資企業，主要生產各式手套，其母公司是美國有名的手套生產和銷售公司，在世界市場上佔有率較高。該企業產品全部由母公司包銷，所需原材料全部由母公司與國內、外材料供應商店簽訂合同購買，並提供給該企業，該企業不設供銷部門，根據母公司的訂單生產，產品直接運往美國、加拿大、西歐等國銷售。出口產品價格完全是母公司制定的內部結算價。結算價按工時計算，每打手套有標準的工時定額，平均計算每打手套工時費用為 3.3 美元，再加上工廠管理費等，母公司以每打手套 6.6 美元的價格支付給該企業，這個價格基本上是生產成本，沒有利潤。企業的利潤只有美元匯兌收入，沒有銷售產品的利潤。

三、通過設備投資形式合資，從中漁利和避稅

在外商投資合資經營企業的過程中，有相當一部分是以設備投資的，在此過程中，外方漁利和避稅的方法通常是：一是高估設備價值，二是以舊充新、以次充好、以淘汰的機器充先進設備，一些外觀看起來很新的機器設備，實際無形損耗嚴重。一方面，高估設備價值減輕了外方的出資義務和出資風險，並能為其帶來諸多的相關經濟利益（使其牟取了暴利），另一方面在生產過程中外方通過計提折舊逃避稅收。而在整個合資過程中，合資中方的利益則大大受損。

四、向母公司或關聯企業支付巨額無形資產使用費避稅

在和中方合資或者是向中方投資過程中，向母公司或關聯企業支付巨額特許權使用費，最典型的是支付高額商標使用費，而合資的另一方中方，由於合資心切和缺乏對自己無形資產的價值認識等，致使中方企業的無形資產的價值被低估，在合資初期投資時期就處於下風。

五、合營、合作企業的外方通過承包控制企業的生產經營，獨自獲取經營利潤

目前，一些合營、合作企業也實行承包經營，對於「兩頭在外」的企業一般由外方承包。通過承包，雖然保證了中方每年有一定數額的收入，但也為承包方轉移利潤提供了條件。

例如，深圳××針織實業有限公司開業後由合資外方承包，每年向合資中方上繳40.8萬港元的承包費。某年該企業的銷售收入為7,453,884港元，成本為7,338,443港元，成本利潤率僅為1.57%。企業的產品大部分由外方在中國境外包銷，其出口產品價格與同行業深圳××有限公司銷售給第三方的價格水準相比，低30%~40%，因是外方承包，中方無權干涉，只能聽憑外方轉移利潤，讓所得稅自由流失。

六、通過轉移定價轉移應稅所得避稅

在當今世界經濟中，跨國公司迅猛發展，使得各國的經濟活動越來越趨於國際化。據統計，跨國公司集團內部交易額占世界貿易額的比重已達50%左右。公司集團的內部交易定價，即轉讓定價所帶來的稅收問題日益引起眾多國家的重視。

（一）通過控制原材料和零部件的轉讓價格來影響關聯方的成本與利潤

例如，母公司向子公司提供原材料為其生產零部件，母公司進一步加工裝配後投入市場。母公司按高於市場價格向子公司供應原材料，子公司則以低於市場價格向母公司出售零部件。結果子公司的生產成本提高，利潤減少。這種現象稱為「高進低出」，造成子公司利潤流向母公司。

例如，中國某經濟特區有一家電子有限公司S，其母公司T設在香港地區。T公司還在這個特區設立另一家子公司K，T公司從S公司購進2萬臺錄音機，但沒有出境，直接加價20%轉銷給K公司。母公司T要S公司收到K公司貨款後，將300萬元價差

匯給T公司，把本應由S公司取得的利潤轉移到境外。

例如，聯興鞋業有限公司（以下簡稱聯興公司），其母公司P設在日本，P公司在臺灣地區設一家子公司M。M又在香港地區設一家子公司N。聯興公司的原材料採購和產成品銷售均按照N公司提供訂單載明的數量、價格採取委託加工的方式結算。稅務機關檢查發現，聯興公司工繳費收入遠遠低於加工成本支出，年年虧損。實際上，聯興公司的制鞋利潤全部轉移到了N公司，同時逃避了所得稅。

轉讓定價不僅反應在商品購銷活動之中，而且在資金借貸、專業勞務、無形資產轉讓以及管理費用分攤等方面也有反應。比如，外商投資企業列支境外母公司或總機構的上級管理費，數額較大，而且該上級管理費是否真實、合理，往往難以查證。

（二）通過「資本弱化」向海外支付巨額利息

外商投資者通過擴大債權性投資、減少權益性投資來擴大稅前利息扣除，進而規避企業所得稅。一些外商在投資時企業時，將資本定得盡可能小，而企業經營所需資金則以借貸方式解決。通過向境外關聯公司借款投資，一方面節省了本應投入企業的資本，另一方面通過支付境外關聯公司貸款利息，減少了企業應稅所得。

七、在引進項目的合同中，將應稅項目納入免稅項目避稅

在有些引進項目上，由於中方談判人員無經驗或其他原因，外商在中方默認的前提下，將應稅的特許權使用費或工程款等項目都納入設備價款中，合同價款僅反應設備總價，連技術服務或安裝作業也有人數，沒有金額，外商通過簽訂這樣的合同，逃避了應負擔的中國稅收。例如，有的引進項目合同中，將專有技術使用費不單列出，而是分散在技術文件、人員、培訓、技術服務等費用中，逃避預提所得稅。

八、利用承包工程進行避稅

中國實行對外開放政策以來，許多外國公司紛紛來中國從事承包工程、提供勞務作業。對這些外國公司在中國境內承包工程、提供勞務所得的收入，國家在稅收政策上本著優惠從寬、手續從簡的原則，允許其扣除70%的設備、材料費用、僅就其餘的30%的收入徵收貨勞稅和企業所得稅。目前，外國公司在中國境內承包工程主要有兩種方式。

1. 外國公司（非集團公司）對工程進行總承包（包工包料）。它們在與中國的工程發包單位商定了工程總價格的前提下，分別簽訂工程材料供應合同和工程勞務合同，利用中國的工程發包單位不熟悉國際市場行情、缺乏公平價格信息、只注重工程總價款的弱點，有意提高工程材料供應合同的價款，壓低工程安裝合同的價款（在繳稅時，外方提出工程材料價款是墊付款，要求扣除），以達到避稅的目的。

例如，中國香港××公司在一個承包工程項目中，工程材料供應合同的價款是工程總價款的97%，而工程安裝合同的價款為3%，低於內地同行業的4～5倍。

2. 外國的集團公司或聯屬企業內具有獨立法人實體的兩個公司共同承包一個工程項目。其中，一個公司與發包單位簽訂工程材料供應合同，另一個與發包單位簽訂工

程安裝合同，它們通過這種應包方式，在內部相互轉移商品、勞務的價款進行避稅。

一般來說，外國公司的技術力量，管理水準與中國內的同行業相比，是比較強、比較高的，工程安裝的取費標準應高於中國內的同行業；但是，它們有意壓低工程安裝的收費標準，目的就是要人為地加大工程材料的價格，因為工程材料的價款內大約含 20%～35% 的毛利潤，從而逃避了所得稅。

九、掛靠國內企業避稅

有的外商投資企業掛靠國內企業避稅。由於外商投資企業已享受國家特殊的優惠照顧，它們生產的產品出口，不能按國內企業出口規定退稅。但有的外商（包括代理人、仲介人和部分「三資」企業中的外商代表）打著為國內企業增加投資、引進設備的旗號，千方百計地掛靠國內企業，與國內企業合謀，將外資企業生產的產品轉由國內企業出口，或國內企業轉讓商標通過仲介人掛靠在別的企業出口，以謀求退稅，甚至有的外商專門從事以「投資」、「辦廠」為誘餌，以索取出口退稅憑證為條件來要挾「招商外資」心切的地方政府和企業主管部門，為其提供出口退稅的便利條件。

十、利用投資過程進行避稅

投資過程的避稅，就是在簽訂合同時，埋下了避稅的「伏筆」，通過資本的控制投入、抽回、虛假等方式，引起股本的變化、利潤的歸屬變化，以達到避稅的目的。常見的做法有：

1. 外商利用投資總額與註冊資本的比例嚴重失調進行避稅。現行法規規定，投資總額與註冊資本要成正比例，可是在具體執行中，一方面中外雙方為了得到政府的批准，故意壓低投資總額，使註冊資本與投資額形式上成比例；另一方面，有關部門吸引外資心切，對可行性報告及合同缺乏邏輯審查，致使這方面的漏洞越來越大，避稅問題相應而來。

如某房地產開發公司，主要從事房地產的開發、建設及經營，合同投資總額僅為 500 萬元人民幣，其中中方占 75%，為 375 萬元，外方占 25%，為 125 萬元。而該公司實際營運時第一期工程就需資金 4,000 萬元，主要用來支付龐大的土地轉讓費和水、電、暖等費用。隨著經營規模的擴大，一期工程後貸款將達 7,000 萬元。資金缺口由國內銀行貸款解決。這種投資狀況，外方註冊資本少，節省了自身資本，而把貸款營運要承擔的巨額利息塞進合資企業，列入當期費用，使企業利潤基礎下降，事實上這些利息帶有資本利息的性質，違反了稅法列支規定。

稅基的縮小並不意味著外方少得。這裡所說的稅基縮小是相對而言的，外方節省的投資可以取得利息或另去投資；更重要的是企業所創造的效益，乃動用了超過註冊資本幾倍甚至十幾倍的國內銀行貸款資金，而分配卻要按註冊資金比例進行，可謂一舉兩得。仍以上例說明，如果該房地產公司註冊資本 500 萬元，產出效益 100 萬元，則中方分利 75 萬元，外方分利 25 萬元。實際投資額 7,000 萬元，產出效益 1,400 萬元，外方所出的資本僅為 125 萬元，占全部資本的 1.78%，應分利 25.2 萬元，而實際上外方按 25% 的資本比例分利 350 萬元，為出資 125 萬元應分利的 14 倍。

2. 合作企業的外方抽回資本本息時，使稅負轉移，進行避稅。目前，一種定期償付外方本息、固定向外方支付利潤的生產合作性企業較多，特別是組成企業法人的合作企業，所得稅由原雙方分別繳納變為合作企業統一繳納，問題比較突出。如某合作企業，合作期 15 年，合同規定：外方註冊資本 100 萬美元，合作企業在頭 5 年中歸還外方本息 150 萬美元，後 10 年每年固定向外方支付利潤 10 萬美元。這種合作形式對中方的吸引力在於：可以享受免徵進口環節的工商統一稅及關稅；可以得到自營產品的出口權，免繳流轉稅；生產性合作企業享受「兩免三減半」所得稅優惠政策。對外方的吸引力在於：稅收優惠政策讓中方用足、用活，外商可以不擔風險，不管經營盈虧均可分得利潤。這實質上中外方是建立在套取稅收優惠的基礎上達成一致協議的。前例的外商 5 年將股本本息抽回，合作企業將不存在外方資本，而合作的雙方仍然享受著國家有關優惠政策。表現在稅收上既享受了「兩免三減半」的所得稅優惠，又使外方所得利潤不含稅收，尤其是合作企業虧損，該合作企業承包仍向外方支付利潤，這部分利潤未含稅，即使稅務機關補徵，根據雙方合同，依然是合作企業承擔，外方基本上充當了徵稅者與稅負實際承擔者的仲介，躲避了稅收。

3. 合資企業外方變相抽回資本。如某企業外方履行合同規定為合資企業包銷產品，而銷貨款不再匯回，截留自用，合資企業只好長期掛帳。這樣外方變相抽回了股本。合資成了形式上的合資，仍享受稅收優惠待遇。

十一、利用利潤分配過程避稅

1. 多提並分配勞務費。合資企業在提取勞務費時，超過國家規定的提取基數和標準，擴大計提範圍，對臨時工也提勞務費，然後按投資比例進行分配。這樣，實現的利潤被勞務費吃掉，躲避了所得稅的徵收。

2. 調劑股本，分配假利潤。企業利用外匯雙軌制，調劑投資股本，使企業假贏利。在免稅年度中盡早獲利分配，待減免稅期滿又使企業虧損或微利，達到避稅。該手段對外方的激勵之處是：變相收回股本；免稅年度利潤高；納稅年度由於貸款增加，費用增大，利潤減少。

3. 把中方老企業的利潤轉移到外資企業，享受稅收優惠。這種情況主要表現在嫁接型外資企業中。如某家具公司，讓原中方老廠中的一部分車間、設備、工人進入合資企業。合資雙方議定，合資企業利潤，外方不參與分配，但合資企業的產品加 10% 的利潤，由外方包銷，不論獲利多少，由外方直接留取，不再匯回企業核算、分配。為此，中方故意將內資部分生產的產品轉移到合資企業銷售，並且連利潤也轉移進來，以享受稅收優惠，外方的利潤也隨之逃避了稅收。

十二、通過濫用稅收優惠政策避稅

比如某高科技公司，其在中國生產的產品是將各地採購的 1 萬多個零件，在中國進行組裝成品後返銷到其他國家。其工作過程就是擰螺絲組裝的過程，一點科技含量都沒有。但是企業卻享受生產高科技成品的高新企業稅收優惠政策，享受政策優惠和實際工作完全不相符合。

十三、通過在避稅地設立受控外國公司，通過避稅地公司開展全球行銷，從而避稅

在 2008 年中國統一企業所得稅後，一些外資企業採取了更加複雜隱蔽的手段避稅。其中利用跨國公司的優勢，或者是利用多個海外關聯公司，增加銷售環節，從而減少在中國本土的收益進行避稅的情況逐漸加劇。

例如，某外資××集團公司，2009 年該公司以 100% 股權移轉的方式，將在中國大陸所有投資事業全部改為由香港地區控股公司控股。公司方面毫不諱言其一系列變化主要是應對內地實施的新企業所得稅法，借助內地對香港地區的稅收優惠，實現賦稅遞減。公司將這一行為解釋為合法避稅，並且稱其下屬 10 家以上公司正在推行此模式進行類似避稅。

總之，外資企業避稅已較嚴重地影響了中國的稅收收入。據調查，目前外資企業的虧損面高達 1/3，如果扣除外資企業中內銷產品的利潤，其虧損面更大，利潤率更低，應納稅款更少。在中國工資水準很低（不足香港地區的 1/10）、土地等費用也很低的情況下，這種情況顯然是不正常的。通過對虧損的三資企業作進一步分析發現，有的是新辦企業，有的間隔出現虧損，更多的則是連續多年虧損。眾所周知，實際上，在中國的公司虧損了，而作為跨國公司的整體是贏利的，這反應在稅收上，我們應該能徵到稅的現在徵不到了；有的企業因連年虧損，連納稅期都進入不了。跨國公司的避稅作為一種國際現象存在並不奇怪，但像在中國這樣普遍的避稅恐怕在國際上也是少見的。

第四節　個體工商戶避稅方式

對於個體工商戶而言，可以通過減少應稅所得和通過增加核算費用達到少繳稅款的目的。

一、利用稅收優惠政策，減少計稅所得

由於計稅基數的降低，必然減少應納稅款，而且計稅依據的降低，還可以使適用的稅率檔次下降，增加比較利益。比如，根據中國現行稅法，凡是設在經濟開發區、經濟特區、保稅區從事生產經營的企業，其應享受的稅收優惠要比國內其他地區多，個體工商戶在選擇投資地點時，不能不考慮這一因素。

再如，中國現行稅法還規定，孤老、殘疾人員和烈屬從事個體生產經營的，某些社會急需勞動強度大而收入又偏低的，因嚴重自然災害造成重大損失的，可以定期減徵、免徵個人所得稅。個體工商戶完全能利用這些規定，享受稅收優惠待遇。

二、利用費用核算，減輕納稅義務

個體工商戶在生產經營過程中，會發生一系列的費用支出，這些費用支出，一般

可以列入成本，直接減少應稅所得。通常擴大費用列支的方法有：

一是混淆家庭支出與經營支出，將家庭支出的水電費、通信費列為經營費用。盡可能地把一些收入轉換成費用開支。由於個人收入主要用於家庭的日常開支，而家庭的很多日常開支事實上很難與其經營支出區別開來，如水電、通信費等，個體工商戶往往把本來應由其家庭支出轉換為經營支出，從而既滿足家庭開支的正常需要，又減少了應納稅所得，少繳了所得稅。

二是使用家庭成員或雇用臨時工，擴大工資等費用支出。家庭成員的工資具有極大的靈活性，既能增加個人家庭收入，又降低了應納稅所得額，甚至必要時還可以作為調劑應納稅所得額的重要手段，使應納稅所得額降到較低的稅率檔次上，減少所得稅。

三是租用自家的房屋辦公司加大費用支出。收取租金，表面上看使個人繳納的房產稅增加，但實質上收取的租金可記入經營支出，減少應納稅所得。收取租金的最佳界限為：年租金所帶來的個人所得邊際稅率的變化應不超過企業所得稅的邊際稅率。換言之，目前個體工商戶的租金收入與月收入的增加幅度不超過35%的稅率檔時，稅收支出是有利可圖的。

三、利用應收帳款減少納稅

例如，一個體工商戶應納稅所得額已接近5.5萬元，這時又發生一筆業務收入，扣除成本費用後其應納稅所得額可能為3萬元左右。如果該個體工商戶將這筆收入以已實現收入計入帳戶，則這筆收入將按35%的稅率繳納個人所得稅；如果把這筆收入以應收款的形式暫時掛帳，一直掛到下一個納稅年度，該個體工商戶就可能因原應納稅所得額未超過5.5萬元這個級距而按30%的稅率繳納個人所得稅，同時這筆新實現的收入被推遲到下一個納稅年度繳納個人所得稅，很可能下一個納稅年度因新實現的收入額低於5.5萬元，則按低於35%的稅率繳納個人所得稅。

四、掛靠集體企業享受稅收優惠

由於國家規定「三來一補」的企業（來料加工、來樣加工、來件裝配和補償貿易）享受的稅收優惠僅限於國有、集體企業，一些私營企業和個體工商戶紛紛想方設法掛靠集體企業，為的是享受三年免稅照顧。

例如，有的個體工商戶與集體企業商定，以該集體企業的名義承接來料加工，並按期上交一定數量的管理費，他們通過與外貿部門簽訂代理合同，由外貿部門代理加工企業與外商簽訂來料加工合同，外商直接向加工企業提供原材料，企業加工後，再通過外貿部門交付外商，外商向加工企業支付工繳費。這樣，個體工商戶以集體企業的身分出現，將外貿部門代簽的「來料加工合同」和與外貿部門簽訂的委託代理協議書及有關部門的批件提供給稅務部門，享受三年免徵所得稅的優惠。

第五節　個人避稅方式

一、利用勞動報酬的支付次數減少繳納個人所得稅

當某人提供勞務服務時所取得的勞動報酬，要計入當月收入總額，然後按適用稅率計算所得稅。一般來講，勞務報酬收入採取什麼方式取得，直接影響某人一定時期的收入。現行稅法規定，當某項活動取得的收入在一個月以上時，支付間隔超出一個月，按每次收入額計入各月計算，而間隔時間不超出一個月的，應合併每次的收入額計算。因此，當為他人提供勞務時，需要根據勞務合同書，合理安排納稅年度內每月收取勞務費的數量和實際支付的次數，減少納稅。

例如，王某為他人裝修房子取得收入，由於受季節限制，每年4月、5月、6月、9月、10月、11月這六個月裝修較為集中，他與事主簽約時約定，事主將勞務費採取支付預訂金、生活費和結算金方式，分批分次支付。這樣王某就在年度內每月能取得一定數量的現金收入，分次收取的結果，減少了每月的應納稅所得額。對於事主來講，由於不用一次性支付全部費用，也減輕了經濟負擔。

二、利用收入的時間、數量上的變化減少繳納個人所得稅

在社會主義市場經濟條件下，隨著經濟體制改革的逐步深入，中國個人收入來源也發生了較大變化，許多人不僅有工資等固定的收入來源，同時也有從事第二職業等不同形式的非固定收入來源。特別是一部分人由於承包、租賃經營企業而獲得相應的承包、租賃經營所得。這就可能在不同的納稅期限內出現較大的波動，即有的月份收入過高，有的月份收入過低，在按月計算繳納個人所得稅的情況下，如果按上述收入數量直接繳稅，則意味著個人既要在高收入的月份按較高稅率課稅，繳納較多的稅款；同時在較低收入的月份又不能享受稅法為個人提供的費用扣除等種種優惠。因此，許多人為了減輕自己的稅收負擔，往往通過推遲或提前獲得收入，以避免某些月份按較高稅率課徵，並分享費用扣除和費用寬免等優惠，從而減輕納稅義務。

三、利用不同的投資方式減少繳納個人所得稅

個人利用購買股票、債券等方式向企業投資，所獲利息、股息和分紅等收益按規定必須繳納個人所得稅。但為了鼓勵企業和個人進行投資和再投資，一般不對企業的留存未分配收益課徵所得稅。個人為了不使所得稅課及自己的投資額，往往把自己的投資所得留存到企業帳上，作為對企業的再投資。而企業則可把這筆收益以債券或股票的形式記入個人的名下，從眼前來看，避免了繳納個人所得稅，從長遠來看，如果對企業發展前景看好，又保障了個人財產的完整與增值。

四、稿酬所得的不同規定減少繳納個人所得稅

稿酬所得不同於勞務報酬所得。勞務報酬所得可以通過擴大費用支出來少繳一部

分個人所得稅，而稿酬所得則不能通過類似的費用扣除來降低應納稅所得額。但是，作者可以通過收入後移和降低收入總額，達到少繳個人所得稅的目的。

如果某作品市場看好，作者可與出版社協商採取分批量印刷的辦法。例如，一部30萬字的作品，雙方協定稿酬標準為40元/千字，發行量在1萬冊以內，另支付發行費5,000元，如果發行量為1萬冊，作者將取得17,000元的收入，如果發行量達2萬冊將取得22,000元的收入，如果發行量達3萬冊，將取得27,000元的收入。經簽訂協議，3萬冊分兩次印刷，出版社將分兩次支付稿酬，每次35,000元，作者可以取得兩次20%定率扣除，並享受減免30%的稅收優惠。當然對於出版社來講，兩次印刷會造成一定的負擔，但可以通過協商適當降低付費標準來保證收入。如果稿酬標準與支付方式不變，作者和出版社也可以通過協商，採取分冊發行。例如當作者的稿酬超過2萬元，字數突破一定標準時，可將書稿分上下冊送出版社出版。這樣就降低了每一冊作品的稿酬，總體上減輕了個人的稅負。

五、外籍個人的避稅

外籍人員由於同時在幾個國家出入、流動，因而其收入計算相對複雜和困難，加之其適用幾個國家的稅法，進行避稅的空間相對較大。

例如，某澳大利亞人在中國一所大學任教，兩個學期教學工作量飽滿，只是寒暑假休息。他於2000年12月20日至2001年1月20日去新加坡、馬來西亞、泰國旅遊，2001年7月10日至8月30日去日本、韓國旅遊。該人在中國任教的工資為3.6萬元人民幣，他在澳大利亞的房產出租可獲得租金收入折合人民幣80萬元人民幣。如果他在寒暑假不離開中國旅遊，就被確認為中國居民，應按其境內外所得納稅：境內所得3.6萬元由於沒有超過每月4,000元，共9個月零10天的免徵額37,333元，無須繳納境內個人所得稅；境外所得應納稅額 = 80 × (1 - 20%) × 20% = 12.8（萬元）。但由於他納稅年度內離境時間分別為31天和51天，按中國稅法規定，一次離境超過30天的，則不能算作中國居民，境內所得尚不夠交稅資格，境外租金收入的所得稅款也被避免了。

思考題

1. 個體戶避稅的手段有哪些？應如何防範？
2. 如何有效防範個人避稅？
3. 外商在中國的避稅方法有哪些？
4. 內資企業的避稅行為有哪些？

第六節　中國的反避稅

一、中國目前反避稅的現狀

隨著經濟全球化進程的加快，納稅人特別是跨國公司的避稅手段在不斷翻新，變得更加複雜和隱蔽，為此各國紛紛加大反避稅力度，制定了許多新的反避稅法律和措施。近幾年來，中國反避稅工作取得了很大進展，立法進一步規範，管理機制逐步健全，反避稅調查力度不斷加大，中國目前反避稅的現狀如下：

（一）反避稅的法律、法規得到不斷完善

一是早在 1991 年出抬的《外商投資企業和外國企業所得稅法》及其實施細則、1992 年出抬的《稅收徵收管理法》及 1993 年出抬的實施細則，以及 2001 年修訂的《稅收徵收管理法》及 2002 年發布的實施細則中，都對限制轉讓定價作出了規定。2008 年，開始實施的《企業所得稅法》及其實施條例第六章規定了「特別納稅調整」條款，這是中國第一次較全面的反避稅立法。該章不僅包括中國實踐多年的轉讓定價和預約定價的原則，還借鑑國際經驗，首次引入了成本分攤協議、資本弱化、受控外國企業、一般反避稅以及對避稅調整補稅加收利息等規定。

二是根據稅法制定一系列反避稅配套政策。1998 年，國家稅務總局發布的《關聯企業間業務往來稅務管理規程》，2004 年稅務總局發布了《關聯企業間業務往來預約定價實施規則》，對轉讓定價稅收管理作了進一步的細化解釋。2008 年財政部、國家稅務總局《關於企業關聯方利息支出稅前扣除標準有關稅收政策問題的通知》對企業關聯方利息在所得稅前的扣除問題作出了明確規定。

三是制定了《特別納稅調整實施辦法》。2009 年為了貫徹實施《企業所得稅法》及其實施條例，全面加強反避稅管理，在總結中國轉讓定價和預約定價管理實踐並借鑑國外反避稅立法和實踐經驗的基礎上，國家稅務總局出抬了《特別納稅調整實施辦法（試行）》，辦法對企業的轉讓定價、預約定價安排、成本分攤協議、受控外國企業、資本弱化以及一般反避稅等特別納稅調整事項的管理作出了全面的規定。

《特別納稅調整實施辦法（試行）》、《企業所得稅法》、《稅收徵收管理法》、《企業所得稅法實施條例》、《稅收徵收管理法實施細則》，財政部、國家稅務總局《關於企業關聯方利息支出稅前扣除標準有關稅收政策問題的通知》和《企業年度關聯業務往來報告表》等法律法規的頒布執行，形成了涵蓋各個法律級次在內的反避稅法律框架和管理指南，為稅務機關執法和納稅人遵從提供了法律依據。

（二）反避稅的實際工作取得了較大的成績

20 世紀 80 年代初期，開放的前沿陣地深圳就發現了企業的避稅行為。稅務部門隨即開始了反避稅工作。國家稅務總局專門成立了反避稅處，組織協調全國的反避稅工作。涉外反避稅更是反避稅工作中的重點。早在 1998 年，廈門市國稅局就與某臺資公

司簽訂了預約定價協議，首開中國預約定價反避稅的先河。2001年深圳地稅局與某日資企業簽訂了第一份預約定價協議書。開展了預約定價反避稅的實踐工作。隨著隨著反避稅工作的逐漸收入，中國反避稅工作力度不斷加大，立案調查戶數、調整補稅額度也在逐年增加。目前，稅務機關已經將反避稅工作的重點放在審查長期虧損、微利卻在不斷擴大經營規模的外資企業和跳躍性贏利的內資企業上，並在全國推進聯查和跟蹤管理。通過全國聯查和對重點避稅嫌疑企業的重點調查內外資企業的避稅勢頭得到一定遏制。通過開展預約定價談簽和轉讓定價雙邊磋商的工作，帶動了中國企業所得稅收入的增加。

（三）反避稅信息基礎建設進一步加強

中國各地、各級稅務機關繼續推廣使用BVD公司的數據庫，絕大部分地區的反避稅專業人員已經能夠熟練運用該數據庫開展反避稅調查和調整工作，一些省份的稅務機關已經開始在調查審核工作中使用美國標準普爾數據庫，該數據庫的使用，增大了反避稅可比信息的選擇範圍和優化空間。通過積極利用所得稅匯算清繳數據、進出口退稅數據、互聯網信息以及其他特色數據庫等信息，對開展反避稅選案、調查和調整工作，拓寬信息資料來源，都起到了較好的作用。

（四）反避稅人員的專業水準進一步提高

稅務總局在反避稅工作中，不斷加大對反避稅工作人員的專業培訓的力度。通過培訓，使反避稅工作人員，明晰了反避稅工作思路，提高了反避稅工作的專業水準。

二、國內有關稅種的反避稅方法

（一）增值稅的反避稅

一般納稅人根據新增值稅是價外稅，當期的應納稅額是當期銷項稅額大於當期進項稅額的差額進行避稅和一般納稅人與小規模納稅人計稅稅率不同等進行避稅。

1. 利用會計核算的時間差多計進項稅額。常見的手段包括以下幾個方面：

（1）預支材料款或其他貨物款，提前取得發票，加大當期進項稅額。實際收到材料少於發票數額時不做衝銷。材料或貨物款按實際收到數額支付。

（2）發生了退料或退貨時，在做退貨帳務處理的同時，不做衝減進項稅額的帳務處理，從而使當期進項稅額大於實際進項稅額，即加大扣稅額，減少應納稅額。

（3）貨款已經支付，材料在運輸或存儲過程中發現毀損，供貨方、運輸或保險公司支付損失金額後（賠償損失包括購進時支付的增值稅損失）。當企業收到賠償金後應衝銷已賠償的增值稅損失，但為減少應納稅金，企業不做衝銷進項稅額的帳務處理。

（4）將非生產用貨物和勞務支付的進項稅額算做生產用貨物和勞務的進項稅額，非生產用貨物和勞務支付的進項稅額不得在當期銷項稅額中抵扣。但有的企業也將這部分進項稅額混於生產用貨物和勞務的進項稅額，或生產用貨物在儲存、生產的過程中改變為非生產用途後，不衝銷該貨物的進項稅額，依然由當期銷售額抵扣，從而減少當期應納稅金。

對前三種避稅行為，一般通過對材料有關帳戶與進項稅額的帳戶進行復核與分析就不難發現，特別是要注意材料帳戶的貸方或借方紅字衝銷的內容是什麼，如屬上述行為是否相應衝銷了進項稅額。計算衝銷進項稅額的方法有兩種：一是在進項稅額明細帳上找出該批貨物或勞務購進時支付的增值稅稅額，並予以衝減。二是在找不出該批貨物或勞務購進時支付的增值稅稅額的情況下，可用下列公式計算：

進項稅額比率＝當期進項稅額之和÷（當期購進貨物和勞務之和－當期購進免稅貨物和勞務之和）

當期應衝銷進項稅額＝應衝銷或退庫貨物和勞務之和×進項稅額比率

用上述公式計算出當期應衝銷的進項稅額後，應在進項稅額及有關帳戶上做相應的帳務處理。

對第四種避稅手法，需要對進貨發票、原材料帳戶的貸方或借方紅字，在產品的帳戶的貸方或借方紅字、產成品帳戶的貸方或借方紅字的性質進行分析，找出它們的真實用途，加以區別和劃分。

例如，某汽車銷售公司購入汽車配件，一增值稅專用發票匯總後不含稅商品100,000元，稅金17,000元，本月銷售收入107,640元（零售價按購入含稅商品加15%的進銷差價，即93,600×1.15），增值稅稅率為17%，計算該公司本月應繳增值稅。按照現行增值稅的公式計算：本月的銷項稅額15,640元（107,640÷1.17×0.17），進項稅額17,000元，因此本月應納增值稅為－1,360元（15,640－17,000）。計算結果出現負數，表明該公司本月不應繳納增值稅。

實際上，按照該公司規定的進銷差價率15%，假如本月購入的含稅商品11,700元，全部銷售可取得134,550元（117,000×1.15）的銷售收入。然而本月銷售收入只是107,640元，不難看出該公司只銷售了含稅商品的80%（107,640÷134,550×100%），實際銷售含稅商品93,600元（117,000×80%）。按照配比原則，銷售了購入含稅商品93,600元，就應該分攤93,600元的進項稅額，不應該把購入117,000元的含稅商品的進項強加於只銷售了93,600元的頭上。按實際銷售的購入含稅商品應分攤的進項稅額為13,600元（93,600÷117,000×17,000）。

據此重新計算本月應納增值稅，銷項稅額15,640元，本月應抵扣的進項稅額13,600元，本月應繳增值稅金2,040元。由於本月購入商品的進項稅額17,000元，按實際銷售計算抵扣了13,600元，剩下的3,400元（17,000－13,600）待庫存商品售出後再抵扣。對一個公司而言，無論是商業企業還是工業企業，只要有銷售收入，就在原來一個基數上有所增值，這個基數就是與銷售成本相對應的成本。根據這一論證，企業計算增值稅時，要先計算出一個會計期間應該抵扣的進項稅額。

本期實際分攤應抵扣的進項稅額＝本期實際消耗的產品(商品)/期初產品(商品)＋本期發生的產品(商品)×期初進項稅額＋本期發生的應抵扣的進項稅額

根據上述公式再來驗證一下剛分析過的例題：假設該公司沒有上期結轉的庫存商品和結轉的進項稅額，因此本期實際分攤應抵扣的進項稅額為13,600元（107,460÷134,550×17,000）。應納增值稅金2,040元（15,640－13,600）。

配合這樣的計算公式，要求會計人員在財務處理上，在應交稅費帳戶下多設置一個二級科目「本期實際分攤應抵扣的進項稅額」進行核算。

第一，銷項稅額：

借：主營業務收入　　　　　　　　　　　　　　　　　　15,640
　　貸：應交稅費——銷項稅額　　　　　　　　　　　　　　　15,640

第二，進項稅額：

借：庫存商品　　　　　　　　　　　　　　　　　　　　100,000
　　應交稅費——進項稅額　　　　　　　　　　　　　　　　17,000
　　貸：銀行存款　　　　　　　　　　　　　　　　　　　117,000

第三，本期實際分攤應抵扣進項稅額：

借：應交稅費——本期實際分攤應抵扣進項稅額　　　　　　13,600
　　貸：應交稅費——進項稅額　　　　　　　　　　　　　　13,600

第四，本期應繳增值稅：

借：應交稅費——銷項稅額　　　　　　　　　　　　　　　15,640
　　貸：應交稅費——本期實際分攤應抵扣進項稅額　　　　　13,600
　　　　應交稅費——應繳增值稅　　　　　　　　　　　　　2,040

應交稅費——進項稅額的借方餘額反應的是待銷售的商品需要抵扣的進項稅額。

通過這樣的計算方法，凡是繳納增值稅的企業只要本企業有銷售收入就得繳納增值稅，也就不會出現一些中小型企業和私營企業經營者為了擴大規模經營而人為地增加庫存，導致在很長一段時間裡不繳納增值稅或少繳納增值稅，影響國家財政收入的及時入庫。

2. 通過一般納稅人和小規模納稅人之間的相互轉換進行避稅。這是因為同樣的銷售額，同樣的增值額用徵收率和扣除法計算出的應納稅額是不一致的。如某企業月銷售額為40萬元，進項稅額為5.1萬元（增值率約為25%），適用增值稅稅率為17%。

用徵收率計算的應納稅額＝40萬元×6%＝2.4（萬元）

用扣除法計算的應納稅額＝40萬元×17%－5.1萬元＝1.7（萬元）

企業若想減少應納稅額，關鍵是企業進項稅額的多少或者是增值率的高低，增值率與進項稅額成反比關係，與應納稅額成正比關係。用公式表示為：

進項稅額＝（1－增值率）×增值稅稅率×銷售收入

應納稅額＝增值率×增值稅稅率×銷售收入

本題按6%的徵收率計算的應納稅額約為按36%的增值率計算的應納稅額。也就是說，當增值率低於36%時，計算出的應納稅額就低於按徵收率計算的應納稅額；反之增值率高於36%時，計算出的應納稅額就高於按徵收率計算的應納稅額。這就說明，企業在測定增值率後，可進行選擇，從而減少納稅。反避稅的方法是要嚴格按稅法規定執行，排除「核算健全」與否的人為因素的干擾，對於達到年銷售標準的企業，核算不健全，要限期改進，使之健全核算；不準企業自行選擇核算方法。

3. 利用銷售廢品和下腳料避稅。廢品和下腳料的殘值是外購材料價值的一部分，在材料購進時均已按發票載明的稅額計入了進項稅額科目，計算了扣除稅額，若不做

銷售處理，就等於少計算了銷項稅額，少納了稅金。有些企業把廢品和下腳料的銷售不做其他業務收入處理，而直接衝減生產成本或增加營業外收入，逃避這部分收入應納的增值稅。反避稅的方法是加強稅務檢查：瞭解納稅人有無廢品、下腳料的銷售業務；對下腳料、廢品較多的企業要重點查「營業外收入」帳戶的貸方發生額和「生產成本——基本生產成本」帳戶借方發生額的紅字衝銷情況。對數字可疑摘要不詳的業務，需調出記帳憑證、原始憑證加以核對，以防錯記。

4. 利用自產品用於在建工程，未視同銷售計算、申報增值稅，也未體現應獲得的銷售利潤。例如，某企業將自產品用於在建工程，產品成本 20,000 元，同類產品銷售價格 30,000 元（不含稅）。

企業會計處理為：

借：在建工程　　　　　　　　　　　　　　　　　　　　20,000
　貸：產成品　　　　　　　　　　　　　　　　　　　　　　　20,000

實際上，該企業的應納稅額為：30,000 × 17% = 5,100

應該把帳務調整為：

當年：

借：在建工程　　　　　　　　　　　　　　　　　　　　15,100
　貸：應交稅費——增值稅檢查調整　　　　　　　　　　　　5,100
　　　本年利潤　　　　　　　　　　　　　　　　　　　　　　10,000

跨年：

借：在建工程　　　　　　　　　　　　　　　　　　　　15,100
　貸：應交稅費——增值稅檢查調整　　　　　　　　　　　　5,100
　　　以前年度損益調整　　　　　　　　　　　　　　　　　10,000

5. 利用委託加工產品用於在建工程，未視同銷售計算、申報增值稅，也未體現應獲得的銷售利潤，而以含稅價轉產品成本。

例如，某企業將委託加工收回的產品用於在建工程，產品成本 26,000 元，同類產品銷售價格 32,000 元。企業會計處理為：

借：在建工程　　　　　　　　　　　　　　　　　　　　26,000
　貸：產成品　　　　　　　　　　　　　　　　　　　　　　　26,000

實際上，該企業的應納稅額為：32,000 × 17% = 5,440

應該把帳務調整為：

當年：

借：產成品　　　　　　　　　　　　　　　　　　　　　11,440
　貸：應交稅費——增值稅檢查調整　　　　　　　　　　　　5,440
　　　本年利潤　　　　　　　　　　　　　　　　　　　　　　6,000

跨年：

借：產成品　　　　　　　　　　　　　　　　　　　　　11,440
　貸：應交稅費——增值稅檢查調整　　　　　　　　　　　　5,440
　　　以前年度損益調整　　　　　　　　　　　　　　　　　6,000

(二) 消費稅的反避稅

1. 利用少轉銷售收入避稅

(1) 價外收入不入銷售收入帳

有些企業對價外收取的「技術開發費」、「保險費」等，在進行產品銷售收入的帳務處理時，往往鑽現行稅法「實際取得的銷售收入的金額」與「產品銷售價」的空子，將產品銷售收入的全部金額分開發票。僅以產品原銷售價部分做銷售處理，開正式發票，對按產品銷售量規定的各種名義的加價部分開普通收據，衝減有關的成本費用。還有的企業將加價部分以聯營為名直接以利潤分成的形式記入「投資收益」帳戶。

稅務部門要防止這種現象的發生，必須瞭解企業生產產品的市場銷售價格，掌握產品的銷售情況。對供不應求的緊俏商品，應注意審查企業銷售產品的有關協議、合同。從某協議合同的內容及價格上分析判斷有無價外收入，同時審查產品銷售收入的入帳價格，審查有關的成本費用帳戶有無紅字衝銷的現象，「投資收益」、「應付福利費」及往來帳戶有無不合理的貸方發生額，確認核實企業轉移的價外收入。

(2) 以實際銷售收入扣除各種費用後的餘額入銷售收入帳

一些企業為了促銷，搞「有獎銷售」、「以舊換新銷售」、「還本銷售」、「銷售折讓」、「銷售回扣」等，有的企業便利用這些經營方式，以扣除多種費用支出後的縮小了的銷售收入記帳，以此來減少消費稅的負擔。

對此，稅務機關可具體規定如下：對企業採取以舊換新方式銷售的應稅產品，應按照新商品的銷售價格（不剔除舊商品的收購價）計徵消費稅；對企業採取「還本銷售方式」銷售的應稅產品，一律於產品銷售時按實際銷售收入徵收消費稅，企業還本的支出不得衝減產品銷售收入；對企業採取「銷售折讓」方式銷售的應稅產品，如果折讓額在同一張發票上單獨註明的，對這部分折讓額可不徵收消費稅，如果企業將這部分折讓額另開一張發票，無論其在財務上如何處理，均應將折讓額並入銷售收入，按照規定徵收消費稅。

(3) 利用「以物易物」銷售方式少做銷售收入

當甲、乙兩個企業各自均需要對方的產品時，在購銷時往往實行「以物易物」的銷售方式，雙方通過協商均以低價出售，這樣便可以在雙方利益均不受影響的前提下，使雙方都可以通過低價銷售達到少納消費稅的目的。針對這一問題，稅務機關應明確規定，對企業「以物易物」方式銷售的應稅產品，按納稅人銷售同類材料、產品的市場價格計算銷售收入。

2. 利用稅率高低不同避稅

由於消費稅是按不同產品設計高低不同的稅率，稅率檔次較多。當企業為一個大的聯合企業或企業集團時，其內部各分廠所屬的商店、勞動服務公司等，在彼此間購銷售商品，進行連續加工或銷售時，通過內部定價，達到整個聯合企業避稅。即當適用高稅率的分廠將其產品賣給適用低稅率的分廠時，通過制定較低的內部價，便把商品原有的一部分價值由高稅率的部門轉到低稅率的部門。適用高稅率的企業，銷售收入減少，應納稅額減少；而適用低稅率的企業，產品銷售收入不變，應納稅額不變，

但由於它得到了低價的原材料，成本降低，利潤增加。至於內部各分廠之間的「苦樂不均」問題，公司可以通過其他方式，如把一些開支放在獲利多的企業等方法進行調劑。

例1 某公司由甲、乙兩個企業組成，甲企業生產的產品為乙企業的原料，進行連續加工。如果甲企業產品適用稅率為20%，乙企業適用稅率為10%，當甲企業產品銷售收入為100萬元時，乙企業銷售收入為130萬元時，計算甲、乙兩個企業和該公司的應納稅額。

甲企業應納稅額 = 100×20% = 20（萬元）

乙企業應納稅額 = 130×10% = 13（萬元）

該公司應納稅額 = 20 + 13 = 33（萬元）

如果甲企業把產品降價銷售給乙企業，銷售收入減少為75萬元時：

甲企業應納稅額 = 75×20 = 15（萬元）

乙企業應納稅額 = 130×10% = 13（萬元）

該公司應納稅額 = 15 + 13 = 28（萬元）

通過公司改變內部定價，減輕了消費稅的稅收負擔，形成了更多的利潤。

稅務機關要進行反避稅，必須瞭解聯合企業下屬各分廠之間彼此購銷產品的價格，是否與該種產品的市場價格相符。若相差懸殊，在徵稅時，應要求企業內部各分廠之間銷售商品必須按市場價格計算銷售收入，並據以計稅。

3. 利用委託加工產品避稅

現行稅法規定，工業企業自製產品銷售時按產品的適用稅率，依銷售收入計稅。工業企業接受其他企業及個人委託代為加工的產品，僅就企業收取的加工費收入計稅，稅率是5%，顯然，工業企業製造同樣的產品，如屬受託加工則比自製產品稅負輕。一些企業便運用各種手法，將自製產品偽裝成受託加工產品。例如，當企業按照合同為其他企業加工定做產品時，先將本企業生產該產品需要耗用的原材料以「賣給對方」的名義作價轉入往來帳。待產品生產出來後，不做產品銷售處理，而是向購貨方分別收取材料款和加工費。也有的企業在採購原材料時，就以購貨方的名義進料，使產品銷售不按正常的產品銷售收入做帳，不納消費稅。

例2 某酒業集團公司，將白酒委託某藥廠加工成藥酒後，以酒業集團公司名義銷售，白酒銷售收入100萬元，適用稅率25%，藥酒銷售收入160萬元，適用稅率10%，分別計算其應納稅額。

白酒應納稅額 = 100×25% = 25（萬元）

藥酒應納稅額 = 160×10% = 16（萬元）

但是酒業集團公司生產的白酒未做銷售處理，視同委託加工產品，不繳納消費稅。僅就藥酒繳納消費稅16萬元。而實際上酒業集團公司是把白酒賣給藥廠，應納消費稅25萬元，藥廠除了繳納增值稅外，還應繳納消費稅16萬元。

例3 甲企業交給乙企業菸葉20噸，每噸成本500元，委託加工成菸絲，乙企業在生產過程中代墊輔助材料實際成本1,000元，雙方協議加工費為5,000元。乙企業的

會計帳務處理如下：

乙企業計算代扣代繳消費稅時：

組成計稅價格＝（500×20＋5,000）÷（1－30%）＝21,428.6（元）

應納消費稅＝21,428.6×30%＝6,428.6（元）

借：應收帳款　　　　　　　　　　　　　　　　　　　6,428.6

　　貸：應交稅費——應交消費稅　　　　　　　　　　　6,428.6

根據《消費稅暫行條例實施細則》規定：加工費系指受託方加工應稅消費品向委託方收取的全部費用，包括代墊輔助材料的實際成本，而乙企業未將此項計入，必須予以調整。

乙企業組成計稅價格：（500×20＋5,000＋1,000）÷（1－30%）＝22,857（元）

應納消費稅＝22,857×30%＝6,857（元）

少計提消費稅：6,857－6,428.6＝428.4（元）

借：應收帳款　　　　　　　　　　　　　　　　　　　428.4

　　貸：應交稅費——應交消費稅　　　　　　　　　　　428.4

為了有效地規避這種行為，稅務機關需要加強對納稅人進行經濟業務上的檢查。由於真正的委託加工，一般受託方與委託方需簽訂委託加工產品的合同，委託方帶來的原材料成為代管物資，受託企業一般要在「受託加工來料備查簿」中登記，而不記入往來帳等本企業帳中。因此，若企業有委託加工業務，先審查其是否有委託加工合同及合同中所規定的原材料來源等內容；同時可審查往來帳，看往來帳上是否有原材料登記，並核實該原材料是否屬於企業自用的材料，以便確定企業的委託加工業務是否真實可靠。

(三) 營業稅的反避稅

有些從事服務業務的納稅人為了少納營業稅，將提供服務時實際取得的服務業務收入分解為服務收入和附加費，或巧立名目另收材料費、供暖費、報刊費、基建費、保安費、保險費等，分別開票，將提供服務時耗用的材料、燃料及其他費用從服務業務收入中單獨列出來，以紅字衝減材料及有關的費用帳目，或記入往來帳，然後被縮小的服務收入計繳營業稅。還有些旅遊服務單位根據稅法中規定的計稅依據為旅遊費收入，而旅遊部門為旅遊者付給其他單位的食宿和交通費用，可以從旅遊費收入中扣除。納稅人就利用這一點，將本單位經營中的一些費用開支混入為旅遊者支付給其他單位的費用中，減少了計稅收入。

例4 某飯店為了招攬生意，對在本飯店住宿的顧客就餐時給予一定的餐費補貼，補貼支出在費用中列支6,000元，未繳營業稅。

應做下列帳務調整：

借：營業費用　　　　　　　　　　　　　　　　　　　6,000

　　貸：主營業務收入　　　　　　　　　　　　　　　　6,000

借：主營業務稅金及附加　　　　　　　　　　　　　　　300

　　貸：應交稅費——應交營業稅　　　　　　　　　　　300

對上述現象，稅務部門主要應加強稅務檢查，特別注意檢查材料及各種費用帳戶的紅字衝減現象，對業務收入不正常的單位要審核其原始憑證，堵塞漏洞。

(四) 企業所得稅的反避稅

1. 利用材料避稅。實行實際價核算材料的企業，有意加大材料耗用成本，或者通過變換材料計價方法加大材料發出成本，或者乾脆不按規定的計價方法計算材料的發出成本，而是隨意提高材料發出單價，多轉材料成本，造成本期利潤減少而少納所得稅。

實行計劃價核算材料的企業，在計算材料成本時，將材料成本差異帳戶作為調節企業利潤的「調節閥」。如在核算差異額時，將材料盤盈。無主帳款等應直接調增本期利潤的業務記入差異帳戶推遲實現利潤。在計算差異率時，不按規定的差異率計算方法，而是人為地確定，當材料成本差異為節約差時，長期掛帳，不調整差異帳戶，從而擴大生產成本，擠占利潤。還有的企業材料盤盈不做處理，將材料盤盈長期掛帳於待處理財產損益帳戶中，不去抵減管理費，變相截留利潤。

稅務機關對企業進行檢查時，若企業的材料成本上升，引起利潤減少，在材料進價正常的情況下，要注意檢查企業有無中途改變發出材料計價方法的問題；同時按照企業使用的各種具體的發出材料計價方法，復核驗算企業結轉的材料發出成本是否正確。若帳面數與復核的情況不符，應按復核數與企業實際結轉的材料發出成本數，計算多結轉的材料成本的數額，扣除期末在產品和庫存產成品應分攤的多轉的材料成本後，調整當年產品銷售利潤。對實行計劃價材料核算的企業，稅務機關主要查企業結轉差異是否按正確的差異率結轉，有無人為地多轉正差、少轉負差，或長期掛帳不轉差異的現象。還要審查企業待處理財產損益帳戶的貸方發生額，看盤盈材料的盤點時間，瞭解審批情況，對材料盤盈不做收益處理的，要給予一定的處罰。

2. 利用工資避稅。個別企業為了加大成本、減少利潤、少繳所得稅，往往通過做假工資表，用空額工資來加大成本、加大計提福利費的基數。甚至無加班也虛發加班津貼。稅務機關進行該項檢查時，應將工資表上的職工人數與勞動人事部門掌握的職工人數、勞動調配手續、出勤考核記錄進行核對。注意「應付工資」帳戶借方發生額的記帳憑證及所附的原始憑證，瞭解加班津貼的發放是否正確。對工業企業要同時核對「產成品」、「自制半成品」明細帳，看節假日期間是否有產成品、半成品入庫，若只有節假日加班而沒有節假日產品入庫，很可能是虛列加班津貼，對多列的津貼一律從工資中剔除並補繳所得稅。

3. 利用待攤費用和預提費用避稅。一些企業利用待攤費用帳戶，調節企業的產品成本高低，不按規定的攤銷期限、攤銷數額轉入「製造費用」、「產品銷售費用」、「管理費用」等帳戶，而是根據產品成本的高低，人為地縮短攤銷期。特別是年終月份，往往將應分期攤銷的費用集中攤入產品成本，加大攤銷額，截留利潤。一些企業在使用預提費用帳戶時，人為地擴大預提費用的計提範圍，提高計提標準，甚至巧立名目，虛列預提費用，實際上是提而不用長期掛帳，或用於其他不合理的開支，使本期利潤減少，少納所得稅。稅務機關必須注意審查企業的「待攤費用」、「遞延資產」帳戶的

各明細帳貸方發生額，審查其攤銷費用的內容、數額、應攤銷期限是否按規定期限和數額攤銷。審查「預提費用」各明細帳預提的費用是否符合會計制度規定，有無擴大預提費用的計提範圍。核對「預提費用」帳戶借方發生額的支出憑證，看有無以預提費用為名進行其他不合理開支的問題。還要注意審查預提費用的年終餘額，因為多數預提費用年終都應支付完畢，若年終餘額較大，很可能是虛列預提費用，提而不用或提高預提費用標準形成的。一旦查清，應將其年終餘額轉入企業的當年利潤中，補繳所得稅。

（五）個人所得稅的反避稅

由於大多數個體工商業戶，承包和承租者的帳證不健全，在實際徵收所得稅時，一般採取在核定納稅人收入、贏利的基礎上，直接核定其應納所得稅額。

個別納稅人為了減輕所得稅的負擔，使稅務部門降低核定稅額，採取隱匿進貨的方法，將購進商品存放在其他地方，不運入經營地。在銷售時，購貨方只到經營地門市部交款，然後到存貨地點提貨。不僅逃避了所得稅的繳納，而且逃避流轉稅的繳納。對個人工資、薪金的徵稅，有的支付單位，將原本應一次性支付給個人的收入，分散在各月支付，進行避稅。對上述問題，稅務機關一方面要創造條件盡快推廣先進的徵管手段；另一方面針對一些支付單位支付收入時化整為零的做法，可以把個人所得稅由按月繳納改為按年繳納。對個體工商戶要加監督，盡可能掌握其購銷經營情況，防止其造假。

（六）土地增值稅的反避稅

一些單位通常採用隱瞞、虛報房地產成交價格，加大扣除項目範圍或房地產購進成本和費用；壓低房地產的成交價格；買賣雙方以其他形式進行補償等方式進行避稅。

由於房地產的價格評估和管理與稅務機關脫節，因此反避稅就需要同房管部門、土地管理部門密切配合，嚴格執行有關手續制度。納稅人未按規定繳納土地增值稅的，有關部門不得辦理有關的權屬變更手續。如果有關部門違反規定，造成納稅人避稅或漏稅的，必須嚴肅處理。

（七）房產稅的反避稅

對納稅人用於經營活動的自有房屋，依房產原值一次減去 10%～30% 後的餘值，按 1.2% 的稅率徵收。對納稅人出租的房屋依租金收入按 12% 的稅率徵收。有的納稅人出租房產時，將房產出租給與本企業的經營活動有聯繫的企業，按低於市場上同類房產的出租價格收取租金，少收取的房租通過向對方企業購買低價原材料的方法來得到補償。這樣出租房產的一方便可以逃避一部分應納的房產稅，而承租房產的一方也可通過降低產品銷售收入來逃避一部分流轉稅的繳納。對這種行為，一經發現，必須予以重罰，提高稅法的威懾力，使納稅人在利益與風險的權衡上，盡量減少避稅。

（八）契稅的反避稅

如果個人進行房屋所有權買賣時，應按照買價的 6% 徵收買契稅。如果取得房屋又贈與他人的，應按照現值的 6% 繳納贈與契稅。契稅的納稅人由當事人雙方訂立契約，

並由承受人完稅。在現實生活中,有些人以自己名義建造住房,完工後,自己就是所有人,就可以免除契稅。因此,無論是房屋的買賣還是房屋的贈與和交換,稅務機關均應對土地房屋所有證進行嚴格審查,防止出現紕漏。

(九) 車船使用稅的反避稅

由於中國現行稅法規定,使用中的車船納稅,未使用的車船不納稅,因此給納稅人以可乘之機,將短期停用的車船,辦理長期停用手續,逃避納稅。未停用的車船虛報停用而不納稅。現行稅法還規定,對國家機關、人民團體、軍隊自用的車船,凡由國家財政部門撥付事業費的單位自用車船,均不徵稅,但上述車船若出租或營業使用,必須照章納稅。一些單位往往利用自己辦的附屬工廠、校辦企業及各種公司,把本單位自用的車船用於生產經營,或將自用車船出租給其他單位使用,逃避繳納車船使用稅。稅務機關對於有關車船免稅的單位,凡是辦有企業公司等經濟實體的,應深入瞭解其車船使用情況,並對所有企業申報停用的車船認真地進行核對,防止納稅人以各種手段逃避納稅。

三、針對關聯企業的反避稅

隨著中國市場經濟的不斷發展,在中國進行轉讓定價安排的企業已經從外資企業為主,發展到內資企業,特別是大型內資企業集團逐步增加的趨勢。外資跨國企業集團和國內的一些大型內資企業集團設在中國的企業不僅要考慮該企業在中國的稅負,還要考慮整個企業集團的稅負,謀求整個企業集團稅負的優化。所以,目前轉讓定價已成為企業在中國避稅的重要手段。為此國家稅務總局頒布了《特別納稅調整實施辦法(試行)》,該辦法的頒布被視為中國轉讓定價法規歷史上的一座里程碑,表明了國家稅務總局加強轉讓定價執法力度,以及進一步與國際標準接軌的決心。辦法涵蓋了轉讓定價稅制、避稅港稅制、資本弱化稅制及國際反避稅等四大領域。主要內容包括:

(一) 轉讓定價管理

轉讓定價管理是稅務機關對企業與其關聯方之間的業務往來(以下簡稱關聯交易)是否符合獨立交易原則進行審核的管理,包括關聯關係的判定、關聯交易主要包括的類型、同期資料管理、轉讓定價方法、轉讓定價調查及調整。

(二) 預約定價安排管理

企業可以依據所得稅法和稅收徵管法的相關規定與稅務機關就企業未來年度關聯交易的定價原則和計算方法達成預約定價安排。預約定價安排的談簽與執行通常經過預備會談、正式申請、審核評估、磋商、簽訂安排和監控執行六個階段。預約定價安排包括單邊、雙邊和多邊三種類型,包括適用預約定價安排的企業條件、預約定價安排的形式、預約定價安排書面申請報告內容、預約定價安排的審核和評估。

(三) 成本分攤協議管理

企業與其關聯方簽署成本分攤協議,共同開發、受讓無形資產,或者共同提供、接受勞務,應遵守企業所得稅法的有關規定。企業對成本分攤協議所涉及無形資產或

勞務的受益權應有合理的、可計量的預期收益，且以合理商業假設和營業常規為基礎。

企業應自成本分攤協議達成之日起30日內，呈報國家稅務總局備案。稅務機關判定成本分攤協議是否符合獨立交易原則須呈報國家稅務總局審核。

（四）受控外國企業管理

受控外國企業是指根據所得稅法第四十五條的規定，由居民企業，或者由居民企業和居民個人（以下統稱中國居民股東，包括中國居民企業股東和中國居民個人股東）控制的設立在實際稅負低於所得稅法第四條第一款規定稅率水準50%的國家（地區），並非出於合理經營需要對利潤不作分配或減少分配的外國企業。

（五）資本弱化管理

資本弱化管理是指稅務機關對企業接受關聯方債權性投資與企業接受的權益性投資的比例是否符合規定比例或獨立交易原則進行審核評估和調查調整等工作的總稱。

（六）一般反避稅管理

一般反避稅管理是指稅務機關對企業實施其他不具有合理商業目的的安排而減少其應納稅收入或所得額進行審核評估和調查調整等工作的總稱。

稅務機關可依據所得稅法第四十七條及所得稅法實施條例第一百二十條的規定對存在以下避稅安排的企業，啓動一般反避稅調查：一是濫用稅收優惠；二是濫用稅收協定；三是濫用公司組織形式；四是利用避稅港避稅；五是其他不具有合理商業目的的安排。

（七）相應調整及國際磋商

關聯交易一方被實施轉讓定價調查調整的，應允許另一方做相應調整，以消除雙重徵稅。相應調整涉及稅收協定國家（地區）關聯方的，經企業申請，國家稅務總局與稅收協定締約對方稅務主管當局根據稅收協定有關相互協商程序的規定開展磋商談判。

涉及稅收協定國家（地區）關聯方的轉讓定價相應調整，企業應同時向國家稅務總局和主管稅務機關提出書面申請，報送《啓動相互協商程序申請書》，並提供企業或其關聯方被轉讓定價調整的通知書複印件等有關資料。

企業應自企業或其關聯方收到轉讓定價調整通知書之日起三年內提出相應調整的申請，超過三年的，稅務機關不予受理。

稅務機關對企業實施轉讓定價調整，涉及企業向境外關聯方支付利息、租金、特許權使用費等已扣繳的稅款，不再做相應調整。

（八）法律責任

企業未按照特別納稅調整辦法的規定向稅務機關報送企業年度關聯業務往來報告表，或者未保存同期資料或其他相關資料的，依照徵管法相關規定處理。

企業拒絕提供同期資料等關聯交易的相關資料，或者提供虛假、不完整資料，未能真實反應其關聯業務往來情況的，依照徵管法、所得稅法及所得稅法實施條例的相

關規定處理。

思考題

1. 針對企業的避稅行為，中國稅務機關的反避稅措施有哪些？
2. 簡述《特別納稅調整實施辦法》內容。

第八章　國際避稅和國際反避稅

第一節　國際避稅概述

一、國際避稅的概念及相關問題

(一) 概念

國際避稅是指跨國納稅人利用兩國或兩國以上稅收法規制度和國際稅收協定的差別、特例和缺陷的差異，躲避相關國家稅收管轄，以謀求最大限度減輕其跨國稅收負擔的行為。國際避稅按其性質可以分為國際稅務籌劃、國際稅收規避和國際稅收條約濫用三種形式。其具體避稅方法包括變更居民身分避稅法、轉讓定價避稅法、成本費用轉移避稅法、利潤分配避稅法、資本弱化避稅和濫用國際稅收協定避稅法等。

國際稅務籌劃也稱節稅，是國際稅收避稅的一種形式。是跨國納稅人為達到避稅目的而制定的節稅計劃。它是在稅法規定的範圍內，當存在多種納稅方案的選擇時，以稅收負擔最低的方式來處理財務、經營和交易等事項。國際稅務籌劃的特點，一是不違犯稅法；二是符合政府稅收政策導向；三是具有籌劃性。國際稅務籌劃已經成為一種普遍存在的經濟現象，是稅務代理機構的重要業務，也是會計師的諮詢業務之一。

(二) 國際避稅與國內避稅

跨國納稅人躲避國際納稅義務與國內納稅人躲避國內納稅義務有很大的不同。一般來說，國際稅收所涉及的納稅人多是指在兩個或兩個以上的國家獲取收入，並在這些國家均負有納稅義務的法人和自然人，或者納稅人雖然沒有在兩個或兩個以上國家獲得收入，但在這些國家卻負有納稅義務的法人和自然人。例如某自然人，他居住在 A 國，到 B 國從事勞務服務並取得收入，他同時對 A、B 兩國負有納稅義務。再如 A 國的某個公司，到 B 國去投資建廠，同時對 A、B 兩國都負有納稅義務。跨國納稅是以一定跨國經濟活動或經濟往來為基本條件的，而跨國避稅也是在這一基礎上產生和發展的。

(三) 國際避稅與國際逃稅

國際避稅與國際逃稅也有性質上的不同。這主要表現在：

(1) 利用的條件不同。國際避稅利用的是各國現行稅法的差別和不完善之處，而國際逃稅則是利用國家間稅收管理與合作存在的困難，如管轄權的不一致，對跨國納

稅人在他國納稅情報掌握不夠等。

（2）採取的手法不同。國際避稅採取的手法是公開的，它不違反現有稅法，而國際逃稅的手法則是隱蔽的，是違反現有稅法或國際稅收協定的。

（3）達到的目的不同。國際避稅謀求的是在不觸犯稅法的情況下，盡量減少國際納稅義務，而國際逃稅謀求的是逃避稅法或國際稅收協定規定應該承擔的納稅義務。

（4）處理的方式不同。對於國際避稅，一般需要通過有關國家對國內稅法或稅收協定做出相應的補充規定，以期杜絕稅法漏洞，而在沒有做出補充規定之前則無法進行處理；對於國際逃稅則可以由有關國家根據其國內稅法或稅收協定的規定，依法進行補稅或加處罰金，以示懲處。不過，從經濟後果角度分析，合法的避稅和非法的逃稅對於有關國家的財政收入和跨國納稅人的稅負，以及歪曲經濟活動方面發生的影響來說是基本相同的。

二、國際上判斷避稅的標準

（一）動機標準

動機標準即根據納稅人經濟活動的安排的法律特徵或其他特徵，看其主要或部分目的是否在於減少或完全逃避納稅義務。納稅人的動機蘊涵於納稅人的思想中，不易直接檢驗，但動機可以通過其行為、效果反應出來，可以通過分析納稅人對有關經濟事務的處理來間接地推斷其動機。

（二）人為狀態標準

人為狀態標準即通過納稅人使用一種在表面上遵守稅法而在實質上背離立法機關對之徵稅的經濟或社會實際狀況來判定。也可以把人為狀態標準表述為缺乏「合理」或有說服力的經營目的或其他非積極目的。運用這一標準，需要完全從特定條款或法規條款中的意圖和目的來判定，儘管這些意圖和目的並非總是表現得十分清晰，但它們能在一定程度上表明納稅人使稅法的目的和意識落空的企圖。

（三）受益標準

受益標準即從實行某種安排而減少的納稅額或獲得的其他稅收上的好處來判定。在一項稅收上的好處可能是一特定交易的唯一結果，與一項稅收上的好處是某一交易的主要的或僅是一部分結果之間，必須做出區別。受益標準的最大優點是其客觀性，便於觀察，但要發現正確的因果關係，分清受益的主要原因和次要原因通常又是很困難的。

（四）規則標準

規則標準即依據稅收法規中的特殊規則來判定。但通常情況下，判定是否避稅的權力基本落在稅務主管部門的手中，有時它們完全可以自由處置，而不依據什麼準則。一個典型的例子是，在美國1970年所得稅和公司稅法第482節中，包含了針對公司遷移出境的規則。法令中沒有具體包含制定公司遷移出境的稅收動因和非稅收動因的標準，而是規定納稅人必須到財政部辦理手續。財政部可以宣布什麼是避稅行為，由

此可以拒絕公司遷出境的要求。

(五) 排除法標準

排除法標準即依據一種避稅的行為是否具有普遍性來判定。如果一種避稅方法在大多數納稅人中盛行，這種避稅方法就變得為立法機關、財務主管部門、法院或其他方面所不容，避稅就可以被確認為「不可接受」，甚至會在新的立法中宣布為偷漏稅。然而，如果避稅是由能夠對選舉施加重大影響的強大勢力集團所實施，就仍然被歸類於可接受的避稅。相反，如果避稅是由沒有重大政治影響的選民所為，則可能列入「不可接受」的範圍。運用這一標準可能有三種方式：第一，立法機關可能考慮應通過一項新的反避稅規定來堵塞漏洞；第二，一個稅務法官可能使用某項原則作為證據，來支持判定納稅義務存在的裁決；第三，稅務部門可以運用原則，對以前有關做法沒有盛行時本不應被課徵的納稅人進行徵稅。

三、產生國際避稅的原因和條件

(一) 產生的原因

1. 主觀原因

在市場經濟的條件下，企業和個人行為的目標是追求經濟利益最大化，國際避稅可以使納稅人逃脫、規避或者減輕其納稅義務，增加其最終可以支配的經濟利益，因此利益驅動是跨國投資者努力避稅的主要主觀原因。

2. 客觀原因

客觀原因主要是各國稅收制度存在的差異以及由此產生的稅負輕重上的差異。跨國納稅人通過利用這些差異所形成的機會，不僅維護經濟利益，而且為躲避跨國納稅找到法律保證。

(二) 國際避稅產生的條件

1. 由於稅收管轄權的不同產生的避稅

稅收管轄權是一個國家在稅收領域內行使的具有法律效力的管理權力，或者說是一國政府在徵稅方面所實行的主權。它具有獨立性和排他性，意味著一個國家在徵稅方面行使權力的完全自主性，在處理本國稅務時不受外來干涉和控制。

(1) 居民稅收管轄權的避稅

居民稅收管轄權的避稅是指各個實行居民居住管轄權的國家，由於在各自稅法中對居民不同的確定標準而引起的避稅，如對居民的判定標準有：有的國家採取住所標準、時間標準，即居住時間超過一定期限為準，還有的國家採取意願標準，即根據納稅人的意願確定是否為本國居民。在確定法人居民地位時，有的國家採取登記註冊標準。當兩個有關國家（如德國和日本）同時以住所標準確定納稅人身分時，跨國納稅人若在兩個國家均有住所，就會導致雙重納稅，若在兩國均無住所，便可同時躲避兩國納稅義務；當一國以時間標準確定納稅人身分時，納稅人可採取不使自己停留時間超過一定量（3個月、半年或一年），就可躲避納稅；在實行居民居住管轄權的國家

裡，居民居住管轄權也因具體確定的標準不同而產生稅收管轄的真空地帶，從而使跨國納稅人利用其不同實現避稅。

(2) 不同稅收管轄權的跨國納稅人的避稅

譬如 A 國實行來源地稅收管轄權，B 國實行居民稅收管轄權，這時 B 國的居民就會由於從 A 國獲得收入而成為雙重納稅人。相反，A 國的居民從 B 國取得的收入就會躲避所有納稅義務。同樣，假如 A 國實行來源地稅收管轄權，B 國實行公民稅收管轄權，B 國的公民也會因從 A 國獲得收入而成為雙重納稅人，但 A 國的公民從 B 國取得收入，也會躲避納稅義務。

總之，利用有關國家稅收管轄權的差異進行合法避稅，是跨國納稅人慣用的做法。

2. 由於各國稅法不同產生的避稅

各國國內稅法的差別包括有關國家稅法規定的納稅義務人的差別、徵稅對象的差別、同一稅種徵稅範圍的差別、計稅依據的差別、稅率的差別、應納稅額計算的差別、減免稅的差別、消除減免稅方法的差別等。

(1) 課稅範圍不同

如對針對法人所得徵收的所得稅，在名稱上有的國家稱之為法人稅，有的國家稱為法人所得稅，在徵稅範圍上有的國家則與對個人所得課稅放在一起稱所得稅。有國家乾脆不對所得徵稅，如巴哈馬、百慕大等國。因此，對跨國納稅人來說，只瞭解各國對課稅對象所採取的一般分類還不夠，還應具體掌握某一課稅對象所擁有的全部內容。各國政府制定的所得稅法對課稅對象及計算、各種扣除等均有十分詳細的說明，基本上每一類納稅企業和納稅個人都可以從中發現適合自己的規定及說明，所以納稅人只有掌握有關納稅的全面情況，才能維護納稅者的合法權益。

(2) 稅率上的差異

稅率上的差異就是同一數量的應稅收入或應稅金額在不同國家所承受的不同稅率。如果簡單地比較一下各國的所得稅稅率表，就會發現這方面存在著巨大差異。有的國家最高稅率可達 55%，有的國家則不超過 35%。顯然納稅人會選擇在稅率低的國家納稅。

(3) 稅收優惠措施不同

許多國家，尤其是發展中國家，為了吸引外資，稅法中有許多稅收減免措施。有些國家為了有效地鞏固自己在國際社會中稅收地位的優勢，常常不惜代價進行競爭，為跨國納稅者提供各種稅收優惠措施。實行稅收優惠的結果，使實際稅率大大低於名義稅率，導致跨國避稅良機大大增加。各國在稅收優惠（稅率的高低、免稅期的長短、折舊提取的快慢）的具體規定上千差萬別，這為跨國納稅人選擇從事活動的國家和地區奠定了基礎。在各種條件相同的情況下，稅率低、優惠多的國家對跨國納稅人的吸引力就大，反之則小。

不同的稅收管轄權和差別很大的各國稅制，使避稅逐漸發展成為一種重要的國際化的現象。在這一過程中，為了避免過大的風險，越來越多的法人和自然人都非常精心地研究有關國家的稅法和行政慣例，以尋找漏洞，用合法方式避稅，以減輕稅負。

（三）各國徵管制度的缺陷以及合作不充分

有關國家稅收徵管制度和執行中存在的漏洞和缺陷，以及各國稅務當局之間由於種種原因沒有充分的合作，甚至完全不交換稅收情報，可以使一個跨國納稅人有機可乘，達到其避稅的目的。

思考題

1. 國際避稅產生的原因包括哪些？
2. 國際避稅的條件包括哪些？

第二節　國際避稅的方式

一、一般常用的避稅方式

（一）利用個人居住地的變化避稅

目前，世界上多數國家都同時實行居民稅收管轄權和地域稅收管轄權。其通常的做法是對居民納稅人的全球範圍所得徵稅，稱為無限納稅義務。而對非居民僅就其來源於本國的所得徵稅，稱為有限納稅義務。因此，以各種方法避免使自己成為某一國居民，便成為逃避納稅義務的關鍵所在。

1. 避免成為居民

跨國納稅人為了避免納稅，可設法使其不成為任何一個國家的居民。他們採取不購置住宅、出境、流動性居留或壓縮居住時間（如某國稅法規定居住半年為該國居民，某君僅住 5 個月又 20 天，然後出境）等方法來避免成為任何一國的居民，來逃避稅收；有的甚至長期住在輪船上，四處漂泊，成為「無國籍人」。

2. 避免成為高稅國居民

高稅國通常是指具有較高所得稅和包括遺產稅、贈與稅在內的一般財產稅國家，但最主要的還是指較高的所得稅國。居住在高稅國的居民可以移居到一個合適的低稅國，通過遷移住所的方法來減輕納稅義務。這種出於避稅目的的遷移常被看做「純粹」的居民。一般包括兩類：第一類是已離退休的納稅人。這些人從原來高稅區居住地搬到低稅區居住地（如將居住地搬到避稅地等低稅國家或地區）以便減少退休金稅和財產、遺產稅的支付。第二類是在某一國居民，而在另一國工作的納稅人。他們以此來逃避高稅負的壓迫。一般來說，以遷移居住地的方式躲避所得稅，不會涉及過多的法律問題，只要納稅居民具有一定準遷手續即可，但要支付現已查定的稅款，就一定的資本所得繳納所得稅。

各國政府為了反避稅，對旨在避稅的虛假移民作了種種限制。所謂虛假移民是指納稅人為獲得某些稅收好處而進行的短期移民（通常是 1 年以內）。許多國家都明文規

定，凡個人放棄本國住所而移居國外，但在 1 年內未在國外設置住所而又回本國的居民，在此期間發生的收入所得一律按本國稅法納稅。這一規定使跨國避稅的可能性減少，還有可能承擔雙重徵稅的風險。

(二) 利用公司居住地的變化避稅

利用公司居住地的變化與個人居住地變化來避稅，二者有明顯的不同。公司很少用向低稅國實行遷移的方法。這是因為，許多資產（廠房、地皮、機器設備等）帶走不便，或無法帶走；在當地變賣而產生的資產利得，又需繳納大量稅款，這實在是一項破財之舉。那麼，公司採用什麼方式避免成為高稅國的法人居民呢？

1. 針對國際對法人居民判定標準而變更登記地

國際上對法人居民的判定標準主要有兩類：一類是按機構登記所在地。另一類是按實際管理機構所在地。按前一類判定標準，企業只要採取變更登記地的權宜措施，便可比較容易達到避稅的目的。後一類實際管理機構判別標準有多種，譬如總機構標準，即在一個行使居民稅收管轄權的國家內設有總機構的公司，就是該國的居民；管理中心標準，即在一個行使居民稅收管轄權的國家內設有實際控制或實際管理中心的公司，就是該國的居民；主要經濟活動標準，只要某公司的主要經濟活動在一個行使居民稅收管轄權的國家境內，則該公司就成為該國的居民。

2. 利用「信箱公司」

在利用公司居住地變化進行避稅的過程中，人們還可借助「信箱」公司或中間操作等方式進行。「信箱」公司是指那些僅具有法定的組織形式（公司章程等）完成居住所在國法定登記手續的公司。這些公司名義上所應從事的各項工商活動，均由在其他國家的公司或分支機構實行。這些公司或分支機構多是設在有投資稅收優惠的國家中的法人組織和實體，這些公司和實體享受各種稅收優惠。

3. 借助中間操作

中間操作與「信箱」公司不同，它是通過在所得來源地與最終所得人或受益人中間設置一個中心機構。該機構通常沒在避稅地、自由港或擁有某些稅收優惠規定的國家或地區。當該中心機構收入和利潤累積到一定程度和規模時，可用作再投資。中間操作公司主要通過所得、股息、利息、紅利，不動產及有價證券等進行避稅。

4. 避免成為常設機構

目前，絕大多數國家利用常設機構的概念作為對非居住者公司徵稅的依據。常設機構一般是指企業進行全部或部分經營活動的固定場所。例如生產管理廠所有辦公室、工廠等。但是，近些年，由於不需要設置常設機構的經營活動越來越多，再加上技術水準的提高和產品生產週期的縮短，很多企業可以在政府規定的免稅期內實行其經營活動，並獲得相當可觀的收入。例如，韓國一些海外建築承包公司承包工程作業，由於在中東、拉美一些國家規定非居民公司在半年（183 天）以內在本國獲得的收入可以免稅，韓國海外建築承包公司常常設法在半年（183 天）以內完成其建築工程，免繳這些國家的收入所得稅。又如，日本早在 20 世紀 80 年代初就興建了許多海上流動工廠車間，這些工廠車間全部設置在船上，可以流動作業。這些流動工廠曾先後到亞洲、

非洲、南美洲等地進行流動作業。海上工廠每到一國，就地收購原材料，就地加工，就地出售，整個生產週期僅為一兩個月。加工、出售完畢，開船就走，不需繳納一分錢的稅款。例如，日本的一家公司到中國收購花生，該國公司派出它的一個海上車間在中國港口停留 27 天，把收購的花生加工成花生米，把花生皮壓碎後制成板又賣給中國。結果中國從日本獲得的出售花生的收入，有 64% 又返給日本，而且日本公司獲得花生皮制板的收入分文稅款未納。造成這一現象的直接原因就是中國和其他多數國家都對非居民公司的存留時間作了規定（如中國規定非居民公司只在超過半年後才負有納稅義務），日本公司就是利用了這種規定巧妙避稅。

（三）通過安排常設機構與總部機構、常設機構與常設機構之間的交易避稅

避免成為常設機構可以達到一定的避稅效果，由於各國對常設機構界定日益嚴密，在無法避免成為常設機構時，可能巧妙地安排總機構與常設機構、常設機構與常設機構之間的交易，通過重新劃分總機構與常設機構間的收入和費用分配方式，達到避稅的目的。

在確定常設機構的利潤時，國際上有兩種通行的做法。一是直接法，即將常設機構視為獨立分設的企業，按獨立核算原則或正常交易原則與總機構和其他常設機構進行交易，利潤進行獨立核算。二是間接法，考慮到常設機構在法律顧問上不是獨立法律實體的事實，認為總機構與常設機構是在全球範圍內產生共同利潤的一個實體，所以按一定規則和計算公式，將其經營損益在總機構與常設機構之間分配，體現了總利潤原則。

直接法和間接法均存在著進行避稅的可能，但二者所產生的效果不同。運用直接法，常設機構作為一個獨立法人實體，其成本、收入難以實現轉移，避稅的可能性相對於間接法要小些。不過，由於在各國稅法中，往往很難找到有關「正常」營業活動的條款，所謂按正常利潤估計，也給避稅提供了更廣闊的空間。運用間接法，成本和利潤的轉移是根據常設機構母國及其所在國對常設機構的利潤分配情況而定。由於對常設機構的利潤分配至少涉及兩個國家，一國可能是以正常的市場價格等客觀規定計算成本和利潤，另一國可能是根據整個法人實體的收入、成本來計算和分攤全部收入和成本。

（四）利用總機構成本的分配避稅

有的國家還利用總機構成本的分配進行避稅。一些國家根據協議確認分支機構在其實現的利潤中，必須把它的 10% 至 20% 作為應負擔的費用歸屬總公司。但在沒有此類規定的國家內，總公司和常設機構間所發生的一些共享費用，如董事長活動費、共同的貸款利息等，使跨國法人往往通過抬高分配標準的辦法，將大部分成本費用向分支機構轉移，從而減少納稅。

例如，某跨國納稅人，總公司在甲國，甲國所得稅稅率為 25%，在乙國設一常設機構，乙國所得稅稅率為 40%，該公司某年從甲國獲得的收入為 2,000 萬美元，來自乙國的收入為 1,000 萬美元，總公司承擔了 200 萬美元的銷貨貸款利息，原應按 20% 的比例分配給分公司，現抬高到 80% 的比例分配。經計算，原應負擔的稅收為：

$(2,000-200\times80\%)\times25\%+(1,000-200\times20\%)\times40\%=844$（萬美元）；提高費用分配標準後的實際稅收為：$(2,000-200\times20\%)\times25\%+(1,000-200\times80\%)\times40\%=826$（萬美元）。

該跨國納稅人用增加常設機構的成本費用的辦法，減少納稅18萬美元，從而成功地躲避了一部分稅收。

鑒於總機構與常設機構之間的業務往來和成本收入核算的聯繫，可以利用常設機構轉移財產、利息、特許權使用費、管理費用等，使得收入從高稅國轉入低稅國，費用從低稅國轉入高稅國，整個法人實體的稅負較輕。

（五）利潤資產的流動避稅

資產的流動是指納稅人（包括自然人和法人）將其資產移居國外的行為。

1. 企業資產的流動

跨國公司利用其分支機構或子公司分佈國度的稅收差異，可以精心安排收入和費用項目及其收付標準，使高稅國機構或公司的成本費用加大，應稅所得減少；低稅國機構或公司的成本費用減少，應稅所得加大，導致企業的所得從高稅國流向低稅國，達到避稅目的。

2. 個人資產的流動

個人也可以通過財產由高稅國向低稅國移動來達到避稅的目的。他們通常採用信託方式，造成法律形式上所得或財產與原所有人的分離，但分離出去的這部分所得或財產仍受法律的保護。

例如，日本某公司為躲避本國所得稅，將其年度利潤的80%轉移到巴哈馬群島的某一信託公司，由於巴哈馬群島是自由港，稅率遠比日本低得多，該日本公司就可以有效地避稅。

（六）利用多種方式的結合避稅

跨國納稅人的避稅通過是幾種方法交叉並用。從納稅主體同納稅客體的結合看，主要有4種基本的結合方式：

1. 人的流動與資產的流動相結合

個人或法人連同其全部或部分收入來源或資產移居出境，一般可以避免本國的稅收。實行人員和資產流動避免的一個先決條件是納稅人及其擁有的資本、財物等享有充分或一定的流動自由，在國家管制甚嚴、自由度不高的國家，此種方法實現的可能性較小。

2. 人的流動與資產的非流動相結合

當納稅人遊離於不同國度之間，而其資產卻保留在某一國境內時，就構成了人員流動和資產的非流動。這種方式的優越性在於，納稅人可將其資產置放於某一低稅國或低稅區。同時，納稅人還可將其活動安排在低費用區。但用這種方法避稅較為罕見。因為一個自然人移居，通常會結束在原居住國內的工作，而在新居住國開始新的工作。而一個法人移居出境，則要帶走他的營業。這就意味著他們的主要收入來源和資產已一同遷出。如果在移出國留下部分資產，那麼，他們在移出國對留下資產的收入仍要

負納稅義務。

3. 人的非流動和資產的流動相結合

這是一種十分重要的跨國避稅方法，它的內容主要有兩種。

一是納稅人通過轉移利潤或收入的方式避稅。收入、利潤、資本的跨國移動是當今經濟發展的一個十分普通的現象。從本質上講，收入、利潤、資本的跨國移動與跨國避稅並沒有什麼天然聯繫，二者並不等同。然而在事實上，這種收入、利潤、資本的跨國移動確實為跨國避稅創造了條件。譬如收入、利潤、資本從高稅區轉移到低稅區或從納稅區轉移到國際避稅地、自由港，這種轉移都構成了事實上的避稅。

二是納稅人通過建立基地公司方式避稅。基地公司是指一個對國外收入不徵稅或少徵稅的國家或地區建立公司，該公司的主要業務並不發生在該國，而是以公司分支機構或子公司的名義在國外從事和進行。當其國外收入匯回該公司時，可以不履行或少履行納稅義務。顯然，基地公司具有避稅地的某些性質，它通過公司內部的業務及財務往來，很容易實現跨國避稅。

4. 人的非流動與資產非流動結合

這是一種利用短期居留在國外，而將取得的收入既不在收入來源國納稅，也不在居住國納稅的避稅方法。這種方法主要是利用各國稅收管轄權的差異尋找「真空地帶」，打「擦邊球」，其避稅數額一般不大，但要堵塞卻不容易。

二、利用國際避稅計劃避稅

國際避稅計劃是指跨國納稅人為了避稅而制定的計劃。由於稅收負擔的輕重對國際性經營關係重大，所以越來越多的跨國納稅人精心研究各國稅收制度間的差異及法律上的漏洞，以合法的方式逃避稅收，減免稅負。許多精通國際稅收事務的職業稅收顧問為納稅人在不違反稅法的前提下打開一條條通道，並逐漸使這項業務專門化。他們聚集在會計師事務所和律師事務所，為客戶逃避國際稅收提供諮詢服務，獻計獻策。

國際避稅計劃可以在許多方面為跨國納稅人提供避稅方式的選擇。例如：一個跨國公司在國外應採用哪一種最有效的經營方式來減少稅收，是設立分公司好，還是設立子公司好；如果設立一家子公司，是獨資好，還是合資好；或者既不設分公司，也不設子公司，而是設常設機構更有利。一個跨國公司內各聯屬企業的收入和費用應如何安排，怎樣才能在不觸犯稅收法規的前提下，通過設計最優的內部價格，把收入多安排在低稅國，費用多安排在高稅國；一個跨國公司應如何充分利用各相關國家稅法中的減免優惠條款，來減輕稅負，這些都屬於國際避稅計劃所研究的問題。舉例如下。

許多國家稅法規定，合夥企業的營業利潤不按公司徵稅，而按各個合夥人徵稅。假定某個納稅人 A 經營一家水果商店，年贏利 2 萬美元。該商店如按合夥人課徵個人所得稅，稅率40%，納稅人 A 可淨得稅後利潤12,000 美元（20,000－20,000×40%）。這家商店如按公司課徵所得稅，稅率30%，稅後利潤 14,000 美元全部作為股息分配，納稅人 A 還要再交個人所得稅 5,600 美元（14,000×40%）。這樣，他淨得稅後利潤只有 8,400 美元。與前者相比，多負擔所得稅款 3,600 美元（11,600－8,000）。面對這

一現實，專家可以告訴 A 不要做出組織公司的決定。

這樣的例子舉不勝舉，任何一個國家的稅收制度，不管考慮得如何周全，稅收負擔在不同納稅人、不同徵稅對象之間，總有安排失當之處，這就給納稅人提供了選擇的餘地。

三、利用稅收優惠避稅

世界各國都規定有各種稅收優惠政策，諸如差別稅率、虧損結轉等，納稅人在利用優惠待遇上大有文章可做。

例如，一個跨國公司可以通過買進低稅國被清盤的虧損企業來減輕稅負。假定某高稅國的 A 公司原應稅所得 5,000 萬元，所得稅率 60%，應徵所得稅 3,000 萬元。某低稅國的 B 公司虧損 1,000 萬元，A 公司支付 500 萬元將 B 公司購進，作為 A 公司的子公司。在兩公司所得匯總計算後，所得稅可以少交 600 萬元。減去購進支付的 500 萬元，A 公司還可淨得 100 萬元。即 A 公司在這次購買中，獲得了相當於 500 萬元資產的一家公司，但其分文未付，反而還得到 100 萬元收益。

計算公式如下：

A 公司原應稅所得 5,000 萬元——B 公司虧損額 1,000 萬元

避稅收益 1,000 萬元 ×60％ ＝600 萬元

支付購進 B 公司投資 500 萬元

淨收入 100 萬元

通過這種選擇，納稅人少繳了稅款。

又如：A 先生是日本居民，在避稅港某國設立一家 X 公司，並擁有該公司 40% 的股份；另外 60% 的股權由 B、C、D 各擁有 20%，B、C 先生非日本居民，D 為日本居民。依據日本稅法規定，設在避稅港的公司企業，如 50% 以上的股權由日本居民所擁有，這家公司的稅後利潤即使沒有作為股息匯回日本，也要申報合併計稅。而 A、D 兩先生的股權均未超過法定的 50%，結果享受到了稅收優惠。

四、濫用稅收協定避稅

濫用稅收協定以逃避稅收的手法有多種多樣，大體上可以歸納為以下三類。

（一）設置直接導管公司

直接導管公司是指通過一個公司做仲介，就能得到稅收協定所給予的稅收優惠的仲介公司。

例如：甲國一公司打算在乙國擁有一個子公司，但乙國要對匯往境外（尚未簽訂避免雙重徵稅協定的國家）的股息徵收 20% 的預提所得稅。通過協定選擇，甲國公司發現乙國與丙國簽訂了相互減按 5% 徵收股息預提所得稅的稅收協定，甲國也與丙國簽訂了相互減按 5% 徵收股息預提所得稅的稅收協定，於是甲國公司就在丙國組建一家全資持股子公司。通過丙國持股公司擁有乙國的公司，這樣甲國公司就可以減少其股息應繳納的稅款。這是一種典型的濫用稅收協定轉移納稅客體進行國際避稅的方法。由

於甲國公司通過丙國公司就能得到丙國與其他國家簽訂的稅收協定的優惠，丙國公司就猶如一根直接吸取其他稅收協定所給予的稅收優惠的導管，因此這類公司被稱為直接導管公司。

(二) 設置腳踏石導管公司

腳踏石導管公司是指通過兩個或兩個以上公司做仲介，得到稅收協定所給予的稅收優惠的仲介公司。A 國與 B 國，B 國與 C 國締結有雙邊稅收協定，A 國與 C 國無協定關係。所不同的是，B 國規定 M 公司支付給 A 國 H 公司的投資所得允許作為公費用扣除，並按常規稅率課稅徵預提稅。這時 A 國 H 公司可以在 A 國有締約關係並提供減免預提稅優惠的 D 國組織一家 P 公司。A 國 H 公司取得來源於 C 國（非締約國）N 公司的投資所得，可以先從 N 公司支付給 B 國的 M 公司，再轉付給 D 國 P 公司，拐了一個更大的彎，同樣可以得到協定提供的兩方面優惠。其一方面是 M 公司的計稅所得可以大量地扣除股息、利息、特許權使用費以及佣金報酬等支出，另一方面 M 公司在 B 國繳納的預提稅又可以在 D 國得到抵負；D 國向 A 國 H 公司支付的收入還可以享受協定提供的按限定低稅率課稅的好處。國際上把 D 國 P 公司一類的第二道的傳輸公司稱為腳踏石的導管公司。

(三) 企業合併、分立和重組

許多國家對外締結雙邊稅收協定都明確規定，對締約國一方公司向持有其大量股份的締約國另一方居民公司支付的股息、利息或特許權使用費，不給予稅收協定規定的對股息的稅收優惠。可享受協定優惠的必要條件是該公司由外國投資者控制的股權不得超過一定比例。因此，這些國家的一些跨國公司在締約國另一方建立子公司時，就往往把公司分立成幾個公司，使每個公司持有該公司的股份都在限額以下，以便使股息可以得到優惠。

五、利用國際避稅地避稅

國際避稅地是指可為外國人提供不承擔或少承擔所得稅、財產稅等直接稅稅收負擔的國家和地區，是國際避稅活動的中心。跨國納稅人的避稅活動，有許多是利用國際避稅地進行的。

避稅地的國家或地區的政府為吸引外國資本流入，繁榮本國或本地區經濟，彌補自身的資本不足和改善國際收支狀況，在本國或本地區劃出一定區域和範圍，也可能是全部區域和範圍，鼓勵吸引外國資本來此投資及從事各種經濟、貿易活動。投資者和從事經營活動的企業享受不納稅或少納稅的優惠待遇。這種區域或範圍就被稱為避稅地。避稅地可以是港口、島嶼、沿海地區或交通便利的城市，也可以是內地大陸。一般把避稅地粗分為三大類型：

(一) 不徵收所得稅和一般財產稅的國家和地區

在一些國家和地區完全不徵收個人所得稅、公司所得稅、淨財富稅、遺產稅或贈與稅，這一類國際避稅地一般被稱為純國際避稅地。屬於這一類的國家和地區包括巴

哈馬、百慕大、格陵蘭、開曼群島、瑙魯、瓦努阿圖和凱科斯等。

以開曼群島為例。開曼群島位於加勒比海西北部，全島兩大經濟支柱，金融和旅遊。金融收入約占政府總收入的40%、國內生產總值的70%、外匯收入的75%。那裡課徵的稅種只有進口稅、印花稅、工商登記稅、旅遊者稅。三十多年來沒有開徵個人所得稅、公司所得稅、資本利得稅、不動產稅、遺產稅等直接稅。

(二) 對外國經營給予特別稅收優惠的國家和地區

屬於這一類的國家和地區有馬來西亞、新加坡、巴拿馬、中國香港、哥斯達黎加、安哥拉、塞浦路斯、直布羅陀、以色列、牙買加、列支敦士登、中國澳門、瑞士、阿根廷、牙買加、委內瑞拉、海地、湯加、黎巴嫩、摩納哥等。

(三) 雖有規範稅制但有某些稅收特例或提供某些特殊稅收優惠的國家和地區

屬於這一類的國家和地區有英國、加拿大、希臘、愛爾蘭、盧森堡、荷蘭、比利時、菲律賓等。

六、逆向避稅

在一般的國際避稅中，納稅人常常是盡可能避免高稅管轄權，而進入低稅管轄權，以進行國際避稅，但是客觀上也存在著另一種避稅現象，即跨國納稅人ы避免低稅管轄權，而進入高稅管轄權。由於避免高稅管轄權而進入低稅管轄權所進行的國際避稅是順向的，而避免低稅管轄權進入高稅管轄權則正好相反，所以稱之為逆向避稅。逆向避稅這一概念可以表述為跨國納稅人借助避免低稅管轄權而進入高稅管轄權，以最大限度地謀求所需利益的行為。

逆向避稅的方式很多，最常見的大致有三種：

1. 以謀求即期淨利潤最大化為目標。舉例來說，甲國的稅率為50%，乙國的稅率為20%，甲國某公司A到乙國開辦了一家合營企業B，並負責原材料進口和產品的出口。按一般做法，外方合營者應向乙國轉移利潤，如採用高價將B的產品賣給A，或採用低價從A購買原材料，但相反。假設某年度B應實現應稅所得100，向乙國納稅20，稅後利潤80，但由於外方合營者的操縱，B僅實現利潤50，向乙國納10，稅後利潤為40；而A多實現應稅所得50，多向甲國納稅25，同時增加稅後利潤25，A公司因獨享所增加的利潤25，將會實現淨利潤最大（假設稅後利潤對半分配，則有40×50% + 25 > 80×50%）。在這個過程中，乙國減少稅收10（20 - 10），甲國增加稅收25，跨國納稅人多納15（25 + 10 - 20），而本國合營者少得利潤20（80×50% - 40×50%）。這種逆向避稅，以謀求即期利潤最大化為目標，故與一般的國際避稅較接近。

2. 以有效實現某項必要的經營策略為目標。舉例說明：甲國（稅率為30%）A公司在乙國（稅率為20%）開辦了一家子公司B，某年度A公司因缺乏資本，需從B公司補充，但由於乙國採取了較為嚴格的外匯管制措施，A公司難以從B公司直接取得資本。這時，可通過轉讓定價的方式使B公司少實現應稅所得100，而相應地A公司多實現應稅所得100。這樣，跨國納稅人共需多納稅10（100×30% - 100×20%），其中

乙國減少稅收 20（100×20%），甲國增加稅收 30（100×30%），但跨國納稅人借助稅收損失 10 而有效地實現了資本轉移 70（100－30）。雖然以損失一定的即期稅收利益為代價，但有效地實現了所需的資本轉移，預期會帶來更大的利益。

3. 以逃避預期風險為目標。這裡的預期風險常常主要是指政治方面而非經濟方面的，因而是一種政治性的逆向避稅。例如，一國現行稅率很低，但政局不穩或政策多變，跨國納稅人會因存在預期風險（沒收財產，大幅度提高稅率），而借助逆向避稅以實現逃避預期風險的目標。跨國納稅人會採用種種手段盡可能將所得轉移走，以謀求預期大量利益。

一般來說，對於第一類型的逆向避稅，納稅人是主動運用的；對於後面幾種類型的逆向避稅，卻是納稅人迫不得已而為之。

七、利用轉讓定價避稅

轉讓定價是指兩個或兩個以上有經濟利益聯繫的經濟實體為共同獲得更多利潤而在銷售活動中進行的價格轉讓（以高於或低於市場正常交易價格進行的交易）。它普遍運用於母子公司、總公司與分公司及有經濟利益聯繫的其他公司。這種價格的制定一般不決定於市場供求，而只服從於公司整體利潤的要求。因為它可能偏離市場價格，從而成為一些公司避稅的手段。轉讓定價主要包括以下幾種形式：

1. 關聯企業間商品交易採取壓低定價的策略，使企業應納的稅變為利潤而轉移，進行避稅。例如，某橡膠企業是執行高稅率產品企業，為減輕產品的稅負，將自製半成品以低價賣給了執行較低產品稅的聯營企業，雖然減少了本企業的銷售收入，卻使聯營廠多得了利潤，企業反而從中多得聯營利潤，從而實現了減輕稅負的目的。

2. 關聯企業間商品交易採取抬高定價的策略，轉移收入，實現避稅。有些實行高稅率增值稅的企業，在向其低稅負的關聯企業購進產品時，有意抬高進貨價格，將利潤轉移給關聯企業。這樣既可以增加本企業增值稅扣稅額，減輕增值稅負，又可以降低所得稅負。然後，從低稅負的關聯企業多留的企業留利中多獲一部分。

3. 關聯企業間採取無償借款或支付預付款的方式，轉移利息負擔，以實現避稅目的。有些資金比較寬裕或貨款來源較暢的企業，由於其稅負相對較重，往往採用無償借款或支付預付款的方式給其關聯企業使用，這樣，這部分資金所支付的利息全部由提供資金的企業負擔，增加了成本，減少了所得稅負。

4. 關聯企業間勞務提供採取不計報酬或非常規計報酬的方式，轉移收入避稅。例如，某些企業在向其關聯企業提供銷售、管理或其他勞務時，不按常規計收報酬，採取要麼不收、要麼多收、要麼少收的策略相互轉移收入進行避稅，當對哪一方有利時就向哪一方轉移。當前尤為突出的是某些國有企業的多餘人員大量從事廠辦經濟或第三產業，但工資報酬仍由原企業支付，減輕了原企業所得稅負，增加了新辦企業的利潤。

5. 關聯企業間通過有形資產的轉讓或使用，採用不合常規的價格轉移利潤進行避稅。有些企業（特別是國有大中型企業）將更新閒置的固定資產以不合常規的低價銷售或處理給某些關聯企業（主要是鄉鎮企業和個體、私營企業），其損失部分由企業成

本負擔，減輕了所得稅負，然後，再從中獲取個人和集體的好處。

6. 關聯企業間通過無形資產的轉移和使用，採用不計報酬或不臺常規價格，轉移收入，實現避稅。有些國有企業將本企業的生產配方、生產工藝技術、商標和特許權無償或低價提供給一些關聯企業（主要是鄉鎮企業），其報酬不通過技術轉讓收入核算，而是從對方的企業留利中獲取好處。這樣既減少了稅收，又可為企業解決福利及其他方面的需要。

思考題

1. 國際避稅和國內避稅的相同點包括哪些？
2. 國際避稅的主要做法有哪些？

第三節　國際反避稅

由於納稅人（特別是跨國納稅人）廣泛利用避稅地的稅收優惠、稅收漏洞等進行避稅活動，影響了納稅人居住國的財權利益，所以，許多國家（地區）和國際組織付出巨大努力，紛紛採取各種有力措施來加以防範。

一、制定專門標準判斷避稅是否存在

從反避稅的角度出發，國際上有兩個專門的標準來判斷避稅是否存在。這兩個標準是：實質重於形式，稅法是否被濫用。

（一）實質重於形式

實質重於形式的標準更多應用於採用成文法的國家中。所謂形式，是指成文法的形式，是徵稅的必要的事實基礎，即某一事實要對之進行徵稅或不徵稅，則它必須具有作為依據的法律或法律條款所規定的諸種要素。最終是要依據法律的立法意圖，而不是把法律條文作為判斷問題的標準，也稱為法律對一件事實的適用性，它不僅要求這一事實和法律條文要有一致性，還要求它與法律意圖相一致，否則就是不適用。國際上通常用以下幾條標準來衡量：

第一，檢驗經濟上的實質關係與法律上形式條件是否一致。其具體體現是：「一個人在法律上即使不屬於一項所得的所有人，但在事實上有權享受此項所得，則可認為是該項所得的有效擁有者。」第二，是否存在虛偽的因素。虛偽指用蒙蔽事實的主要方法，或利用人為的或異常的法律上的形式。第三，有無經營上的目的。如果沒有合理的經營目的，該類交易行為就是稅收法律所不可接受的。比如獲取商業利潤是商業的目的，而一項不以獲取利潤為目的交易則要考慮是否存在避稅的動機。對於實質重於形式直接運用於避稅案件上，一些國家以法律上明訂條款作為執法依據。如德國修正的稅法通則規定「偽裝的民法形式上無效的」。換言之，徵稅時可不予承認。

(二）稅法是否被濫用

是指法律法規的應用與該準則的意義、目的及適應範圍顯著抵觸的情況。對於稅法的濫用，尚未形成國際共識，但一些國家已有了自己的標準。如德國稅法通則規定：禁止以濫用合法的形式來規避稅法規定，若發生此類情況，稅務當局有權判定其仍負有納稅責任；法國稅法通則規定：當事人的各項合法行為或交易，如有隱瞞其契約或協議的真實情況者，對稅務機關不發生效力。由此可見，各國的反避稅實踐經驗，已逐步形成或提出了一些法律上的理論原則和指導思想，並取得了一定成效。

二、各國完善反避稅措施

（一）完善反避稅法規

很多國家通過制定反避稅法規，防止或者制裁避稅行為。反避稅法規包括反避稅一般法規、反避稅港條款、反轉讓定價條款、受控外國公司法規和禁止不合理結轉損失條款。

（二）規定報告義務與舉證責任

為了彌補越境調查國際避稅活動的困難，對與居民納稅人境外納稅義務有關的情況，以及與非居民納稅人境內納稅義務有聯繫的必要國外情況，可以通過國內稅法單邊規定，使屬於本國管轄的納稅人本人或與納稅人本人有關的其他納稅人，有義務向徵稅當局主動報告各種動態和靜態資料。為了使由於缺乏確鑿證據的涉嫌國際避稅案件能得到迅速有效地處理，可以通過國內規定，將舉證責任轉移給納稅人。

（三）強化稅收徵收管理

為了有效地對付和防範國際避稅，稅務當局規定嚴格納稅申報制度，加強會計審計制度等。除通過納稅人的申報書取得一些現成的資料外，稅務當局還通過大量的調查來獲取有關情報，尤其是積極爭取與銀行部門合作，瞭解資金流轉情況，用以有效地打擊避稅活動。

三、加強反避稅的國際合作，簽訂雙邊或多邊反避稅協定

要有效地防範國際避稅，必須依靠國際間的合作。有關國家（地區）簽訂包括有反避稅內容的雙邊稅收協定，就是一個重要的反避稅措施。這其中包括了 OECD 的努力、聯合國的努力、歐洲經濟共同體（簡稱歐共體）的努力、北歐五國的努力和非區域性國家的努力。

（一）雙邊形式

雙邊稅收協定中的反避稅內容主要體現為相互交換稅收情報。經濟合作與發展組織在 1963 年的範本第二十六條就規定了稅務當局之間的情報交換，從此，關於這個問題的條款普遍出現在避免雙重徵稅的協定中。以後，《經濟合作與發展組織範本》經多次修改，均強調了情報交換的重要性。在 1978 年範本的第二十六條中，規定締約國將

相互交換情報，交換的情報可能包括非居民的詳細情況。在註釋中還解釋被要求提供情報的國家，必須以處理本國稅收問題的同一方式去搜集另一國家需要的情報，使用的方法包括進行特別調查和特別審查。聯合國在國際反避稅工作中主要研究兩個專題：一個是跨國公司轉讓定價處理方式；一個是發達國家與發展中國家的稅收條約。專家小組提交的七次關於稅收協定的報告中都涉及國際避稅問題。

（二）多邊形式

1973年，瑞典、丹麥、芬蘭、冰島、挪威等五個國家簽署了一個關於在稅收事務中相互援助的協定——《北歐協定》，這是一個對簽字國具有約束力的多邊文件，它比一般的雙邊協定更為詳細。它包括了在稅款查定和徵收方面給予援助，也提供了以文件發送形式的合作，締約國應交換關於居民所得的大量情報，並列舉了這些情報的內容。通過上述措施，把跨國納稅人的避稅活動降至最小的範圍內。

除北歐五國外，還有一種非區域性的多邊合作，就是美國、英國、法國和德國之間的多邊合作。合作的主要內容是四國稅務當局就所涉及的有關納稅人的生產經營活動、所得以及繳納稅款情況進行同步式比較一致的審查，以其同堵塞漏洞，不讓國際避稅的發生。

四、對應稅所得進行必要的調整

1982年5月，聯合國跨國公司委員會制定了《跨國公司行為守則（草案）》，明確規定跨國公司必須尊重東道國的國家主權，接受東道國的管理和監督。如因企業之間存在特殊關係（關聯企業）而會計核算沒有正確反應發生在一國的應稅所得額時，為了正確計算稅收，該國的稅務主管當局可以對該企業的應稅所得進行調整，並據以徵稅。對關聯企業轉讓定價所造成的應稅所得不實，調整的依據是獨立企業之間交易的正常價格標準，即所謂正常交易原則。任何交易事項，都應當按順序採取市場標準、比照市場標準、組成市場標準、成本標準等進行合理核定價格。

（一）採取市場標準

市場標準是指國際關聯企業進行交易時，必須按照當時當地的市場價格作為其內部交易價格，如果內部交易價格不符合市場價格，都應依此進行調整。簡言之，採取市場標準就是按當時當地獨立競爭市場價格來確定關聯企業之間各交易的價格。在市場獨立競爭的基礎上，謀求以市場價格來解決收入和費用分配的問題。

例如，甲國製造母公司在乙國設立了子公司，甲國公司所得稅稅率為50%，乙國則為20%。甲國母公司把其生產的一批產品以15萬美元的轉讓價格銷售給乙國子公司。甲國稅務當局檢查發現當時市場上同樣數量的該種產品成交價格是20萬美元。這時，甲國稅務當局就可以按照市場標準加以調整糾正，向甲國母公司就調整後所增加的5萬美元所得補徵公司所得稅。

（二）比照市場標準

比照市場標準是一種倒推算出來的市場價格標準，即通過進銷差價倒推算出來的

市場價格。其適用範圍為聯屬企業之間工業產品銷售收入的分配。其計算公式為：

比照市場價格＝轉入企業市場銷售價格×（1－合理毛利率）

其中，合理毛利率是以轉入企業所在地無關聯企業同類產品銷售毛利占其銷售價格的比例計算出來的。

例如，2000 年納稅年度，甲國 A 公司在乙國設立一子公司，甲國公司所得稅稅率為 34%，乙國所得稅稅率為 17%，甲公司的汽車製造成本為每輛 10 萬元，在甲國市場上尚未銷售過，現以每輛 12 萬元作價銷售給乙國子公司一批汽車，乙國子公司最後以 20 萬元的價格在當地出售這批汽車。這樣，甲國 A 公司銷售這批汽車的所得額為每輛 2 萬元（12－10）；乙國子公司取得利潤每輛為 8 萬元（20－12）。但是，這種企業集團內部作價分配是不符合獨立核算原則的。根據乙國稅務當局調查證明，當地無關聯企業同類汽車的銷售毛利率為 20%，那麼根據比照市場標準，這個企業集團內部甲國 A 公司向其乙國子公司銷售汽車的價格每輛應調整為 16 萬元［20×（1－20%）］。稅務當局按照比照市場標準，即可認定甲國 A 公司這批汽車的銷售收入，每輛應按 16 萬元進行分配。

經過調整分配後，甲國 A 公司取得利潤每輛為 6 萬元（16－10）；乙國子公司取得利潤為 4 萬元（20－16）。

（三）組成市場標準

組成市場標準是指用成本加利潤的方法，所組成的一種相當於市場價格的標準，以此來確定聯屬企業之間某種交易的價格，並進行分配。它要求聯屬企業要遵循正常的會計制度規定，如實記錄有關成本費用，然後加上合理的利潤作為聯屬企業間內部產品銷售收入分配的依據。其中合理的利潤是從國內和國際貿易的情報資料中取得的。組成市場價格是一種運用順算價格法計算出來的市場價格。

例如，甲國 A 汽車製造公司以成本價格（每輛 10 萬元）銷售給乙國子公司，乙國子公司還是以 20 萬元的價格在當地售出去。

這樣，這個企業集團內部經過人為地作價分配，使甲國 A 公司銷售這批汽車的利潤每輛為：10－10＝0（萬元）；乙國子公司取得利潤每輛為：20－10＝10（萬元）。但是甲國稅務當局認為，根據甲國市場資料，甲國 A 公司生產的這批汽車，一般的生產費用率為 64%，那麼按照組成市場標準，對甲國 A 公司銷售這批汽車的收入（價格）每輛應調整為：100÷64%＝15.625（萬元）。

稅務當局按照組成市場標準，就可以認定甲國 A 公司這批銷售收入，每輛應按 15.625 萬元進行分配。經過調整分配後，甲國 A 公司取得利潤每輛為：15.625－10＝5.625（萬元）；乙國子公司取得利潤每輛為 20－15.625＝4.375（萬元）。

（四）成本標準

成本標準是指按實際發生的費用作為分配標準。一般只適用於聯屬企業之間非主要業務的費用分配，以及一部分非商品業務收入的分配。非商品業務包括貸款、勞務提供和財產租賃等，這些非商品業務的相應收入是利息收入、勞務收入和租賃收入等。

成本標準要求轉出企業必須把與該項交易對象有關的成本費用正確地記載在帳冊上，並以此為依據進行分配。而該項交易又必須是與轉入企業的生產經營有關，並使轉入企業真正受益。

按照國際慣例，對於總公司或母公司的國際管理費用，按成本法進行分攤時，必須滿足下列條件：第一，轉出管理費用的總公司或母公司應純屬管理性質機構，而並不是直接對外營業的機構；第二，轉出的管理費用必須與轉入企業的生產經營有關；第三，其他單獨為轉入企業提供服務所發生或墊付的管理費用。

對於母公司作為整個企業集團的控制機構，以及對外國子公司有控制權的股東所進行的與其職能有關的活動而產生的費用，應屬母公司的費用，不得向其子公司計取勞務收入，也不得以補償成本的名義把費用分攤給子公司。對於母公司向子公司提供某項勞務而計取勞務收入後，要防止它向子公司銷貨時，又把此項勞務費用分攤給子公司。對於母公司從事的有利於聯屬企業集團和各個單位的一些勞務，如母公司的研究和開發活動，母公司對整個企業集團的財務、生產、銷售等工作所花費的勞務費用，由於各聯屬企業的結構不同，企業之間的關係不同，以及各聯屬企業集團內部所採用的費用分攤方法不同，所以應該由各有關國家稅務機關協商解決。

至於對聯屬企業之間發生的某些非商品業務往來的收入，則要區別不同情況，以確定是否適用成本標準進行分配。例如，甲國母公司將其本身所有的機器設備等有形財產租給它的乙國子公司所收取的租賃收入，如果出租者（母公司）或承租者（子公司）有一方是專業租賃公司，那麼，必須按照市場標準進行分配，即按照含有利潤的市場價格計取租賃收入。否則，一般應按成本標準分配。又如，甲國母公司向乙國子公司提供諮詢服務收取的勞務收入，如果提供的勞務，是該項勞務提供企業（甲國母公司）或接受企業（乙國子公司）的主要經營業務，那就必須按含利潤的價格計算勞務收入，即必須按照市場標準進行分配。如果該母公司不是主要經營業務，那麼，它就可以按照成本費用，確定向其乙國子公司的收費，即按照成本標準進行分配。

上述幾種標準是對關聯企業轉讓定價的應稅所得調整的一般方法。由於商品、交易、價格的複雜性，調整關聯企業的應稅所得時往往非常困難。許多國家都有各自的具體規定，概括起來，通常有以下三種做法：一是按交易項目調整，即對關聯企業之間的交易事項進行逐筆審查，符合正常交易價格的不調，不符合的要調到正常交易價格的水準；二是對某些交易項目的收付定價標準實行「安全港規則」，比如貸款利率允許按市場平均利率上下浮動20％，非專業勞務允許按成本收費，加工訂貨規定工繳費統一比率等；三是按總利潤進行合理分配，即從企業集團的整體利潤的分配水準進行考察，低於合理平均利潤率的予以調高。許多國家在實踐中都採用「合理的利潤率」作為核定關聯企業應稅所得的依據。由稅務機關採取核稅的辦法來調整應稅所得已成趨勢。這種辦法的實施，大大緩和了避稅活動。

五、實行預約定價制

預約定價制（Advanced Pricing Agreement，簡稱APA），指的是納稅人事先將其和境內外關聯企業之間內部交易與財務收支往來所涉及的轉讓定價方法（Transfer Pricing

Methodology，簡稱 TPM）向稅務機關申請報告，經稅務機關審定認可後，可作為計徵所得稅的會計核算依據，並免除事後稅務機關對定價調整的一種制度。APA 的突出特點是稅務機關把對關聯企業轉讓定價的事後審計改變為事前審計，對保護納稅人的合法經營和稅務機關的依法徵稅都有好處。美國於 1991 年推出了預約定價制，隨後日本、澳大利亞、加拿大、西班牙和英國等先後實行。

預約定價制的申請和審定程序為：第一，納稅人向主管稅務機關提出加入 APA 申請。納稅人向主管稅務機關提出加入 APA 申請時，稅務機關要求納稅人提交有關資料。資料的內容可根據稅務當局的具體要求而設置，但以下內容是必備的：納稅人涉及的關聯企業清單，包括企業名稱、生產經營範圍、經營地點、機構設置、員工人數和所在國的稅務編碼、關聯企業內部交易的作價方法、各個關聯企業的財務成果和稅收數據。稅務機關接到納稅人申請，對有關資料進行初審，初審後，相關稅務人員同納稅人約談，提出有無必要補充報送相關資料。第二，各項資料齊備後，稅務主辦者提出審定意見，經主管人員復審後正式批准。一旦實施，稅務機關將進行跟蹤管理，瞭解轉讓定價方法是否符合關聯企業的實際，關聯企業生產經營和交易往來若發生重大變化，納稅人必須及時向稅務機關報告，做必要的修改。第三，納稅人每年需向稅務機關提供 APA 的實施報告，並按規定期限保留有關的原始資料和會計憑證，以備檢查。

六、防範逆向避稅

1. 稅務機關積極促進本國合營者參與合營企業的經營管理和決策，增強自身的經營管理能力，主動控制合營企業的生產經營活動，建立和完善對外方合營者的制約機制，使外方真正形成利益共享、風險共擔的觀念，從而消除這種逆向避稅。
2. 積極創造良好的外部環境，使跨國納稅人能夠合法經營，並能夠以正當方式直接地實現其必需的經營策略，如盡可能放寬對外來投資者的外匯管制等，使跨國納稅人能直接實行資本轉移，既消除逆向避稅活動，也給本國帶來更多的稅收收入。
3. 盡可能保持政策的穩定性和連續性，保持國家政局穩定，增強外國投資者的信心，消除預期風險產生的各種因素，這也是防止跨國納稅人逆向避稅的一個重要方面。此外，防止逆向避稅，還應加強國際合作。這對於那些稅率較低、稅收優惠政策較多的國家和地區，尤其是發展中國家來說，更為重要。按照慣例，跨國公司為了保持利益的最大化，一般會將高稅率國家或地區的利潤轉移到低稅率國家或地區。

七、防止納稅人利用避稅港避稅問題

美國於 1962 年制定了避稅港對策稅制，隨之各西方國家紛紛仿效。1972 年德國、1980 年法國和加拿大、1990 年澳大利亞等國都建立起避稅港對策稅制，這些國家避稅港對策稅制的框架基本相同包括：一是在稅法中明確避稅港的判定標準。對於避稅港，各國有不同的判定方法，有的國家採取列舉方法，直接列舉出避稅港的「黑名單」，如美國列舉的避稅港有 39 個，德國列舉的避稅港有 31 個，澳大利亞列舉的避稅地則只有 16 個。而更多的國家則以規定的稅率為標準來判定避稅港，如日本將法人稅率低於 25% 的國家和地區判定為避稅港，英國這一標準為 24.5%，巴西將所得稅稅率低於

20%的國家和地區判定為避稅港，法國則將稅率低於本國稅率 1/3 的國家和地區判定為避稅港。二是明確稅法適用的納稅人。即明確本國居民設立在避稅港的受控外國公司適用避稅港對策稅制。這種受控關係一般以本國居民在國外公司的參股比例確定。一般以本國居民直接或間接擁有外國公司有表決權股票 50% 以上且每個本國股東直接或間接擁有外國公司有表決權股票至少 10% 為標準。三是明確稅法適用的課稅對象。為防止打擊面過大，各國避稅港對策稅制均規定，適用避稅港對策稅制的所得，主要是來自受控外國公司的消極投資所得，如股息、利息所得、特許權使用費，而來自生產經營活動的積極投資所得則不包括在內。四是明確對稅法適用對象的制約措施。在明確了上述稅法適用對象後，各國稅法均規定，對作為避稅港公司的股東的本國居民法人或自然人，其在避稅港公司按控股比例應取得的所得，不論是否以股息的形式匯回，一律計入其當年所得向居住國納稅。該部分所得相應已納入外國稅收可獲抵免。美國更進一步規定，上述所得如果沒有匯回國，則每個美國股東在該受控外國公司持有的股票基數，還要隨視同分配股息相應增加，即一方面視同分配徵稅，一方面視同增加投資。當以後年度該利潤實際分配匯回美國時，不再徵稅，並相應減少股票基數。

八、限制濫用稅收協定

各國限制濫用稅收協定的措施，大致有以下幾種方法：

（一）節制法

節制同那些實行低稅制的國家或易於建立導管公司的避稅地國家（如列支敦士登、摩納哥、巴拿馬等）簽訂稅收協定，因為稅收協定濫用往往是借助於在這類國家中建立導管公司來實現的。

（二）排除法

將締約國另一方被課以低稅的居民公司（如控股公司），排除在享受協定優惠待遇的範圍之外。

（三）透視法

將享受稅收協定優惠的資格不限於公司的居住國，而是要透過法律實體看其股東的居住國。它不考慮名義股東而是考慮實際受益人，即最終接收股息人的居住國。

（四）承受稅收法

該法給予協定優惠應以獲自一國的所得，在另一國必須承受起碼的稅負為基礎。其目的是為了避免同一筆所得，在締約國雙方均不納稅。

（五）渠道法

該法限制一個公司一定比例的毛所得，不得用來支付不居住在締約國任何一方的個人或公司收取的費用。否則，該公司付出的股息、利息、特許權使用費不給予協定優惠。

（六）真實法

該法規定特許條款，來保證真實交易不被排除在稅收協定優惠之外。這些條款包括建立公司的動機、公司在其居住國的經營交易額、公司在其居住國的納稅額等。除非建立一個公司的動機具有充分的商業理由，公司在居住國有大量的經營業務，公司在居住國繳納的稅款超過要求的扣除額等；否則，不給予該公司協定優惠。

（七）調整法

在加強稅收調查的基礎上，確實掌握居民的真實身分，對濫用稅收協定的做法，及時予以調整，防止國家稅款的流失。

例如，甲國國內稅法規定對其境內匯出股息應繳納20%的預提稅；乙國國內稅法規定對股息徵30%的預提稅。甲國和乙國簽有稅收協定，規定發生在簽約國的同類所得只徵收5%的預提稅，以協調甲乙兩國的稅收利益關係。某跨國公司A總機構設在丙國，其擁有甲國B公司50%的股票。B公司當年所得稅後利潤為200萬美元，需支付丙國A公司一定的股息。股息在匯出前須繳納20%的預提稅。跨國公司A為減輕稅收負擔，在乙國租用一個郵箱，地址顯示A居住地為乙國。根據甲乙兩國的稅收協定，對於B公司從甲國向A公司匯出的股息按稅收協定所規定的稅率5%來計算預提稅，結果使跨國公司A的稅負大大減輕。

此例中A採用郵箱方式冒充乙國居民，濫用甲乙之間的稅收協定，使B公司逃避了一定的稅款。實際上，A的真實身分應是丙國居民，因為它的總機構設在丙國。所以，對於B向A匯出的股息應按一般辦法處理，即繳納20%的預提稅，應納稅額＝200×50%×20%＝20（萬美元）。但由於A冒充了乙國的居民身分，在稅收處理上僅對匯出股息按5%的稅率納稅。應納稅額＝200×50%×5%＝5（萬美元）經比較，可以發現，B公司繳納的預提稅減少了15萬美元（20－5），稅負減輕了75%〔（20－5）÷20×100%〕。跨國公司A從中獲得了極大的利益，但B公司所在國甲國政府則損失了15萬美元的稅收收入。因此，對這種濫用稅收協定的做法，必須給予調整。美國在反濫用稅收協定所採取的措施包括：一是在國內立法中制定目的在於反濫用稅收協定的特殊條款。二是在稅收協定中列入反濫用協定的特殊條款。例如，美國在其對外締結的五十多個稅收協定中，約一半包含了反濫用稅收協定的條款。

九、防止通過納稅主體國際轉移進行國際避稅的一般措施

（一）對自然人進行國際避稅的約束

1. 限制自然人避稅性移居

對以避稅為動機的自然人的國際遷移，有些國家採取了使移居出境者在移居後的很長一段時間內，在其原居住國（國籍國）仍負有納稅義務的措施。如美國有保留追索徵稅權的規定。根據美國《國內收入法典》，如果一個美國人以逃避美國聯邦所得稅為主要目的，而放棄美國國籍移居他國，美國在該人移居後的10年內保留徵稅權。對其實現的全部美國來源所得和外國的有效聯繫所得，按累進稅率納稅；出售位於美國

的財產以及出售由美國人發行的股票或債券所實現的收益，被視為美國來源所得。美國稅務當局通過對該人滯留在美國境內的銀行存款、房地產等財產的留置權，實行有效的徵管，從其在美國的財產中扣除應納稅款。

2. 限制自然人假移居和臨時離境

對自然人以避稅為目的假移居和臨時離境，居住國往往採用不予承認的方法加以約束。例如，英國曾有一個對移居出境的自然人仍保持3年居民身分的非正式規定。該規定限制一個自然人要放棄在英國的居民身分，必須為此提供證據，比如賣掉在英國的房子，並在國外建立一個永久住宅，才能於其離境之日，暫時批准其要求。然後等該人在國外居留至少一個完整的納稅年度，如果在這段時間內對英國的任何訪問天數全年累計不超過3個月，那麼，才正式認定其移居。否則，對其放棄英國居民身分要求的批准決定要延期3年。在這3年內，將仍視為英國居民徵稅。待3年屆滿，再參考在這一段時間內實際發生的情況做出決定。

對於採用臨時離境方式來避免達到法定居住天數的避稅方法，有的國家採用對短期離境不予扣除計算的對策。有的國家則採用將前一兩年實際居住天數按一定比例加以平均，來確定某個人在本納稅年度是否達到居住天數標準。

3. 限制自然人利用避稅地公司累計避稅所得

為了防止納稅人利用在國外低稅或無稅條件下累積所得和財產進行避稅，若干發達國家制定了一些有關反避稅法律條文。

(1) 英國的享有權規定。英國稅法中規定，凡是對英國境外「人」的所得有「享有權」的英國居民，應在英國就享有的國外所得納稅。「享有權」適用於下列情況：第一，不論是否以所得的形式表現出來，事實上是由某人支配的所得；第二，收到或應計的所得起到了增加個人持有資產的作用；第三，個人收到或有權收到的各種所得或貨幣收益；第四，個人通過行使一種或多種權力就可得到的收益；第五，個人能以各種方式直接或間接控制所得的運用。這種「享有權」的規定非常廣泛，使得一個英國居民在許多情況下，要就其在另一稅收管轄權下擁有的所得納稅，而不論他的這筆所得是否匯回英國。

(2) 法國對利用避稅地公司避稅的規定。《法國稅收總法典》規定，一個在法國定居或開業（包括只在法國開業，而不在法國定居）的人提供服務的報酬，而由一個在國外定居或開業的人獲取。如果符合下列條件之一，應由前者在法國納稅。第一，獲取服務報酬的人，是由法國納稅人直接或間接控制；第二，不能證明獲取服務報酬的人是主要從事工商活動，而非提供服務；第三，獲取服務報酬的人，是在低稅負國家或地區定居或開業。

(3) 美國對個人控股公司未分配所得餘額徵收懲罰稅。個人控股公司是指在納稅年度的後半年中任何時間內，其股票價值50%以上直接或間接為5個或更少的人（包括非美國人）所擁有，其消極所得在調整所得中達到一定比例的公司。對這種公司，除了徵收正常的公司稅外，再對其應分配而未分配的「累積盈餘」比照個人所得稅最高稅率徵收一道懲罰性所得稅。這種個人控股公司稅主要針對個人的三種避稅方法。第一，為了躲避個人所得稅比公司所得稅稅率高的那部分差額負擔，便組建一個公司

284

來持有個人的投資證券，使個人的利息和股息所得轉變為公司的應稅所得，從而可以按較低的公司稅稅率納稅。第二，將個人的勞務所得，轉給一家公司。比如某個人組建一家公司，使自己成為該公司的雇員。由公司出面與服務需要方簽訂合同，個人只負責提供服務，而由公司收取服務收入，公司支付給個人的薪金少於賺取的服務收入，通過這種方法；個人可以成功地將某些收入轉給公司，使其按較低的公司稅稅率納稅。第三，利用公司營業活動扣除的好處。如個人將其遊艇、賽車或度假別墅等財產，連同其投資一併轉給公司，使與個人財產有關的費用，像上述財產的維修保養費等，由非扣除性費用轉化為可扣除性營業費用，用以衝減營業所得，而獲得少繳所得稅的好處。

(二) 對法人進行國際避稅的約束

1. 限制遷移出境

英國在稅法中規定，在沒有得到財政部允許的情況下，英國公司不能向避稅地遷移和轉移部分營業，或建立一個避稅地子公司。違反者將受到嚴厲處罰，包括對當事人的 2 年監禁、總額為應納稅額 3 倍的罰款。

2. 限制轉移營業和資產

英國在稅法中，除了約束法人的直接遷移外，還規定居民公司將貿易或經營轉讓給非居民公司，居民母公司允許非居民子公司發行股票或出售債券以及售出子公司等行為，也必須事先得到財政部的批准，否則將受到處罰。

3. 限制利用公司組建、改組、兼併或清理避稅

在法國，當改組涉及法國公司被外國公司合併，或者法國公司以其資產繳付換取外國公司的股份時，應按適用於合併的一系列稅務規定執行，並須經法國財政部批准。本期應納稅利潤仍由被合併公司承擔納稅義務，對合併前的虧損也準予核銷。但是，所轉讓的資產必須保留在法國境內，並必須列入外國公司在法國的分支機構的資產負債表中。

4. 限制改變經營形式

美國規定，對本國公司在國外以分公司的形式從事經營的初期損失，允許從美國公司的贏利中予以扣除；但國外分公司如有盈利而改變為子公司，仍須責令美國公司退還以前的扣除額，以防止通過改革經營形式，從損失扣除和延期納稅兩方面獲利。

為了防止將股東投資改變為舉債，以增加利息費用扣除，減輕稅負，一些國家在稅法中明確規定了債務與產權的比率，不得超過 3：1 或 5：1 等，超過這一比率的債務所支付的利息不予扣除。

美國是最早實行反避稅的國家。早在一戰時期，就已經開始了反避稅立法。經過幾十年的不斷完善，目前已經形成了比較健全的反避稅法律體系。美國規定，企業避稅（所得稅）淨額達 500 萬美元以上的，除如數追繳外，還將處以 20%～40% 的罰款；對來自避稅港的企業，採用不同於其他地區企業的稅收條款等等。明確規定：凡是受控外國公司（包括在避稅港設立的由本國居民直接或間接控制的外國公司）的利潤，不論是否以股息分配形式匯回母公司，都應計入美國母公司的應納稅所得徵稅。不僅

如此，在 11 萬聯邦稅務人員中，數百人專門從事反避稅工作。同時，美國還擁有一支精干的稅務警察隊伍，把避稅當成偷稅一樣來嚴厲打擊。

日本、英國、加拿大、澳大利亞等國家，無不重視反避稅工作。日本和加拿大成立了反避稅部，其中日本還投入了大量人力，13 萬稅務人員中有 300 人在反避稅部門工作；義大利、新加坡等國也像美國一樣設立了稅務警察。這些國家經常就反避稅法律、手段等方面情況交流信息，相互借鑑，取長補短。比如英國就借鑑美國的方法，要求稅務顧問在向企業出售有關避稅方案之前，必須取得稅務部門的許可。

總之，在經濟全球化和稅收國際化的大背景下，越是經濟開放程度高的國家，越是重視反避稅工作。

思考題

1. 如何借鑑國際上反避稅的先進經驗？
2. 各國限制濫用稅收協定的主要措施有哪些？

國家圖書館出版品預行編目（CIP）資料

納稅、避稅與反避稅 / 劉李勝, 劉雋亭 主編. -- 第一版.
-- 臺北市：財經錢線文化發行；崧博出版, 2019.11
　　面；　公分
POD版

ISBN 978-957-735-945-2(平裝)

1.租稅 2.租稅規避 3.中國

567.92　　　　　　　　　　　　　108018078

書　　　名：納稅、避稅與反避稅
作　　　者：劉李勝、劉雋亭 主編
發 行 人：黃振庭
出 版 者：崧博出版事業有限公司
發 行 者：財經錢線文化事業有限公司
E - m a i l：sonbookservice@gmail.com
粉 絲 頁：　　　　　網　址：
地　　　址：台北市中正區重慶南路一段六十一號八樓815室
8F.-815, No.61, Sec. 1, Chongqing S. Rd., Zhongzheng
Dist., Taipei City 100, Taiwan (R.O.C.)
電　　　話：(02)2370-3310　傳　真：(02) 2388-1990
總 經 銷：紅螞蟻圖書有限公司
地　　　址:台北市內湖區舊宗路二段121巷19號
電　　　話:02-2795-3656 傳真:02-2795-4100　網址：
印　　　刷：京峯彩色印刷有限公司（京峰數位）

本書版權為西南財經大學出版社所有授權崧博出版事業股份有限公司獨家發行電子書及繁體書繁體字版。若有其他相關權利及授權需求請與本公司聯繫。

定　　　價：550 元
發行日期：2019 年 11 月第一版

◎ 本書以 POD 印製發行